심리학에서 찾는

한민족
평화재통일의 길

'여유로운 신국가론' 구상

채정민 저

학지사

이 저서는 2018년 정부(교육부)의 재원으로 한국연구재단의 지원을 받아 수행된 연구임 (NRF-2018S1A6A4A01038285)

This work was supported by the Ministry of Education of the Republic of Korea and the National Research Foundation of Korea (NRF-2018S1A6A4A01038285)

저자 서문

솔직히 말해 저자는 한때 '분단되지 않은 평화롭고 부자인 국가에서 태어났다면 이렇게 재통일 문제를 연구하는 데 시간을 낭비하지 않았을 텐데…….'라는 생각을 하기도 했다. 좀 더 재미있는 음식에 관한 심리학 연구를 하고 싶기도 했다. 하지만 '이것도 내가 감당해야 할 몫이라면 받아들이자. 필생의 업으로 받아들이자.'라고 마음을 정리했다. 대학생 시절부터 재통일에 대한 심리학적 관심을 가졌지만 이러한 마음의 정리는 박사과정에 들어가면서 이루어졌다. 세부전공은 '문화심리학'이지만 연구 주제는 이름하여 '재통일심리학'으로 하여 연구하기로 결심한 것이다.

하지만 결심 당시 재통일에 대한 심리학자들의 관심이 부족한 상황에서 재통일심리학 정규과정이 있는 곳도 없고, 재통일심리학자도 없고, 재통일심리학 관련 서적도 없고, 연구논문조차 없었다. 그래서 이곳저곳 학회와 특강을 찾아다니며 공부하기 시작했다. 북한이탈주민 관련 연구자료도 닥치는 대로 읽고 공부하면서 독일 재통일의 연구논문도 찾아 읽고 정리하기 시작했다. 그야말로 혼자 다 알아서 공부해야 했다.

그리고 모교의 행동과학연구소와 아세아문제연구소에서 북한이탈주민 관련 연구프로젝트도 진행하고, 모교의 심리학과와 북한학과의 학부와 대학원 과정에서 '재통일과 심리학', '북한이탈주민연구방법론' 등을 강의할 기회가 있어서 공부한 내용을 좀 더 체계적으로 정리하게 되었다. 한국심리학회와 북한이탈주민 관련 학회 등에서 연구활동을 하면서 연구의 폭을 더 넓힐 수 있었다.

저자가 이 책을 저술하기로 마음먹은 것은 몇 가지 이유에서다. 첫째, 지금까지 논문 형식으로 한 편 한 편 발표한 논문이 20여 편에 이른다. 이들 논문과 기존에 공부한 내용을 한 번은 정리할 필요가 있다는 생각이 들었다. 둘째, 통일부 등의 정부 부처 관련자들이나 재통일 관련 전공 학생들이 저자를 만났을 때 저자의 논문들을 읽으면서 공부했다는 얘기를 많이 들었다. 반갑기도 했지만 보다 더 체계적인 교육자료를 제공하지 못했다는 반성을 하게 되었다. 셋째, 한반도의 정세가 롤러코스터를 탄 것처럼 어떤 때는 금방이라도 전쟁이 날 것 같고 또 어떤 때는 당장 재통일이 될 것 같은 상황이 반복되면서 지금이라도 뭔가를 준비해야겠다는 생각이 들었다.

이러한 이유로 저자가 그나마 작은 결실을 맺게 된 것이 추후 만들 『재통일심리학』의 토대인 『심리학에서 찾는 한민족 평화재통일의 길: '여유로운 신국가론' 구상』이라는 이 책이다. 이 책은 새로운 재통일방식을 심리학자로서 제시한다는 점에서 기존 심리학자들의 접근과는 다르다. 기존 심리학자들은 주로 이미 발생하여 존재하는 심리적 현상에 대해서만 과학적으로 접근할 수 있다는 입장을 취하고 있다. 이러한 접근으로는 한민족 재통일에 대해서 기여할 수 있는 공간이 크지 않다. 그리고 서울대학교의 차재호 교수도 스키너B. F. Skinner의 문화설계적 관점을 이어받아 한국에서의 문화설계 심리학을 제시한 바가 있어서 저자는 우리의 재통일 문제에 대해서도 이러한 관점을 적용할 수 있다고 판단하여 이 책을 저술하게 되었다.

원고를 작성하기 시작할 때는 좋은 책을 완성해야 한다는 책임감과 과연 그런 책을 손에 쥘 수 있을까 하는 두려움이 있었다. 개척기에 있는 이 분야의 연구자료가 그리 많지 않았고, 재통일된 지 약 30년이 된 독일에서도 참고할 만한 서적

이 거의 없었기 때문이었다.

하지만 책에 대한 목차를 정리하고 '일단 하루에 한 쪽씩 써서 초고를 만들고 보자.' 하는 생각으로 글을 써 나아갔다. 다짐을 지키지 못한 날들이 적지 않았지만 그래도 이 생각 덕분에 간신히 초고를 작성할 수 있었다. 이후 작업은 고치고 또 고치고 다른 전문가들에게 고쳐 달라는 과정으로 이어졌다. 이로써 저자의 머릿속에만 있던 이 책이 그나마 세상의 빛을 볼 수 있게 되었다.

저술 작업을 마치고 나니 이제 또 다른 걱정과 고민이 생겼다. 첫째, 이 책이 과연 제목대로 한민족의 평화재통일을 위한 심리학적인 길잡이가 될 것인가 하는 것이다. 최대한 체계적이고 올바르게 내용을 구성하려 했고 관련 연구자료를 망라해서 인용하려고 했지만, 저자의 역량 부족으로 이렇게 하지 못한 부분이 있음을 아쉽게 생각한다. 따라서 이 책의 내용에 대해 학계에서 비판이 있으면 겸허한 자세로 주의 깊게 경청하여 추후에 꼭 반영하겠다. 둘째, 이 책에서 다룬 내용을 정치권에서 이념적 잣대로 보면 어쩌나 하는 걱정이다. 이 책에서도 재통일과 관련하여 정치적 판단과 활동을 하는 심리에 대해 다뤘지만, 저자는 쓸데없이 이러한 정치적 소용돌이나 시비에 엮이고 싶지는 않다. 그 어떤 정치적 의도를 가지고 저술한 것이 아니기 때문이다.

그리고 분명히 밝혀 두고 싶은 점이 있다. 이 책에서는 여러 용어를 사용하였는데, 이와 관련하여 혼동이 있을 수 있어 이를 다음과 같이 정리해서 사용하고자 했다. 먼저, '남한'과 '북한'이라는 용어다. 주지하다시피 남한은 '대한민국'을 줄여서 '한국'이라고 하므로 '남한'과 '북한'으로 구분하는데, 북한은 '조선인민민주주의공화국'을 줄여서 '조선'이라고 하므로 '북조선'과 '남조선'으로 구분한다. 이에 따라 혹자는 양측을 배려한다는 관점에서 '남한'과 '북조선'으로 혹은 '한국'과 '조선'으로 칭하는 경우가 있다. 물론 저자도 양측을 배려하고 싶어서 이러한 호칭을 사용하고자 하였는데, '북한 출신자'와 같은 호칭 등을 거론할 때 매우 번거롭고 논리적으로나 표현상 적절하지 않은 면이 있어서 편의상 '남한'과 '북한'으로 칭하고, 관련된 다른 호칭도 이 연장선상에서 표기했다.

 또한 재통일 이전이든, 재통일 진행과정이든, 재통일 이후든 상관없이 남한과 북한에서 거주하는 사람들과 해외 동포를 총칭하여 '한민족'이라고 하고, 재통일 이전과 재통일 진행과정에서는 남한에 거주하는 사람을 '남한주민', 북한에 거주하는 사람을 '북한주민', 북한에서 남한으로 이주하는 사람을 '북한이탈주민'이라고 하고, 재통일 이후에는 남한에 거주하는 남한주민과 북한으로 이주하는 남한주민을 '남한 출신자'로 하고, 북한주민과 남한으로 이주하는 북한주민을 '북한 출신자'로 하며, 해외에서 남한이나 북한으로 이주하는 한민족을 '해외출신 한국인'이라고 하였다. 이러한 호칭 방식은 독일과 베트남('비엣남'이 올바른 발음이기는 하지만 편의상 베트남으로 표기함) 그리고 예멘의 경우에도 적용되었다.

 마지막으로, 이 책의 출간에 도움을 준 많은 분께 고마움을 전한다. 특히, 학지사에서 이 책을 출판할 기회를 주신 김진환 사장님과 원고를 꼼꼼하게 편집해주신 유가현 과장님께 진심으로 감사하다는 말씀을 드린다.

2022년
채정민

차례

제6장 **재통일 전후의 집단 심리 이론화 • 287**

표 차례

그림 차례

제1부

재통일과
심리학의 이해

| 제1장 |

새로운 재통일[1] 패러다임의 필요성

1. 재통일 문제, 제대로 다루고 있는가

우리보다 먼저 통일된 독일 관련 전문가의 조언에 귀 기울여 보자. 지북파知北派로 잘 알려진 『북한: 전체주의 국가의 내부관점』의 저자 뤼디거 프랑크Rüdiger Frank 교수는 다음과 같이 재통일을 위해서는 우리 스스로 미리미리 잘 준비해야 한다고 조언했다.

"일단 통일 프로세스가 시작되면 '생각할 시간'이 없습니다. 지금 남북한 통일 가능성을 따지지 말고 한국은 최대한 자세히 통일 준비를 해 놓아야 합니

---

1) 애초에 한 국가가 아니었던 국가들이 합쳐지는 경우에는 '통일'이라는 용어를 사용하지만 한민족의 경우에는 원래 한 국가가 분단되었다가 합쳐지는 경우이므로 '재통일'이라는 용어가 더 적합하다. 독일의 경우에도 재통일(Wiedervereinigung)이라는 용어를 사용하였다. 이 책에서도 '재통일'이라는 용어를 사용하였다. 단, 이 책의 저자가 아닌 다른 학자들이나 정치가들 그리고 연구대상자들이 언급한 내용을 인용하는 경우에는 부득이하게 '통일'이라고 사용하였다.
또한 이 책에서는 하나의 국가로 다시 합쳐지는 현상은 '재통일'이라고 하지만 재통일방안 자체는 '재통일'인 아닌 '신국가'로 표현하였다. 그 이유는 후술하겠다.

다. 구체적으로 생각지도 못한 문제가 통일 이후 발생하기 때문입니다. (중략) 북한 엘리트의 처우 문제를 어떻게 해결할 것인가, 독재에 가담한 이들을 모두 축출할 것인가, 그 많은 북한군을 어떻게 처리할 것인가, 통일 국가의 시스템을 어떻게 만들 것인가에 관해 남한 내 '합의된' 계획이 없습니다. 그래선 통일 프로세스가 진행될 때 훗날 큰 문제를 낳을 결과를 양산하게 될 겁니다. 남한은 이 같은 문제들에 대한 답을 미리 갖고 있어야 합니다. (후략)"

(이대희, 이재호, 2019, 187-188쪽)

이러한 조언이 북한 내부의 급속한 변화가 발생하여 자체 붕괴한 후 남한에 흡수되는 상황으로 묘사되는 '북한의 급변사태'를 설정한 것으로 보여서 전체적으로는 동의하기 어렵지만, 우리에게 해결해야 할 과제를 던져 준 것임에는 틀림없다. 안정식(2020)의 주장도 이와 비슷한 맥락에 있다. 그는 통일에 대해서 기대만으로는 냉정한 현실을 맞이하기 힘들다고 생각하고 『빗나간 기대: 준비되지 않은 통일』이라는 책을 펴냈다. 이 책에서는 우리가 바라는 북한의 소프트랜딩softlanding(연착륙)에 의한 통일, 즉 우리가 예상하고 준비한 바대로 진행되는 통일이 아닌 하드랜딩hardlanding(경착륙)에 의한 통일 즉, 우리가 예상하지 못한 통일을 상정하고 여러 가지 문제를 다뤘다. 좀 더 구체적으로 보면, 왜 '준비되지 않은 통일'인가의 문제, 통일후유증의 문제, 감내해야 한다면 조금 덜 힘들게 하자는 내용, 어떤 통일한국을 만들 것인가의 문제, 통일 시대를 이끌 리더십을 기대한다는 바람을 다뤘다.

안정식(2020)의 관점과는 달리 일반적인 재통일을 한다고 해도 우리 한민족의 재통일에 대해 특히 어떤 점을 중심으로 준비해야 하는가를 생각해 보아야 한다. 이에 대해 2018년 9월 29일, 앙겔라 메르켈Angela Merkel 독일 총리가 "독일 재통일은 성공적이었지만, 1990년대 초반 발생한 많은 일을 (우리가) 오늘날 다시 직면하고 있다"(이대희, 이재호, 2019, 164쪽)고 지적한 점을 눈여겨볼 필요가 있다. 메르켈 총리가 지적한 '다시금 직면한 갈등'이 최근 독일을 넘어 유럽 전역, 나아가 세계를 뒤흔드는 극우화 바람이다. 서독의 헬무트 콜Helmut Kohl 총리가 '누구에게도 손해 없는 통일'을 약속하고 시작된 재통일이었지만 재통일 초기에 많은 문제들이 드러났다고 언급한 내용도 메르켈 총리의 언급과 같은 맥락에 있다. 이처럼 재통일 초기에 발생된 문제들이 잘 해결되지 못하면 꺼진 불이 되살아나듯 20년, 30년이 지나서 되살아날 수 있다는 의미이다. 그렇다고 해서 재통일이 부정적 측면만 담고 있는 것은 아니라는 점은 메르켈 총리의 언급에서도 알 수 있다. 다만, 부정적 측면을 예방하고 최소화해야 한다는 관점에서 메르켈 총리가 지적한 내용과 같은 것을 다루는 것이 절대적으로 필요하다.

또한 2010년 한국을 방문한 홀스트 쾰러Horst Koehler 독일 대통령이 "재통일은 반드시 온다. 재통일은 생각보다 빨리 온다. 준비되지 않은 재통일은 재앙이다"라고 말하면서 우리에게 재통일에 대한 준비를 조언했다. 앞서 프랑크가 재통일 프로세스에 일단 진입하면 시간이 없으니 미리 준비를 잘 해야 한다고 주장을 한 것이었다면, 쾰러 대통령은 이와는 달리 재통일 시점 자체가 생각보다 빨리 임박할 수 있음을 전제로 준비를 잘 해야 한다는 주장을 한 것으로 보아야 한다.

정치인의 충고나 학자들의 주장 이외에도 기업인의 목소리도 있다. 칼 자이스Carl Zeiss라는 기업체의 임직원이 한 다음과 같은 말은 의미 있게 생각해 볼 만하다.

"우리의 재통합 당시 가장 어려웠던 점이 선례가 없다는 것이었습니다. 모든 걸 우리 스스로 결정해야 했습니다. 조언을 해 줄 이가 단 1명도 없었죠. 남북의 분단 상황은 독일과도 다르다고 알고 있습니다. 더구나 동서독의 경제적 격차보다 남북의 경제적 격차가 더 큰 만큼, 아마 아주 어려운 길을 걸어야 하지 않을까 싶습니다. 모든 문제를 침착하게 대비하되, 닥쳐오는 현실에는 최대한 긍정적으로 대처해야 합니다."

(랑의 조언, 이대희, 이재호, 2019, 88-89쪽)

이 말은, 우리 스스로는 독일과 같은 재통일국가라는 선례가 있어서 잘 참고하면 되겠다고 위안을 삼으려고 하겠지만 이는 잘못된 것이라는 것을 일깨워 주는 것이다. 재통일과 관련하여 우리가 경험하는 내용 그리고 결정해야 하는 내용도 나무의 결을 보는 것처럼 아주 엄밀히 보면 선례가 없다. 단, 숲이라고 하는 맥락에서 보면 이러한 재통일 선례 국가의 수장들과 북한전문가들이 조언한 내용을 토대로 우리는 서둘러서 준비해야 한다. 특히, 독일과 같은 사례에서 볼 때, 재통일 과정에서 발생되는 다양한 문제는 대부분 심리적 측면과 연계되어 있으므로 심리학적 연구가 더 필요하다고 볼 수 있다.

　이 상황에서 우리의 상황을 직시해 보면, 다행히도 국내에서는 그동안 적지 않은 학자들과 정부부처 그리고 많은 연구기관에서 한민족의 재통일에 대해 나름대로 열심히 연구하고 많은 제안들을 쏟아 냈다. 이러한 연구 결과와 제안들이 결실을 맺었다고 볼 수 있는 것으로는, 남한에서 무력 중심으로 재통일하겠다던 시절과 관점을 극복하고 평화 중심으로 재통일하려는 시대와 관점을 갖게 했다는 점과, 북한도 어느 정도는 이에 동참하려는 모습을 보이게 한 점이다.

　이러한 결실이 완전하지 않다는 점은 주지의 사실이다. 재통일 논의에서 사람들과 사람에 대한 고려가 아직도 부족하다는 점 때문에 이렇게 판단할 수 있다. 적어도 심리학자의 눈에는 그렇게 판단할 수밖에 없다. 김성민 등(2015)이 김구, 조봉암, 장준하, 문익환, 리영희, 강만길, 백낙청, 송두율 등의 재통일사상과 담론을 정리한 『통일담론의 지성사』에서도 주로 국가 단위와 민족 단위의 재통일담론이 다뤄졌다. 백낙청 등(2004)이 재통일 구상을 펼친 『21세기의 한반도 구상』에서도 국가적 차원과 국제적 차원의 재통일 구상을 국가 단위와 민족 단위의 재통일담론으로 다루고 있다. 다만, 박순성의 편저인 『통일논쟁: 12가지 쟁점, 새로운 모색』(2015)에서는 12가지 쟁점 중 국가 단위나 민족 단위보다는 사람 개인 단위의 통일방안 모색이 한 가지 쟁점 형태로는 다뤄졌다. '남북은 서로 얼마나 알고 있나: 사회문화공동체인가 문화적 공존인가'라는 쟁점이 바로 그것이다. 매우 다행스러운 것이다. 하지만 이 쟁점도 재통일을 준비하고 재통일된 국가와 사회에서 살아가는 개개인의 삶과 심리에 대해서는 온전히 다루고 있지 못하다. 지금까지 심리학자들이 이러한 담론과 구상에 적극적으로 참여하지 않거나 못해서 거시적 담론 위주로 진행되었다고 볼 수 있는 대목이다.

그나마 다행히도 건국대학교 통일인문학연구단(2018)이 펴낸『한국지성과의 통일대담』에서는 전임 통일부 장관들과 관련 전문가들과의 대담 속에서 '사람중심', '일상생활 중심'의 재통일론이 필요하다는 점이 강조되었다. 이뿐만 아니라 이 책에서는 '과정으로서의 재통일', '사회문화적 통합'도 같이 고려되었다. 이 책에서 전 통일부장관이었던 임동원은 사람중심의 재통일 관점에 대해 본인뿐만 아니라 김대중 정부의 통일 정책이 선민후관先民後官의 관점에서 중시했다고 주장했다. 즉, 평화와 재통일의 주역이 어디까지나 국민이라고 보고 정부와 국민이 재통일의 길로 같이 가야 한다는 점을 말한 것이다. 이러한 관점도 '사람중심의 재통일'이라는 용어를 분명하게 사용하지는 않았다는 점과 사람이라고 하더라도 '민간'과 같이 집단화된 비정부기관과 조직에 초점을 맞췄다는 점에서 완전한 사람중심의 재통일 관점을 가졌다고는 볼 수 없다. 그리고 박명림(2018)이 '남한과 북한이 중국이나 과거의 동서독, 유럽연합 정도의 왕래를 하는 단계에선 이산가족을 포함해 사실상 사람의 통일은 달성된 것이라고 볼 수 있습니다'(건국대학교 통일인문학연구단, 2018, 234쪽)와 같이 주장했는데, 이 역시 진정한 사람의 재통일 혹은 사람중심의 재통일이라고 보기에는 미약하다.

다만 '사람중심의 재통일'과 관련이 있는 '일상생활 중심'의 재통일이라는 관점을 최근 들어 점차 많이 가지게 된 것은 매우 다행이다. 사람은 투표나 집회 등의 정치활동도 하지만 사람들과 같이 밥 먹고, 얘기하며, 지지고 볶는 삶을 살아가기 때문에 재통일 사회에서도 이러한 점을 고려해야 한다는 것이다. 이러한 실생활과 관련해서는 개성공단에서 기업지원부장으로 북한주민들과 접촉했던 김진향(2015)이 자신의 책에서 기술한 내용에서도 알 수 있다.

북측 사람들은 남한 사람들에 비해 사실 많이 순진하고 순박해요. 가끔 서

로 모르거나 오해가 불러오는 갈등들도 없지 않지만 '몰라서 그러려니' 생각
하고 보면 순진한 구석이 많습니다. 그러나 가끔은 당돌하고 공격적인 말투
를 써서 우리를 놀라게도 합니다.

(김진향, 2015, 153쪽)

그런데 그동안 이 일상생활 중심의 재통일 논의가 부족했던 점을 생각해 보
면, 첫째, 남북한을 하나로 묶는 것도 될까 말까 할 정도로 힘들고, 전쟁을 막는
것도 힘든 상황에서 일상생활까지 생각할 겨를이 없었을 것이다. 둘째, 일상생
활을 다루자니 너무 많은 점들을 고려해야 하는데 이에 대해 엄두가 나지 않아
서일 것이다.

이뿐만이 아니라 그동안의 재통일 논의에서는 각 시대의 변화된 모습을 반영
하거나 고려하지 못했다. 그런데 앞으로 맞이할 시대상은 과거와는 전혀 다른 양
상일 것이라는 점은 누구도 부인하기 어렵다. AI를 필두로 하는 제4차 산업혁명
을 현재 북한은 피하고 모른 척하고 살 수 있겠지만 남한은 결코 그럴 수 없다. 따
라서 재통일된 사회에서 이러한 거대한 시대적 상황을 고려하지 않을 수 없다.

새로운 재통일국가가 그저 과거의 분단되지 않은 국가로의 회귀는 아니다. 재
통일을 하는 것과 함께 국민복지 증진 추구도 필수적이다. 이러한 추구의 목표
는 이전과는 전혀 다른 발전된 새로운 국가이다. 이것을 신국가라고 볼 수 있고,
이의 주장을 신국가론이라고 할 수 있다. 이 신국가론에서 보면, 남한과 북한이
재통일되어 만들어 가는 국가는 결국 '재통일'이라는 용어조차 사용할 필요가 없
어진다. 단, 이 책에서는 기존의 한민족 통일이라는 논쟁과 연구 결과 등을 다뤄
야 하므로 '재통일'이라는 용어를 불가피하게 사용하지만 궁극적으로는 '신국가'
를 모색하는 입장이라는 점을 분명하게 밝힌다.

이상의 재통일 문제와 신국가론이라는 측면을 좀 더 자세히 살펴보기 위해
서는 심리학적 관점을 중심으로 한 다음의 초단편소설을 먼저 읽어 볼 필요가
있다.

2. 초단편소설

이 책은 다른 재통일 관련 서적과 달리 많은 심리학적 현상과 이론 그리고 연구 결과를 담고 있다. 독자들이 처음 접하는 현상이나 용어 등에 대해 이해하기가 쉽지 않을 수도 있어서 가상의 이야기를 초단편소설 형태로 먼저 제시한다. 이야기의 내용은 재통일 진행 과정에서 개인들이 겪을 수 있는 사건과 이 사건에 의해 각 개인의 내면에서 나타나는 심리적 기제를 좀 더 실감 나게 이해할 수 있게 하기 위함이다. 그리고 관련된 주제를 다룰 때 자연스럽게 도입하도록 활용하기 위하여 제시한 것이다. 물론 저자가 소설가가 아니다 보니 다소 문학적이지 못한 부분도 있을 수 있고, 전개 과정이 극적이지 않을 수 있다. 독자들의 이해 편의성을 높이기 위한 고육지책이니 이 점에 대해 먼저 양해를 구한다.

이야기에 등장하는 국가 지도자의 이름은 불가피하게 가명으로 하였고, 국가적 사건 등에 대해서는 현실과 조금 다르게 변경하여 제시하였음을 밝힌다.

●●●● **여건 성숙** ●●●●

'한국 시각으로 오늘 새벽 8시, 미국 현지 시각 어제 오후 6시에 미국 대통령으로 클리니슈가 당선되었다.'

길을 가다가 광고 전광판 뉴스로 이 내용을 접하게 된 채만성은 '그럼 예상대로 흘러가는 것인가'라는 생각을 하였다. 만성은 그길로 곧장 집으로 달려가 아버지에게 물었다.

"아빠, 그럼 이제 나 군대 안 가도 돼?"

아빠가 대답했다.

"확실하지는 않지만 그럴 수도."

"그럴 수도가 뭐야? 확실히 안 가도 되지?"

"그래, 안 가도 돼."

만성의 아버지인 채산은 고개를 끄덕이며 군대 안 가도 된다고 말했다.

이제야 만성은 얼굴에 화색이 돌았다. 환호도 했다.

사실 만성은 작년에 TV에서 리바이벌로 방영된 〈진짜 사나이〉라는 군대 체험 프로그램을 아버지가 좋아해서 어쩔 수 없이 같이 보았다. 시청하면 '저런 군대라면 안 가야지.'라고 생각했다. 군인으로 출연한 사람들의 고생하는 모습 때문이었다. 훈련받는 모습이 힘들게 느껴져서도 그랬다.

채산이 만성의 답변 유도에 따라 '군대 안 가도 된다'는 말을 하게 된 것은 두 가지 이유 때문이었다. 첫째는, 현재 한창 국내에서 주된 이슈로 된 것 중에 하나가 직업군인제, 즉 모병제이다. 직업군인제는 한국 남성이면 누구나 의무를 지는 의무병제와는 달리 군인이라는 하나의 직업을 선택해서 본인의 의사에 따라 군인이 되는 것을 말한다. 현재 우리 국가의 경제 수준도 많이 좋아졌고, 여러 가지 여건이 우호적이어서 현 정치권에서도 직업군인제를 택하려고 하는 것이다. 둘째는, 재통일을 염두에 두었기 때문이다. 아무래도 재통일이 되면 남북한 군대 규모를 현재와 같이 유지할 필요가 없고, 선진국에서처럼 전체 국민 수의 0.2~0.3% 정도만 군대 규모를 유지해도 되니까 남북한 군인 수를 확 줄여도 되기 때문이다.

그런데 미국 대통령이 누가 되느냐와 만성이가 군대를 가고 안 가고 하는 것이 어떻게 관련되어 있는가? 그 연결 고리는 바로 미국 대통령으로 당선된 클리니슈이다. 그녀는 미국 여성 최초의 대통령이고, 한국계 정치인이다. '미국의 한국 딸'로 소개되기도 한다. 과거 11년 전인 2019년부터 2021년까지 전 세계를 휩쓴 코로나19(영어 명칭은 'COVID19')로 전 세계 인구의 1%인 7천500만 명의 확진자와 100만 명의 사상자를 낼 때[2] 당시 미국의 텍사스주지사였고, 한국으로부터 많은 의료장비와 의료정보를 지원받았던 인물이다. 그래서 모국인 한국에 대해 각별한 애정과 감사의 마음을 갖고 있었고, 대선 과정에서 자신이 당선되면 한반도의 재통일 문제에 적극적으로 관여하여 재통일을 돕겠다고

---

2) 이 책의 초고가 작성되었던 당시는 2020년 4월 중순 시점이어서 그 이후 변화된 확진자 수와 사망자 수와는 조금 다르게 전망된 것임을 밝힌다.

공약했고, 미국 시민 대다수도 지지를 보내 줬기 때문에 그녀가 당선되자 채산은 재통일을 거의 기정사실로 본 것이다. 특히, 현 상황은 남한과 북한의 지도자뿐만 아니라 중국과 일본, 러시아의 지도자까지 적극적으로 한반도의 재통일을 지지하기 때문에 재통일의 가능성이 거의 기정사실화되고 있는 것이다.

하지만 채산은 노파심에서 아들에게 다시 말했다.

"재통일되면 네가 군대 가지 않아도 되지만 기본적으로 군대 가는 것을 너무 두려워하면 안 돼. 이제는 '제복을 입은 시민(즉, 시민군대)'이라고 하는 독일군대보다 우리 군대가 훨씬 더 민주적이고 좋아졌거든. 그리고 우리나라에서 병역의무를 아직까지는 규정하고 있으니까 이 규정이 없어지기 전까지는 따라야지, 응?"

만성은 그러겠다고 응답했지만 다소 실망한 듯했다.

●●● 사전 준비 ●●●

채산은 미국 대선 결과가 발표된 지 한 달쯤 지난 시점에 여유로운시민사회 아카데미 프로그램을 신청하여 2주 동안 재통일에 따른 시민교육을 받고 평가를 받아 관련 자격증을 취득하였다. 그전에도 계속해서 북한과 북한주민을 이해하기 위해 여러 책들을 읽었고, 여러 재통일교육 프로그램을 이수했고, 관련 비디오도 보았다. 이민영의 〈남북한 이문화 부부의 통일이야기〉, 김진향의 〈개성공단 사람들〉, 박완신의 〈평양에서 본 북한사회〉, 차재성의 〈남한사람 차재성, 북한에 가다〉, 이경훈과 이용숙의 〈통일 그날 이후: 우리의 삶 이렇게 바뀐다〉, 강만길의 〈강만길선생과 함께 생각하는 통일〉, 또 하나의 문화 통일 소모임의 〈통일된 땅에서 더불어 사는 연습〉, MBC 프로그램 〈다큐 '통일' 5부작〉, 통일교육원의 교육자료 〈북한의 교육제도〉, 〈북한드라마를 통해 본 북한주민의 가치관 변화〉, 〈북한주민의 결혼과 가정생활〉, KBS의 〈특강 민성길교수〉 등을 보았다. 하지만 이것으로도 부족하다고 생각한 채산은 더 나아가서 좀 더 가까이 다가온 재통일을 잘 맞이하기 위해 관련 자격증을 취득하게 된 것이다.

또한 지인의 소개로 평소에 알고 지내던 북한이탈주민인 이강철이라는 사람과 좀 더 자주 연락하면서 북한에 대한 정보도 더 얻고 남한에서 살아가면서 겪었던 애환도 들었다. 이강철은 남한에서 남한 출신 여성과 결혼하여 큰 문제 없이 잘 살아가고 있어서 듣는 얘기 하나하나가 새롭고 실감 났다. 특히, 남한주민과의 관계에서 자신이 상대방에 대해 오해했던 점들과 상대방이 자신에게 오해했던 점들을 소개한 것은 매우 흥미로웠다. 채산은 이 사람으로부터 들었던 이야기가 나중에 만나게 될지도 모르는 북한주민과 더 자연스럽고 슬기롭게 대하게 할 수 있을 것으로 생각했다.

그 이후 불과 2개월이 지났을 때, 남한 정상, 북한 정상, 그리고 한코리아(UniKorea)(남한과 북한이 합작하여 건설한 프로젝트 국가로서 DMZ 지역을 확장한 지역에 위치하여 있음) 정상 총 3명이 한코리아의 수도인 새마루특별시(옛 판문점이고 3개국이 재통일된 이후에는 새 국가의 수도가 됨)에서 만나서 '여유로운신국가주비위원회'를 구성하기로 합의하여 발표했다. 이들은 재통일 선언 시점까지 못 박았는데, 2032년 8월 15일이었다. 재통일 준비 기간은 약 1년 6개월이었다.

이 발표가 있은 며칠 후 교육부로부터 채산이 근무하고 있는 학교에 공문이 도착해서 공람되었다. 공문의 내용은, 재통일 이후 북측 지역에 가서 근무할 교사를 선발하여 관련 교육기회를 제공하겠다는 것이다. 채산은 40대 초반의 과학교사로서 예전부터 북한 지역에서 교육하는 것에 관심이 많았다. 아버지가 실향민으로서 북한에 대한 애정이 많았고, 어렸을 때부터 채산에게 나중에 재통일되면 북측 지역에 가서 훌륭한 교사가 되어 낙후된 북한을 일으켜 세우라는 말씀을 들었기 때문에 이번 기회가 천금 같다고 채산은 생각했다. 그래서 채산은 한 치의 망설임도 없이 곧바로 신청을 했고, 몇 주 후 선발되었다는 통지서를 받았다. 그저 기쁠 따름이었다.

● ● ● ● 이주 준비 ● ● ● ●

채산은 북한 지역 내 교사 근무를 위해 사전교육을 이수해야 했다. 교육장은 서울 강서구에 있는 여유로운신국가문화센터(옛 남북통합문화센터)였다. 이곳은 북한이탈주민과 남한주민이 문화를 매개로 소통하고 교류하는 문화공간으로 개소되었다. 그 이후 남한주민, 북한주민, 북한이탈주민, 한코리아 주민들의 문화공간으로 변모하였다. 채산은 이곳에 예전에도 와 봤지만 다시 오게 되니 감개가 무량했다.

이곳에서 채산은 다른 선발자들과 서로 인사하고 같이 교육받았다. 특히, 같은 학교에 배정된 다른 교사들과 만난 것은 더할 나위 없이 좋았다. 이들 교사 중에는 북한교사 출신 남한교사도 한 명 있었다. 예전부터 채산과 교류가 있던 교사였다. 둘 다 오래간만에 만나서 반가워했다. 이들은 원래 자신의 학교에 재학하고 있는 북한이탈주민 학생들을 어떻게 잘 지도해야 하는가를 연구하여 실천하려고 사적 모임을 만들어서 오랫동안 교류했었다. 채산은 자신이 북한이탈주민 당사자가 아니어서 잘 몰랐던 북한에 대한 이해와 북한이탈주민 청소년의 심리적 측면을 많이 알게 되었고, 이 내용을 학생지도 하는 데 많이 반영하였다.

교육을 이수하고도 같이 교육을 받았던 사람들은 계속해서 연락하고 전근 준비를 하는 데 서로 도왔다.

●●●● 전근 ●●●●

드디어 2032년 8월 15일 재통일이 공식적으로 선언되었다. 2032년 9월 학기부터 채산은 과거 북한의 개성 지역과 남한의 파주 지역이 합쳐져서 만들어진 신수도인 새마루 특별시의 어느 중학교에 교감으로 부임하였다. 이전에는 서울 강북 지역 내 중학교에서 평교사로 근무했었는데, 선발 공고 시 약속된 바대로 새 학교로 부임하면서 교감 특진이라는 특전을 받았다. 물론 여전히 과학 과목은 담당하지만 행정적 책임도 지게 되었다.

이 학교에는 채산과 같이 서울로부터 전근을 오게 된 남자 교사 2명과 여자 교사 1명이 있었다. 이들 중 이재훈이라는 남자 교사는 원래 북한에서 중학교 교사 생활을 하다가 탈북했고, 다시 북한 지역에 와서 교편을 잡게 되어 남다른 감회를 가지고 있었다. 채

산은 이들 교사들과 전근 이전부터 교육을 받으면서 알고 있었기 때문에 새로운 학교에
서의 생활이 아주 낯설지는 않았다. 북한 출신 교사들은 40여 명 정도였고, 이 학교 교
장은 북한 출신 교사가 맡았다. 마치 과거 원국가 때 몽고족과 한족이 정부기구의 정표과
부副를 나눠서 담당했던 것과 같은 방식이었다.

　채산은 원래 아내와 만성이를 데리고 함께 이 지역으로 이사하려고 했다. 그런데 아내
가 세무사로서 주 활동 지역이 서울이고 서울을 떠나는 것을 매우 싫어했기 때문에 좌절
되었다. 특히, 아내인 김세련은 서울 강남 지역에서 태어나서 이 지역을 벗어난 적이 없
었고, 낯선 지역, 특히 북한 지역을 싫어했다. 하지만 김세련은 남편이 교육에 대해 남다
른 열정과 철학이 있기에 지금까지 북한과 북한주민에 대한 공부와 재통일교육에 대해
반대하지는 않았다. 자신은 소극적이었지만 남편의 의사를 최대한 존중해 준 것이다. 그
렇다고 해서 이번 이사까지 남편의 의사를 존중해 줄 마음의 여유는 없었다. 만성이도
아빠의 뜻을 이해하고 있지만 북한 지역으로 옮겨 가서 공부하려는 생각은 전혀 없었다.
결국 채산과 김세련 그리고 만성은 주말부부, 주말가족이 되기로 했다. 주4일제 근무이
므로 채산이 주로 서울 강남에 있는 원래 자신의 집으로 가는 편이었지만 가뭄에 콩 나
듯이 김세련과 만성이가 자가용 차를 타고 채산이 사는 곳을 방문하기도 했다. 가끔 서
울을 나서는 김세련과 만성이는 그저 소풍 가듯 채산을 찾았다. 그래서 김세련과 만성이
는 별다른 스트레스를 받지 않았다. 계속해서 하루가 다르게 길 양쪽으로 높은 아파트와
업무 빌딩 등이 들어서서 시끄러워지기는 했지만 볼거리가 있어서 이들은 좋아했다. 재
통일 분위기를 실감하게 되었기 때문이다.

　김세련과 채산은 이렇게 지내는 것이 그래도 좋다고 생각하고 있다. 자신이 선택해서
이러한 삶을 살고 있기 때문이다. 이와는 대조적으로 북한 지역으로 전근 온 김세련의
친구 남편 박운명이라는 사람이 있다. 그는 북한이 싫어서 남한으로 탈출해 왔던 북한이
탈주민이었다. 그는 공무원 생활을 관둘까 하는 생각도 있었지만 사기업으로 이직하거
나 자영업을 하는 것보다 공무원 생활을 계속하려는 마음이 강해서 이러한 운명의 장난
같은 생활을 하게 된 것이다.

●●●● 기회 ●●●●

김세련의 부모는 상당한 재력가이다. 그래서 김세련의 부모는 딸인 김세련과 아들인 김금행에게 서울 강남의 집과 작은 빌딩 등을 증여했다. 물론 김세련이 큰 딸이고 자신들이 더 예뻐했기 때문에 김금행에게 준 것보다는 3배 정도의 자산을 더 물려주었다. 김금행 입장으로서는 기분이 조금 나빴지만 자신도 많은 자산을 받았으므로 부모님과 누나를 미워하지는 않았다.

김세련은 증여받은 재산과 자신이 번 돈을 가지고 부동산 투자와 증권 투자를 해서 재산을 많이 불렸다. 하지만 늘 어디에 투자하면 좀 더 벌 수 있을까를 궁리했다.

마침 채산이 과거 북한 지역과 남한 지역의 접경지대인 신수도에 와서 살고 있고, 가끔 이곳을 오가면서 본 곳들에 대해 투자처로 생각하기 시작했다. 물론 과거에도 접경지역에 투자해서 이익을 보았지만 그때에 비해 현재는 투자 수익이 훨씬 커졌기 때문에 김세련은 가끔 채산에게 어디 땅을 사면 좋은지 물었다. 하지만 채산은 사실 부동산 투자에 별 관심도, 별 재주도 없기 때문에 제대로 된 답을 하지 못했다.

김세련은 자신의 정보망을 가동하여 이 도시의 두 곳에 상당한 금액을 투자했다. 이제 기다리기만 하면 돈은 저절로 굴러오게 된다고 김세련은 생각했다. 실제로 이 생각은 현실이 되었다. 매수할 때만 해도 많이 올랐다고 평가받던 땅이 매수한 지 6개월 만에 땅값이 2배로 뛰어올랐다. 김세련은 좀 더 기다리기로 했다. 김세련은 이것도 남편 잘 만나서 새로운 투자기회를 갖게 되었다고 생각했다. 김세련은 남편에게 내색은 하지 않았지만 남편을 사랑하는 마음은 더욱 커져 갔다.

●●●● 보이지 않는 갈등 ●●●●

점차 채산은 자신이 이 학교에서 여전히 이방인은 아닌가 하는 생각을 하게 되었다. 동독 출신자인 앤더스 씨가 서독 지역의 학교로 전학 가서 서독 출신 아이들이 자신을 특이하게 쳐다봐서 '동물원에 갇힌 동물'과 같은 느낌을 경험했다고 하듯이 채산도 이와 비슷한 점을 느꼈다. 몇 가지 일이 이렇게 느끼게 된 계기가 되었다. 그중에서도 어느 날 채산이 2학년 담당 교사들이 공동으로 사용하고 있는 교무실 문을 열고 들어서면서 느낀 감정 때문이었다. 자신이 문을 열고 들어가자 무슨 말인지는 몰라도 밖에서도 들리던 교사들의 목소리가 뚝 끊기고 정막이 흘렀다. 소위 말해, 갑분싸('갑자기 분위기 싸해진다'는 의미의 청소년들의 은어)였다. 상황이 왜 이렇게 되었을까. 자신이 뭔가를 잘못 해서일까. 여러 생각이 들었다. 자신이 알던 독일에서 동독 출신 직장인이 서독 출신 동료들로부터 왕따당했다는 점과 비슷한 것을 경험한 것으로 생각되었다. 이후에도 이런 일이 몇 번 거듭되었다. 그래도 자신이 이 학교에서는 교감선생인데 평교사들이 자신을 남쪽에서 왔다고 무시하는 건가, 왕따시키는 것인가 하는 생각을 하게 된 것이다.

자신이 왜 이런 경험을 하게 되는가를 계속 생각해 봐도 답이 떠오르지 않았다. 남쪽에서 같이 부임해 온 다른 교사들과 별도로 어울려서 술 한잔할 때 넌지시 이 얘기를 꺼내 보았다. 그러자마자 자신들도 비슷한 경험이 있다며 앞다투어 털어놓기 시작했다. 자신들도 그 이유를 정확히 모르지만 집단적으로 내린 결론은, 남한에서 온 사람들에 대한 경계감 내지 무시하는 생각이 원인일 것이라는 점이다. 과거 동독 출신자들에 대한 서독 출신자들의 텃세와 우월의식이 여기서도 비슷하게 나타난 것으로 볼 수 있다. 물론 서독 출신자들이 동독 출신자에 비해 경제적으로나 직업 업무 능력적으로나 우위에 있던 점과는 다른 맥락이지만 다수가 소수에게 가진 우월한 힘을 북한 출신 교사들이 가지고 있는 것 때문이라고 볼 수 있다.

채산과 남한에서 부임해 온 교사들은 이 문제를 시간이 해결해 줄 것이라고 생각하면서 한 번 더 '짠'을 했다.

●●●● 사라지지 않는 문제 ●●●●

이 학교의 교감선생인 채산을 갑자기 교장이 보자고 해서 채산은 교장실로 들어갔다. 수

심에 가득 찬 얼굴을 한 교장은 한동안 말이 없더니 채산에게 겨우 한마디 말을 꺼냈다.

"우리 학교에 일이 터졌어요."

채산은 어안이 벙벙해서 물었다.

"무슨 일요?"

교장이 답했다.

"글쎄, 우리 학교에서 성희롱 사건이 터졌어요."

채산은 좀 더 자세히 말해 달라고 말했고, 교장은 자초지종을 말해 주었다.

사건의 전말은 이렇다. 북한 출신 남자 교사가 남한 출신 여자 교사에게 불미스러운 신체접촉을 했고, 이번이 처음은 아니라는 것이었다. 순간, 채산은 얼마 전에도 그 여자 교사가 자신에게 뭔가 말을 꺼내려고 몇 번 하다가 만 일이 떠올랐다.

교장의 말을 다 들어 보니 북한 출신 남자 교사가 분명히 잘못했고, 법적으로도 문제가 있다고 채산은 판단했다. 그리고 이때는 원래 성 관련 문제를 처리하는 매뉴얼에 따라 가해자와 피해자를 분리하여 절차를 밟도록 해야 하므로 이에 따라야 한다고 생각했다. 채산은 교장이 북한 출신이고 남자이므로 혹시나 가해자 편에 설까 약간은 걱정이 되었지만 좀 더 이야기를 나누고 나니 교장에 대한 걱정은 하지 않아도 될 것으로 판단이 되었다. 그리고 거꾸로 자신이 다른 북한 출신 여자 교사에게 조금이라도 잘못하지는 않았나 하는 생각도 해 봤다. 다행히 자신은 별 다른 문제 행동을 하지 않은 것으로 생각되어 안심하고 이 일을 잘 처리하기로 마음먹었다. 이후 교장과 채산은 이 일을 원칙대로 잘 처리했다.

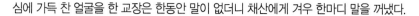

● ● ● ● 상대적 박탈감 ● ● ● ●

채산은 어느 날 한 통의 전화를 받았다. 자신처럼 북한 지역에 와서 세무법무법인을 운영하고 있는 처남으로부터 온 전화였다. 술이나 한잔하자는 것이었다. 흔쾌히 그러자고 하고 채산은 새마루특별시의 어느 호프집에서 처남과 만났다. 두 사람 다 이곳에 온

지 2년이 다 되었지만 서로 바빠서 자주 만나지 못하고 한 달에 한 번 정도 만나 왔다.

오늘은 코가 삐뚤어지게 마셔 보자고 호기롭게 말한 두 사람은 자리에 앉자마자 연거푸 500cc 잔을 비워 냈다. 처남도 채산에게 이것저것 안부를 묻고 자신이 하는 사업 얘기도 했다. 대부분 북한 출신 중소기업을 상대로 하고 있고, 그중에는 꽤나 큰 부자도 있다고 했다. 여자 기업인도 여럿이라고 했다.

처남인 김금행은 자형인 채산에게 물었다.

"자형. 요즘 사업이 잘 되긴 해서 좋긴 한데, 이대로 가다가는 북한 사람들이 저보다 더 부자가 되겠어요. 제가 아는 박새투라는 사람은 원래 국가안전보위부 출신으로 한때 물먹고 고생했었는데, 금방 지방사업권에 투자해서 큰돈을 벌었다고 하더라고요. 다른 국가안전보위부 출신들 대부분은 완전히 꼬꾸라졌는데, 그 사람은 참 특이해요. 이런 일을 보면 사실 배가 아파요. 저는 머리 빠지게 공부해서 세무사로 돈을 조금 아주 쬐끔 벌지만 이 사람들은 별 공부도 하지 않았는데, 수완이 정말 좋아요. 우리 1970년대, 80년대 고도성장하면서 돈을 막 벌 때처럼 돈을 막 쓸어 담아요. 자형은 그런 생각 안 하세요?"

"뭐 그리 신경 쓸 것 없잖아. 각자 자기 하고 싶은 대로 하고 먹고 살 만큼 벌어서 쓰면 되잖아. 알고 보니 처남이 상대적 박탈감을 느끼는 것 같은데. 내가 알기로는 원래 독일에서는 경제적으로 어려웠던 동독 출신자가 상대적 박탈감을 느끼는 것이 문제였었지. 여하튼 나는 일찌감치 돈 버는 것은 포기했어."

"그래도 자형은 누나가 물려받은 재산도 많고 또 누나가 많이 벌기도 해서 더 안 벌어도 되잖아요? 저는 더 많이 벌고 싶다고요."

김금행은 취기가 오른 상태였고, 얘기가 얘기인지라 핏대를 세우고 있었다.

"진정해."

채산이 별 그런 것을 가지고 신경 쓰냐는 식으로 김금행을 다독였다. 그래도 김금행은 한마디 더했다.

"이럴 줄 알았으면 재통일 안 하는 것이 더 나을 뻔 했어요. 괜히 재통일 해 가지고 남 좋은 일만 시켜 주고, 저는 위축되고요."

이때 옆 테이블에서 술을 마시던 한 사람이 한마디 했다.

"아저씨, 말씀이 조금 지나친데. 기분이 별로 안 좋아, 안 좋아."

이에 김금행은 그 사람 쪽으로 몸을 돌려 한판 붙을 기세였다. 이때 채산이 말려서 몸싸움은 피했다.

그런데 한 30분쯤 더 지나서 아까 그 사람이 화장실을 다녀오다가 몸을 잘 가누지 못해서 김금행의 어깨를 손으로 눌렀다.

"아이 씨, 뭐여? 왜 이래?"

김금행이 상대방의 손을 뿌리치며 상대방의 가슴을 한 대 쳤다. 상대방이 그만 바닥에 쓰러졌다. 살짝 쳤는데 술에 취해 몸을 잘 가누지 못해서 그렇게 되었다. 하지만 그 사람은 일어나서 다시 몸을 원래대로 고쳐 앉아 있는 김금행의 뒷목을 손으로 내리쳤다.

"악!"

짧은 비명과 함께 김금행은 바닥으로 고꾸라졌다.

채산과 상대방 친구들이 이들의 싸움을 말렸지만 싸움이 이어졌고, 결국 두 사람은 경찰서로 끌려갔다.

다행히 경찰서에서 서로 합의를 봤지만 법적으로 불미스러운 일을 겪어야 했다.

● ● ● ● 의외의 대응 ● ● ● ●

채산은 학교에서 교감선생이면서도 3학년 과학을 가르치기 때문에 학생들과 늘 어울린다. 채산이 이 학교에 부임하기 전에는 북한 학생들이 남한 학생들보다 학력이 떨어지고 특히, 수학, 과학, 영어 과목에서 많이 떨어져서 제4차 산업혁명 시대에 제대로 쫓아갈 수 있을까 걱정했다. 학생들의 평균적인 실력은 여전히 채산의 생각이 맞았다. 하지만 몇몇 학생들은 기대 이상이었다.

어느 날 이 학교에 근무하고 있는 캐나다인 영어교사와 재석이가 복도에서 대화하는 모습을 우연히 보게 되었다. 가까이 지나치면서 이들의 대화를 듣게 되었을 때 채산은 깜짝 놀랐다. 재석이의 영어 발음과 어휘가 거의 원어민 수준이었기 때문이었다. 평소에도 재석이를 유심히 지켜봐 왔던 터라 그의 성적이 골고루 전교 1~2등임을 알았지만 그의 영어 실력에 다시 한 번 더 놀라게 되었다. 채산은 재석이에게 다가가 어떻게 영어를 잘 하게 되었냐고 물어볼 심산이었다. 그래서 채산은 어느 날 아침에 재석이에게 "조금 있다 가 교무실로 와서 나랑 얘기 좀 하자."라고 말했다. 그런데 재석은 이 말이 있은 후 5분도 되지 않아서 채산을 찾아왔다. 채산은 깜짝 놀랐다. 재석이 생각보다 빨리 왔다고 생각해 서였다. 재석에게 왜 이리 빨리 왔냐고 물어 보니 재석은 "조금 있다가라고 해서 그랬는 데요."라고 답했다.

채산은 그때야 갑자기 '아 맞아. 이쪽 사람들은 흑백논리적 사고를 가지고 있고 곧이 곧대로 듣는 경향이 있어서 그렇지. 그리고 조금이라는 말에 대한 시간 개념이 남한주민 에 비해 짧아서 그렇지.'라고 생각했다. '지난번에 북한이탈주민에게도 언제 소주 한 잔 하자고 하고 다시 연락을 안 했다가 나중에 시간이 흘러 소주를 언제 살 거냐는 말을 들 었지.'라고 생각했다.

여하튼 채산은 빨리 생각을 정리하고, 재석에게 영어를 어떻게 잘하게 되었는지를 물 었다. 그는 원어민 영어학원에 다녀서 그렇다고 별일 아니라는 식으로 말했다. 그것도 벌 써 7년이나 다녔다는 것이다. 강남이나 서울에서나 있을 것 같은 조기영어학습을 여기서 도 하고 있구나 하고 생각했다. 사실 재통일 이전에도 북한은 과거 김일성, 김정일 체제 때와는 달리 학원교육 등을 활성화시켜서 조기영어학습 등이 가능해져 있었다. 재석이 는 자신만 영어를 잘하는 것이 아니고 우리 학교에서 몇 명이 더 있다고 말했다.

채산은 특히 과학교사이어서 학생들에게 AI 등에 대해서도 가르치고 있다. 그런데 영 어와 마찬가지로 수학과 AI 등에 대해서도 선행 학습이 많이 이루어져 있음을 알게 되었 다. 그리고 이렇게 된 데는 북한이 그동안의 가난을 떨쳐 버리고 경쟁력을 강화하기 위해 '단번 도약'이라는 관점에서 기존의 제조업, 서비스업 등의 산업에도 신경을 쓰지만 제4 차 산업혁명에 맞게 AI 등에 대해 힘을 몰아서 쏟아붓기 때문이라는 점을 알게 되었다.

그래서 채산은 이런 학생들에게는 지식을 전달하는 것도 중요하지만 길을 잘 열어 주 는 것이 더 중요하다고 생각해서 자신의 친구들 중에서 관련 분야 전문가들과 영상회의 식 특강을 계속하게 되었다.

●●●● 나도 모르는 일 ●●●●

　채산은 이곳에 와서 난처한 일을 여러 번 겪었고, 앞으로도 계속 겪을 것으로 생각한다. 그 난처한 일이란, 북한 출신 교사들이나 학생들뿐만 아니라 주변에 알고 지내는 북한주민들이 남한과 관련된 일을 묻는 것이다. 어떤 일은 자신이 직접 경험해서 잘 알고 있고, 어떤 일은 직접 경험하지는 않았어도 들어서 알거나 지식으로 알고 있는데, 또 어떤 일은 자신도 여기 와서 처음 듣는 것들이기 해서 이때 난처함을 느꼈다. 다른 사람들도 마찬가지인데, 어떤 국가나 지역 혹은 문화에서 왔다고 해서 그 국가, 지역, 문화에 대해 다 잘 알 수는 없다. 그런데 묻는 사람 입장에서는 답해야 하는 사람이 그곳 출신이므로 응당 전지전능한 전문가처럼 알고 있으리라고 생각하는데 혹여라도 답을 잘 하지 못하면 답하는 사람을 이상한 눈초리로 보는 경향이 있다. 여기서 채산도 비슷한 경험을 하였다. 아무리 자신이 공부도 많이 했고, 남한에서 그것도 서울에서 교사 생활을 했었다고 하더라도 남한의 각 지방에 대해, 각 분야에 대해, 상류사회에 대해, 권력층에 대해 아는 것은 제한되어 있는데, 이러한 사실을 모르고 북한 사람들은 자신에게 질문하기 때문에 채산은 여러 번 난처했었다.

●●●● 뛰는 놈 위에 나는 놈 있다 ●●●●

　채산이 저녁을 먹고 느긋하게 캔맥주 한 잔을 마시고 있었는데, 전화벨이 울렸다. 휴대폰에 찍힌 발신자 이름은 서울에서 알고 지내던 북한이탈주민의 이름이었다. 반갑게 전화를 받았다.

　"여보세요?"

　"안녕하세요, 채 선생?"

　"박순진 씨, 어쩐 일이세요?, 서울인가요?"

　"아닙니다. 저 여기 새마루특별시입니다."

"웬 일이신가요? 볼일 보러 오셨나요?"

"저, 이곳으로 이사 왔습니다."

자초지종을 들어 보니 이 사람은 재통일 직후 새마루특별시로 이사하여 여행업을 하고 있다고 한다. 과거 독일 재통일 직후에도 갑자기 양측 주민들이 상대 지역에 가 보기를 원해서 여행업이 붐을 일으킨 적이 있었는데, 이 사람이 여행업을 한다는 것이 그럴 만하다고 채산은 생각했다. 채산과 이 사람은 그다음 주말에 만나서 식사하였다. 이 자리에서 채산이 들은 이야기는 충격적이었다. 이 사람이 사업을 하다가 북한주민에게 사기를 당해서 현재 힘들어하고 있다는 것이다. 두 달 전부터는 심리상담을 받고 있다고 하였다. 이 사람은 자신이 먼저 남한에 가서 자유시장경제에 적응하고 밑천도 두둑이 준비해서 북한에 와서 여행업을 하면 크게 성공할 수 있을 것이라고 생각했는데, 뛰는 놈 위에 나는 놈 있다는 말처럼 현지 북한주민에게 형편없이 사기를 당했다는 것이다. 예전에 북한이탈주민 신분으로 남한에 와서도 정신적으로 위축되어 있었고, 남을 잘 믿어서 쉽게 사기를 당한 적이 있었는데, 북한에 되돌아와서도 사기를 당한 것이다. 채산은 이 사람에게 뭐라 할 말이 없었다. 더욱이 자신이 여행업을 잘 알지도 못하기 때문이었다. 그저 말을 들어 주고 마음을 다독여 줄 수밖에 없었다.

●●●● 사고의 귀결 ●●●●

며칠 뒤 금요일이 되어서 채산은 한 통의 전화를 받게 되었다. 김세련이 전화한 것이었다. 평소처럼 채산은 오늘 자신의 거처로 이들이 온다고 했기에 별 생각 없이 전화를 받았다. 그런데 알고 보니 김세련과 채만성은 채산 집으로 오다가 자유로에서 교통사고를 당했다. 자유로는 예전부터 과속하는 차량이 많고 사고가 많아서 사람들이 싫어하는 도로였다. 더욱이 밤 시간에는 사고가 더 많았다. 이날도 하필 김세련이 낮에 일을 마치고 저녁 9시쯤 집을 나섰으니 사고 위험이 적지는 않았다. 그래도 이들이 타고 온 자가용은 레벨 5 자율주행차로서 김세련이 운전하지 않아도 악천후 속에서도 사고가 나지 않는 안전한 차였다. 지금껏 한 번도 사고를 내거나 당한 적이 없었다. 김세련과 채만성은 차 안에서 시트콤을 보면서 편안하게 채산 집으로 이동하고 있었다. 그런데 어떤 사람이 운전하던 차가 이들의 차를 들이받아 사고가 난 것이다. 다행히 중상은 아니었지만 둘 다 전치 4주의 입원치료를 받아야 했다.

이 사고는 채산 가정에 적지 않은 문제를 일으켰다. 김세련이 생각하기에 자신은 아무런 잘못도 하지 않았는데, 상대방 운전자가 자신에게 피해를 준 것이다. 김세련은 이 일로 매우 기분이 상했다. 김세련은 남편과 따로 살기 때문에 자신이 당하지 않아도 될 교통사고를 당했다고 갑자기 생각되어 남편을 미워하기 시작했다. 김세련은 원래 재통일을 좋아하지 않았다. 아무리 자신이 실향민 집안의 며느리이고, 북한에 대해 호의적인 남편을 두고 있어도 북한 사람들에 대한 극혐極嫌 현상을 보이는 사람들로부터 직·간접적인 영향을 받아서 북한에 대해 그리고 재통일에 대해 싫어하게 되었다. 그래서 김세련은 화난 상태로 남편에게 말했다.

"재통일하지 말았어야 하는데, 이게 뭐야. 괜히 나처럼 착한 사람만 피해 보고 말이지. 당신도 이제 다 접고 서울로 오면 좋겠어. 앞으로 또 무슨 일을 당할지도 모르잖아."

채산은 김세련의 마음을 충분히 헤아리고 있었다. 채산은 배울 만큼 배운 사람이고 더욱이 교사이어서 아내에게 어리석은 생각하지 말라고 말하지 않았다. 그저 아무 말을 하지 않고 있었다. 아무 말 하지 않는 것이 이 상황에서는 최선이라고 생각했다.

●●●● 변화하는 재통일 사회 ●●●●

김세련의 교통사고 때문에 채산 가정의 분위기가 한동안 안 좋았다. 그래도 채산이 김세련의 마음을 잘 다독거려서 더 이상 채산의 복귀 문제는 거론되지 않았다.

이후 채산은 일상을 잘 살아 나갔다. 그러던 어느 날 친구들 4명이 채산이 북한 지역에서 어떻게 생활하고 있는지 궁금해하면서 찾아왔다. 겉으로는 친구가 어떻게 사는지 궁금하다는 것이었지만 내심 북한 땅, 특히 개성을 관광하자는 것이었다. 이 마음을 모를 리 없는 채산이었지만 어쨌든 멀리서 친구들이 찾아와서 기뻤다. 친구들에게 이 지역의 맛있는 음식을 대접하고 싶었다. 원래 개성은 우리나라에서 음식 맛있기로 유명한 지역이다. '열구자' 혹은 '탕구자'로 불리는 신선로, 추어탕, 약밥, 경단 등 여러 가지가 유명하다. 채산은 신선로에 소주를 마시기로 결정하고 친구들을 데리고 이 지역에서 제일 맛있기로 소문난 식당으로 갔다. 한동안 만나지 못해서 쌓였던 회포를 풀고 식당을 나섰다. 토요일 점심식사를 했기 때문에 여전히 해는 중천에 떠 있었다. 그래서 채산은 친구들이 보고 싶어 하는 곳들을 안내해 주었다. 그중에서 정몽주 이야기로 널리 알려진 선죽교도 구경시켜 주었다. 그리고 정몽주와 이방원 간의 관계 등에 대해 친구들에게 설명해 주었다. 친구들도 이미 대충 알고 있는 이야기이지만 그래도 채산이 설명해 주어서 처음 듣는 이야기처럼 잘 들어 주었다. 그런데 그때 이들 일행의 옆에서 이 이야기를 듣고 있던 사람 중 한 사람이 채산이 말한 것이 틀렸다고 말했다. 나중에 안 사실이지만 이곳 토박이였다. 이 사람은 북한에서 자신이 배운 것이 옳고 남한에서 배운 채산의 말이 틀렸다고 한 것이었다. 그냥 한 귀로 듣고 한 귀로 흘려보내도 되었을 법한 이야기에 대해 시비를 걸어 약간의 말다툼이 있었다. 다행히 채산이 많이 참아서 큰 일은 벌어지지 않았다.

　그런데 문제는 다시 저녁식사 겸 술을 마시는 자리에서 터졌다. 친구 중 한 사람이 북한말과 관련하여 채산에게 물었다.

　"이쪽 사람들은 여전히 형광등을 샹들리에, 조명등을 떼불알이라고 하고, 형광등을 긴 불알이라고 하나?"

　이때 채산이 답하려고 하는데 옆 테이블에서 술 마시던 사람이 갑자기 끼어들었다.

　"듣자 듣자 하니 별 소리를 다하네. 지금이 어느 시대인데 그런 말을 하고 있어? 당신 남쪽에서 왔지? 남쪽에서 왔으면 조용히 술이나 마시고 가!"

　친구가 이 소리를 듣고 나서 말했다.

　"아니, 왜 끼어들고 그래? 낄끼빠빠해야지. 참나."

　화를 내며 대들던 북한 사람이 이에 질세라 대꾸했다.

　"이거 어디서 굴러먹던 놈이야. 나 원 참."

　두 사람을 그냥 놔두면 큰일나겠다 싶어서 채산과 다른 사람들이 모두 나서서 이 두 사람을 분리하고 마음을 가라앉히도록 했다.

간신히 큰일을 모면했다.

● ● ● ● 재통일 사회에서의 정치 ● ● ● ●

채산은 새마루특별시에 거주하고 있기 때문에 멀리서 TV 등을 통해 보고 알게 되는 국내 정치에 대해 더 자세히 실감 나게 알 수 있다. 과거에는 남한 정치가 주로 서울 여의도에서, 북한 정치가 주로 평양에서 이루어졌는데, 이제는 신 수도인 새마루특별시에서 이루어지고 있다.

이 새마루특별시에서 현재는 5개 주요 정당이 원내교섭단체로 등록하여 다당제 형태로 정당 정치를 하고 있다. 과거 북한은 노동당 중심의 1당제였고, 남한은 진보와 보수의 거대 양당을 중심으로 한 실질적인 양당제였다면 이제는 그래도 명실상부한 다당제를 펼치고 있다. 하지만 여전히 구태를 벗지 못하고 지독하고 저열한 상대 비난과 발목잡기식 정치를 하고 있는 정당과 정치인들이 있다. 그래도 결국에는 정당들끼리 타협하는 모습을 겉으로는 연출하곤 한다.

원래 정치란, 한 사회 내의 유한한 자원을 국민들의 뜻에 따라 효율적이고 합법적으로 배분하는 행위를 말한다. 그런데 재통일 사회에서 다양한 이익 주체들이 서로 먼저 자신들의 이익을 차지하기 위해 정치활동을 하고 있다. 개인적으로뿐만 아니라 조직적으로 활동하고 있다. 조직적으로 하는 활동의 가장 대표적인 것이 정당 활동이니 각자의 이익을 도모하기 위해 다양한 정당에서 활동하는 것이다. 다행히 우리나라는 정당 활동과 관련하여 엄격한 법적 장치가 있고, 또 다른 제도적 장치도 있어서 나름대로 민주적으로 진행될 수 있지만 그래도 적지 않은 꼴불견이나 국민들에게 스트레스를 주는 일들도 발생하고 있다.

정당 정치 이외에도 생활 정치 측면에서 보면 이제는 많이 성숙된 시민의식을 가진 사람들이 생활 정치를 하고 있다. 하지만 아직까지도 과거 재통일 이전의 양측 정서에 기반한 정치를 하고 있는 세력들이 있다. 그래서 과거 동독의 과거향수병ostelgia을 가진 사람들의 정서를 부추기고 기대는 정치적 선동이 있었듯 여전히 과거 북한의 과거향수병을 가진 사람들의 정서를 자극하는 정치꾼들이 존재해서 문제이다. 이러한 세력들 중에는 꼭 북한 출신만 있는 것은 아니다. 남한 출신이지만 자신의 정치적 이해득실을 따져서 이렇게 하는 것도 있다.

●●●● 재통일 사회를 위협하는 위기 사건 ●●●●

우리나라뿐만 아니라 전 세계가 사스, 신종플루, 메르스, 에볼라, 코로나19 등 귀찮고 위협적인 전염병에 한동안 몸살을 앓고 이제 한숨 돌린 지 10년이 되었다. 하지만 WHO가 명명하길 'X'가 2033년 세계를 강타한다. 재통일된 한국도 예외가 아니다. 다행히 재통일 한국은 재통일 이전부터 질병관리본부가 대응을 잘해 오고 있고, 10년 전부터 질병대응부로 승격되어 전염병 관리 측면에서 세계적인 리더로 자리매김하고 있다. 이번 X는 일본에서 발병되어 코로나19보다 더 강력하게 피해를 주고 있다.

한국에서도 확진자 5만 명, 사망자 350명을 기록할 정도로 위세를 떨치고 있다. X가 유행되기 시작하여 2개월 동안 경제활동은 과거 코로나19 때보다 제한되었다. 많은 사람들이 실직하고 경제적 곤란을 겪고 있다. 다행히 로봇 택배와 드론 택배로 식생활 등의 문제는 해결하고 있지만 다른 일상생활은 거의 셧다운 되었다.

일부 국민들은 현 정부의 대응 태도에 대해 불만을 가지고 있다. 그래서 이것도 괜히 재통일해서 문제가 가중된 것으로 생각하고 있다.

채산은 자신도 이 상황에서 힘든데, 현 정부를 탓하고 비난하는 국민들을 보면 더욱 화가 치밀어 올랐다. 각 개인들이 피해를 보는 것을 정부와 재통일 탓으로 돌리려는 것이 비합리적으로 보였기 때문이었다.

다행히 이 일은 5개월 만에 종식되었다. 채산은 재통일된 이후에 발생되는 불행한 일들이 재통일 때문에 발생되었다는 인식이 자꾸 생기는 것에 대해 안타깝게 생각하고 있다. 재통일의 가치를 높게 두고 있는 채산은 제발 앞으로는 이러한 일들이 안 생기길 바라고 있다. 그런데 바라는 대로 될까?

이후 채산은 여러 일들을 겪으면서 재통일 문제에 대한 맷집이 더욱 세졌다. 그만큼 자신의 삶에 대한 의미를 다시 정리하게 되었고, '이제 별 일이야 있겠어?'라고 생각하게 되었다. 하지만 새로 전근 온 지 5년 만에 새마루특별시나 다른 북한 지역에 눌러 살 생각을 접고 아내와 아들이 있는 서울로 다시 전근 가게 되었다.

이상의 이야기가 당연히 재통일 이후의 진행 과정에서 발생되는 유일한 사례나 최선의 이상적인 사례는 아니다. 이 외에도 다양한 시나리오를 구성하여 미래학적 관점의 연구가 가능하다. 이러한 방법은 기존의 심리학적 연구 방법이 이미 발생한 현상을 다루는 데 초점을 맞춘 것과는 차이가 크다. 아니 어쩌면 기존 심리학적 관점을 가진 심리학자들이라면 이와 같은 방법의 연구는 연구가 아니라고 할 수도 있다. 하지만 경험되지 않았다고 해서 무조건 연구할 수 없다고 생각해서 경험되기를 기다리기만 하면 되는 상황이 아니다. 따라서 본 연구에서는 이와 같은 방법을 적극적으로 적용하고 있다.

앞의 이야기는 본 연구자가 이 분야에서 전문지식을 오랫동안 쌓아서 구성한 것이다. 하지만 이 이야기 말고 다른 이야기도 큰 전문지식이 없어도 구성할 수 있다.

새로운 다양한 이야기를 구성할 수 있는 방법은 작가의 도움을 받으면 된다. 최근에는 이미 AI 시대에 접어들어서 기계적으로도 어느 정도는 이야기를 구성할 수 있다. 하지만 좀 더 문학성과 예술성을 보일 수 있는 이야기 구성은 쉽지 않다. 다행히 '스토리텔링storytelling 진화론'에서 그 가능성을 찾을 수 있다. 이 스토리텔링 진화론은 1990년대 이후 인지과학과 컴퓨터 공학, 즉 프로그래밍 기법이 결합하여 새롭고 획기적인 방식으로 스토리를 구성하는 것을 말한다. 이때 작용하는 스토리에 필요한 3요소는 인물, 배경, 사건이다. 이 3요소에 기존 자료 DB를 활용하여 변화를 주면 스토리가 만들어지는 방식이다. 여기서 말하는 스토리는 흔히 '서사'로 번역되기도 하는데, 소설, 영화, 게임, 드라마, 애니메이션, 만화 등 다양한 형태를 모두 포함한다. 이러한 장르에 맞게 스토리를 컴퓨터 프로그래밍으로 구현할 수 있게 된 것이다.

이인화(2014)는 『스토리텔링 진화론』을 통해 이러한 방법을 설명하고 있다. 이 책에서는 스토리텔링 원리, 디지털 스토리텔링, 디지털 스토리텔링 창작 도구를 다루고 있다. 마음만 먹으면 웬만한 가치를 가진 스토리를 만들 수 있게 된다는 것이다.

실제로 이 창작 도구가 아닌 다른 도구를 써서 AI가 쓴 단편소설이 니혼게이자이 신문사 주최의 '호시 신이치 SF 문학상 공모전'에서 1차 심사를 통과했다. AI가 썼다고 사전에 심사위원들에게 알리지 않았으므로 당연히 일반 작가가 쓴 소설로 본 것이다.

이 디지털 스토리텔링 창작 도구가 재통일 연구에서 중요한 가치를 가지는 이유는, 재통일을 경험하지 않고도 재통일 이전 기간, 재통일 진행 기간, 재통일 이후 기간에 발생될 수 있는 가상의 상황을 다양하게 설정하여 심리학적 현상을 보다 쉽게 이해하고, 심리학적 문제를 정의할 수 있다는 것이다. 이뿐만 아니라 심리학적 문제의 해결 방안을 찾아볼 수도 있다. 즉, 스토리텔링에 의한 기법을 다양한 시뮬레이션 기법에 적용하여 주요 변수들의 변화에 따른 변화를 결과로 받아 보되, 이 결과를 낳을 수 있는 처치 예를 들면, 심리치료나 상담적 측면의 프로그램까지 구성하여 적용하면 심리학적 문제 해결 방안을 찾아낼 수 있다는 것이다.

이 스토리텔링 저작 도구인 스토리텔링 헬퍼는 'http://www.storythelper.co.kr'에서 확인할 수 있다(이 책을 작성하고 있는 시점에는 새 단장을 하고 있어서 다시 원래 화면을 확인할 수 없었지만 곧 재가동한다고 함).

3. 재통일 분야에 관한 심리학 성과 체계화

저자는 그동안 재통일 연구를 하면서 심리학 분야에 대한 관심과 평가가 부족한가에 대해 많이 고민해 왔다. 재통일 연구를 많이 하고 있는 학문 분야인 북한학에서도 심리학적 관심과 연구 성과 소개는 매우 부족하다. 북한학과 교수인 고유환(2019)은 북한에 대한 연구가 과거의 이데올로기적 존재구속성을 벗어나 객관적으로 연구할 수 있게 되었으나 어떤 특정한 연구 방법이나 흐름으로 정리하기 어렵다고 보았다. 그러면서도 심리적 측면에 대해서는 언급이 없었다. 오랫동안 재통일 연구를 해 오고 있는 학자들인 정성장, 진희관, 전영선, 윤미량, 이수석, 신상진, 우평균, 서보혁(2005)이 펴낸 『현대북한연구의 쟁점 1』과 곽승지(2007)가 펴낸 『현대북한연구의 쟁점 2』 등에서도 '심리' 분야에 대한 연구는 다뤄지지 않았다. 단지, 김정일 연구나 북한과 다른 국가들과의 관계, 주체사상 등을 다룰 뿐이었다. 저자와 학술적 교류를 오랫동안 하고 있는 북한학과 교수 한 사람도 김일성 주석이 살아 있는 때는 "김일성의 심리를 연구해 볼 생각이 없느냐? 이 연구가 절대적으로 필요한데……"와 같은 이야기를 저자에게 했고, 그 이후에는 김정일 위원장에 대해서, 다시 김정은 위원장에 대해서 연구해 볼 것을 권유할 정도였다.

그렇지만 비심리학자로서 북한의 사회심리 등에 대해서 연구한 사회학자와 정치학자들이 몇몇 있기는 하다. 주로 북한이탈주민을 대상으로 한 인터뷰와 조사를 통한 결과와 북한에서 보도하는 내용, 그리고 북한의 여러 서적들을 토대로 이러한 분석을 하였다.

그런데 전통적으로 북한과 같은 공산국가는 심리학에 대해 관심을 가지지 않아 왔다. 단, 과거에 파블로프I. Pavlov의 학습심리학과 같은 내용과 적국에 대한 심리전을 위해 설득심리학을 다뤘을 뿐이다. 물론 최근에는 중국과 같은 공산국가도 개혁과 개방을 하면서 심리학에 대한 관심을 갖게 되었고, 연구자들도 점차 많아지고 있다.

북한도 이와 같은 변화가 있어서 『심리학개론』(1988)과 『사회주의심리학』(1974)이 출간되기도 했다. 이 『심리학개론』책은 심리학이라는 학문을 '사람의 심리와 본질과 그 발생, 발전의 합법칙성을 연구하는 과학'이라고 정의하고 '일반심리학'과 '사회심리학'이라는 두 가지 분야로 크게 나누어 다루고 있다. 일반심리학에서는 '심리학의 기본문제', '인식', '감정과 정서', '의지', '신념', '요구와 지향', '인격의 심리적 특징'을 다루고 있고, 사회심리학에서는 '주체사상에 기초한 사회심리학의 력사적 지위', '사회심리의 본질과 형성의 합법칙성', '민족심리', '계급심리', '사회소집단의 심리', '년령별집단의 사회심리', '집단활동의 심리적 특성'을 다루고 있다. 이러한 내용들은 미국과 한국의 심리학개론서들이 다루고 있는 주제들과 약 70%는 유사하지만 나머지는 북한체제의 고유한 특징과 연계된 것들이다. 그리고 유사한 주제라고 하더라도 관점은 이 책에서 밝히고 있듯이 '주체사상에 기초한 심리학'이라는 관점을 견지하고 있다. 특히, 이 책은 김정일 위원장의 "인간의 모든 인식활동과 실천활동의 근본목적은 인간의 운명을 개척하는 데 있습니다."라는 말에 기반하고 있다고 밝히고 있다.

또한 『사회주의심리학』은 사범대학용으로 저술된 것으로서 좀 더 북한의 교육과정에서 반영해야 할 심리학적인 내용을 많이 다루고 있다. 이 책이 다루고 있는 구체적인 주제는, '혁명의 위대한 수령 김일성동지께서 창시하신 영생불멸의 주체사상은 사회주의심리학의 확고한 지도사상', '혁명의 위대한 수령 김일성동지께서 밝히신 의식의 본질에 관한 리론', '혁명의 위대한 수령 김일성동지께서 밝히신 혁명적세계관과 그 형성발전의 합법칙성에 관한 리론', '혁명의 위대한 수령 김일성동지께서 밝히신 공산주의자의 사상정신적 풍모에 관한 사상과 리론', '혁명의 위대한 수령 김일성동지께서 밝히신 자연과 사회에 대한 과학지식습득과정에 관한 리론', '혁명의 위대한 수령 김일성동지께서 밝히신 자연과 사회를 개조하는 창조적 활동의 심리적 본질에 관한 리론', '혁명의 위대한 수령 김일성동지께서 밝히신 청소년학생들의 심리적 특징과 심리의식의 개성적 및 집단적 특성에 관한 리론'을 다루고 있다.

이렇듯 김일성은 정권을 잡은 초기부터 교육사업에 집중하였다고 할 수 있다(이현주, 2020). 그리고 북한에서는 1974년부터 직장별, 작업반별, 조직별로 강화된 조직체계를 갖기 시작했는데, 이 책에서 다룬 내용이 많이 반영된 것이라고 볼 수 있다. 〈표 1〉은 근로자들의 학습활동 내용이다. 이러한 학습 모임에 대해 김병로(2019)는 기독교의 집회와 집회시간을 모방한 것으로 해석했다. 북한의 이러한 주체사상을 중심으로 한 학습은 '공산주의형 인간'을 만들기 위한 것이다.

이러한 공산주의형 인간 만들기와 사회체제의 강화로 북한은 클리포드 제임스 기어츠Clifford James Geertz가 말한 '극장국가'이다. 즉, 북한에서 권력자가 권력을 드러내기 위한 행사를 하는 것을 보면 연극화되어 있다는 의미이다. 따라서 이 연극화된 모습 속에서 그 북한 사회가 드러내고자 하거나 드러내는 문화적 상징체계 각각과 이들 간에 연결되어 있는 모습을 파악해 내는 것이 중요하다.

그렇다면 북한에서 이루어진 공산주의형 인간 만들기가 성공한 것인가? 함인희(2004)에 의하면 전적으로 성공했다고 보기는 어렵다. 함인희(2004)는 주체사상이 북한주민들에게 얼마나 내면화되어 실천되는가에 대해 엘리트 집단과 일반 주민을 구분하여 분석했다. 그 결과 양측 모두 기본적으로는 신봉하지만 가까운 미래에 이러한 사상에 기초한 이상이 실현될 것이라는 기대는 거의 하지

〈표 1〉 북한의 학습조직체계

종류	요일 및 시간	내용
월요학습침투	월요일 저녁 (요인 변동 가능성 있음)	주체사상, 마르크시즘
수요강연회	수요일 저녁	국가정책, 국제 문제
주생활총화	토요일 오전	자아비판, 로작연습
인민반학습	토요일(일요일) 저녁, 장마당 전날 저녁(농촌)	생활정보교환, 로작연습
아침독보회	일과시간 전 30분간	직장생활에의 적용

출처: 김병로(2004), 156쪽.

않고 있는 것으로 나타났다.

그리고 김병로(2019)의 책과 함인희(2004)의 책에서는 황장엽이 주장한 "주체 사상에서는 인간의 행동을 전적으로 구속하는 객관적인 필연적 법칙이라 존재하지 않고, 인간이 객관적이고 필연적 법칙에 대해서도 주동적, 능동적으로 작용할 수 있는 자유를 가지고 있다"(이현주, 2017, 320쪽)는 내용을 확인할 수 있다. 즉, 북한에서 인간에 대한 심리학적 관점을 어떻게 취하고 있는지를 알 수 있게 하는 책들이다.

하지만 이들 책의 내용이 북한주민을 직접 연구한 결과가 아니라는 점에서 이 두 책과 남한에서 연구된 남한주민과 북한이탈주민, 그리고 북한주민의 심리적인 측면들을 직접적으로 비교하여 분석하기란 쉽지 않다.

단, 앞서 언급한 바대로 남한에서도 심리학자는 아니지만 남한과 북한에 관련된 심리학적인 연구를 한 경우들이 있다. 사회학자인 서재진(1999)은 아주 짧지만 『북한의 사회심리 연구』를 출간했고, 사회학자와 심리학자 등으로 구성된 연구팀(이우영, 구갑우, 이수정, 권금상, 윤철기, 양문수, 양재민, 김성경, 2017)에서 『분단된 마음의 지도』와 이 책의 연장선상(이우영, 권금상, 최선경, 양문수, 이수정, 2019)에서 『분단 너머 마음 만들기』를 펴냈다. 최근에는 김성경(2020)도 사회학자로서 『갈라진 마음들: 분단의 사회심리학』을 출간하여 북한에 대한 심리학적 연구 성과를 제시했다. 정치학자인 이화수(1999)는 『통일한국의 정치심리학: 남북한간 인성통합을 위하여』를 출간하였다.

먼저 서재진(1999)이 책에서 다룬 내용을 살펴보면, '욕구'에 관한 심리현상, '억압'에 관한 심리현상, '(정신)병리'에 관한 심리현상, '사회적 성격'에 관한 심리현상 등을 다뤘다. 특히, 북한주민들이 수동적인 성격을 가지게 되는 등의 성격 변형이 일어났다고 주장했다. 하지만 이들 내용은 종합적인 분석틀을 가지고 다룬 것이 아니어서 심리학적으로 보면, 정합성이 그리 높지 않다고 볼 수 있다.

이우영, 구갑우, 이수정, 권금상, 윤철기, 양문수, 양재민, 김성경(2017)의 『분단된 마음의 지도』라는 책에서는 북한의 역사와 문화를 통해 본 마음이라는 관점에서 분석했고, 이우영, 권금상, 최선경, 양문수, 이수정(2019)의 『분단 너머 마음 만들기』라는 책에서는 '북한적 마음'이라는 측면에서 북한 사람들의 마음이 체제 변환기에 어떻게 나타날 수 있는지를 분석한 것이다. 이러한 시도는 리처드 니스벳Richard Nisbett의 『생각의 지도The Geography of Thought』라는 책에서 동양인의 마음과 서양인의 마음을 대별시켜 다룬 방식을 따르면서 북한인들의 마음이 변할 것으로 생각한 연구이다. 하지만 체제변환기라는 측면에서 발생되는 외부 문화의 유입에 따른 문화심리학적 기제를 정교화하는 데 있어서는 다소 미흡한 면이 있다.

김성경(2020)은 『갈라진 마음들: 분단의 사회심리학』라는 책에서 '마음'이라는 용어를 중심으로 '감정과 정동'이라는 측면의 심리학적 현상을 다루기는 했지만 사회학적 관점에서 북한주민들의 심리를 분석했다. 즉, 심리학에서 상정하고 있는 인지, 정서, 행동의 3자 관계를 밀도 있게 역동적으로 다루었다고 보기에는 아쉬운 점이 있다.

이화수(1999)는 『통일한국의 정치심리학: 남북한간 인성통합을 위하여』에서 그의 표현에 따르면 남북한의 '인간통합'을 준비하려고 했고, 여기서 '인성'은 영어로 표현하면 'personality'인데 다룬 내용을 보면, 성격심리학적 측면도 일부 다루고 있지만 사회심리학적 측면과 일반심리학적 측면 등을 합해서 다룬 것이라고 볼 수 있다. 물론 그가 밝혔듯이 북한주민을 대상으로 직접 조사를 하지도 못했고, 병리적인 측면까지는 다루지 못했다. 다만, 미국의 노예제도나 나치의 집단수용소 등의 예를 근거로 논지를 전개하였다. 이러한 방식으로 북한주민의 심리를 파악하려는 과정에서는 북한과 미국이나 독일의 문화심리학적 측면이 고려되어야 하고 노예제도와 집단수용소와 북한의 현재 상황이 동일하거나 유사한지가 고려된 후에 논의되어야 하는데 그러지 못했다.

그렇다고 해서 심리학계에서 재통일에 대한 심리학적 관심을 강하게 표출하는 책이 등장하지도 않았다. 금방이라도 재통일이 될 것 같은 느낌을 가졌던 1990년대 초반(구체적으로는 1993년에 '남북의 장벽을 넘어서: 통일과 심리적 화합'이라는 한국심리학회 주최 재통일문제 학술심포지엄)과 2000년대 초반에만 심리학계(한국심리학회 산하 분과학회 중심으로)가 학술심포지엄을 개최하면서 자료집을 펴내는 정도였다. 1993년 학술심포지엄에서는 10개의 논문이 발표되었다. 특히, 차재호가 '남북한 통일에 대한 심리학적 조망'이라는 주제로 '재통일'이라는 사건을 어떻게 심리학적으로 바라보아야 하는가를 다뤘고, 이장호는 '남북통일의 문화심리적 장애요인'이라는 주제로 6 · 25와 적색공포증 등의 문제를 다뤘다. 그이후에도 심리학계의 여러 분과에서 특별 심포지엄을 개최하거나 특별 논문 기문을 받아 학술지를 발행한 적은 있었다. 물론 학자들의 개별 학술 논문 발표도 매우 중요하다. 하지만 이러한 논문들의 성과를 보다 체계적이고 창의적으로 정리하여 새로운 쟁점issue을 제시하고 의제agenda를 설정하는 것이 더 중요하다. 그럼에도 불구하고 심리학적으로 비중 있는 책 출판은 이루어지지 않았다.

또한 심리학계에서 재통일을 연구하는 학자들이 조금씩 증가하고 있지만 이들 대부분은 재통일과 관련하여 심리학의 울타리를 벗어나서 정치학, 경제학, 사회학, 정신의학 등과 교류하지 못하고 있다. 이제부터는 심리학계를 넘어서는 보다 큰 시각이 절대적으로 필요한 시점이다. 더더욱 재통일은 재통일방안이나 큰 정책적 측면을 많이 다룰 수밖에 없기 때문에 심리학자들도 이러한 분야에 대한 식견이 더 많이 필요하다. 이러한 점에서 이 책의 필요성이 있다고 할 수 있다.

4. 반성과 전환

(1) 재통일 필요성

'재통일은 왜 필요한가?'라는 질문에 대해 국민 개개인마다 답이 다를 수 있고, 어떤 사람들의 경우에는 아예 답을 할 수 없거나 하지 않으려고 할 수도 있다. 하지만 정부 정책담당자와 관련 학자들은 이에 대한 답을 제공하려고 많이 노력해 왔다. 남한의 헌법에도 재통일에 대해 명시하고 있고, '통일부'라는 정부조직도 있기 때문이다. 관련 연구기관인 통일연구원과 교육기관인 통일교육원 등이 있기도 하다.

앞서의 질문에 대해 통일교육원(2011)이 제시한 답을 눈여겨볼 필요가 있다 (19쪽). 첫째, 한반도 재통일은 새로운 국가비전을 위한 발전 원동력이 될 것이며, 현재 한국 사회는 이러한 원동력이 절실히 필요한 국면에 직면해 있다는 것이다. 둘째, 한반도 재통일은 분단으로 장기간 훼손된 민족 정체성을 회복하기 위해 필요하다. 셋째, 한반도 재통일은 우리 민족에게 엄청난 편익benefit을 가져다주기 때문에 필요하다. 넷째, 한반도 재통일은 남북 구성원 모두에게, 특히 북한주민들에게 자유와 인권과 행복한 삶을 보장해 주기 때문에 필요하다. 다섯째, 분단에 의한 국력 낭비를 극복해야 할 필요성에서 한반도 재통일은 반드시 필요하다. 여섯째, 탈냉전 시대 냉전의 고도孤島인 한반도에서 근본적으로 평화와 안정을 성취할 필요가 있다. 일곱째, 21세기 동아시아는 세계와의 성숙한 상생공영의 관계가 필요하며, 이를 위해서는 반드시 한반도의 분단이 극복되어야 한다.

이러한 점들을 정리해서 박종철 등(2012)은 재통일한국의 비전을 다음과 같이 제시했다. 첫째, 정치적으로는 선진민주국가, 둘째, 안보상으로는 비핵·평화국가와 동아시아 평화의 가교, 셋째, 경제적으로는 친환경 발전과 동아시아 경협 촉진, 넷째, 사회적으로는 복합문화 모델과 동아시아 사회문화교류 촉진이었다. 이 비전에 대해 전적으로 동의하기는 어렵지만 큰 방향에서는 옳다고 볼 수 있다. 심리학적으로 보더라도 이 비전이 인간답고 여유롭게 살아가는 미래 사회를 어느 정도는 그리고 있다고 볼 수 있기 때문이다.

더욱이 독일의 경우에는 자신들만의 재통일로 그치지 않고 유럽 여러 국가들의 통합에도 기여하였다. 이러한 독일의 노력은 자신들이 과거에 나치스트를 중심으로 한 과오를 더 이상 반복하지 않기 위한 목적과도 닿아 있다. 그 결과로 [그림 1]과 같이 EU가 공식적으로 탄생되었다. 그리고 이 EU가 아직도 적지 않

[그림 1] 독일 재통일과 EU의 관계

출처: 통일부 통일교육원(2011), 23쪽.

은 문제를 가지고 있기는 해도 유럽의 민주시민들이 살아가는 데 큰 생활공간이 된다고 볼 수 있다. 그리고 독일은 재통일을 위한 교육은 주로 시민교육으로 되어 있어서 재통일된 독일이라는 국가 공간에서뿐만 아니라 EU 공간에서도 원활한 삶을 살아가게 되었다고 볼 수 있다.

이러한 상황에서 우리 한민족이 재통일과 관련하여 왜 심리학적 연구를 좀 더 많이 하지 못했을까를 생각할 필요가 있다. 이 고민의 답으로서 그 주된 이유는, 이승만 정부 시절에는 북진통일론을 주장했다가 박정희 정부 시절에는 선건설 후통일론에 입각하여 재통일에 대해 소극적인 입장을 취해 왔다. 사실은 실제로는 어떠한 재통일을 한다고 해도 양측 주민들이 다시 어우러져 살아가야 하는 상황은 피할 수 없으므로 심리학적 연구가 필요한데 이 사실조차 생각하지 않았기 때문에 심리학적 연구를 하지 않았다고 볼 수 있다. 이후 박정희 정부는 야당으로부터 공격받았고 황태성이라는 거물 간첩사건이 발생하면서 미국의 입장을 의식하면서부터 국가중심적 재통일론을 전면에 내세우게 되었다. 하지만 이때에도 심리학적 연구는 전혀 이루어지지 않았다. 그 이후에는 미국 정부와 한국 정부가 북한이 곧 자체 붕괴될 것이라고 예상했기 때문이다. 하지만 이 예상은 현재까지는 틀렸다. 앞으로도 꼭 붕괴된다고 단정하기도 어렵다. 그 이유는 북한 체제 자체와 북한주민들이 나름대로 현 상태를 수용하고 새로운 변화를 꾀하지 않으려는 심리적 기제를 가지고 있기 때문이라고 볼 수 있다. 이 기제는 동독 주민이 다음과 같이 말한 것에서 엿볼 수 있다.

"서독으로 도망갈 생각을 안 했냐고요? 안 했어요. 그 사람들 잘사는 것 부럽다거나, 배 아프다 생각하진 않았어요. 서독의 많은 물건들을 보니 '이런 게 꼭 필요한가' 싶기도 하더라고요. 물론 동독에서는 자동차를 구하기도 힘들고 물건도 부족했지만, 허락하는 한도 내에서는 만족하며 사는 법을 배웠어요. 무엇보다, 모든 게 조금씩 부족하니 이웃과 교류가 잦았지요. 동독에는 상부상조 정신이 있었어요."

(구 동독거주자인 베어톨트의 답변, 이대희, 이재호, 2019, 31쪽)

따라서 이러한 심리적 기제가 작용할 것을 염두에 둔 북한과의 재통일방안에 대해서도 철저하게 준비해야 할 상황이다.

(2) 무력적인 방식이냐, 평화적인 방식이냐

앞서 채산 등이 살아가는 재통일 사회(이후에 초단편소설 내용을 토대로 이야기를 전개할 때는 이 글씨체로 표시하여 이야기의 흐름을 이어 가려고 함)는 심리학적 관점에서 보면, 분단과 재통일 관련 문제는 매우 중요하면서도 고도로 복잡한 문제라고 할 수 있다. 이미 재통일을 이룬 국가들에서도 이러한 관점에서 보고 있다. 재통일된 지 30년이 지나서 이제 재통일 이야기는 하지 않아도 될 것 같은 독일의 경우에도 여전히 심리학적 관점에서 분단과 재통일 관련 문제를 처리해 나가고 있다. 베트남의 경우와 예멘의 경우에도 그렇다. 예멘은 재통일 이후에 내부 사정으로 다시 내전까지 치르고 많은 국민들이 해외로 탈출하여 난민이 되었다. 내전은 여전히 현재진행형이다. 장차 재통일되기를 바라고, 현재의 분단상태를 극복해야 하는 한민족 심리학자들은 매우 막중한 사명감을 갖고 이러한 문제에 대해 더더욱 미리미리 대응해야 할 상황이다.

그렇다면 심리학적으로는 어떠한 문제들부터 초점을 맞춰야 하는가가 큰 관건이다. '분단 이후 지속되는 한반도 정치상황을 말하는 분단체제를 어떻게 극복할 것인가?', '어떤 방식으로 재통일을 진행해야 하는가?', '재통일 후유증은 어떻게 처리해야 하는가?', '재통일에 따른 긍정적 심리효과를 어떻게 극대화할 것인가?' 등 무수히 많은 중요한 문제들이 있다.

이들 문제 중 '분단체제를 어떻게 극복해야 하는가?'의 문제를 최우선적으로 중요하게 생각하는 입장(예: 김국신, 김도태, 여인곤, 황병덕, 1994; 백낙청, 1998; 조한혜정, 이우영, 2000)도 있다. 이 입장은 재통일을 이루기 위해서는 분단체제를 극복해야 하는데, 만약에 재통일을 이루지 못한다고 하더라도 폐해가 큰 분단체제를 우선 극복해야만 한다는 것이다. 즉, 재통일이 되지 않고 양국체제가 항구적으로 유지된다고 하더라도 분단체제의 핵심적 폐해인 남북한 양측의 적대의식 등이 소멸되고, 분단체제를 이용하여 이익을 도모하여 온 세력들이 사라져 주기를 바라는 것이다. 이러한 상태는 국가연합의 형태에서 볼 수 있다. 이 단계에서 더 나아가 남북한 양측이 밀접하게 통합되는 연방제나 단일 국가체제를 이루게 된다면 이러한 적대의식 등이 감소하게 될 것이다.

따라서 '분단체제를 어떻게 극복해야 하는가?'의 문제는 결국 '어떤 방식으로 재통일이 진행되는가'와 직·간접적으로 밀접하게 연결되어 있다. 그리고 재통일 진행 방식은 옷 입을 때 첫 단추를 어떻게 끼느냐 하는 것처럼 재통일국가에서는 특히 중시된다. 비가역적irreversible으로 잘못된 방식으로 재통일이 진행된다면 그 부작용과 역효과는 가히 상상을 초월할 것이기 때문이다.

재통일의 진행 방식, 흔히들 재통일 방식이라고 하는 것은 복잡한 것이지만, 이를 가장 단순하게 몇 가지로 구분한다면, 무력적인 재통일 방식이냐와 평화적인 재통일 방식이냐이다. 하지만 분단국가의 국민들 대부분이 평화적인 방식으로 재통일을 하고자 한다. 그 이유야 당연히 무력적인 방식, 즉 전쟁을 통해 분단국 중 한 편이 다른 쪽을 강제로 병합시키는 과정에서 무수히 많은 양측 주민들의 인명피해와 재산피해 그리고 수십 년 이상 지속되는 심리적 피해가 나타나기 때문이다. 심리적 피해에는 양측 주민 간의 불신, 적개심 등 손으로 측정하기조차 힘든 것들을 말한다. 물론 아주 드물게 무력, 즉 전쟁에 의해 재통일된 사례가 있기는 하다. 바로 베트남이다.

베트남은 프랑스의 식민지에서 벗어난 후에는 이데올로기와 외부 세력의 영향으로 공산진영과 자유진영으로 분단되었다. 이후 공산진영인 북베트남이 자유진영인 남베트남을 무력으로 재통일하고자 시작한 전쟁은 아니었지만 결과적으로는 북베트남이 베트남 전체를 무력으로 재통일시켰다.

우리 한민족의 경우에도 남북한[3]이 분단된 직후 어떻게든 재통일 시도를 각자 했다. 그때의 초점은 평화재통일이 안 되면 무력으로라도 재통일하겠다는 것이었다. 북한이 남한에 대해 무력으로 재통일하려고 한 것은 6·25전쟁으로 확연히 드러났고, 그 결과는 비극이었다. 남한도 이승만 대통령이 북진통일을 주장하면서 무력으로라도 재통일하려고 했다. 이 생각은 국내·외적인 저항에 부딪혀서 무산되었다. 양측 모두의 무력에 의한 재통일 추진은 부질없는 일일 뿐만 아니라 최악의 결과를 낳았고, 앞으로도 이러한 시도가 있을 경우 심대한 부정적 결과를 피할 수는 없을 것이다.

현재 대부분의 한민족 구성원들은 평화로운 재통일을 원하고 있다. 무력으로 재통일하려다가는 자칫 무고한 많은 인명피해와 그동안 애써 이룬 물질적 성과와 재산에 돌이킬 수 없는 피해를 입을 수 있다는 점을 우리 한민족 구성원들은 뼛속 깊이 새기고 있기 때문이다. 그래서 남한은 무력재통일의 길이 아닌 평화재통일의 길을 선택했다. 김학성(2014)에 따르면, 남한은 '한민족공동체통일방안'을 수정·보완한 '민족공동체통일방안'을 발표한 이후 통일 방안을 세련화하려는 어떠한 공식적인 노력도 하지 않았다. 그 대신 김대중 대통령의 '햇볕정책', 그 이후 정부에서 '평화번영정책', '상생공영정책', '한반도 신뢰 프로세스 정책'과

---

3) 개성공단에서 근무한 경험 등을 가진 재통일, 북한 분야 전문가인 김진향(2015)은 '남한'과 '북한'을 상호 간에 좋지 않게 생각한다는 양측 주민들의 생각을 토대로 '남측'과 '북측'으로 표현하자는 제의도 있다. 하지만 이 용어들도 대한민국과 조선인민민주주의공화국이라는 양측 국호와 한민족의 뿌리를 같이한 집단이라는 점을 정확히 내포하기 어렵다는 의미에서 이 책에서는 일단 기존에 사용되던 '남한'과 '북한'이라는 용어로 표현하고자 한다.

같은 상징적인 명칭의 대북·통일정책을 제시함으로써 당위성보다 실천전략에 초점을 맞추었다.

　반면, 북한은 '조선인민민주주의공화국 사회주의헌법'을 통해 보더라도 무력 재통일의 길을 포기했다고 단정 짓기는 어렵다. 하지만 표면적으로는 평화재통일의 길을 가는 것처럼 보인다. 그리고 실제로도 무력재통일을 추구하기보다는 자신들의 체제 안전을 도모하고 있다고 볼 수 있다. 1972년 7.4 남북공동성명을 발표하고 나서 김일성이 이제는 체제안전을 위한 어느 정도 보장받았다고 토로 했다는 점에서도 무력재통일의 가능성은 현저히 낮아졌다. 2000년 6.15 공동선 언에서 남북한이 '국가연합제'와 '낮은 단계의 연방제'라는 이름으로 접점을 찾 아보려고 했던 것도 무력재통일론이 설득력을 갖지 못하는 근거이다.

　현시점에서 볼 때, 남북한 양측이 평화적인 방식으로 재통일하는 방안을 지 속적이고 구체적으로 추진해야 할 필요가 있다. 실제로 2018년 4월 27일 남북한 정상들은 판문점에서 회담을 가졌고, 그 결과로 판문점 선언을 하게 되었다. 세 계의 이목이 집중된 가운데 약 12시간 동안 열린 회담에서 그동안 한반도 공포 의 원인 중 하나였던 북한 핵 문제가 어느 정도 해결되는 기미를 보여 주었다. 그 리고 이 방식은 기본적으로 남북한 양측 주민들의 안전과 평화를 추구하는 심리 를 토대로 구성되어야 한다는 점에서 심리학적으로 더 많은 연구과제를 제시해 주었다고 볼 수 있다.

　실제로 2019년 6월 14일 스웨덴 의회에서 문재인 대통령은 다음과 같이 연설 했다.

　　"평화는 평화로운 방법으로만 실현될 수 있습니다. 그것이 대화입니다. 북 한의 평화를 지켜 주는 것도 핵무기가 아닌 대화입니다. 이는 한국으로서도 마찬가지입니다. 남북 간의 평화를 궁극적으로 지켜 주는 것은 군사력이 아 니라 대화입니다."

지속 가능한 남북관계 발전을 통해
평화 공존 · 공동 번영의 확고한 기틀 마련

• 남북관계와 한반도 비핵화 진전의 선순환 강화
• 남북대화 정례화 · 체계화, 남북합의 제도화 수준 제고
• 남북관계 전 분야에서의 교류 · 협력 심화 · 확대
• 이산가족 문제 및 남북 간 인도적 사안의 근본적 · 포괄적 해결
• 국민적 합의 형성 및 국제사회지지 확보, 일관성 있는 대북정책 토대 마련

[그림 2] 통일부의 2019년 업무 추진 방향

또한 2019년 9월 24일 유엔총회에서 문재인 대통령은 '전쟁 불용', '상호 안전 보장', '공동 번영' 등 한반도 문제 해결을 위한 3대 원칙을 발표하였다. 그리고 현 문재인 정부는 '평화와 번영의 한반도'를 구현하기 위해 노력한다고 밝혔다 (2020 통일백서).

이 평화와 번영의 한반도 구현을 위해 통일부는 2019년 업무추진 방향을 [그림 2]와 같이 밝혔다.

하지만 이러한 남한의 노력만으로는 평화재통일의 길이 보장되지는 않는다. 북한이 어떠한 노력을 하느냐도 중요하다. 현재 북한은 핵무장을 고도화하고 있어서 평화재통일의 길과는 정반대의 길로 가는 것으로 보인다. 물론 이러한 핵무장이 정말로 싸우자는 방향은 아니고 미국과 협상하기 위한 것이라고 해석하는 시각도 있다. 『10년 후 통일』(정동영, 지승호, 2013)에서 정동영 전 통일부장관에 따르면, 과거 김정일 위원장이 정동영 전 장관에게 말한 바와 같이 '한반도 비핵화가 김일성의 유훈이다'라는 말이 진정성이 있고 이에 따라 북한이 핵을 포기한다면 남한의 노력에 호응하는 것으로 해석할 수 있다. 이러한 호응이 가시화된다는 가정하에서 관련된 심리학적 연구가 후속될 필요가 있다.

(3) 국가중심적 방식이냐, 사람중심적(혹은 인간중심적) 방식이냐

재통일에 대한 담론은 매우 다양하다. 이를 풀어 가는 주된 질문은 주로 '왜 재통일되어야 하는가?'였다. 이에 대한 주된 답변으로서는 '한민족이니까', '재통일이 되면 더 이익이니까' 등이다. 여기서 전자는 주로 민족주의적 담론으로 규정되고, 후자는 주로 국가주의적 재통일담론으로 규정되는 경향을 보였다. 이 외에도 새로운 담론을 포함하여 박순성(2015)이 『통일논쟁: 12가지 쟁점, 새로운 모색』을 다뤘다. 하지만 이러한 담론들 중에 2008년 이전까지만 해도 사람중심적 관점을 담은 담론은 전혀 찾아볼 수 없었다. 앞서 채산이 부친의 영향으로 교육 분야에서 열심히 노력하는 것은 국가중심적 관점에 의한 것이 결코 아니다. 사람중심적 관점이다. 사람이 바로 서야 사람들 개개인과 사회가 보다 더 건강하고 건전하게 더 발전해 나갈 수 있게 되기 때문이다.

그래서 재통일을 추진할 때 여러 가지를 고려해야 하지만 특히, 국가중심적 방식으로 진행하느냐 아니면 사람중심적 방식으로 진행하느냐의 문제는 중요하다. 그 이유는 재통일의 주체가 국민, 즉 개개의 사람이기 때문이다. 다시 말해, 국민 개개인의 입장에서 볼 때, 정작 재통일이 되어 외형적으로는 하나의 국가가 되고 재통일 이전보다 영토나 인구 등은 늘었다지만 본인들의 삶이 나아지기는커녕 오히려 후퇴한다면 불만이 생기고 재통일한 점을 후회하게 될 수 있다.

여기서 국가중심적 방식과 사람중심적 방식이 무엇을 의미하는지, 이들 두 가지 방식의 차이점은 무엇인지 명확하게 할 필요가 있다. 여기서 말하는 국가중심적 방식이란, 2개의 분단국가나 2개의 별개 국가가 재통일할 때 국가라는 집단 차원group level에서 재통일하는 방식을 말한다. 이 방식은 개개의 사람들이 가진 여건이나 특징, 바람 등에 대해서는 상대적으로 관심을 덜 둔다. 이에 반해 사람중심적 방식이란, 재통일하려는 국가들의 국민 개개인의 차원individual level에서 재통일하는 방식을 말한다. 이 두 가지 방식에 대해 심도 있는 고찰을 하지 않으면, 사람중심적 방식으로는 재통일을 이룰 수 없을 것처럼 생각할 수 있다. 왜냐하면 재통일은 어떤 사람 1명과 다른 사람 1명이 서로 만나 친구가 되거나 조직을 만드는 형태가 아니고 무수히 많은 국민들이 포함된 양 국가가 합쳐지는 형태이기 때문에 어떻게 그 많은 사람들의 심리적 측면을 고려할 수 있느냐라고 생각하기 때문이다.

이러한 이유로, 분단국가들의 재통일이 국가중심적으로 진행되기 쉽다. 실제로 그동안 무수히 많은 분단국가의 재통일이나 별개의 2개 국가가 통일이 되거나 통일을 추진할 때 사람중심적 방식을 취한 사례는 찾아보기 어렵다. 아니 한 사례도 없다고 할 수 있다. 근대국가 이전의 많은 재통일국가 사례에서는 당연히 국가지도자와 지도층 중심으로 진행되었으니 더 말할 나위가 없다. 현대국가[4]인 베트남뿐만 아니라 독일, 그리고 예멘의 경우에도 국가중심적으로 재통일을 했다. 그 이유는, 재통일이 양측 국가의 민의를 반영하여 재통일하기보다는 일방의 지배계층이 재통일을 주도하기 때문이다. 이 계층이 결정하는 구체적인 내용 측면에서도 '무슨 정치체제를 선택하느냐', '어떤 경제체제를 선택하느냐'의 문제부터 '제도와 법령 그리고 정부 조직의 구성 등을 어떻게 할 것이냐'의 과제를 다룰 때 국민 한 사람 한 사람의 목소리는 신경 쓰지 않는다. 오히려 국민 개개인의 목소리에 신경 쓰다 보면 재통일의 대업을 그르친다고 생각하기 때문이다.

이러다 보면 국가의 주인인 '사람'은 진정 어디에 있는가의 문제점이 드러난다. 예를 들어, 베트남에서는 북베트남의 사회주의체제를 남베트남에 이식하기 위해 남베트남 주민들에게 사회주의체제 교육을 급격히 세뇌하는 형태로 추진하였고 국가균형발전 등을 위해 강제이주 등을 대규모로 진행하였다. 이 때문에 '사람' 혹은 '심리'에 대해서는 전혀 생각하지 않고 나아가 무시하는 행태를 보였다고 볼 수 있다. 그 결과로 베트남을 탈출한 100만 명 이상의 보트피플boat people

---

4) 국내 정치학 분야에서는 'modern state'를 주로 '근대국가'라고 번역하는데, 이는 잘못된 것이고 '현대국가'가 옳다.

문제가 국제적인 문제로 비화되기도 했다. 독일에서도 동독 출신자들이 투표로 서독체제(독일의 구연방체제)에 편입되기는 했지만 서독의 경제력을 바탕으로 한 실질적인 흡수재통일이어서 지속적으로 서독 출신자와 동독 출신자 간의 갈등과 분열 문제가 나타났다. 동독 출신자들이 서독 출신자들보다 못하다는 점을 들어 자신들을 '2등 시민'이라고 부르기도 했다. 이경훈과 이용숙(1994)이 인용한 1991년 2월 독일의 유력지 『슈피겔Der Spiegel』의 여론조사 결과를 보면, 동독 출신자의 86%가 자신들을 '2등 시민'이라고 보면서 차별당한다는 의식을 보였다.

 '사람'이 빠진 재통일된 국가들에서 보이는 문제에 대해 남북한 재통일을 추진하는 정책당국자들과 학자들은 주목해야 한다. 여기서 말하는 '사람중심적'이란, 국민 개개인의 입장이 최대한 반영되고 국민 개개인에게 긍정적 변화를 경험시킬 수 있는 것이어야 함을 말한다. 예를 들어, 사람중심적이란 소극적인 의미에서는 국가를 국민보다 우선시하여 국민들의 권리 침해가 최소화되어야 한다는 것이고, 적극적인 의미에서는 분단국가들의 국민들이 개인의 자유를 보다 더 누리고자 한다면 이를 보장하는 방식으로 변화되어야 하고, 국민들 개개인이 경제적으로 보다 더 풍요를 누리고자 한다면 이를 누릴 수 있도록 여건을 보다 더 많이 확보해야 한다는 것이다. 하지만 국내에서도 재통일과 관련하여 2008년에서야 채정민과 김종남에 의해 사람중심의 재통일이 주창되었다. 일각에서는 '통일과 심리적 화합'이나 '마음의 통일'을 사람중심의 재통일이라고 볼 수 있다고 주장하겠지만, 사람들이 지닌 마음을 고려하고 남북한의 집단적 차원뿐만 아니라 개인적 차원까지 고려한다고는 해석할 수 없다. 특히, '마음의 통일'이 실제로 가능하지도 않다. 어떤 사람들이 하나로 마음을 일치시킬 수 있겠는가? 단지 통하는 마음을 일부씩 공유할 뿐이다. 그리고 북한이 주체사상을 중심으로 한 재통일방안을 '사람이 주체이다'는 점을 내세워 사람중심의 재통일이라고 주장하는 경우도 있지만 이는 철저히 잘못된 주장이다. 이에 대해서는 후술하겠다. 따라서 사람중심적 관점을 보다 적극적인 의미로 해석하여 재통일 문제를 다루어야 한다.

　그런데 남한 정부에서 과연 사람중심적 관점의 재통일을 지향하고 있는가를 생각해 보면 아주 미흡하다고 볼 수 있다. 이것은 현재 남한에서 1990년부터 매년 발간하고 있는 『통일백서』의 내용을 보면 쉽게 알 수 있다. 이 『통일백서』에서 다루고 있는 주요 내용은 한반도 정책, 남북 교류협력, 인도적 협력, 남북대화, 북한이탈주민 지원정착, 재통일교육, 정책추진 기반이다. 하지만 이들 내용 어디에도 '심리'라는 단어가 명시되지는 않고 있다. 단지, 한반도 정책 부문에서 '통일공감대 확산', 남북 교류협력 부분에서 '남북 사회문화교류'와 같은 측면에서 심리 측면을 간접적으로 다루고 있다고 볼 수 있다.

　단, 2019년 3월 1일 3.1절 기념행사에서 밝힌 문재인 대통령의 신한반도체제는 다음과 같은 내용을 골자로 하고 있다. 즉, '신한반도체제'는 사람 중심의 구상으로서 국민의 온전한 일상을 보장하고, 평화가 국민의 삶에 실질적으로 도움이 되도록 하는 것을 목표로 하고 있다. '신한반도체제'는 한반도에 고착된 분단 · 냉전 체제를 근원적으로 해체하고 남과 북이 평화공존하면서 상생번영하는 새로운 공동체 실현을 의미한다. 한반도의 평화와 번영이 동아시아로 확산되어 동아시아의 평화와 번영에 기여하는 동시에 동아시아의 평화와 번영은 다시 한반도의 평화와 번영을 공고히 할 것으로 기대하고 있다. 이와 같이 '신한반도체제'는 외교 · 안보 · 경제를 포괄하는 통합적 · 장기적 비전인 만큼 앞으로 각계각층의 의견을 수렴하여 구상을 더욱 구체화해 나갈 예정이다(2020 통일백서, 19쪽).

　또한 이후에 2019년 6월 12일 '오슬로 포럼'에서 문재인 대통령이 연설한 다음과 같은 내용을 보면, 국민, 즉 사람중심적 재통일을 지향하고 있다는 점을 알 수 있다.

　　"남과 북은 국경을 맞대고 있을 뿐(만) 아니라, 함께 살아야 할 '생명공동체'입니다…… 남북한주민들이 분단으로 인해 겪는 구조적 폭력을 평화적으로 해결하는 것이 중요합니다. 저는 이것을 '국민을 위한 평화(peace for people)'로 부르고 싶습니다. 접경 지역의 피해부터 우선 해결돼야 합니다. 1972년 '동서독 기본조약'에 따라 설치된 '접경위원회'는 협력의 좋은 사례입니다. 이러한 선례가 한반도에도 적용되어, 국민들 사이에서 평화에 대한 구체적인 희망이 자라길 바랍니다."

그렇다고 해서 이 주장에서 사람들만을 위한 재통일을 내세우는 것은 아니라고 보아야 옳다. 그 이유는 사람들만의 재통일을 하게 되면 집단을 구성하고 있는 남한과 북한이 국가적 차원에서 재통일을 하기 어렵기 때문이다. 따라서 한민족의 재통일은 국가중심적 재통일의 요소도 담아야 하지만, 사람중심적 재통일에 대한 비중을 훨씬 더 많이 두어야 한다.

(4) 분단국가 당사자만의 접근이냐, 국제적 접근이냐

채만성이 비록 초등학교 3학년생이지만 아버지인 채산으로부터 평소에 재통일은 관련 국가들의 관계 속에서 해결된다는 이야기를 듣고 뉴스를 대했다.

일반적으로는 재통일은 분단국가가 하나로 합쳐진다는 점에서 일견 분단국가 당사자만의 접근이 유효한 것으로 생각할 수 있다. 즉, '남한과 북한이 합의하면 곧바로 재통일되는 것이지, 다른 국가들을 왜 신경 써야 하지?'와 같은 생각을 하기 쉽다. 하지만 이러한 접근은 근대국가 출현 이전에나 가능한 이야기이다. 근대국가가 출현한 이후에는 한 국가의 문제가 좁게는 주변국들, 넓게는 세계 전체 국가들과 연결되어 다뤄져야 한다. 세계화되어 있기 때문이다. 독일이 재통일되는 과정을 보더라도 이러한 점은 쉽게 알 수 있다. 즉, 독일의 재통일도 단순히 서독과 동독이 상호 합의하여 통일된 것이 아니다. 다른 국가들과의 조율이 있었다. 독일의 재통일 이전에 경제위기에 처해 있던 소련의 고르바초프Mikhail Gorbachev 대통령이 간접적으로 독일이 재통일되어도 좋다는 선언을 했고, 미국 정부도 독일이 재통일을 추진하는 것에 대해 반대하지 않았다. 재통일이 추진

되는 과정에서도 당시 영국 수상 마거릿 대처Margaret Thatcher는 "나는 통일독일을 저지하기 위해 할 수 있는 모든 일을 다 해 보았다."라고 자서전에 남겼다(최대석, 2014). 이러한 극도의 저항에도 불구하고 독일이 통일된 것은 '유럽 통합의 틀 안에서'라는 조건으로 미국이 처음부터 지지하고 프랑스는 막판에야 지지하였기 때문으로 볼 수 있다. 이러한 점들을 토대로 볼 때, 관련 주변국들의 이해관계와 맞아떨어져야만 분단국들의 재통일이 가능하다는 것이다. 이러한 시각이 사대의식이라고 비판하는 사람도 있겠지만 이것이 국제정치의 현실이어서 문제라고 보기는 어렵다. 그리고 설사 서독과 동독만의 합의에 의해 재통일이 되었다고 해도 이 재통일국가를 국제사회에서 정당하고 합법적인 국가로 인정하지 않는다면 그 재통일국가는 무역과 금융 등의 제반 분야에서 정상적인 국제적 활동을 전혀 할 수 없게 된다. 이러한 이유로 독일뿐만 아니라 베트남, 예멘 등의 재통일국가들이 그들만의 접근이 아닌 국제적 접근에도 신경을 썼던 것이다. 우리의 재통일에도 이러한 접근은 절대적으로 필요하다.

전득주(2004)에 의하면, 독일의 경우 1945년 전승국가 4국인 미국, 영국, 소련, 프랑스에 의해 분할되어 1949년까지 다시 재통일을 하지 못하였다. 그리고 그 이후에 분단이 고착된 이유 중에 중요한 것은 동서독의 의식주 문제였다. 이들이 전쟁의 폐허 속에서 재통일보다는 하루하루 살아가는 데 바쁘고 고달팠기 때문에 분단을 획책하는 전승국들에 대해 저항하지 못한 것이다. 제2차 세계대전 이후 분할점령과 분단을 결정하거나 영향을 미친 강대국의 우선순위를 전득주(2004)가 정리한 〈표 2〉는 시사하는 바가 매우 크다.

그리고 바이덴펠트Weidenfeld와 코르테Korte(1996)에 의하면, 독일이 재통일되는 데 있어서 미국과 소련 등이 중요한 영향을 미쳤는데 그중에서도 소련 지도자의 영향이 컸다. 당시 소련의 최고지도자인 고르바초프는 당시까지만 해도 별다른 관심을 가지고 있지 않다가 1990년 1월말에 서독과 동독의 정치적 연합(이는 '재통일'의 의미라고 볼 수 있음)에 대해 아무런 반대를 하지 않는다고 선언하였다. 이 선언의 배경으로는 당시 소련의 물자난이 심각한 상황에서 서독이 생활필수품

〈표 2〉 분할점령과 분단을 결정하거나 영향을 미친 강대국의 우선순위

분단국	분할점령과 분단을 결정하거나 영향을 미친 강대국의 우선순위	비고
한국	미국 〉 소련	분할점령
독일	미국 〉 소련 〉 영국 〉 프랑스	분할점령
팔레스타인	영국 〉 미국 〉 프랑스 〉 소련	유엔 권고에 의한 분할
베트남	영국 〉 프랑스 〉 미국 〉 소련	제네바협정에 의한 분할
예멘	영국 〉 오스만투르크	1905년 분할과 그 이후
오스트리아	영국 〉 소련 〉 미국 〉 프랑스	분할점령
중국	미국 〉 소련	분할에 간접적으로 영향 미침

참고: '〉' 표시는 전득주(2004)에는 ','로 표시되어 있던 것을 좀 더 분명하게 표시하기 위해 저자가 한 것이고, 비고란의 문구 중 일부는 일본어식인 것을 한국어식으로 수정한 것일 뿐 전체적인 의미는 원출처의 내용과 동일함.
출처: 전득주(2004), 426쪽

을 '아주 호의적인 가격'으로 소련에 제공한다는 약속을 한 것이 있었기 때문이었다. 이는 고르바초프의 마음도 움직일 수 있었을 뿐만 아니라 이 물자를 공급받은 소련 주민들에게도 환심을 살 수 있는 요인이었다.

이처럼 분단국가들이 재통일을 이루는 데 있어서는 주요 영향력을 지닌 국가들과의 관계가 중요하다. 이는 국제정치적인 것이기도 하지만 국제정치심리적인 것이기도 하다. 그 이유는 관련 국가의 지도자들에게 국내정치적으로나 국제정치적으로 리더십을 발휘하는 데 있어서 긍정적인 물리적·심리적 토대를 제공하는 것이기도 하고, 관련 국가의 국민들에게 분단국가들이 재통일하는 데 있어서 최소한 부정적 여론을 형성하지 않게 하는 것이기도 하기 때문이다.

바이덴펠트와 코르테(1996)에 따르면, 실제로 독일의 경우 1989년 여름부터 동독 출신자들이 서독으로 그 이전보다 훨씬 더 많이 탈출하였을 때 주변 국가의 언론들은 이 탈출 문제를 국제적인 문제로 보려고 했다. 그 이유는 이 탈출이 오스트리아와 헝가리 국경의 철책선 제거를 통해 원활해졌기 때문이다. 이러한 관심은 서독의 알렌스바흐Allensbach 여론조사연구소의 설문조사 결과로도 이어졌다. 이 조사 결과는 [그림 3]과 같다. 이 조사에서는 인접한 국가뿐만 아니라 스페인과 일본과 같이 멀리 떨어져 있는 국가들도 포함되어 있었다. 조사 결과를 보면, 영국을 포함한 유럽의 많은 국가들의 재통일 찬성 비율이 미국이나 일본보다 더 높아서 독일이 재통일하는 데 걸림돌이 적었다고 볼 수 있다.

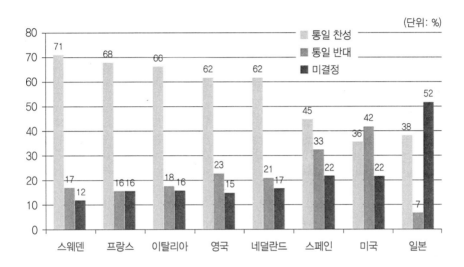

[그림 3] 재통일 이전 서독 주변 국가들에 대한 여론조사 결과

* 1 질문: 한 국가가 자신의 의지와는 무관하게 분단되었다면 긴장상태가 존재한다. 그러므로 세계평화를 위해서 통일독일이 더 좋다.
* 2 질문: 통일된 독일은 너무 강해서 국제적 세력균형을 깨뜨릴 위험이 있다. 그러므로 세계평화를 위해서 분단독일이 더 좋다.
원출처: 알렌스바흐 여론조사연구소의 1989년 9월과 10월의 설문조사, 2차 출처: 바이덴펠트와 코르테 (1996)의 번역본, 229쪽

독일은 더 나아가서 재통일 이후에도 주요 관련국의 여론에 대한 조사를 계속 진행했다. 이 조사에 포함된 국가들은 미국을 비롯한 관련 강대국이고 주요 유럽 국가들이다. 그 결과는 [그림 4]와 같다. 조사 결과에 따르면, 시간이 경과되면서 독일의 재통일에 대해 찬성하는 비율이 다소 낮아지기는 했지만 재통일 이전인 1986년의 찬성 비율에서 그리 크게 낮아지지는 않아서 지속적이고 안정적으로 독일의 재통일에 대해 찬성하는 비율을 보였다.

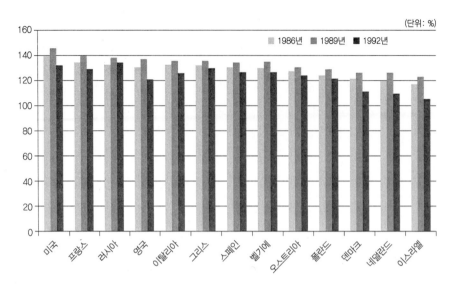

[그림 4] 재통일 이후 서독 주변 국가들에 대한 여론조사 결과
원출처: 『Focus』 1993년 9월호, 2차 출처: 바이덴펠트와 코르테(1996)의 번역본, 233쪽.

　　이러한 국제적 접근을 하게 되면, 재통일 이전부터 주변 관련국들의 지도자뿐만 아니라 국민들의 심리에 대해 관심을 가지고 재통일에 우호적인 방향으로 이끌어 갈 수 있다. 즉, 국제정치심리학적 관점을 취할 수 있게 된다. 그런데 한민족의 기존 재통일방안과 재통일 연구에서 이러한 점들은 전혀 다뤄지지 않았다. 독일과 베트남, 예멘의 경우에도 이러한 점은 고려되지 않았다. 하지만 재통일 이후 점차 대외관계에서 고립이나 대치 등의 문제를 겪은 베트남 등에서는 이러한 문제가 뒤늦게 인식되었다. 따라서 한민족의 재통일에 대해서도 재통일 이전부터 이러한 국제적 접근을 할 필요가 있다. 실제로 한반도 재통일 문제와 동아시아 평화와 번영[예: 배정의 외(2015)] 문제를 연계하여 바라보는 시각이 있다. 이에 대해서는 각 국가 간의 외교심리학적 측면에서 조명해야 한다. 특히, '미ㆍ중 관계의 특성상 미국에도 좋고(benign to U.S.) 중국에도 좋은(benign to China) 재통일정책은 존재하기 어렵다'는 최완규(2014)의 주장을 고려한다면 관련 국가들 간의 이해관계 조정은 쉽지 않다. 따라서 한민족의 입장에서는 관련국들을 조율하기 위해서 대표적으로 미국, 중국, 러시아, 일본 등의 국민들이 한민족의 재통일에 대해 어떠한 인식과 여론을 형성하는지 체계적이고 지속적인 연구를 해야 한다. 이는 지역학적 연구 관점과 문화심리학적 연구 관점, 그리고 국제정치심리학적 연구 관점을 통합적으로 가졌을 때 가능하다. 다행히도 대한민국의 통일부는 이러한 관점들 중 일부를 가지고 있다고 볼 수 있다. 그 예로는, '최근 일본의 우경화가 남북관계에 미치는 영향은 무엇인가?'와 같은 문제를 다루고 있다는 점에서 확인된다. 하지만 이러한 것은 심리적인 측면을 부분적으로만 다루고 있고, 주로 정치적인 측면에만 기초하고 있다고 볼 수 있다. 이러한 한계는 앞으로 적극적으로 극복되어야 한다.

이 시점에서 현재 우리나라가 주변국과 국제사회와 관계 맺고 있는 모습을 살펴볼 필요가 있다. 이와 관련해서는 다음의 유호열(2010)이 주장한 바를 참고할 필요가 있다. 그리고 심리학계도 연구를 통해 이러한 국제적 노력에 뒷받침해야 한다.

> 독일의 경우처럼 전승국의 권리를 보장하는, 또는 그 틀에서 이루어야 하는 통일에 비해 한반도에서의 통일은 적극적 지지와 소극적 반대를 묶어 통일로 나아가는 지렛대로 삼아야 하며, 이 과정에서 동북아 지역 국가들만이 아닌 국제사회의 협력과 지지를 유도해 내야 하는 과제가 있다. 특히 유엔안보리의 결정은 급변사태/점진적 통일 시 법적이며 제도적인 접근과 안정적 진행에 유효한 보장책이다.
>
> (유호열, 2010, 61쪽)

이 주장을 보고 우리는 한민족의 재통일을 위해 국제적으로 관련국들의 지도자들로부터 우호적인 지지를 받으면 된다는 식의 생각을 할 수 있다. 하지만 이들 지도자뿐만 아니라 해당국의 국민들이 가지고 있는 심리도 고려해야 한다. 지도자와 국민들의 생각이 다른 경우도 적지 않기 때문이다. 특히, 민주주의가 잘 정착되지 않은 국가들의 경우에 그렇다.

더욱이, 그동안 남한이 외교적으로 통일에 대한 성과가 그리 좋지 않다는 평가가 있어서 이러한 노력이 더욱 절실하다. 2013년 통일연구원의 연구 결과, 한국이 지난 15년간 추진한 통일공공외교의 성과에 대한 전문가들의 평가는 '보통이다'가 50.0%, '부정적이다'가 31.6%, '긍정적이다'가 15.8%로 그리 좋다고는 볼 수 없는 정도였다(최대석, 2014, 190쪽). 현재보다 더 노력해야 하고, 그 방향은 해당국들의 지도자뿐만 아니라 국민들까지로 진행되어야 한다.

5. 여유로운 신국가론의 제안

(1) 기존 재통일방안에서의 강조점

채산 가족들이 재통일에 대해 생각하고 재통일 사회를 살아가는 것을 보면 알 수 있듯이 국민 개개인은 재통일방안 자체에 대해서는 큰 관심도 없고, 잘 이해하지도 못한다. 다만, 자신들의 이해관계와 생활방식에 재통일이 얼마만큼 어떤 방식으로 연결되어 작동되는가에 관심을 둔다.

그동안 한민족의 재통일과 관련하여 남한과 북한이 제시한 재통일방안은 여러 가지가 있다. 하지만 이러한 재통일방안들을 모두 살펴보기에는 지면상 어려움이 있고, 현재 양측이 추진 중인 재통일방안들이 초점화되어 있기 때문에 현 방안 위주로 살펴보면 다음과 같다. 현재 남한에서는 노태우 대통령 시절에 발표된 '한민족 공동체 통일방안'을 이어받아 김영삼 대통령 시절인 1994년에 발표한 '민족공동체 통일방안'을 기초로 하고 있다. 이 방안은 기본적으로 3단계론인데, '남북 화해협력의 실현 → 남북연합 → 단일국가 형성'으로 나누어 볼 수 있다. 햇볕정책으로 알려진 통일정책을 편 김대중 대통령도 자신이 1970년대에 제시한 3단계 통일방안과 민족공동체 통일방안이 크게 다르지 않다고 인식하고 김영삼 대통령 시절에 발표된 통일방안에 대해 반대하거나 차별화하지 않았다.

또한 현재 북한에서는 고려민주연방공화국 창립방안을 1980년 발표한 것을 기초로 하고 있다. 이 방안은 흔히 '고려연방제'라고 불리고 있다. 그리고 2000년 6월 평양에서 있었던 최초 남북정상회담에서 북한은 남한의 국가연합제[5]와 '낮은 단계의 연방제[6]' 간에 공통점이 있다고 선언하면서 접점을 찾으려고 했다.

남한과 북한의 기존 재통일방안들은 기본적으로 재통일국가의 형태와 과정을 한민족 내부 시각으로만 제시한 것이어서 주변국과의 관계 문제나 심리학적 문제 등에 대해서는 구체적으로 담고 있지 못하다. 다만, 남북 양측이 재통일 과정을 진행해 나가면서 1991년 12월 13일에 맺은 남북기본합의서 등과 같은 선언에서 이들 문제를 약간 담고 있다.

남북기본합의서에 대해 간략히 살펴보면, 남북기본합의서의 원래 명칭은 '남북한 화해와 불가침 및 교류 · 협력에 관한 협의서'이다. 이 합의서는 1972년에 동독과 서독이 맺은 '남북기본조약'과 유사한 내용과 이름이라고 볼 수 있다. 그리고 이 합의서는 기존 정치군사적 대결 상태를 해소하고, 민족 간에 화해를 하며, 무력을 막아서 평화를 추구하고, 다각도의 교류와 협력을 통해 민족 공동의 이익과 번영을 꾀한다는 관점에서 남한과 북한의 관계를 특수한 관계로 천명한 것이다. 이 외에도 남북정상회담이 이어지면서 몇 번에 걸쳐 공동선언문이 채택되었다. 이들 내용은 기본적으로 '신뢰, 교류, 화해, 협력, 번영, 포용, 국제적인 위상 제고 등'의 용어로 표현되어 왔다. 이를 다시 정리하면, 한민족의 재통일이 가져다주는 혜택을 다음과 같이 제시했다고 볼 수 있다. 첫째, 양측이 상호 포용적 관점에서 상호 신뢰할 수 있게 해 준다. 둘째, 한민족에게 평화를 누릴 수 있게 해 준다. 셋째, 경제협력 등을 통해 재통일 이전보다 물질적 혜택을 누릴 수

---

5) 국가연합(國家聯合, confederation)은 2개 이상의 국가가 독립적인 주권국가와 연방국가의 중간에 위치하는 국가 형태를 띠는 것이다. 대표적인 국가연합은 구 소련이 해체되어 다시 만든 국립국가연합(Commonwealth of Independent States: CIS)이다.

6) 연방국가(聯邦國家, federation, federal state)는 하나의 국호 아래 중앙 정부와 각 주에 국가권력을 동등하게 주어서 내치는 각 주별로, 외교권과 군사권 등의 외치는 중앙 정부가 관할하는 방식이다. 대표적인 연방제국가로는 미국과 같은 경우가 있다.

있게 해 준다. 넷째, 양측 지역 방문 등의 왕래 자유화를 가져다준다. 다섯째, 각 개인들의 정신적 검열 등이 제거되어 정신적 풍요를 누릴 수 있게 해 준다. 마지막으로, 국제적으로 한민족의 위상을 제고시킬 수 있다. 물론 이 외에도 여러 가지 혜택이 세부적으로 논의될 수 있지만 주요한 것은 이상과 같다.

이러한 혜택들 중에서 최근까지 제일 강조되어 온 것 중의 하나는 평화와 번영이다. 평화는 기본적으로 누구나 쉽게 수용하고 그 반대인 전쟁을 반대하기 때문에 평화를 선호한다는 점에서 언제나 제일 중요한 것은 사실이다. 여기에 덧붙여 늘 강조되는 것이 번영이다. 최근 들어 점차 남한 내에서 주로 젊은 층을 중심으로 '꼭 재통일해야 하는가?'에 대한 입장에서 재통일을 반대하거나 무관심한 경향이 강해지고 있는 상황에서 경제적 혜택을 강조하고 있다. 이는 현재 세계 경제도 침체되고 있고, 남한 내 경제도 어려워서 젊은 층의 취업난 등이 심각한 데 따른 호소라고 볼 수 있다. 특히, 세계적인 투자자로 알려진 짐 로저스 Jim Rogers가 오래전부터 한국의 재통일을 예상하고 한국의 투자가치를 공개적으로 밝힌 바가 이러한 경제적 혜택의 가능성을 보다 더 강조하게 되었다.

> 짐 로저스 회장은 재통일 한국의 미래는 매우 밝게 전망했다. 그는 지난 2일 TBS라디오 〈김어준의 뉴스공장〉에 출연해 "통일 한국과 일본을 비교했을 때 일본은 통일 한국의 상대가 되지 않을 것"이라면서 "남한의 지식과 자본, 북한의 풍부한 인력 자원과 천연자원 등을 사용하면 통일 한국은 굉장한 모습을 지닐 것"이라고 말했다. (중략)
> 그러면서 "앞으로 10년, 20년 안에 한국경제가 세계에서 가장 활발하고 풍성한 경제가 될 것"이라면서 "북한이 개방되면 두 딸과 함께 한국에 와서 살 수 있다"고 했다.
>
> (중앙일보, 2019년 2월 22일자)

이뿐만 아니라 골드만삭스는 통일이 되면 남북한 재통일국가는 세계 2위의 경제대국이 될 것이라고 전망했다. 재통일국가가 1인당 GNP 8만 달러 혹은 8만 4천 달러 이상이 된다는 분석도 있다. 이러한 점들이 다소 낙관적이고 부풀려진 예상이나 전망이라고 할 수도 있지만 가능성이 상당히 높다고 볼 수 있다는 것이 전문가들의 평가이다.

또한 과거 10년 전에는 3공동체 재통일 구상에 관한 논의가 진행되었다(박종철, 2010). 3공동체 재통일 구상 각각에 대한 심리학적 연구도 가능하지만 이 세 가지 공동체가 결국에는 모두 실행될 수 있다는 관점에서 종합적으로 다루는 심리학적 연구가 필요하다. 이 점에 대해서는 인간이 살아가는 삶을 공동체로 보고 심리학적으로 연구하는 공동체심리학community psychology이라는 영역에서 적극적으로 나서서 연구해야 한다. 특히, 박종철이 언급한 평화공동체, 경제공동체, 민족공동체 모두 공동체의 발전을 위한 심리학적 측면이 기저에 깔려 있는데, 이에 대해 박종철은 구체적으로 다루지 못했기 때문이다.

　　3공동체 통일구상은 민족공동체 통일방안의 기본 방향을 수용하면서 상황 변화에 맞게 실행계획을 구체화한 것이다. 3공동체 통일구상의 공동체는 평화공동체, 경제공동체, 민족공동체이며, 공동체 간 위상은 평화공동체 및 경제공동체가 동급의 위상을 지닌 반면, 민족공동체는 상위의 위상을 지니고 있다. 공동체 간 우선순위를 보면, 평화공동체가 가장 우선시되고 그다음 경제공동체, 민족공동체 순서로 중요하다. 그리고 공동체 간 이행순서를 보면, 3개의 공동체가 약간의 시차를 두고 추진되는 순차병행구조에 입각해 있다. 3공동체는 각각 목표, 전략, 주요 과제를 지니고 있다. 3공동체의 주요 과제를 화해협력단계, 남북연합단계, 재통일단계로 구분하여 구체화하는 것이 필요하다. 이러한 단계는 상황에 따라 압축적으로 전개될 수도 있고 지연될 수도 있다. 그러나 중요한 것은 이러한 로드맵을 마련함으로써 실제 상황에 효과적으로 응할 수 있다는 것이다.

(박종철, 2010, 65쪽)

그리고 박종철(2010)은 민족공동체 통일방안과 3공동체 통일구상의 차이점에 대해 다음과 같이 주장했다. 이 3공동체 통일구상은 그의 표현대로 '통일방안'이 아닌 '통일구상'이다. 그에 의하면, 이 구상은 1994년 '민족공동체 통일방안'을 전제로 이 통일방안을 실천하기 위해 기본 방향과 전략을 토대로 제시한 정책적 방향이라고 볼 수 있다. 또한 민족공동체 통일방안이 민족공동체라는 상위의 공동체를 설정하고 이 하위에 3개의 공동체, 즉 경제공동체, 사회문화 공동체, 정치공동체를 설정하여 복합체로서의 민족공동체를 만들기 위한 실천 방안을 제시한 것이다. 공동체 간 이행순서에서도 각 공동체를 분리해서 실천하는 분리론, 3개의 공동체를 일정한 순서대로 밟아 나가는 단계론, 여러 개의 공동체를 병행하여 실천한다는 병행론을 담고 있다.

　　이 시점에서 전현준(2014)이 제시한 방향에 대해 신중하게 생각해 볼 때이다. 그는 남북 간에 현재 양측이 각자 제시한 재통일 방식에 대한 합의가 없는 한 평화통일은 요원할 것이라고 보고, 북한의 사회주의적 요소와 남한의 자본주의적 요소가 적절히 배합된 '제3의 통일이념'이 창조되어야 한다고 보았다. 이 제3의 통일이념에는 남한주민과 북한주민의 심리학적 측면들이 고려되어야 한다.

　　전현준(2014)의 주장과는 내용은 다르지만 새로운 방향을 모색해야 한다는 점에서는 함택영(1998)의 주장도 살펴볼 필요가 있다. 그는 "남북한이 선택할 수 있는 대안은 시장의 논리와 (민족)공동체의 논리를 변증법적으로 종합하는 길이다"(196쪽)라고 주장했다.

　　경제학자인 이상만(2014)도 새로운 방향을 모색하자고 주장했다. 그는 합리적 재통일방안으로서 중국과 홍콩의 사례처럼 남북한이 통합한 후 한시적으로 분리된 상태로 지내다가 궁극적으로는 하나의 재통일국가를 이룰 수 있는 점진적 통합 방식을 제안했다. 하지만 그는 양 체제가 공존한 통일의 사례는 역사상 그리 많지 않아서 진정한 의미의 재통일이라기보다는 통합 초기 과도기적 상황으로 관리하는 방식으로서의 공존형 통합을 주장한 것이다.

　　또한 다른 평화와 통일 관련 전문가들이 제안한 바와 유사하게 김병로(2019)

는 지속 가능한 한반도 평화를 구축하기 위해 새롭고 창의적인 제도와 틀, 레짐 regime을 구상할 필요가 있음을 주장했다. 구상의 주요 세부 내용으로는, 동서해 안 전용 고속도로 건설, 공단건설과 DMZ 평화벨트 조성, 판문점 이산가족센터 설치, 재난·재해 공동기구 설치 등이다. 이러한 사업들을 통해 판문점을 제네 바와 같은 평화의 상징공간으로 발전시켜 나가야 한다고 주장했다. 또한 그는 새로운 한류로서 피스코리아Peace Corea를 제안하기도 했다.

김병로의 주장을 좀 더 확장시킨 형태가 이 책에서 저자가 창의적으로 제시하 고 있는 '여유로운 신국가론'이다. 이 방안은 3공동체 재통일구상보다는 민족공 동체 재통일방안과 거의 동급에서 취급되어야 한다. 그 이유는 '여유로운 신국가 론'에서 단순히 재통일 실행 전략과 전술을 논하는 것이 아니라 좀 더 거시적인 새로운 국가를 구상하는 것이기 때문이다. 이 점에서 보면, 3공동체 재통일구상 은 '여유로운 신국가론'의 일부로서 사용될 수는 있지만 재통일 이전과 진행 과정 에서만 유효할 수 있을 뿐이고 재통일 이후의 삶에서는 유효하지 않기 때문이다.

(2) 새로운 재통일방안에서의 추가 사항

앞서 살펴본 기존 재통일방안에서의 강조점도 중요하다. 하지만 이들 강조점 만으로는 부족하다고 할 수 있다. 첫째, 메르켈 총리가 지적했고 앞서 채산의 처 남인 김금행이 상대적 박탈감(이는 실제로는 역 상대적 박탈감)을 느끼는 문제처럼 재 통일을 이룬 국가들의 경우에서 볼 수 있는 많은 문제점들을 극복하는 내용이 재통일방안에 포함되어야 한다. 재통일국가 내에서 경제적 문제뿐만 아니라 사 회통합의 문제, 그리고 심리적 문제 등 다양한 문제가 노정되었다. 특히 경제적 문제나 사회통합의 문제는 심리적 문제와 별도로 나타나는 경우도 있지만 상호 연계되어 상호 영향을 주고받는다는 점에서 이에 대한 심각한 고려와 철저한 준 비가 필요하다. 둘째, 현재까지 제시된 재통일방안들로는 재통일을 준비하는 시 기나 재통일을 이루어 나가는 시기나 재통일을 이룬 후의 시기에 재통일국가의 상image을 그릴 수 없고, 각 개인들이 어떤 삶을 영위하게 될지 가늠도 쉽게 되지 않는다. 따라서 채산 가족 등의 경험처럼 사람들의 실제 삶을 그릴 수 있어야 한다. 셋째, 한민족의 재통일이 남한과 북한의 경제력을 합해서 평균 수준에 이르는 것을 기저수준baseline으로 생각해서는 안 되고 현재의 남한 수준 이상이 되어야 한다는 목표를 지녀야 한다.

과거 독일의 경우를 보면 재통일 직후 서독 측이 동독 측을 경제적으로 지원하고 당시 유럽 경제를 비롯한 세계 경제가 어려워서 과거 서독 수준의 1인당 GNP를 하회하였다. 이 순간만을 보면 플러스 알파는커녕 마이너스 재통일이 되는 것이다. 재통일된 독일은 이 고비를 잘 넘겨서 이제는 확실한 플러스 알파 상태에 있다. 우리의 경우에도 현재 조건에서 재통일된다면 일순간 마이너스 재통일과 같은 경험을 할 가능성이 적지 않다. 이를 최대한 저지하고 나아가서 플러스 알파의 시기를 앞당겨야 한다. 그리고 마지막으로, 재통일도 일종의 국민들이 선택하는 정치 · 경제 · 사회 · 문화 · 심리적 상품이라는 점에서 브랜드brand화 할 필요가 있다. 브랜드란, 일명 상표라고 하는데, 어떤 상품을 다른 상품과 구분 짓고, 인간의 인격과 같은 특징을 부여하여 다루는 것을 말한다. 이를 용이하게 하기 위해 이름을 붙이고, 상징, 슬로건, 로고 및 다양한 특징 등의 서비스마크service mark를 부여하게 된다. 이렇게 하면, 생산자는 해당 상품에 대한 정확한 품질관리를 할 수 있고, 유통업자는 해당 상품에 대해 다른 상품과 구분지어 효과적이고 효율적으로 소비자에게 제시할 수 있으며, 소비자는 자신의 욕구에 적합한 상품을 올바로 선택하여 구매할 수 있는 장점이 있다.

여기서 재통일의 국가브랜드화 연계 방안을 좀 더 자세히 살펴보자. 재통일은 아니지만 각 국가의 사정과 목표에 따라 국가브랜드화는 적지 않게 이루어지고 있다. 다음 [그림 5]는 몇몇 국가의 국가브랜드화의 예이다. 독일, 브라질, 스코틀랜드, 남아공의 경우를 분석한 것인데, '재미있고 친근한 국민'을 내세운 독일이 자신들의 약점을 극복하여 새로운 이미지를 구축하려고 노력한 대표적인 예이다. 나머지 국가들도 이미제 제고에 초점이 맞춰져 있고, 이를 위해 월드컵 등

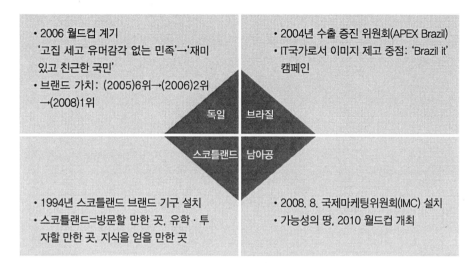

[그림 5] 국가브랜드화의 예

출처: 이희범(2009).

의 계기를 잘 활용하였다고 볼 수 있다.

　이렇게 국가브랜드화를 추진하는 주된 이유는 다음과 같은 혜택을 얻기 위한 것이다. 즉, 통화 안전성 증가, 국제 신용과 투자자 신뢰 회복, 국제 신용등급 향상, 국제 정치력 강화, (기업의) 브랜드 제품과 서비스의 수출 신장, 외국인의 국내관광과 투자증가, 국제협력체제 강화, 국가 자신감 회복, 환경과 인권문제에 관한 부정적 시각 해소, 부패와 편파에 대한 논란 일소, 세계 시장 접근이 더욱 용이해짐, 세계 경쟁 기업을 물리치고 자국 시장을 지킬 수 있는 능력 향상 등이다(산업자원부, 2003). 한마디로 말하자면, 국가브랜드화는 전방위로 한 국가의 이익을 의도적인 노력을 통해 도모하는 것이다. 세부적으로는 기존에 해당 국가가 가진 장점을 강화하는 것뿐만 아니라 단점을 정반대로 극복하여 새로운 이미지를 형성하는 작업이 필요하다.

　이러한 관점에서 보면, 우리의 재통일도 단순히 '분단되어 있는 양쪽을 하나의 국가로 다시 만드는 것'에 국한되어서는 안된다. 국가브랜드화 맥락에서 풀어 가는 것이 일석이조인 셈이다. 기존에 이와 같은 생각을 제시한 학자들이 있기는 하다. 전병길과 박일수(2011)가 기존 한국 명칭인 'Korea'를 내세워 '창조적 평화'를 중심으로 한 『통일한국 브랜딩』이라는 제목의 책을 발표한 것이 바로 그것이다. 하지만 이들의 아이디어에는 아직 사람중심의 재통일 등의 문제를 제대로 제시하지는 못했다고 볼 수 있다. 또한 지방자치단체 수준에서도 이와 비슷한 아이디어가 제시된 적이 있다. 경기도가 2012년 이래 DMZ를 중심으로 통일 관련 브랜드를 활성화하기 위해 노력해 온 것이 바로 그것이다. 경기도는 DMZ에 대해서 'Let's DMZ'로 명칭을 정하고 관련 행사들을 통합한 것이 이러한 브랜드화의 모습이라고 볼 수 있다.

하지만 이러한 노력들은 재통일방안과 연관성이 매우 낮거나 아예 재통일방안을 상정하지 않은 측면이 강하다고 할 수 있다. 이제는 기존 재통일방안이나 브랜드화 내용을 점검하고 이보다 좀 더 나은 미래지향적 재통일방안이 제시될 시점이다. 이를 위해 우리나라의 상황 이외에도 외국의 재통일 선례국가들의 사례를 검토해 볼 필요가 있다.

그 한 사례로 이전의 다른 방안보다 좀 더 구체적으로 재통일방안과 미래 우리의 시대상을 고려하여 준비한 연구 성과물이 있기는 하다. 카이스트의 미래전략연구센터가 기존 재통일방안의 구상을 이어받되 제4차 산업혁명 시대를 고려해서 제안한 재통일 준비 전략이 바로 그것이다. 이 전략은 『카이스트, 통일을 말하다』라는 제목의 책에 소개되어 있다. 이 책에서는 2048년을 재통일 시점으로 설정하고, 총론으로서 '단계별 미래시나리오', 사회 분야에서 '동질성 회복을 통한 남북 사회통합', 정치행정·외교 분야에서 '4단계 통일 준비 30년', 경제 분야에서 '남북 개인소득 비율 1:1을 목표로', 과학기술·산업 분야에서 '4차 산업혁명 시대의 통일 준비', 환경·자원 분야에서 '에너지 자원 공동 활용의 시너지' 전략을 제시했다. 해당 분야 전문가들이 집필하고 감수하여 나름대로 상당히 구체적인 전략을 제시했다고 볼 수 있다. 하지만 이 책에서는 '심리'라는 분야가 별도의 장chapter으로 명시적으로 다뤄지지 않았고, 단지 사회 분야에서 동질성 회복이라는 차원에서 다뤄졌을 뿐이다. 매우 아쉬운 대목이다.

〈표 3〉 재통일국가(진행국 포함)의 특성과 브랜드화 분석 결과

	독일	베트남	예멘(내전 중)	키프로스(진행형)
재통일 브랜드	동방정책→ 신동방정책	없음	없음	아난 플랜
재통일 방식	평화적	무력적	평화적, 무력적	평화적 방식 지향
상호 간 전쟁 경험	없음	있음	있음	있음
국민 구성 동질성	중간	높음	높음	낮음

출처: 채정민(2020).

　　기존 재통일 선례국가의 재통일방안 그리고 새로 재통일을 추진하고 있는 국가의 방안 등을 살펴보면 국가브랜드화된 재통일방안은 제대로 이루어지지 않았다. 〈표 3〉은 이와 관련된 분석 결과이다. 독일에서는 '동방정책'과 이를 이은 '신동방정책'이 있었으나 이는 재통일방안도 아니었고, 브랜드로서의 요건도 충족하지 못했다. 베트남과 예멘에서는 아예 브랜드화 하는 것과는 거리가 멀었다. 현재 통일을 추진 중에 있는 키프로스는 유엔의 중재하에 진행되는 평화협상의 재통일방안을 가지고 있을 뿐이지 브랜드화는 되지 못하고 있다. 따라서 이들 결과를 살펴보면, 재통일을 브랜드화 하는 데는 성공적인 사례라고 볼 수 있는 것은 것의 없었다.

　　그렇다면 우리의 경우에는 재통일을 국가브랜드화 하는 데 있어서 어떤 점들을 고려해야 하는가? 일반적으로 상업적인 측면에서의 브랜드화를 하는 데 있어서 고려하는 인지도, 선호도, 구매의향도, 제품내용 표현성 등을 잘 갖춰야 할 뿐만 아니라 재통일이라는 점을 고려한 다음과 같은 요건을 충족해야만 한다고 볼 수 있다.

　　먼저 일반적으로 브랜드로서 갖춰야 주요 요소들을 살펴보자면, 인지도는 해당 브랜드를 잘 기억하고 있는 정도를 말한다. 선호도는 해당 브랜드에 대해 정서적으로 선호하는 정도를 말한다. 구매의향도는 해당 브랜드를 구매할 의향이 어느 정도이냐이다. 여기에는 재구매의향도도 포함된다. 제품내용 표현성은 해

당 제품이 해당 브랜드에 얼마나 잘 반영되어 있느냐이다. 이들 요소들은 인지도부터 순차적으로 형성되어 간다고 볼 수도 있지만 여러 요소들이 동시에 형성될 수도 있다고 보는 관점도 있다. 이 두 관점이 다소 대립하는 면이 있지만 이 두 관점 모두 이들 요소를 두루 최대치로 끌어올려서 최종적으로 구매할 수 있도록 하는 노력이 필요하다는 점에서는 일치한다.

이러한 점들을 토대로 재통일에 대해 브랜드화 요건을 고려해 보면 다음과 같다.

첫째, '재통일은 +인가?'는 재통일이익론(손실감 감소, 이익감 증대)인데, 재통일을 했을 때 경제적 측면에서 투입한 노력 대비 성과가 이익을 내는 것과 이를 심리적으로 판단하는 문제이다. 따라서 실질적인 경제적 이익도 증가시켜야 하고, 심리적으로도 손실감은 줄이고 이익감은 증대시켜서 이익 총량을 현저하게 높이는 방향으로 브랜드를 만들어야 한다. 경제학자인 이상만(2014)은 남북한이 통일되면 1인당 GNP 4만 달러, 인구 8,000만 명의 시대, 즉 40-80클럽에 가입한다고 보았다. 2014년 당시 이 수준에 이른 국가는 미국, 일본, 독일뿐이었다. 그리고 김병로(2019)는 통일비용이 넉넉히 잡아 2,800조 원이고 혜택이 6,800조 원이어서 순혜택은 4,000조 원이나 된다고 주장하였다. 이들의 추산이 정확하다고는 단정할 수 없지만 만일 이대로만 된다면 당연히 재통일이익론 측면에서 보면 브랜드화에 긍정적인 측면을 가지게 된다.

둘째, '재통일은 누구를 위한 것인가?'인데, 이는 재통일주체론(남한주민, 북한주민, 남한정부, 북한정부, 외국인, 외국정부, 국제기구 등)이다. 대부분의 재통일은 해당 양측 정부 혹은 국가 중심으로 이루어질 것으로 생각하고 이들이 재통일을 이룬다. 하지만 재통일에 대해 좀 더 들여다보면, 결국 재통일이 양측 주민과 관련 외국인과 외국 정부 그리고 국제기구까지 영향을 미친다. 따라서 이 점을 반영하는 브랜드여야 한다. 특히, 사람의 재통일이 되어야 한다는 점이 반영되어야 한다. 이 대목에서 재통일된 독일의 칼 자이스 임직원 중 한 사람의 다음과 같은 말을 새겨들을 필요가 있다.

"인간적인 면을 많이 생각했으면 합니다. 체제가 변한다는 건 인생의 전제조건이 변화함을 뜻합니다. 아마 남북의 교류가 잦아진다면 자연스럽게 남한 위주로의 변화가 이어질 텐데, 그만큼 북한 사람들이 많이 힘들 겁니다. 동독 출신도 변화에 적응하는 게 어려웠는데, 북한 사람은 동독 사람보다 훨씬 큰 어려움을 견뎌야 할 겁니다. 이에 남한이 인내심을 갖고 충분한 시간을 주길 바랍니다. 특히 경제적으로 부유한 남한 사람이 자본을 앞세워 북한 사람 위에 군림하려 하지 않기를 바랍니다. 불행히도 동서독 재통일 당시는 이런 실수가 있었습니다."

(볼크홀츠의 조언, 이대희, 이재호, 2019, 89쪽)

이 말과 관련하여 김영수(2014)가 매우 잘 짚은 "통일은 하나로 만드는 것이지만 실제로는 서로 다른 것異이 원활하게 통通하는 통이通二를 추구해야 한다."(176쪽)라는 주장도 새겨들을 만하다. 이 주장까지를 포함하여 재통일할 때는 사람중심으로 해야 한다는 점을 브랜드화에 반영해야 한다.

셋째, '재통일은 순탄하게 진행될 것인가?'인데, 재통일과정론(재통일이 어느 한 시점의 선언으로만 그치는 것이 아니라 상당히 장기간에 걸쳐 진행된다는 점에서 시간적 여유와 절차적 여유가 필요함)을 말한다. 평화적으로 재통일된 독일의 경우에도 위험한 고비들이 적지 않았다. 무력으로 재통일된 베트남과 예멘은 상상 이상의 문제들이 재통일 과정에서 산적해 있었다. 많은 인명이 사망하고 부상 당하고 심리적 고통을 받았던 기록들이 있다. 따라서 재통일 과정이 갈등을 최소화하고 순탄하게 진행될 수 있도록 하느냐를 반영하는 브랜드화여야 한다.

넷째, '재통일 전에는 재통일 브랜드가 필요하지 않는가?'인데, 재통일동원론(재통일 필요성을 증대시켜 재통일 저항심과 무관심을 감소시키고 재통일 지향심을 증대시킬 필요가 있음)을 말한다. 즉, 재통일이 선언되는 시점 이전에도 양측 주민들에게 통일이 긍정적인 영향을 줄 수 있으므로 재통일 브랜드화가 필요하다.

다섯째, '재통일 진행 과정(재통일 선언 후)에서는 재통일 브랜드가 필요하지 않은가?'인데 재통일관리론(재통일 선언 이후 일상화된 재통일 사회를 관리할 필요)을 말한다. 즉, 재통일 과정이 적어도 몇 개월 혹은 몇 년 동안 진행되는데, 이때 양측 사회를 잘 관리할 수 있어야 한다는 점을 반영하는 브랜드화여야 한다. 독일의 경우에도 1990년 통일 선언 후에도 일정 기간 제도 정비와 문제 해결 등을 위해 엄청난 관리 노력이 들어갔다.

여섯째, '재통일 이후 새로운 국가 비전은 무엇인가?'인데, 재통일국가론(재통일은 단순히 합치는 데만 초점을 맞추면 안 되고 새로운 시대, 새로운 사회, 새로운 국가, 새로운 질서, 새로운 삶을 만들어야 함)을 말한다. 즉, 재통일된 국가와 사회는 그 이전과는 다른 국가이며 사회이다. 이때 재통일을 기회로 삼아 국가적 도약을 할 수 있어야 하고, 이 상황에서 필요한 것이 국가 비전이다. 이 비전을 충분히 담을 수 있는 브랜드화여야 한다. 안정식(2020)의 주장 중에서 재통일을 기회로 새로운 국가로 변모하자는 내용과 연계되는 것은 '누구나 인간다운 생활을 보장받을 권리가 있다'는 것과 '기회의 창은 열릴 것인가'라는 것이다. 전자는 인간 삶의 하한선을 일정 수준으로 높게 설정하자는 것으로 볼 수 있고, 후자는 재통일을 위한 국가와 국민 삶을 업그레이드하자는 것으로 볼 수 있다.

일곱째, '재통일 과정에서 예상치 못한 문제는 없을 것인가?', '재통일귀인(reunification attribution) 현상을 어떻게 극복할 것인가?'인데, 재통일후유증관리론(재통일에 따른 문제 그 자체보다 문제를 심리적으로 바라보는 현상, 즉 재통일 문제의 심리화 현상을 극복해야 함)을 말한다. 즉, 재통일은 주지하다시피 크게 보면 전 세계에 적지 않은 영향을 미칠 수 있는 큰 사건이다. 하물며 재통일 당사자들에게는 얼마나 큰 사건일지 재통일을 경험하지 못한 사람들은 상상을 잘 못한다고 볼 수 있다. 하지만 독일의 경우를 보면, 동독주민은 자신들의 의사와 정치행위를 통해 서독의 구연방체제에 편입해 들어갔으므로 서독주민은 별 변화를 실감하지 못했지만 동독주민은 거의 모든 영역에서 갓난아기가 겪는 수준의 변화를 경험하면서 엄청난 적응스트레스를 경험했다. 이 상황에서 동독주민은 결국 '그놈의 재통일 때문이다'는 인식을 갖게 되어 많은 심리적 문제를 추가로 경험할 수 있다. 따라서 이러한 재통일후유증을 관리할 수 있는 측면을 브랜드화에 반영하느냐를 따져서 질 높은 수준의 브랜드를 만들어야 한다.

여덟째, '재통일은 분단상태를 어떻게 해결할 것인가?'인데, 분단상태극복론(분단상태에서 발생되었던 문제 해결과 심리적 극복이 필요함)을 말한다. 이는 백낙청을 중심으로 한 '분단상태 극복론'과 관련된 것으로서 오랫동안 남북이 분단되어 있으면서 정치체제와 사회체제뿐만 아니라 심리적 측면 등 다방면에서 대립과 적대시 등의 심리적 문제를 고착시킨 면이 있는데, 이를 얼마나 잘 극복할 수 있게 하는 브랜드이냐를 고려하여야 한다.

마지막으로, '재통일에 따른 산업 변화를 어떻게 관리할 것인가?'인데, 재통일산업관리론(재통일이라는 현상 때문에 새로 생기는 산업에 대해 관리할 필요가 있음)을 말한다. 즉, 재통일은 큰 사건이며 큰 변화이므로 이 과정에서 필요한 여러 가지 산업이 새로 생기게 될 것인데, 이때 제대로 잘 관리하는 것이 중요하다. 이 관리를 제대로 할 수 있는 브랜드냐를 고려해야 한다.

이상의 조건을 최대한 충족할 수 있는 방안이 재통일에 관련된 국가브랜드화 과정에서 고려되어 반영되어야만 한다.

먼저 일반적으로 상업적인 측면에서의 브랜드화 하는 것과 관련해서 독일의 경우와 우리의 경우를 비교분석해 보면, 〈표 4〉와 같다. 분석 결과, 독일의 재통일방안에 해당된다고 간주되는 신동방정책보다는 현재 한국의 재통일방안에 해당되는 민족공동체통일방안[7]이 조금 더 나은 것으로 보인다. 하지만 여전히 우리 재통일방안도 미흡한 측면이 많다.

---

7) '한민족공동체통일방안'을 수정, 보완하여 제안된 것이다.

〈표 4〉 일반적인 상업적 브랜드화 관점에서 독일과 한국의 재통일방안 조건 충족 정도 분석

	독일의 재통일방안 (신동방정책)	한국의 재통일방안 (민족공동체통일방안)
인지도 측면	보통	보통
선호도 측면	판단 불가	보통
구매도 측면	보통	보통
제품내용 표현성 측면	판단 불가	높음

좀 더 재통일방안으로서 브랜드화 하는 데 필요한 요건을 갖추고 있는지를 분석한 것이 〈표 5〉이다. 분석 결과, 독일의 동방정책은 브랜드화 하기에 매우 부적절한 상태였고, 상대적으로 우리의 민족공동체 통일방안은 나은 상태에 있다고 볼 수 있다. 하지만 이렇게 나은 점도, 재통일동원론이나 재통일주체론, 재통일관리론, 그리고 분단상태극복론적 측면에서 나은 것으로서 나머지 조건에서는 우수하다고 볼 수 없는 상태이다.

따라서 현재의 우리 재통일방안으로서는 브랜드화 하기에는 아직까지도 미흡한 점이 많다고 볼 수 있어서 새로운 재통일방안이 모색되어야 한다.

〈표 5〉 재통일방안으로서의 브랜드화 관점에서 독일과 한국의 재통일방안 조건 충족 정도 분석

	독일의 재통일방안 (신동방정책)	한국의 통일방안 (민족공동체통일방안)
재통일이익론	거의 없음	약간 있음
재통일주체론	약간 있음	높음. 단, 외국인 관련성 없음
재통일과정론	거의 없음	낮음(단, 3단계론 측면에서는 높음)
재통일동원론	약간 있음	매우 높음
재통일관리론	거의 없음	높음. 공동체성 강조 통해
재통일국가론	거의 없음	약간 있음
재통일후유증관리론	거의 없음	보통
분단상태극복론	거의 없음	높음
재통일산업관리론	거의 없음	거의 없음

(3) 여유로운 재통일이란

앞서 살펴본 기존 재통일방안에서 강조되었던 점들도 중요하다. 하지만 이들 강조점만으로는 부족하다. 무엇인가 분명한 재통일의 모습을 그려 보아야 한다. 채산의 부인인 김세련과 채만성 등이 만끽하는 여유로움을 다른 많은 양측 주민들이 맛보게 해야 한다. 이를 위해서는 재통일방안이 이러한 여유로움을 잘 반영해야 한다.

이와 관련하여 이경훈과 이용숙(1994)은 독일 재통일 직후 "다가오는 재통일은 우리들의 삶을 획기적으로 바꾸어 놓을 것이다."(3쪽)라는 문장으로 시작하는『통일, 그날 이후: 우리의 삶 이렇게 바뀐다』라는 책을 펴냈다. 재통일 시대 모습을 실로 과감하게 제시한 것이라고 볼 수 있다. 우리나라의 외형부터 정치, 외교, 군사, 경제, 사회, 문화 등으로 나누어서 제시했다. 이들 분야를 다루면서 이경훈과 이용숙(1994)은 재통일 이전과는 달리 한반도는 급격하고 전체적으로 발전하기도 하지만 갈등도 많을 것이라고 예상했다.

그렇다면 이러한 재통일방안과 예상만 충분한가? 본 저자는 충분하지 않다고 생각했다. 그래서 저자는 심리학자로서 이러한 점들을 고려하여 한민족의 재통일에 대해 좀 더 명확한 명칭을 부여할 필요를 느꼈다. 독일, 베트남, 예멘 등의 경우에도 재통일에 대해 특정한 명칭을 부여한 적은 없다. 그렇기에 재통일 문제를 다루는 데 어려움이 더 있었을 것이라고 생각한다.

저자는 한민족의 재통일을 어떻게 명명할까 수많은 시간을 고민했다. 기존 재통일방안과 예상이 단순히 '변화', '발전', '혜택', '화해', '협력', '포용' 등의 말을 조합하여 사용한 것이어서 이들의 의미를 포괄하고 강렬한 이미지와 구체적인 실행방안, 그리고 확고한 연구 청사진이 가능한 명칭을 구안했다. 그 결과 저자는 '여유로운 재통일'이라고 명명하기로 했다. 재통일 연구자와 재통일 정책담당자뿐만 아니라 일반 국민들이 이 명칭을 들으면 '이게 뭔 소린가?', '이상하다' 등의 반응을 보일지도 모른다. 하지만 저자가 자문을 요청한 관련 전문가들이 대체로 긍정적인 답을 주었다.

원래 여유(餘裕)의 사전적 정의는, "성급하게 굴지 않고 사리 판단을 너그럽게 하는 마음의 상태"와 "(기본적인 의미) 물질적이거나 시간적으로 넉넉하고 남음이 있음"(Daum 국어사전)이다. 영어로는 'afford'로 표현할 수 있다.

이 사전적 의미에 충실하게 재통일을 덧붙이면 '여유로운 재통일'이 지닌 의미는 소위 '플러스 알파+α'이다. 그러면 어떤 점에서 플러스 알파가 되는가? 여유로운 재통일은, 달리 말하자면, 재통일에 의한 변화 요소들에서 풍요로움(예: 경제적 풍요)을, 변화의 범위에서 폭넓음을, 변화 방식에서 자연스러움을, 변화의 속도에서 적정한 속도를, 부작용 처리 방식에서 관용을, 변화 주체에게는 자신감과 안녕감을, 변화에 대한 해석에서는 긍정적 태도를 줄 수 있다. 이를 바탕으로 구체적인 플러스 알파를 살펴보면 다음과 같다.

첫째, 경제적으로 분단상태보다는 남한과 북한 체제 자체와 국민 개개인에게 플러스 알파이다. 이종석(2012)이 '왜 재통일을 해야 하느냐고 묻는 이들을 위한 재통일론'에서 남북한이 대치하면서 치르는 군사비용이 재통일이 되면 줄고, 남한의 지식과 노하우에 북한의 지하자원 등이 결합되면 분명히 재통일이 경제적 이득이라고 제시했다. 이종석뿐만 아니라 이제껏 재통일 분야에서 재통일비용이라는 측면과 재통일편익이라는 개념으로 많은 학자들과 관련 기관에서 이러한 입장을 보여 왔다. 그렇다고 해서 박근혜 정부 시절 갑자기 등장한 재통일대박론이라는 용어가 적절한가? 그렇지는 않다. 대박이란, Daum 국어사전에 따르면 "어떤 일이 크게 이루어짐을 비유적으로 이르는 말"이다. 하지만 당시 정치권에서 재통일대박론의 의미는 '크게 이익이 난다'는 세속적인 측면에 가깝다고 볼 수 있어서 세속적 의미는 피하는 것이 좋다고 볼 수 있다.

독일의 경우에도 베트남의 경우에도 예멘의 경우에도 재통일은 기본적으로 플러스를 지향했다. 특히, 독일은 재통일을 통해 유토피아가 열리지는 않았지만 그런대로 긍정적인 결과를 경험했다고 볼 수 있다. 물론 좌파적인 입장에 있었던 동독주민은 재통일 이후의 변화에 대해 그리 긍정적이지는 않았지만 그래도 긍정적인, 즉 플러스 알파였다. 물론 일시적으로 경제적 후퇴가 있지만 중 · 장기적으로는 분명히 경제적 이득을 가져다주는 것이 재통일이다. 이러한 경제적 이익은 남한주민과 북한주민 모두에게 심리적으로 생활에 만족하고 살아갈 수 있는 토대가 될 수 있다.

둘째, 양측 주민이 기존에 가지고 있던 상호 적개심과 같은 적대감을 약화시켜 심리적으로 좀 더 자유로운 삶을 살 수 있게 해 줄 수 있는 플러스 알파이다. 특히, 남한 주민은 소위 적색공포증red complex을 어느 정도는 가지고 있다고 볼 수 있다. 오수성(1993)은 '적색공포의 본질과 심리적 작용'이라는 연구를 통해 남한주민이 어떤 생각을 외부로 드러내는 데 있어서 혹시나 친공산주의자 혹은 간첩으로 몰리지 않을까 하는 우려를 하고, 이를 해결하기 위해 자기검열을 한다고 지적했다. 심리학적으로 보면 세상 살아가면서 어느 정도는 자기검열이 있어야 적응하면서 살아갈 수 있다. 자기 관찰 혹은 감시라고 번역되는 'self-monitoring'이 자기검열에 가까운 모습이고, 이것은 사람들에게 어느 정도는 필요하다. 하지만 지나치게 혹은 항상 자기검열에 주의를 기울이면서 살아간다면 비정상적인 삶이라고 할 수 있다. 자기검열 현상으로 나타나는 레드컴플렉스가 사실 우리나라만의 고유한 문제는 아니다. 과거 1950년대 초반 소위 매카시즘McCarthyism으로 불렸던 미국의 반공적 열풍에서 기원한다. 이 미국의 열풍이 우리나라에 이식되었다고 볼 수 있다. 이 적색공포증뿐만 아니라 남한 내에서 소위 남-남갈등과 같은 현상도 재통일이 되면 일정 시간 후에 사라질 수 있다는 점에서 한민족에게 있어서 재통일은 정신적 해방의 중요한 한 요소라고 할 수 있다.

셋째, 재통일은 또한 군사적으로 위협을 덜 느끼게 되어 평화를 누릴 수 있는 혜택을 제공하는 플러스 알파이다. 여기서 '덜 느끼게'라고 표현한 이유는, 세계 어느 국가의 국민도 완전히 타국의 군사적 위협을 배제할 수 없는 것이 현실이기 때문이다. 이는 스위스와 같은 영세중립국임을 표방한 국가도 예외는 아니다. 하지만 한민족이 전쟁을 비롯하여 각종 군사적 충돌과 위협을 겪었던 점을 감안해 보면 아주 큰 혜택이 될 것이다.

넷째, 재통일이 최종적으로 하나의 완전한 국가로 이루지지 않고 그 전 단계인 국가연합 수준에서만 그친다고 하더라도 양측 지역 방문 등의 왕래 자유화를 가져다준다는 플러스 알파이다. 이는 단순한 사람들의 왕래만을 의미하지 않는다. 다양한 물자의 이동과 유무형의 문화도 교류된다. 이러한 왕래 자유화는 유럽과 같이 이 국가에서 저 국가로 자유롭게 오가는 것처럼 되어 결국 실질적 재통일을 가져다준다는 점에서 의미가 크다. 이러한 실질적 재통일에 대한 연구는 통일연구원(2002)에서 '남북한 '실질적 통합'의 개념과 추진과제: 민족공동체 형성을 중심으로'라는 주제로 연구한 바 있다. 이 연구에서도 실제로 갈 수 있는 곳에 자유롭게 갈 수 있는 것이 주는 자유로움의 가치는 지대하다는 점이 다뤄졌다.

다섯째, 그동안 주요 세계 강대국들 때문에 분단되어 이러지도 저러지도 못하는 신세에 처해 있는 한민족이 국제적으로 한민족의 위상을 되찾을 뿐만 아니라 보다 더 높게 고양시킬 수 있다는 플러스 알파가 기대된다. 남한과 북한이 UN에 동시가입을 하기 전에는 한반도 관련 사안을 UN에서 다루더라도 단지 옵저버 신분으로만 참석할 수 있었고 표결에 1표도 행사할 수 없는 상황이 있기도 했다. 남한과 북한의 UN 동시 가입 이후에 남한과 북한의 위상이 높아졌지만 아직도 분단국이면서 분쟁 지역에 속해 있다는 점 등이 작용하여 우리가 기대하는 수준의 위상을 확보하지는 못했다고 볼 수 있다. 재통일이 되면 새로운 국가의 위상은 국제정치 무대에서도 이전보다 훨씬 높아질 것이다.

여섯째, 재통일 이전의 양측 문제를 해결하고, 재통일 이후 새로이 발생할 수 있는 문제를 사전에 예방하거나 사후에라도 효과적으로 해결할 수 있게 되는 플러스 알파이다. 따라서 한민족의 '재통일 현상'을 연구하고 바람직한 방향으로 실천하기 위해서는 현재까지 분단상태에서 겪었던 문제들, 즉 '분단 현상[8]'도

---

8) 한반도 재통일 혹은 한민족 재통일을 논의함에 있어서 불가피하게 '분단'이라는 현상을 다루게 되는데, 이 용어와 관련된 개념적 정의를 분명히 할 필요가 있다. 분단과 흔히 혼용되는 용어로서는 '분할'이다. 전득주(2004)는 서유럽의 역사학자와 정치학자들의 견해에 따라 분단과 분할의 의미를 다음과 같이

같이 다루어 해결해야 할 필요가 있다. 독일의 경우에도 한스 요하임 마즈Hans Yoheim Marz가 동독 출신자들이 겪었던 심리적 문제를 『사이코의 섬Gefuehlsstau』이라는 책을 통해 감정정체 현상으로 설명하고 이에 대한 해결 방안이 필요함을 역설했다. 이렇듯 북한주민의 경우에도 필요하다면 이와 같은 접근을 통해서 해결책을 찾아야 한다. 그리고 남한주민의 경우에도 적색공포증이나 남남갈등과 같은 문제를 해결해야 할 뿐만 아니라 님비현상이나 황금만능주의 등의 고질적인 사회적 문제를 사회문화심리학적 관점에서 해결해야 한다. 이러한 노력은 결국 현재 한민족이 분단되어 있기는 하지만 향후 재통일의 길로 나아갈 때 분단 시 나타난 현상이 재통일 진행 과정과 재통일 후에도 영향을 미치기 때문에 절대적으로 필요하다. 그리고 우리 옛말에 '곳간에서 인심 난다'는 말이 있다. 재통일을 통해 국가적 차원에서나 국민 개개인의 차원에서 경제적으로 현재보다 나아진다면 국민 개개인이 현실 생활에서 겪을 수 있는 어려움이 그리 대수롭지 않게 생각될 수 있다. 그리고 자신이 누리는 물질적 풍요를 계속 유지하기 위해서라도 경쟁보다는 배려, 다툼보다는 평화, 대립보다는 협력을 할 것이다. 이러한 점은 시민의식이라는 점에서도 필요한 것들이다. 서독에서 재통일 이전부터 시민의식을 강조하고 교육시켰으며 재통일 이후에도 서독 출신자뿐만 아니라 동독 출신자에게도 재통일교육의 일환으로 진행된 시민교육이 우리 한민족에게도 중요한 선례이다. 이러한 교육은 궁극적으로 국민 개개인이 심리적으로 좀 더 성숙하여 자기실현self-actualization할 수 있는 토대로도 작용할 것이다.

정의했다. 분단은 영어로 'division'으로 표현되고, "인간 내지 국가의 적극적인 의도와 책임보다는 피할 수 없는 역사적 발전에 의해서 형성되기 때문에, 이는 역동적 성격이라기보다는 오히려 정체적 성격을 갖는 개념이다."(전득주, 2004, 22쪽) 분할은 영어로 'partition'으로 표현되며, "인간 내지 국가가 한 국가를 의도적으로 나누는 역동적 성격을 갖는 개념이다."(전득주, 2004, 22쪽) 하지만 분단과 분할이라는 용어로 다루기 어려운 면도 있다. 바로 분리(separation)이다. 한 국가 내의 세력들이 외부의 영향 없이도 서로 다른 국가로 나뉘는 경우이다. 스웨덴과 노르웨이가 이 분리에 해당된다. 남북한의 경우에는 1945년 광복 이후부터 1948년 남한과 북한이 별도의 정부를 수립할 때까지 분할을 거쳐 현재는 분단상태에 있음이 틀림없다. 따라서 이 분단의 의미를 토대로 남북한의 상황을 연구하여 향후 재통일에 대한 연구를 진행해야 한다.

일곱째, 우리 한민족이 재통일된 국가를 만들어서 여유로운 이미지를 국제사회에 선보이게 되면 한국과 교류하는 외국 정부와 한국을 왕래하는 외국인들에게 보다 매력적인 국가로 비춰지는 플러스 알파이다. 현재도 남한에 많은 외국인들이 업무차 방문하기도 하고, 관광차 방문하기도 한다. 그리고 200만 명 이상의 외국인 근로자들도 입국해 있다. 재통일이 된다면 이들 이외에도 더 많은 외국인이 한민족의 재통일국가에 방문하게 될 것이다. 이들에게 현재의 한민족의 모습보다 더 여유로운 이미지를 창출할 수 있는 플러스 알파는 매우 중요하다.

마지막으로, 제일 중요한 플러스 알파는 재통일 이전부터 재통일을 진행해 나가는 과정 그리고 재통일 이후에도 전체 국민이 자신의 이익을 도모해서 보다 나은 삶을 살려고 할 때 시간적으로 여유를 가지고 처리하게 하는 것이다. 흔히 사람들은 재통일을 일순간에 모든 것을 바꿔야 한다는 고정관념이나 강박감 형태로 생각할 수 있다. 그러다 보면, 차분하게 재통일에 따른 과업들을 처리하는 것은 어려워진다. 특히, 앞서서 채산이 접하게 된 북한 중학생의 경우처럼 북한체제가 그동안 발전하지 못했던 것을 단숨에 해결하려는 생각으로 지금도 추진하고 있는 '단박도약'을 재통일 과정과 이후 북한주민들이 지속하고 강화한다면, 남한주민과 여러 가지 측면에서 마찰과 갈등을 빚을 가능성이 있다. 이러한 문제를 예방하고 혹시라도 문제가 발생되었을 때 현명하고 긍정적으로 처리하기 위해서는 시간적으로 여유를 가지는 것이 필요하다. 더욱이 재통일 준비 단계에서 북한지역의 사회간접자본 확충이나 북한체제의 유연성 강화 그리고 북한주민의 시민의식 함양을 통해 소위 '재통일비용'을 줄이고 문제를 차근차근 풀어 가기 위해서는 이 시간적 여유는 필수적이다. 이러한 관점은 이미 1993년 미국의 엔터프라이즈연구소의 연구원인 에버스타트Nicholas Everstadt의 신문 기고문에서 알 수 있다. 다음 내용은 이경훈과 이용숙(1994)의 『통일 그날 이후: 우리의 삶 이렇게 바뀐다』라는 책에 인용된 이 기고문의 내용이다. 이러한 관점은 당시 언급한 향후 10년이나 20년 정도 늦춘 현재에도 어느 정도 적용된다고 볼 수 있고, 앞으로 재통일 진행 과정에서도 적용될 수 있는 상황이라는 점에서 눈여겨볼 내용이다.

최근 서울의 정책결정자들은 한반도의 통일이 향후 10년이나 20년 정도 늦게 이루어졌으면 하는 희망을 피력하고 있다. 독일식으로 북한이 한국에 흡수통일될 경우 통일비용에 대한 부담이 감당할 수 없을 정도로 커져, 궁극적으로는 한국의 국제 경쟁력을 잃게 하고 결국 한국 경제의 선진경제권으로의 진입을 지연시키거나 좌절시킬 것으로 결론을 내리고 있다. (이하 생략) (30쪽)

재통일의 시점을 늦추고자 하는 생각은 과거 정부들에서도 있었고, 학자들의 전문가적 시각에서도 나타난다. 김대중 대통령은 북한과 남북정상회담 등을 하면서 북한의 사정도 더 잘 알게 되었고, 그 결과 지금 당장 재통일하는 것은 한민족에게 그리 유익하지 않다고 판단하여 좀 더 상호 간에 교류와 협력, 그리고 평화와 공존을 일정 시간 한 후에 재통일하는 것이 더 낫겠다고 판단했다고 알려져 있다. 학자들도 남북한의 재통일 시점이 빨라질수록 양측 주민들의 이질성 문제가 해소되지 않아서 큰 혼란을 가져올 수 있다고 보았기 때문에 10년 이상 지난 시점에서 재통일되는 것이 더 낫다고 판단한 것이다. 이러한 재통일 진행 과정에서의 시간적 여유는 매우 중요한데, 이 중요성을 고려하지 못하거나 무시하고 나중에 후회하는 경우도 있을 수 있으므로 이를 심각하게 경계해야 한다.

6. 재통일 현상에 대한 이해

(1) 분단국가와 재통일국가의 사례

분단 현상과 재통일 현상을 보다 체계적으로 다루기 위해서는 흔히 말하는 '우리나라는 현재 세계 유일의 분단국가이다'라는 주장이 타당한지 확인해야 한다. 결론을 먼저 말하자면, 이 주장은 틀리다. 현재도 분단되어 있는 국가가 세계에서 적지 않게 존재하기 때문이다. 최근 100년 내 분단된 국가로는 남수단과 북수단, 인도네시아와 동티모르, 방글라데시(동파키스탄)와 파키스탄(서파키스탄)이 자체적으로 분단되어 있다. 중국의 경우에는 실제로는 분단되어 있는 상태로 보는 것이 옳지만 중국이 대만(중화민국)의 국제적 지위를 인정하지 않고 분단되어 있지 않다고 보기 때문에 이 책에서는 논외로 하겠다. 그리고 분단되어 독립국가 형태를 갖춘 곳과 타국에 의해 속해 있는 곳도 있는데, 남아일랜드는 독립국가 형태이고 북아일랜드는 영국연방에 그대로 편입되어 있고, 서사모아는 독립국가 형태이고 동사모아는 미국령에 속해 있다. 분단되어 각기 다른 국가에 의해 관할되고 있는 곳도 있는데, 버진제도는 미국령과 영국령으로 양분되어 있다.

이와는 달리 분단을 극복하고 최근 100년 내에 재통일된 국가들도 있다. 베트남은 1976년 7월 2일에, 예멘은 1990년 5월 22일에, 독일은 1990년 10월 9일에 재통일되었다. 베트남은 전쟁을 통해 공산정권인 북베트남이 적화재통일을 했고, 예멘은 협상과 내전을 거쳐 합의재통일을 했으며, 독일은 자본주의 시장경제체제인 서독이 공산주의 체제인 동독을 흡수재통일 했다.

이러한 분단국가 사례들과 재통일국가 사례들은 분단 현상이나 재통일 현상이 유일한 사례로만 다뤄질 수 있는 것이 아니라 다수의 사례로 다뤄져서 보다 학문적으로 접근할 수 있게 해 준다.

(2) 분단관리냐 재통일 대비냐

재통일하지 않고 분단상태를 그대로 유지하는 분단국가도 있다. 하지만 이 경우라도 분단된 상태에서 서로 적대적이고 언제든지 전쟁하려고 한다면 이는 문제이다. 그래서 대부분 분단국가는 분단상태를 재통일로 간주하지 않으려는 경향을 보인다. 하지만 재통일이 된다고 해도 분단상태를 극복하느냐 그렇지 않느냐 하는 문제는 매우 중요하다. 그래서 분단되어 있는 현재의 한반도 상황에 대해 분단극복이 우선되어야 한다는 주장도 있고(예: 백낙청, 1998), 이 주장과는 별도로 재통일을 대비해야 한다는 주장도 있다(예: 통일연구원, 2010). 전자의 주장은 한반도에서 재통일을 이루면 좋기는 하지만 분단 문제를 해결하지 않고 곧바로 재통일로 나아갈 수 없을 뿐만 아니라, 재통일을 이루지 못한다고 해도 분단과 관련된 국제적인 문제나 국민들의 인식을 변화시키는 것이 중요하다는 주장이다. 반면, 후자의 주장은 재통일을 위해서는 준비해야 할 것들이 많으니 이들을 순차적으로 준비해야 한다는 주장이다. 예를 들어, 시민교육 관점에서 재통일교육을 통해 지금까지 적으로 바라봤던 상대방을 동반자로 바라보도록 하자는 것이다. 일견 이 두 주장이 상호 배타적이고 다른 것을 주장하는 것처럼 보이지만 실제로는 같은 맥락에 있다. 왜냐하면 시민교육 관점에서 상호 인정과 존중을 하여 생활동반자로 인식하고 행동하게 하기 위해서는 분단에 의한 흑백논리적 측면을 그동안 남북한 양측에서 주입식 교육과 간접적 경험을 통해 가졌었다는 점을 인정하고 극복해야 하기 때문이다.

(3) 재통일 현상과 통합 현상의 관계

채산의 경우처럼 생활 현장에서는 재통일이니 통합이니 하는 말에 대해 별 상관을 하지 않는 경우가 많다. 실제로 이 두 말의 의미를 정확하게 변별할 수 있는 국민들도 별로 없다. 그래서 타성에 젖어 과거에 정부와 학자들이 그리고 일반인들이 말해 왔던 바대로 '재통일'이라는 말을 익숙하게 사용하고 있고, 머릿속에 담고 살아간다고 해도 과언이 아니다.

그렇다면 재통일은 무엇이고 통합은 무엇인가 좀 더 자세히 구분해 보자. 분단국가를 하나의 국가로 다시 만드는 것을 흔히 재통일이라고 한다. 물론 이 재통일이라는 말도 그 의미를 부여할 때, 원래 분단되기 이전 상태의 국가 형태로 되돌아가느냐의 논란이 있다. 저자도 재통일이 분단되기 전의 원래 상태로 되돌아가는 것이어서는 안 되고 그렇게 될 수도 없다고 생각한다. 정치학자 이종석 전 통일부장관도 "통일이 전쟁이라는 폭력적 방식이 아니라 평화적으로 이루어진다면 시장경제에 기초한 '어떤 민주주의 사회'라는 형태로 올 것이라는 점은 분명하다"(100쪽)라고 주장했다. 이는 그동안 그리고 앞으로 남한과 북한이 자체적으로 변화하는 측면이 작용하는 재통일을 상정해 볼 때 재통일이라는 것이 단순히 원래 분단되기 이전 상태의 국가 형태로 되돌아가는 것이 아니고 새로운 하나의 국가를 만드는 것이라고 주장했다. 이러한 주장을 하는 학자들이 적지 않다.[9] 이렇게 새로운 하나의 국가를 만드는 관점에서 재통일을 다루게 되면, 과거의 문제도 다루지만 미래의 문제도 다룬다는 점에서 의미가 크다고 볼 수 있다.

하지만 우리는 과거에 '우리의 소원은 통일'이라는 말을 강조했던 경험을 가지고 있다. 이 말을 강조하던 시대에는 재통일이라는 말 이외에는 생각할 겨를도 필요도 없었다. 하지만 시간이 더 흐르고 재통일이 아닌 다른 말을 사용해야 하는 것이 아닌가 하는 생각들이 나타났다. 일반론적인 정치학 논의에서는 '통합'이라는 용어가 1974년에 처음 등장했다.[10] 그리고 원래 정치학계에서 '통합'을 다룬 학자로는 도이치Deutsch 등(1957)[11]이 있었다. 그는 지역통합이나 세계통합을 다루었으므로 세계통합이라는 맥락에서 국가통합을 다루었다고 볼 수 있다.

따라서 통합에 대한 정의는 다양하다. 그중에서도 국제정치학 분야에서 유력하게 거론되는 다음과 같은 정의를 살펴보아야 한다. 바로 나이Nye(1968)의 정의인데, 그는 "통합이란, 여러 부분들을 하나의 전체로 구성하게 하는 것 또는 상호의존interdependence을 만들어 낸다"(858쪽)고 보았다.

이러한 통합에 대한 정의는 이용필 등(1992)에 의해 정치학자인 와이너M. Weiner의 정의를 다음과 같이 정리한 것에서 좀 더 분명히 할 수 있다. 즉, 통합은 "문화적으로 또한 사회적으로 분리된 집단들을 하나의 영토적 단위로 결합시키

---

9) 원래 분단되기 이전 상태의 국가 형태로 되돌아가는 것을 영어로 표현하자면 'unification', 새로운 하나의 국가를 만드는 것을 'reunification'이라고 할 수 있다. 재통일독일의 경우에도 'reunification'으로 표현하는 경우가 대부분이다. 즉, 통일이 아니라 재통일로 보는 것이 옳다.

10) 구영록(1974). 통합이론에 관한 연구: 통합의 유형과 갈등. 국제정치논총, 13·14, 1-30.

11) Deutsch, K. W. et. al. (1957). *Political community and the North Atlantic Area*. Princeton: Princeton University Press. p. 5.

고 국민적 정체성을 확립시키는 과정의 의미를", "통합은 때로는 특이한 문화집단이나 사회집단과 일치 또는 불일치하는 하위적 단위들 또는 지역들에 대한 국가의 중앙적 권위를 확립하는 문제와 관련된 의미를", "통합은 때때로 정부와 피지배자들을 연계시키는 문제를 언급하는 데 사용되며", "통합은 때때로 사회질서를 유지하는 데 필요한 최소한의 합의를 언급하는 데 사용되고", "어떤 공통된 목표를 위해서 조직화하려는 사회에서의 인민의 능력을 언급하는 경우, 통합적 행태라는 표현을 하게 된다"(이상, 12~13쪽)고 보았다. 이러한 다양한 의미와 사용되는 경우를 고려해 보면, '통합은 나뉘어 있던 집단을 하나로 만들어서 그 구성원들이 새로운 사회적 목표를 가지고 사회적으로나 심리적으로 결속되게 하는 것'이라고 볼 수 있다.

이러한 의미 측면에서 통합이라는 말은 남북한 문제를 다루는 학자들에 의해 '재통일'이 가진, 단순한 하나의 국가체제를 만드는 것이라는 의미를 극복하려는 측면에서 사용되어 왔다. 남북한을 다시 하나로 합치는 것과 관련해서도 기존에는 '통일'이라는 용어와 개념으로만 다루다가 1973년 처음으로 '통합'[12]이라는 관점에서도 고려하기 시작했다. 하지만 이 경우에도 '한민족 통합'이나 '한민족이 심리적 통합'이라는 관점이 아닌 '체제 통합'이라는 관점을 언급한 것이다.

그런데 재통일과 통합을 구분할 필요가 있다고 주장하는 학자들은 통합에는 폭력성이 없어야 한다는 점을 강조한다(구영록, 1974). 폭력적으로 두 개 이상의 국가가 합해져 하나의 국가를 만든다면 이는 통일이지 통합이 아니라는 의미이다. 따라서 전쟁을 통해 남북한이 다시 하나의 국가를 만드는 것은 결코 통합이 아니고 굳이 따지자면 통일, 즉 재통일에 해당된다는 의미이다. 이런 의미에서 남북한이 통합을 하려면 전제조건은 당연히 비폭력적이고 평화적으로 합치는 것이다.

---

12) 고려대학교 아세아문제연구소에서 간행한 『한국통일과 체계통합』(1973)에서 '통합'이라는 용어가 처음 사용되었음.

이러한 정치학적 관점에서 나온 통합의 의미가 온전히 고려되지도 않고, 정치심리학적 관점에서 '심리적 통합'이라는 관점으로 제시되었다(최민자, 1991).[13] 그 이후 오일환(1995)이 한민족의 재통일방안을 모색하기 위해 재통일독일의 사례를 통해 '내적 통합'이라는 형태로 심리적 통합을 주장했다.

심리학계에서는 차재호가 2000년에 처음으로 '심리적 통합(psychological integration)'이라는 용어를 사용하여 이에 대한 개념적 설명을 하였다. 그는 심리학적 관점에서 먼저 심리적 통합이라는 말이 제시된 것이 아니므로 정치학, 사회학, 인류학 등의 타 학문 분야에서 사용해 온 관점을 토대로 설명하였다. 여기서 심리적 통합은 두 가지 측면에서 고찰되었는데, 첫째는 "사회관계에서의 남·북한인들 간의 통합"이었고, 둘째는 "순전히 개인적인 차원에서의 심리적 차원으로 보고 '적응'이나 '정신건강'"이었다. 이 둘 중에서 차재호는 후자의 것이 심리학자들에게 익숙하다고 보았다. 하지만 이러한 설명만으로는 심리적 통합이라는 말이 지닌 뜻을 정확하게 짚은 것이라고 보기는 어렵고, 개념 정의도 분명하게 제시되지 않았다고 볼 수 있다.

그렇다면 심리학계에서는 심리적 통합이란 말은 아예 성립되지 않는 말은 아닐까? 심리학계에서는 한 사람의 심리와 다른 사람의 심리는 온전히 같을 수는 없다고 본다. 따라서 몸이 따로따로인 두 사람은 온전한 하나의 심리를 가질 수 없다. 그런데 흔히 '부부는 일심동체'라는 말을 한다. 사전적으로 보면, '하나로 합친 마음과 같은 몸'이고, 이는 곧 둘 이상의 사람이 굳게 뭉치는 일을 이르는 것으로 본다(다음 포털사전, 2018년 4월 1일자). 이 뜻으로 보면, 일심동체가 심리적 통합에 해당된다.

그런데 일심동체라는 말은 구호에 지나지 않을 수 있다. 현실 속에서 사람들이 쉽게 한마음으로 살아간다면 굳이 이 말을 만들 필요가 없기 때문이다. 실제로는 '백인백색'이라는 말이 더 옳다. 사람들마다 자신만의 고유한 심리적 특징

---

13) 최민자(1991). 한반도 통일에 대한 정치심리학적 접근. 한국정치학회보, 25(1), 301-330.

을 가지고 살아가는 것이다.

하지만 인간은 사회적 존재이고, 집단과 같은 공동체를 구성하여 살아가기 때문에 서로의 마음을 맞춰 가는 경향이 있다고 볼 수 있다. 이 경우를 '심리적 교집합'과 '심리적 상호수용'이라는 관점에서 말할 수 있다. 여기서 심리적 교집합이란, 상호 간에 동일한 심리 혹은 유사한 심리를 가진 경우이다. 예를 들어, 남편과 부인이 각각 내성적인 측면을 가지고 있다면 이는 심리적 교집합이 되는 것이다. 그리고 심리적 상호수용이란, 각기 다른 심리구조를 가지고 있어도 이를 상호 수용하여 불편해하지 않는 경우이다. 예를 들어, 남편은 적극적이고 부인은 소극적인 경우라고 하더라도 상호 간에 상대방의 심리적 특징을 이해하고 문제시 하지 않는 경우이다. 이러한 심리적 교집합과 심리적 상호수용은 성격적 측면뿐만 아니라 가치관 측면이나 태도 측면 등에서도 적용될 수 있다.

이 심리적 교집합 개념과 심리적 상호수용 개념을 포괄하는 상태를 심리적 통합으로 보는 것이 타당하다. 이러한 맥락에서 심리적 통합이라는 말은 성립된다고 볼 수 있다.

그렇다면 심리학계에서는 '심리적 통일' 혹은 '심리적 재통일'이라는 용어를 더 이상 사용하지 말아야 하는 것인가? 개념화하기에는 '심리적 통합'이 상대적으로 더 나은 것이어서 '심리적 통일'(이하 '심리적 재통일'이라고 함)이라는 용어를 사용하지 않는 것이 바람직하다. 하지만 다음과 같은 점에서는 일정 기간, 일정 조건에서 '심리적 재통일'이라는 용어는 사용해도 무방해 보인다. 즉, 국가적 차원에서 통합보다는 재통일을 강조하고 이에 따라 각 학문 분과에서 재통일의 시각에서 논의가 이루어진다면 재통일되는 시점까지는 '심리적 재통일'을 사용하는 것도 나쁘지 않다. 단, 이 기간과 조건 문제가 달라지면 '심리적 통합'이라는 관점에서 다룰 필요가 있다. 특히, 정치학계에서도 '통일unification 혹은 재통일reunification'은 과정이고, '통합integration'은 그 이후의 결과로 보기 때문에 심리학계에서도 이러한 관점을 준용할 필요가 있어 보인다.

(4) 재통일의 고유성과 보편성

앞서 언급한 바대로 재통일에 대해 학문적으로 연구하는 데 있어서 특히 심리학은 적지 않은 어려움을 갖고 있다. 그 이유는 재통일은 매우 드문 현상이어서 경험적이고 체계적으로 연구하기 어렵다는 것이다. 이 관점에서는 재통일의 고유성uniqueness을 인정할 수 있다는 것이다. 그리고 국가마다 사정과 여건, 그리고 시점 등이 달라서 재통일과 관련하여 모든 것이 상대적이라는 관점을 가질 수 있다. 이러한 점을 문화심리학적으로 연구하는 것도 가능하다.

하지만 과연 재통일은 매우 드문 현상인가를 생각해 보면 그렇지 않다. 앞서 살펴본 독일, 베트남, 예멘 등 여러 사례가 존재한다. 물론 이들 사례의 수가 많지 않아서 보편성universality을 찾기 어렵다는 주장이 있다. 하지만 이 정도의 사례 수를 가지고도 충분히 보편성을 찾아볼 수는 있다. 여기서 보편성은 일반적으로 여러 학문에서 공통으로 사용하는 개념인데, 특정 주제와 관련하여 모든 사례에서 두루 나타나거나 적용되는 성질을 말한다. 그리고 이 외에도 많은 과거 사례들이 있기 때문에 보편성을 분석해 내는 것을 포기할 수는 없다. 이는 심리학 분야에서 심리적 제일성psychic unity 개념으로도 설명이 가능하다. 20세기에 재통일된 국가들뿐만 아니라 그 이전에 재통일된 국가들은 무수히 많다. 우리나라도 통일신라가 있었듯이 다른 국가에도 재통일된 사례는 많기 때문이다. 이러한 연구도 문화심리학의 한 분야로 취급되는 비교문화심리학적으로 연구가 가능하다.

재통일에 대한 심리학적 보편성 연구에서는 주로 어떤 것을 다루어야 하는가? 이에 대한 답을 찾기 위해서는 상향적 방식에 의한 주제 설정과 하향적 방식에 의한 주제 설정이라는 두 가지 측면에서 접근해야 한다. 상향식 방식에 의한 것은 일종의 귀납적 방식이라고 볼 수 있다. 비교적 재통일과 관련하여 많은 사실에 접근이 용이하고, 연구가 풍부한 사례를 먼저 연구하여 연구 주제들의 모둠pool을 구성한 후 이를 기준으로 다른 재통일 사례에서 해당 주제들과 관련된 사실과 연구 결과가 있는지 비교하여 최종적으로 연구 주제를 확정하면 된다. 하향적 방식에 의한 것은 일종의 연역적 방식이라고 볼 수 있다. 이 방식이 가능한 이유는, 일반적으로 재통일이라는 현상은 일종의 해당 국가와 사회의 대변혁에 해당되므로 이러한 관점에서 사회변동적 측면과 문화변동적 측면을 중심으로 주제를 설정하여 연구할 수 있다는 관점이다.

특히, 주목할 점은 독일 재통일 이전에는 심리학적으로나 사회과학적으로 재통일에 대한 연구가 제대로 이루어지지 않았었다. 재통일과정에서 학문적으로 전혀 기여하지 못했다는 독일사회과학자들의 반성이 있은 이후, 즉 재통일 이후에야 비로소 연구가 진행되었다(예: Easterlin & Zimmermann, 2006; Frijters, Haisken-DeNew, & Shields, 2002; Marz, 1992; Pinquart, Silbereisen, & Juang, 2004; Wagner & Sydow, 1996; Weidenfeld & Korte, 1996). 독일의 재통일 이후 이러한 심리학적 연구들에 대한 개관 분석은 전혀 이루어지지 않았다. 오히려 독일인이 보기에 외국인인 채정민(2004)이 〈표 5〉와 같이 연도별 양적 추이와 주요 연구 관심 주제를 분석하였다. 이 연구에 따르면, 독일은 재통일 직후에 양적으로 연구논문이 많이 등장하였다가 일정 시점에 줄어들었다가 재통일 10주년에 다시 증가하는 경향을 보였다. 하지만 이들의 경우에도 여전히 현실적인 문제 해결에 초점을 맞추고 있고, 특정한 연구 모델이나 이론에 기초한 연구는 아니었다.

먼저, 귀납적 방식의 연구 주제 확인과 보편적 연구 타당성은 채정민(2004)이 2002년까지 다음 〈표 6〉과 같은 독일 연구 사례를 정리한 것을 참고할 필요가 있다. 물론 이 분석 시점 이후로도 독일에서는 재통일과 관련하여 심리학적 연구를 해 오고 있지만 재통일 후 12년이 경과한 시점까지의 분석도 의미가 있어서 여기서 살펴볼 필요가 있다. 이 분석을 살펴보면, 연역적 방법으로도 주제를 선정할 수 있는데, 이는 기본적으로 재통일이라는 사회 변화에 따라 그 국가가 해결해야 하는 과제를 설정하여 연구하는 방식이다. 또한 이러한 귀납적 방법과 연역적 방법을 종합하여 최종적으로 수렴되는 연구 주제가 재통일심리 연구 분야에서 보편성이 확보되는 것이라고 보아도 무방하다.

〈표 6〉 독일 재통일에 관한 심리학적 연구 주제

연도	주된 주제
1990년	• 재통일의 심리적 영향력 등
1991년	• 재통일의 당위성 • 심리치료 등
1992년	• 재통일 이후 심리치료 • 신체화 장애 • 국가 정체성 형성 등
1993년	• 베를린 장벽 붕괴의 심리적 효과 • 심리치료(주로 정신분석적 방법) • 문화적 다양성 다루기 등
1994년	• 사회화, 사회적 정체성 형성 • 가족치료(가족 문제 포함)와 심리치료 • 재통일 후 이해 갈등 분석, 사회 변환의 영향 • 성격(심리적 강건함, 낙관성, 실용성)과 재통일 • 사회주의 성격의 영향 등
1995년	• 동서독 주민의 심리사회적 특징 • 재통일의 심리적 영향력 • 정신분석적 치료 • 재통일 이후 독일 심리학 연구 개관 등
1996년	• 재통일에 대한 심리학적 연구 개관 • 공동체 문제 • 사회 정서 • 심리적 외상 • 신체화 장애 등
1997년	• 가족법 개정의 심리적 영향 • 연구 방법론 • 변화의 스트레스 영향 • 집단 치료 • 정치적 정체성 등
1998년	• 부정적 사회 정체성 • 인종차별주의 • 유대인과 비유대인 가족의 적응 등
1999년	• 베를린 장벽 붕괴의 심리적 효과 • 동서독 주민의 지속적 차이

2000년	• 재통일 후 정신적 후유증 • 사회 변화의 심리적 영향 • 청소년 발달의 연속성 등
2001년	• 자녀 보호 • 청소년 우울, 정신건강, 공격성 • 성인의 정신건강 • 사회 변화에 따른 가족 구조 변화 등
2002년	• 심리치료, 가족치료, 정신적 외상 • 상대적 박탈감 • 권위주의 • 정서적 지지 등

출처: 채정민(2004), 10쪽.

　　그렇다면 재통일에 대해 보편성만 확인해 내려는 시도만이 타당하고 각 재통일 사례의 독특성을 찾아보려는 시도는 하지 말아야 하는 것인가? 그렇지 않다. 여기서 독특성이라는 개념 역시 여러 학문에서 공통적으로 사용하는 것으로서, 특정 사례가 가진 고유한 특징을 말한다. 그런데 각 재통일 사례들이 갖고 있는 독특성은 오히려 보편성보다 더 많이 존재하기 때문에 연구할 만한 가치가 충분히 있다. 더욱이 우리에게 한민족의 재통일은 더욱 각별하기 때문에 독특성에 대해 더 많이 연구할 필요가 있다. 이 연구를 위해서는 여러 측면에서 모색될 수 있는데 기본적으로는 [그림 6]과 같은 방식으로 진행하는 것이 바람직하다. 즉, 독일 재통일 연구와 한국 재통일 연구를 개별적으로 진행하더라도 문화, 주민 의식구조 등의 거의 동일한 주제를 다뤄서 때로는 비교연구도 하고, 때로는 개별적 고유성을 이해하는 연구도 할 수 있다. 여기서 왜 독일만 대상으로 연구하는가 하는 의문을 제시할 수 있는데, 사실 그나마 독일에서 심리학적 관점의 재통일 연구가 어느 정도 이루어지고 있을 뿐이고, 나머지 국가들에서는 활발하게 이루어지지 않기 때문이다.

　　그리고 여기에 덧붙여서 2017년 3월에 방한한 독일 베를린자유대학교의 페터 안드레 알트Peter-Andre Alt 총장은 "지금 한반도 상황이 평화재통일에서 멀어지는

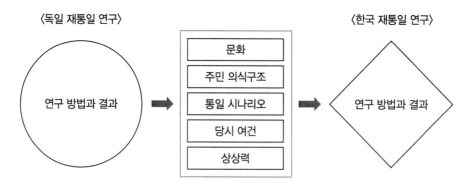

[그림 6] 한국 재통일 관련 심리학적 연구 방향
출처: 채정민, 한성열, 이종한, 금명자(2007), 110쪽.

것 같지만 항상 재통일을 준비해야 한다"고 말하면서 "남북한의 사회경제적 격차를 연구하는 것도 중요하지만 남북한주민을 사회심리학적 · 정신분석학적으로 분석해 통합시킬 방법을 고민해야 한다"고 조언했다. 이 조언은 우리 한국의 심리학자들이 명심해야 할 내용이다.

(5) 평화재통일과 인간중심적 재통일

앞의 채산 가족이 바라고 또 실제 생활하면서 경험하는 재통일은 평화재통일과 인간중심적 재통일에 기반하고 있다. 그런데 그동안 재통일된 국가들의 사례를 살펴보면, 대부분 정치적 이유나 군사적 이유 등의 거시적 이유로 재통일되었다. 그러다 보니 재통일되었을 때 인간적 측면은 후순위로 밀려나게 되었다. 예를 들어, 형식적인 면에서 보면, 독일은 동독 측에서 베를린 장벽을 부수고 서독 측에 편입되고자 하는 내부 투표를 통해 재통일에 이르렀다. 이때 서독 측은 경제적 측면에서 동독 지역을 지원했다. 결국 경제적 우위를 바탕으로 한 흡수재통일이라는 평가를 받았다. 이 상황에서 동독인들은 자칭 그리고 타칭 '2등 시민'이라고 불리고, 적지 않은 열패감을 갖게 되었다. 이러한 점들은 평화재통일이기는 하지만 인간중심적 재통일이라고 보기에는 많이 부족하다고 할 수 있다.

아직까지 인간중심적 재통일이라는 개념을 제시한 경우는 해외에서는 없었다. 처음으로 이 용어와 개념이 제시된 논문은, 채정민과 김종남(2008)의 '사람중심의 통일교육 모델의 제안: 통일 단계별 구분에 따라'이다. 여기서 '사람중심'은 '인간중심'이라고 볼 수 있으므로 인간중심적 재통일이란, '인간을 위한 재통일, 인간에 의한 재통일, 인간의 심리적 기제를 활용한 재통일'이라고 말할 수 있다. 이 인간중심적 재통일 개념은 기본적으로 '재통일은 왜 해야 하는가?'라는 근본적인 물음에 대해 가장 정확하게 답할 수 있는 것이라고 할 수 있다.

그리고 채정민 등(2008)이 제시한 좀 더 구체적인 남북한 교류 시기의 심리학적 연구 주제화의 예는 '분단의 인식과 과거사 정리, 재통일 의지 제고, 남북한 현실과 미래, 대인관계능력 제고, 시민의식 고취, 개인 희망 갖기와 욕구 조절 등'이다.

7. 재통일 현상에 대한 심리학적 해결 과제

(1) 재통일에 대한 심리학자의 역할

그동안 재통일에 대한 심리학자들의 역할이 무엇인가, 무엇을 해야 하는가 등에 대해서는 논의가 전혀 없었다. 그래서 부득이하게 채정민(2019)이 북한이탈주민과 남한주민 모두를 위한 심리학자의 역할을 다음과 같이 제시한 것을 그대로 준용해도 좋겠다. 첫째, 연구, 둘째, 교육, 셋째, 심리서비스, 넷째, 자문, 다섯째, 중재, 여섯째, 정책개발 및 실행안 설계, 일곱째, 타학문과의 협조이다. 이들 각각의 역할을 할 수도 있고, 복수의 역할을 할 수도 있다. 가급적이면 다양한 역할을 보다 적극적으로 하는 것이 바람직하다.

(2) 재통일의 구성주의적 속성

　일반적으로 재통일에 대해 어떤 분명한 실체가 있어서 재통일 이전 사회와 재통일 이후 사회가 전혀 다른 것으로 보이는 것과 같이 인식하는 경향이 있다. 마치 전쟁 이전 국가의 모습과 전쟁 이후 국가의 모습을 보는 듯이 말이다. 이렇게 인식하는 밑바탕에서는 재통일에 대한 관념화되고 절대화된 생각을 하고 있는 것이 한 가지이고, 독일 재통일 사례에서처럼 베를린 장벽이 무너지는 모습에서 강렬한 재통일 인상을 가졌던 것이 또 한 가지이다.

　하지만 현실적으로는 재통일은 하루아침에 이루어져서 사회의 모든 모습이 일순간에 바뀌는 것이 아니다. 재통일과 관련된 제도의 발효나 법률의 공포는 특정 시점부터 나타나겠지만, 실제 생활의 모습과 시민들의 인식은 점차 바뀌게 된다. 바뀌는 모습도 선명한 한 장의 사진처럼 바뀌는 것이 아니라 모자이크처럼, 때로는 흐릿하게, 그리고 대부분은 침습하듯 구성주의적constructional으로 진행될 것이다.

　원래 구성주의적이라는 것은, 어떤 실체 전체를 한꺼번에 혹은 한순간에 경험하지 않더라도 부분적인 요소들을 종합하여 경험하는 주체가 스스로 전체를 구성하는 것을 말한다. 이렇게 되면 결국 게슈탈트 심리학Gestalt Psychology[14]에서 주장하듯이 '전체는 부분의 합 이상'이라는 점을 경험하게 되어 이후에는 하나로 지속적으로 인식할 수 있게 된다. 여기서 재통일이 진행될수록 재통일 사회에서 살아가는 개인들에게는 전체가 강조되고 경험되는데, 그렇다고 해서 이때부터는 부분이 필요 없는 것이 아니다. 전체를 이루는 구성 요소들인 부분들이 지속적으로 필요하고, 이들을 구성해서 전체로 재지각하기 때문이다. 따라서 재통일에 대해 국민 개개인들은 재통일 이전에 비해 재통일 이후 변화된 내용들을 하

---

14) 게슈탈트 심리학은 형태심리학으로 번역되는데, 1910년 베르트하이머(Wertheimer, M.)의 가현(假現) 실험에서 출발하였다. 이후 쾰러(Kohler, W.), 코프카(Koffca, K.), 레빈(Lewin, K.) 등도 이 분야를 발전시켰다.

나씩 현실에서 경험하면서 이들을 종합적으로 파악하여 '재통일된 사회'를 인식하게 된다.

(3) 재통일이라는 문제를 다루지 못했던 그동안의 심리학

심리학은 원래 독일과 미국 등 서구에서 발전하여 국내에 유입되었다. 그래서 다루는 주제와 연구 내용이 대부분 서구 사회에서 볼 수 있는 현상에 국한되었다. 그리고 이러한 연구가 100여 년 동안 지속되어 이룬 성과가 현대의 심리학이므로 1990년에 이루어진 독일의 재통일 현상도 다루지 못하고 있다.

그동안 국내에서 재통일이라는 주제를 연구한 학자들도 서구 사회에서 구안하여 적용해 온 심리학적 틀에서 벗어나지 못했다. 일례로 북한이탈주민의 남한 내 적응 문제에 대해서도 대부분 존 베리John Berry의 문화적응모델Acculturation Model을 그대로 적용하는 연구가 많았다. 이러한 문제를 극복하고자 이루어졌던 연구에서도(예: 채정민, 2003) 베리의 문화적응모델을 기반으로 우리 상황에 맞게 제시했다. 이것이 '1(단일)민족의 비동질 문화 간 심리적 문화적응모델'이다. 이후 채정민(2012)은 북한이탈주민 자체의 적응보다는 남한주민도 적극적으로 고려하려고 여러 모델을 종합적으로 적용하는 복합모델을 제시하는 방식으로 바뀌었다. 하지만 다른 국내 심리학자들은 이러한 움직임에 전혀 동참하지도, 관심을 갖지도 않고 있다.

그런데 특이한 결과도 있다. 심리학자는 아니지만 재통일 분야에서 사회학적인 연구를 하면서 심리적 측면을 다루는 학자들이 재통일과 관련하여 마음의 틀이라는 심리학적 이론화를 〈표 7〉과 같이 추구하기도 했다(예: 이우영, 구갑우, 2016). 저자도 이러한 노력을 하고 있는데 심리학자가 아닌 다른 인접 분야의 학자들이 이 작업을 해 주어서 무척 고맙게 생각하였다.

이들은 '남북한 접촉지대와 마음의 통합이론: '마음의 지질학 시론''이라는 연구를 통해 남북한주민들의 심리학적 접점을 이론화하려고 했다. 이들은 프랫

Pratt(1991)이 제시한 '접촉지대' 개념을 기반으로 이러한 노력을 했다. 원래 프랫은 '고도로 비대칭적인 권력관계의 맥락에서, 문화들이 서로 만나고, 충돌하고, 싸우는 사회적 공간들'을 접촉지대로 보았다. 그리고 이 접촉지대에 대해서는 다음과 같이 제시하였다.

원래 지형을 기초로 하는 심리학적 비유와 이론화가 프로이트Freud, 융Jung과 같은 초기 심리학자들뿐만 아니라 『생각의 지도The geography of thought』의 저자인 니스벳과 같이 현재 활동하고 있는 학자들도 즐겨 사용하는 방법이어서 누구에게나 친숙할 수 있는 방식이다. 이 방식에서는 남한, 북한, 해외의 영토 측면과 남한과 북한의 경계지역을 제도화와 비제도화 측면으로 연결지어 접촉할 수 있는 영역이나 방식을 제시했다. 저자가 보기에 이러한 방식은 부분적으로는 일리 있는 부분이 많다. 즉, 남북협상이라는 것과 개성공업지구와 금강산 등의 측면이 별도의 방식으로 구분되어 접촉되어야 한다는 점을 강조한 것이기 때문이다.

〈표 7〉 남북한의 접촉지대

장소 \ 제도		제도화	비제도화
경계		(1) 남북협상	(2) 북방한계선(NLL)
영토	남한	(3) 탈북자 거주지역	(4) 비공식 부문 탈북자
	북한	(5) 개성공업지구, 금강산	(6) 인도적 지원, 사회문화교류
	해외	(7) 유엔, 6자회담	(8) 탈북자의 해외 거주지역

출처: 이우영, 구갑우(2016), 273쪽.

하지만 프랫(1991)의 '접촉지대' 개념을 기반으로 한 이들의 '남북한의 접촉지대' 개념과 설명은 아직은 재통일 상황에 적용하기는 어렵다고 볼 수 있다. 그 주된 이유는 다루고 있는 영역이 한민족 전체를 대상으로 하고 있지 않기 때문이다. 따라서 심리학계에서 그대로 수용하기는 어렵지만 참고는 할 수 있어 보인다.

그리고 이우영과 구갑우(2016)는 북한주민들의 마음체계의 지층구조를 다음 [그림 7]과 같이 도시했다. 여기서 지층구조의 맨 밑바닥은 당연히 분단 이전부

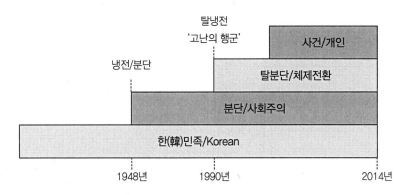

[그림 7] 북한주민의 마음체계의 지층구조
출처: 이우영, 구갑우(2016), 293쪽.

터 남한주민과 같이 가지고 있던 '한민족'이라는 의식이다. 그 위에는 시대가 흘러가면서 북한사회와 북한주민이 경험한 심리적인 측면들이 쌓여 있다. 특히, 맨 위의 '사건/개인'은 북한주민 개개인들의 경험을 반영한 것이다. 물론 이우영과 구갑우(2016)는 실제로 이들 층위에 대해 심리학적 관점을 가지고 제시했다고는 확신할 수 없지만 문화심리학적으로는 문화의 다층구조적 시각이 있어 왔으므로 이와 유사한 설정으로 보인다. 단, 현재까지는 이러한 설명이 어느 정도 유효하지만 현재진행형인 '단박도약'이나 제4차 산업혁명과 같은 점이 여기에 탈분단/체제전환과 같은 일 못지않게 큰 사회변혁 사건이므로 이에 대한 점도 적극 검토하여 반영해야 하는 상황이다.

　그리고 이우영과 구갑우(2016)는 [그림 8]과 같이 상호적 마음체계를 구성할 수 있다고 보았다. 즉, 남한 사람의 마음체계와 북한 사람의 마음체계를 가치, 정서, 사고방식 측면으로 나누어서 다룰 수 있고 이들이 서로 접촉하여 충돌현상 등을 빚을 수 있다는 점에서 일리가 있고, 남한 사람과 북한 사람 각자의 마음이 서로의 마음에 영향을 미쳐서 상호적 마음의 체계를 구성하고 영향을 미친다는 점이다. 이는 과거 문화심리학 분야에서 각자의 마음과 심리, 문화가 서로 공구성co-construction한다는 관점과 유사하여 일견 타당한 구성으로 보인다. 그런데 여기서 문제는 재통일이 진행되는 과정 그리고 재통일 이후에는 남한주민도 북

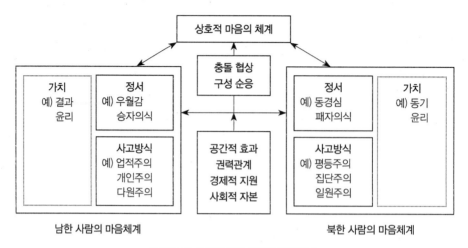

[그림 8] 상호적 마음체계의 형성과정

출처: 이우영, 구갑우(2016), 301쪽.

한주민도 마음이 그 당시의 환경 여건에 따라 달라질 수 있다는 점이다. 그리고 심리학적 측면에서는 사람에 대한 이해를 위해 인지적 측면, 정서적 측면, 행동적 측면으로 구분하는데 이 상호적 마음체계의 형성과정은 이와는 다소 다르다. 특히, 심리학에서는 가치와 사고방식을 정서와 따로 분리하여 정서와 동등한 차원에서 다루지 않고 가치와 사고방식을 인지적 측면의 한 영역으로 보기 때문이다. 따라서 이 체계가 남한과 북한의 재통일에 대해 심리학적으로 기여할 수 있도록 하기 위해서는 좀 더 정합성과 완성도를 높이는 방향으로 변경될 필요가 있다.

이우영과 구갑우의 이 연구가 문학적 측면에서 다뤄졌기 때문에 심리학적으로는 조작적 정의 등의 어려움을 갖게 되어 크게 주목을 받고 있지는 못하지만 그래도 이러한 시도를 해 본 것에 대해서는 높이 평가할 만하다.

특히, 과학적 측면을 강조해 온 심리학은 다음과 같은 과학적 연구의 특징을 준수해야 한다고 보기 때문에 재통일 문제를 다루는 데 어려움이 있었고, 이우영 등(2016)의 시도 등에 대해 그대로 수용하기는 어려워할 수 있다. 여기서 강조하는 과학적 연구의 일반적인 주된 특징은 다음과 같다.

- 논리적(Logical)임
- 결정론적(Deterministic)임
- 일반적인(General) 것을 추구함
- 간결한(Parsimonious) 것을 추구함
- 구체적(Specific)임
- 경험적으로 검증 가능(Empirically Verifiable)함
- 수정 가능(Open to Modification)함

이들 특징 중 경험적으로 검증 가능함과 구체적임, 결정론적임 등의 특징을 재통일 관련 심리학 분야에서 충족하기 어려웠던 것이었다. 물론 이러한 것들에 대해서 좀 느슨한 과학적 관점에서 보면 충분히 보완하고 극복할 수 있지만 국내 심리학자들은 아직 엄격한 과학적 관점이 강한 상태이다.

(4) 재통일국가의 보편적인 심리학적 해결 과제

프랑크(2020)는 독일 통일과 한민족이 바라는 통일 간의 유사점을 찾으려는데 대해 매우 비판적이어서 두 국가가 '분단'되었던 것 빼고는 유사점이 하나도 없다고 말하기도 하지만 이는 너무 극단적인 관점이다. 프랑크처럼 보는 시각은 주로 숲이 아니라 나무, 그것도 나무의 결을 보기 때문에 다르다고 할 수 있다.

하지만 재통일국가에서 해결해야 할 보편적인 심리학적 과제는 앞서 언급한 재통일의 보편성과 맥을 같이한다. 어느 재통일국가에서나 재통일이라는 사건과 현상이 가져온 독특한 과제들이 있다. 이들 과제는 미국을 중심으로 한 심리학에서는 전혀 다뤄질 필요도 없고, 다뤄진 경험도 없는 것으로 재통일 당사자들만이 다뤄야 하는 것들이다.

이상의 관점을 가지고 이미 재통일을 이룬 국가들과 한민족의 재통일 문제를 심리학적으로 정리해 볼 필요가 있다. 살펴볼 대표적인 재통일국가는 독일, 베

트남, 예멘이다.

먼저 이들 국가의 재통일 진행 과정을 간단히 정리해 보면 다음과 같다. 재통일 시기 측면에서 보면, 베트남은 1975년 남북베트남의 전쟁에서 북베트남이 승리하여 재통일했고, 독일과 예멘은 1990년 평화적으로 재통일했다.

예멘이 재통일을 달성할 수 있었던 것은 독일 재통일과 비슷하게 구소련 대통령이었던 고르바초프의 개혁·개방정책에 영향을 받아 남예멘이 개혁·개방정책을 추진하였고, 남북예멘 국경 지역에서 석유가 개발됨으로써 재통일이 가져올 막대한 경제적 이익에 대한 기대가 높았으며, 남북예멘 주민들 간의 이질화와 적대감이 비교적 심하지 않았고, 남북예멘의 군사력이 소규모로 유지된 채 일방이 타방을 압도할 만큼 우세하지 않았으며, 사우디아라비아와 소련의 개입이 줄어들어 예멘인들의 재통일 논의에 대한 외세의 반대가 없었기 때문이다(김국신, 1993, 85-90쪽).

특히, 재통일 연구 분야에서 잘 알려지지 않은 예멘 재통일 특징을 좀 더 추가해서 살펴보면 독특한 점이 드러난다. 즉, 예멘 재통일의 문제는 통합과정에서 대부분의 차질이 표출되었다. 그중의 하나가 주변 주요 국가의 재통일 반대에 대해 무리하게 대처해서 병합했기 때문에 그다음의 통합과정에 큰 지장을 초래했다는 데 있다. 장기간 분단되었던 국가들 간의 통합은 주변국들의 이해관계에 여러 가지 영향을 줄 수 있다는 점에서 통합될 분단국끼리 상호 이해관계를 탐색하고 조율하고 협상하듯이 주변국들과의 충분한 사전 양해가 중요하다. 특히, 당초 분단의 과정이 복잡하고 그 기간이 길수록 내적 재통일 환경에 못지않게 외적 재통일 환경의 관리를 소중히 할 필요가 있는데, 예멘의 경우에는 이 점에서 다소 미흡했다고 볼 수 있다.

예멘은 2011년 중동에서 발생된 민주화 운동인 '아랍의 봄' 이후 2015년부터 사우디아라비아의 폭격으로 아수라장이 되었고 수많은 사람들이 난민이 되었다. 이들 중 일부는 국내 제주도로 입국하기도 했다.

예멘 재통일은 이들의 종교인 이슬람교와 언어인 아랍어를 근간으로 한 민족

의식에 의해 이루어졌다(권장희, 1997). 그리고 이러한 특징은 재통일 과정에서
도 재통일 이후의 갈등 관리 측면에서도 긍정적으로 작용했다(권장희, 1997).

　예멘은 남예멘과 북예멘으로 분단되기 전부터 약 300여 년간 외세에 의해 분
열된 형태로 지내 왔다. 그 연원은 1517년 오스만 제국의 지배를 받기 시작하여
1873년 대영제국과 오스만 제국의 협정에 의해 남북 예멘으로 분단되었다. 이러
한 경험을 가졌기에 이들 스스로는 재통일의 열망을 가졌다. 그리고 이러한 열
망은 남북 예멘 간의 갈등이 증폭되었을 때에도 적대감의 증폭으로 작용하기보
다는 재통일의 기회로 작용했다(권장희, 1997). 그리고 남북 예멘의 지도자들은
희생적 리더십을 발휘하지 않고 오히려 상대방의 희생 위에서 자신의 이익을 도
모하였다(권장희, 1997).

　다음은 독일 재통일과 관련된 내용이다. 먼저 우리가 독일 재통일의 사례를
점검함에 있어서 민족통일연구원(1994)이 다음과 같이 주장한 내용을 먼저 전제
할 필요가 있다. 민족통일연구원은 재통일 독일의 사례를 들면서 실제로 독일이
내세운 사회통합의 기치인 '내적 통합'은 발생 요인 측면에서나 내용 측면에서
모두 각종 사회적 문제와 밀접하고 복합적으로 연관되어 있어서 일목요연하게
정리하기 어렵다고 지적했다. 따라서 본 연구에서는 이러한 한계를 인식하고 심
리적 측면과 긴밀하게 관련이 있는 내용을 위주로 살펴보도록 하겠다.

　첫째, 독일에서는 재통일에 대해 심리학적 시각을 가졌는가? 가졌다면 어떤
심리학적 시각이었는가? 동서독 정부가 서로 다른 재통일 관점을 가지고 각기
다른 정책을 펴 왔던 시기가 없었던 것은 아니었지만[15], 1970년대 중반을 넘어
서면서부터는 상호 수렴하는 재통일 관점에서 상호 협력하는 정책을 펴 왔기 때
문에 재통일이 가능했던 것으로 보인다. 이러한 방향의 선회는 동서독 간의 상
호 인정과 교류라는 차원에서 재통일의 중요한 초석을 다진 것으로 볼 수 있다.

---

15) 동독은 1970년대 초반까지만 해도 동독과 서독이 서로 다른, 즉 이민족(異民族)이므로 재통일할 필요
　가 없다는 시각을 가지기도 했다.

여기서 말하는 동서독 간의 상호 인정과 교류는 사회학적으로는 다문화 사회의 구성이라는 형태로, 심리학적으로는 다원화 의식의 구성이라는 형태로 나타나게 하였다는 점에서 문화심리학적 요인이 포함되어 있다고 할 수 있다. 하지만 동서독인은 동서독 정부가 재통일에 대해 노력하는 정도에 비해서는 그리 강한 열망을 가지지 않았다. 특히, 재통일될 당시에는 재통일 열망이 거의 최저 수준이었다(민족통일연구원, 1994). 다시 말해, 이는 동서독인이 재통일에 대해 심리적으로 준비하지 않았다는 점을 의미하는 것이다.

둘째, 첫째 문제와 연관된 문제로서, 독일에서 재통일을 위해 심리학자들이 어떠한 노력을 했는가의 문제이다. 슈타이너Steiner(1999)는 재통일 이전에 동서독의 사회과학 분야에서는 분석적인 면에서나 기본 구상 면에서나 재통일에 대한 준비가 제대로 이루어지지 못했다고 평가했다. 심리학적인 측면에서도 마찬가지였다.

셋째, 그렇다면 독일에서는 재통일 후에라도 심리학적 개입이 이루어졌는가? 게네스코Genesko(2000)에 의하면, 독일에서는 재통일 후 시간이 경과됨에 따라 심리적 문제가 곳곳에서 등장했고, 이 문제의 심각성이 커졌다. 이에 따라 심리학적 연구도 증가하고 있고, 실제로 심리학적 개입이 이루어지고 있다. 재통일 초반, 즉 재통일 이후 1~2년 사이에는 재통일에 대한 흥분과 기대감이 가득했고, 서독 정부의 적극적인 문제 해결 노력에 힘입어 문제가 크지 않았다. 하지만 점차 시간이 흘러가면서 재통일에 대한 흥분과 기대감은 가라앉기 시작했다. 그 대신 재통일에 대한 실망감과 정부에 속았다는 느낌이 구동독인으로부터 시작되었고, 구서독인도 세금 부담의 증가와 구동독인의 고마워하지 않는 태도에 대한 분노가 일기 시작해서 심리적 문제가 많이 노정되었다. 이러한 문제들에 대해 재통일 직후에는 각종 언론사와 경제연구소들을 중심으로 여론조사식으로 재통일과 관련된 독일인들의 심리적 변화를 추적하기 시작하였다(예: Genesko, 2000). 이에 따라 재통일이 된 지 17년이 경과한 시점까지 이러한 변화의 추세 파악이 가능하다. 단, 이러한 문제를 해결하는 노력이 다양하게 시도되었지만 성공적인 경우가 많지 않다는 점이 문제로 드러나고 있다. 이는 한마디로 말하면, 재통일에 대한 심리학적 연구와 문제 해결 간의 유기적 연관성이 낮았기 때문이다. 그리고 이러한 심리학적 개입이 정확히 재통일교육 형태로 이루어졌다고 보기에는 무리가 있다. 왜냐하면 개별적인 프로그램이나 개별 연구로 진행된 것이기 때문이다.

넷째, 독일에서는 재통일 이후 심리적 후유증만 존재했는가? 그렇지만은 않았다. 대표적인 예로서, 구동독인이 재통일 이후 불만만 많았던 것으로 알려졌지만 사실은 그렇지 않다. 이들은 재통일 이전의 삶보다 더 나은 상태로 살아갈 수 있다는 점에서 심리적 후유증보다는 심리적 만족이 훨씬 더 컸다(Schmitt, Maes, & Seiler, 1997). 그런데도 불구하고 이들이 재통일 후 불만을 갖고 부적응하는 모습으로 주로 그려졌는데, 이는 아마도 이들의 기대 수준이 더 높았기 때문이라는 점과, 이들을 바라보고 분석하는 연구자들의 고정관념이 작용한 것으로 보인다. 또한 김영탁(1997)은 동서독의 재통일이 40년간의 서로 다른 체제의 결합이라는 점에서 양쪽 주민들이 어떤 형태로든 정신적으로 심한 격차를 느끼는 것이 지극히 당연하다고 보았다. 김영탁의 이 견해가 모두 옳다고만은 볼 수 없지만, 어느 정도의 혼란과 문제는 재통일과 같은 거대한 사회 변동에서는 불가피한 것으로 보는 견해도 심리적 적응에는 필요한 것이라고 할 수 있다.

다섯째, 독일에서는 재통일 이후 얼핏 보아 심리적인 문제라고 보기 어려운 다양한 문제가 발생했는데, 왜 이를 심리적 문제로 귀결시켰는가? 성태규(2002)에 의하면, 실제 독일에서는 경제적 불평등, 실업, 그리고 인플레이션 등의 경제적 문제, 구동독인의 자체 정치세력화 등의 정치적 문제, 동독에서 서독으로의 이주와 서독에서 동독으로의 이주 문제와 구동독인의 구체제 향수심 등의 사회 문제, 구동서독군 통합 시 발생한 조직 통합과 갈등 등의 군사 문제 등 무수히 많은 문제가 발생했다. 그런데 이러한 것들은 한결같이 궁극적으로는 구동독인과 구서독인의 심리적 갈등과 사회 분열이라는 심리적 문제로 귀결되었다. 이러한 현상을 '재통일 문제의 심리귀결화 현상'이라고 부를 수 있겠다. 이 문제에 대해 채구묵(1998)은 근본적인 문제를 제기했는데, 그는 재통일과정에서 흡수재통일 방식을 취하다 보니 정책당국자들이 재통일정책 수립 시 사회심리적 문제에 대해 고려하지 못했기 때문에 발생한 것이라고 보았다. 이런 관점에서 보면, 재통일의 핵심 문제는 심리적 문제라고 볼 수 있고, 이 문제의 해결 여부가 다른 문제의 해결에 도움을 줄 수 있다는 점을 시사한다.

마지막으로, 독일에서 재통일의 끝을 어디로 보고 있는가이다. 그리고 이 재통일의 끝은 심리적 문제의 종료와 동일한 의미를 지니는가도 생각해 보아야 한다. 이 문제는 재통일에 따른 문제 해결을 위한 노력의 기간이 어디까지이어야 하는가를 결정하는 매우 중요한 것이다. 이에 대한 해답은 따로 정해져 있지 않지만, 대체로 재통일 이후 30~40년 정도의 시간이 지난 시점으로 의견이 모아지고 있다. 이것은 앞서 언급한 콜 수상의 연설 내용뿐만 아니라 요한 갈퉁Johan Galtung(1989)이 사회통합과 관련하여 제시한 다음의 공식과 드 메이지에르de Maiziere 전 동독 수상의 일화에서 알 수 있다.

Galtung의 사회통합 공식
: 치유기간(Y) = 상처기간(T년) + 40년

드 메이지에르는 1997년 3월 본(Bonn)에서 다음과 같은 예를 든 적이 있다고 소개하였다. 즉, 여섯 살 난 손녀가 TV를 보다가 DDR이라는 말을 듣고, "할아버지, DDR이 뭐예요?" 하고 물었다. 이에 드 메이지에르는 "그것은 할아버지가 해체한 국가인데, 네가 어른이 되어 역사책을 보면 자세히 알게 될 것이다." 라고 대답하였다고 한다. 그러면서 그는 이 아이들이 자라나 어른이 되면 독일은 완전히 같아져 있을 것이라는 생각을 했다고 한다(김영탁, 1997, 398쪽).

또한 갈퉁은 평화와 관련하여 다음과 같은 공식을 제시했다.

$$Peace(평화) = \frac{Equity(호혜 \cdot 협력) \times Harmony(조화 \cdot 공감)}{Trauma(트라우마) \times Conflict(갈등)}$$

- Equity(호혜 · 협력): 상호 이익 또는 공정한 이익을 위해 서로 협력하는 활동
- Harmony(조화 · 공감): 다른 사람들의 고통을 내 고통으로 느끼고 다른 사람의 기쁨을 함께 누리는 상태
- Trauma(트라우마): 물리적 혹은 언어폭력이 남긴 상흔
- Conflict(갈등): 폭력의 위협

(김병로, 2019, 128쪽)

먼저 갈퉁의 공식대로 한민족의 재통일에 의한 치유기간은 현시점에서 볼 때 70년의 분단기간에 40년을 더 하면 110년이다. 실제로 치유기간이 이 기간만큼 걸릴지, 단축될지, 지연될지 모르지만 생각보다 긴 시간이 필요하다. 물론 이 치유기간과 재통일의 완료 시점과는 차이가 있을 수 있다.

그리고 드 메이지에르의 일화가 의미하는 바는 재통일 이후 출생한 세대가 아니라면 재통일이라는 사건이 지속적으로 뇌리에 남아서 영향을 줄 수 있음을 의미하는 것이다. 따라서 갈퉁의 이 공식과 드 메이지에르의 일화에서 재통일의 끝은 심리적인 문제의 종료라는 점을 알 수 있고, 이것이 얼마나 긴 시간을 요하는지도 확인할 수 있다.

그리고 갈퉁은 전쟁과 같은 문제를 해결하여 평화로 나아가야 한다고 주장하면서 그 방법으로 앞의 공식을 제안하였다. 이 공식의 의미는 상호 간에 호혜와 협력을 하면서 조화와 공감을 한 점이 트라우마와 갈등으로 빚어진 문제보다 훨씬 클수록 평화의 크기가 커진다는 것이다.

한민족의 재통일을 위해 독일의 경우를 살펴보면, 내부통합의 어려움이 강하게 있었다. 미켈즈Michels(2000)에 의하면, 독일의 내부통합을 방해하는 또 하나

의 요인은 동독 출신의 국민들이 현재 내심으로는 그들의 개인적인 운명과 공산주의 정권하에서의 업적에 대한 평가절하로부터 자신들을 지키려고 하는 일종의 저항의식을 갖고 있다는 점이다. 그들은 서독식 경쟁사회의 기준에 따라 능력을 평가받게 되는데, 상당수의 사람들이 이러한 상황에 잘 적응하지 못하고 있다. 일부 동독 출신자는 이러한 경쟁사회에 대해 매우 부적이어서 돌아갈 수만 있다면 옛날의 동독체제로 돌아가고 싶다고 말한다.

그리고 독일과 예멘은 재통일 여건이 많이 달랐지만 공통점도 있었다. 달랐던 점으로는, 이들 국가의 역사발전 단계, 분단체제 및 분단과정에서 보였던 상대편과의 관계양상, 재통일 촉진요인, 재통일에 대한 접근 관점, 국제정치적 상황 등이다. 특히, 예멘은 현대국가적 속성보다 부족적 연합체 속성이 강하다. 또한 예멘은 '아랍은 하나다'라는 인식을 예전부터 가지고 있었고 분단 이후에도, 재통일 이후에도, 현재 내전 상태에서도 강하게 가지고 있는 것으로 알려지고 있다. 이러한 점들은 예멘과 독일이 크게 다른 점이라고 볼 수 있다. 공통점으로는, 양국가 모두 지도자와 지도층 그리고 국민들이 재통일 당시의 상황에 대해 '절호의 기회'로 생각하고 신속하게 재통일을 마무리 지었다는 점과 평화지향, 민족자존, 공동 이익 추구 등이 있다.

이러한 점을 기초로 재통일 선례 3국가와 한국의 상황에 대해 그동안 발표된 연구 논문과 정보 등을 분석해 보면, [그림 9]와 같다. 여기서 D 측면은 3국가 모두의 공통점이자 한국 재통일에서도 보일 수 있는 측면이다. 이에 비해 각 국가에서 D 측면을 제외한 영역은 각 국가의 고유한 측면이라고 볼 수 있다. 단, 여기서 두 개 국가만의 공통요인은 3개 국가 전체의 공통요인도 아니고 향후 한국의 상황과도 공통요인이 되지 못할 것으로 보아서 중요하게 다루지 않고 무시하기로 한다. 그래서 독일의 고유현상은 A 측면, 베트남의 고유 현상은 B 측면, 예멘의 고유 현상은 C 측면으로 부른다. 그리고 한국의 재통일 현상은 고유한 E 측면과 여기에 재통일국가 공통 현상인 D 측면을 합한 것으로 본다.

[그림 9]에서 공통 현상인 D 측면은, 첫째, 동일한 언어를 가지고 있다는 점,

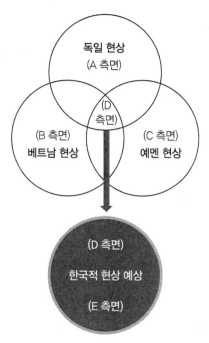

[그림 9] 재통일 선례 3국가와 한국의 재통일 연구 관계

둘째, 외세에 의한 분단과 그 이후 지속적 영향을 받았다는 점, 셋째, 동일 민족이라는 점, 넷째, 자유주의 체제와 공산주의 체제라는 점, 다섯째, 양 체제의 이질화가 진행되었다는 점, 여섯째, 한때는 분단고착화가 진행되었다는 점, 일곱째, 재통일 후유증으로서 사회통합의 어려움을 겪는다는 점, 여덟째, 재통일 초기에 경제적 어려움을 겪는다는 점, 아홉째, 경제적 불평등이 심화된다는 점, 열째, 심리적 분단과 이질감이 재통일 이후에도 상당히 긴 시간 동안 지속된다는 점, 열한째, 생활 문화의 차이(예: 남예멘의 음주 허용 vs. 북예멘의 음주 불허)를 보인다는 점, 열두째, 가치관 차이가 있다는 점, 열셋째, 많은 희생자(독일에서는 베를린장벽 넘다가 사망, 예멘에서는 테러와 전쟁에서 사망, 베트남에서는 전쟁에 의한 사망과 보트피플 탑승자의 사망 등)가 있었다는 점, 열넷째, 과거 정리의 문제가 있다는 점, 열 다섯째, 과거 기억의 상당량이 상당히 장기간 작용한다는 점, 열여섯째, 개혁에 대한 저항이 상당히 존재한다는 점 등이다.

그리고 독일의 고유 현상인 A 측면은, 첫째, 상호 교류를 지속했다는 점, 둘째, 서독의 지속적인 재통일정책, 즉 동방정책이 있었다는 점, 셋째, 독일이 제2차 세계대전의 패전국으로서 분단되었다는 점, 넷째, 서독은 전 세계에서 선진국이자 경제대국이었고, 동독은 공산권 국가 중에서는 경제가 발전된 국가였다는 점, 다섯째, 독일 재통일은 향후 EU 통합의 단초를 제공했다는 점, 여섯째, 서독이 동독을 흡수재통일 했다는 점(이 점에 대해서는 최근에 지속적으로 동독이 총선을 통해 자발적으로 서독 연방주에 편입되었다는 식으로 알려지고 있음), 일곱째, 베를린 장벽 붕괴 등의 사건이 발생한 직후 재통일이 아니라 재통일 과도기가 1년 동안 유지되었다는 점 등이다.

　베트남의 고유 현상인 B 측면은, 첫째, 공산주의 중심의 재통일이었다는 점, 둘째, 전쟁에 의한 재통일이었다는 점, 셋째, 집단주의 의식이 작용하였다는 점, 넷째, 한자 문화권이자 유교 문화권에 속한다는 점, 다섯째, 미국 등과 전쟁을 치렀다는 점 등이다.

　예멘의 고유 현상인 C 측면은, 첫째, 동일한 종교인 이슬람교를 신봉하고 있어서 양측 모두 이 종교를 중심으로 도덕 교육과 이념 교육이 이루어져서 동질성 확보에 유리했다는 점, 둘째, 부족 중심 사회를 구성하고 있었다는 점, 셋째, 양측 지도자들의 이기주의가 작용했다는 점, 넷째, 북예멘에서의 치열한 내전(1962~1970)을 경험했다는 점, 다섯째, 양측이 서로를 인정한 평화적 합의재통일이었다는 점, 여섯째, 양측이 균등재통일했다는 점, 일곱째, 상호 왕래와 거주 이전의 자유를 허용했다는 점, 여덟째, 남예멘의 적극적인 개혁·개방 조치가 있었다는 점, 아홉째, 재통일 논의의 중단 경험이 있었다는 점, 열째, 재통일 논의 과정에서 군대통합을 하지 않은 결과로 무력 충돌 경험이 있었다는 점, 열한째, 재통일을 이루는 데 3년간의 과도기간이 있었다는 점, 열두째, 집단주의가 작용했다는 점 등이다.

　한국의 고유 현상은 기본적으로 아직 재통일이 진행되지 않았기 때문에 분석한다는 것이 이상해 보일지 모르지만 현 상황까지 작용한 것에 기초해서 분석해 보면 다음과 같다. 한국의 고유 현상인 E 측면은, 첫째, 양측 간에 6·25전쟁에 의한 엄청난 인명 손실과 재산 손실, 그리고 심리적 상처가 남아 있다는 점, 둘째, 양측에서 정치, 경제, 사회, 문화, 심리 등 다양한 이질화가 심화되었다는 점, 셋째, 경제적 수준 차이가 극심하다는 점, 넷째, 북한의 3대 세습이 있다는 점, 다섯째, 재통일 이전 북한이탈주민 연구와 재통일 심리 연구가 진행되고 있다는 점, 여섯째, 남한 내 정치적 대립, 북한의 단일 정치세력이 존재한다는 점, 일곱째, 북한이 핵을 보유하여 남북한 군사력이 비대칭적이라는 점 등이다.

그래서 이러한 문제는 다음 [그림 10]과 같이 정리해 볼 수 있다. 즉, 한국적 상황을 올바로 예상하려면 단순히 재통일 공통 현상과 한국 고유 현상만 다룰 것이 아니라 남한과 북한 각각의 고유 현상도 포함시켜야 한다는 점이다.

먼저 재통일국가들의 공통 요소인 D 측면을 중심으로 재정리해 보면, 이들 측면은 다음과 같은 심리적 특징을 담고 있다고 볼 수 있다. 첫째, 과도한 기대심리 현상이다. '재통일이 되면 그전보다는 훨씬 나을 거야'라는 기대현상은 다른 사회현상과는 차원이 다를 만큼 크고 독특한 현상이다. 이러한 기대현상은 경제적 영역에서만 좀 더 풍요롭기를 바라는 것이 아니다. 정치, 사회, 심리 등 한 개인이 살아가는 전 영역에서 나타나는 것으로 보아야 한다. 그리고 이 기대 수준은 단순히 이전보다 조금이라도 나아지기를 바라는 것이 아니라 이전보다 월등하

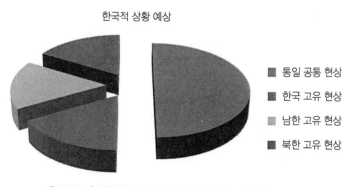

한국적 상황 예상

■ 통일 공통 현상
■ 한국 고유 현상
■ 남한 고유 현상
■ 북한 고유 현상

[그림 10] 재통일 연구 시 파악해야 할 한국적 상황

게 나아지기를 바라면서 질적인 상승을 기대하는 것이라고 볼 수 있다. 따라서 이러한 기대현상은 자칫 실망이나 불만으로 이어질 가능성을 내포하고 있다. 왜 냐하면 현실적으로 이 기대 수준에 미치기는 쉽지 않기 때문이다.

둘째, 연속성과 비연속성 심리현상이다. 재통일이 되더라도 개인들의 삶이 어느 정도는 이어진다. 직장인은 직장을 다니고, 학생은 학교를 다니고, 은퇴자는 여생을 살아가는 식이다. 하지만 여러 가지 제도의 변화와 신설이 이루어진다. 예를 들어, 산업 관련 제도가 바뀌어서 창업이 활성화되면 직장인은 퇴사하여 창업을 할 수 있다. 학교 중에서 더 좋은 학교에 다닐 수 있게 되면 전학을 할 수 있다. 더 나은 삶의 조건을 찾아서 이사도 할 수 있다. 은퇴자라도 더 나은 지역으로 옮겨서 여생을 살아갈 수 있다. 이때 연속적이냐 그렇지 않느냐에 따른 심리적 경험은 매우 다를 수 있고, 개인들이 이를 어떻게 인식하고 처리하는가의 문제가 있게 된다.

셋째, 급격한 사회 변화에 따른 적응현상이다. 재통일이 되면 불가피하게 많은 사회 분야에서 급격한 변화가 나타난다. 법이나 정부 정책, 제도 등이 새로 제정되거나 기존 법이 개정되기도 하고, 생활 여건이 변화되기도 한다. 이러한 것들을 거부하기는 쉽지 않다. 따라서 각 개인들은 이에 대해 적응해야 하고, 실제로 어느 정도는 잘 적응해 나간다. 단, 일정한 시행착오와 후유증, 그리고 시간이 필요하다는 것이다. 시간의 경우 이경훈과 이용숙(1994)의 연구 결과를 참고할 수 있다. 이경훈과 이용숙(1994)은 독일의 경우, 재통일 완수 기간을 10년으로 설정했다고 주장했다. 좀 더 세부적으로 구분해 보면, 행정체계와 사법체계가 구동독 지역에 이식되는 데 총 2~3년 걸리고, 구동독 지역의 경제 재건에는 10년 정도 걸리며, 환경정화와 심리적 격차 해소에는 독일인 스스로 1세대는 걸려야 한다고 보았다. 이러한 점에서 보면, 재통일은 결국 25~30년이라는 한 세대는 최소한 걸리는 것으로 보아야 하고, 여러 문제보다 심리적 문제 해결이 제일 오래 걸린다고 볼 수 있다.

그리고 미국의 엔터프라이즈연구소 연구원인 에버스타트는 다음과 같이 조언하였다.

불행 중 다행으로 사실 한국은 아직 독일처럼 복지국가를 내세우고 있지
못하다. 즉, 독일처럼 값비싸고 비효율적인 정책을 구사하지 않아도 된다는
것이다. 오히려 독일과는 달리 한국의 경우는 재통일이 남북한 모두에게 경
제적인 기회와 잠재적인 혜택을 제공해 줄 것이다(30쪽).

(중략)

물론 북한을 재건설하는 데 드는 비용은 막대할 것이다. 하지만 이를 꼭 한
국민들이 전담해야 할 필요는 없다. 외국의 자본을 효율적으로 끌어들인다면
이 부분에 대해 걱정할 필요도 없다(30쪽).

그런데 에버스타트가 조언한 이후 남한에서는 복지예산이 많이 늘어나서 독
일 정도의 복지국가는 아니지만 흡수재통일 시 상당한 경제적 부담을 떠안을 수
있는 상황이다.

다음은 한민족 재통일에 대해 독일과 비교해서 더 유리한 점과 더 불리한 점
을 1990년대 시각으로 이명수가 제시한 것을 이경훈과 이용숙(1994)이 정리한
것이다. 먼저 유리한 점은 다음과 같다.

- 한국은 7세기 통일신라시대 이래로 재통일국가였던 반면, 독일은 1871년
  비스마르크의 등장 이후 재통일되어 재통일의 역사가 짧다.
- 독일의 경우, 제2차 세계대전의 주범으로 전승국에 의해 강제로 분단되었
  지만, 한반도의 분단은 세력경쟁의 무고한 희생양이었다. 즉, 한국민에게
  분단은 전적으로 타의에 의한 것이었다.
- 군사적 대결구도를 볼 때, 동서독에는 40만에 달하는 나토군과 36만에 달하
  는 바르샤바조약군이 주둔하고 있었지만, 한반도의 경우는 4만 명의 미군
  이 남한에, 10여 명의 군사고문단이 북한에 있을 뿐이다(40쪽).

불리한 점은 다음과 같다.

- 동서독은 직접적인 내전을 겪지 않았으나 한반도의 경우는 3년 동안 국토를 초토화하는 전쟁을 치렀다.
- 서독은 적극적인 동방정책을 펴고, 이에 대해 동독 측에서도 일부 받아들이는 형편이었으나, 한반도의 경우는 최근까지 시종일관 적대적인 대결을 계속해 왔다.
- 북한의 경우는 동독보다 훨씬 더 인민들을 효과적으로 통제했기 때문에 세계 정세의 변화에 대해 숙지하고 있는 북한주민의 수가 많지 않다.
- 서독의 TV를 동독에서 시청하는 등 서로 교류를 활성화한 독일과는 달리 한반도의 경우는 기본적인 합의조차 지켜지지 않고 있다. 이제 겨우 제3국을 매개로 한 부분적인 접촉, 교역이 있을 뿐이다.
- 한국의 경우 서독처럼 잘 사는 것도 아니고, 복지 수준이 대단한 것도 아니다.
- 한국의 경우 서독처럼 의회민주주의가 정착되어 있지 않다. 긴급조치, 10월 유신, 광주사태[16] 등의 사건으로 인해 북한이 남한에 대해 가지는 인상이 더욱 나빠졌다.
- 동독은 동구권에서 대표적인 공업국가였지만 흡수통합 이후 산업기반이 거의 무너졌다. 그런데 북한은 그만도 못하다.
- 한반도의 재통일에 대해 주변 국가의 반응은 냉담한 편이다(40-41쪽).

이경훈과 이용숙(1994)이 제시한 점들 중에는 역사적으로 이미 고정된 것들도 있지만 현재진행형이고 미래도래형일 수 있는 점들이 있다. 따라서 이경훈과 이

---

16) 광주민주화운동으로 말하는 것이 옳은데, 이 책이 나올 때까지는 민주화운동으로 인정받는 작업이 이루어지지 않아서 이렇게 저자는 표현한 것으로 보인다. 이 책에서는 각주를 다는 정도로만 하고 원문 내용을 그대로 인용하였다.

용숙(1994)의 언급 내용은 참고로만 활용하면 좋을 듯하다.

(5) 재통일국가의 문화심리학적 해결 과제

친구들이 채산을 찾아와 술을 마시던 중 북한 출신자와 다투는 일이 발생하였듯이 어느 국가에서도 시간이 흘러 시대가 달라지면 새로운 문화심리학적 과제가 발생된다. 예를 들어, 조선시대 한양에서는 집단주의가 강해서 자신의 의견을 펼치지 못하고 억압받는 느낌을 가지는 경우가 있었다면, 현재 서울에서는 집단주의는 상대적으로 약해지고 개인주의가 강해져서 다른 사람의 눈살을 찌푸리게 만들 만큼 옷차림이나 행동이 자유분방해진 경우가 있다. 이러한 현상에서 각자의 사람들이 가진 심리와 행동 그리고 이러한 것들이 집합적으로 나타나서 형성하는 문화에 대해 시대가 다르면 다르게 다루는 것이 옳다.

그런데 대체로 재통일국가에서는 두 개의 분리된 체제와 문화가 새롭게 결합함으로써 만들어 내는 새로운 국가와 사회가 가지는 문화심리학적 과제가 생겨날 수 있다. 예를 들어, 특정 지역 출신자를 비하하거나 자조 섞인 '2등 시민론'이라는 말이 사회통합을 저해할 수 있다.

데카르트Descart가 인간의 지식을 감각지식, 일반지식, 보편지식으로 구분했는데, 재통일에 관한 심리학적 지식은 일반지식에 해당된다고 볼 수 있다. 여기서 감각지식은 오감을 통해 얻어지는 것으로서 평소에는 잘 맞추던 음식 맛을 감기에 걸렸을 때는 정확히 맞추지 못한다는 의미에서 불완전하다. 일반지식은 어제 번개가 치고 나서 천둥이 쳤고, 그제도 마찬가지였으면 번개가 친 다음에 천둥이 친다는 지식을 가지게 되지만 이 역시 불확실하고 의심 가능한 지식으로서 제한적인 특성을 가지고 있다. 보편지식은 수학과 기하학과 같은 지식으로서 얼핏 보면 무결점, 완벽한 지식인 것 같지만 1+2가 꼭 3이 아니고 4일 수도 있다는 점에서 이 역시 의심이 가는 지식이다. 이 세 가지 지식 중에서 재통일에 대한 심리학적 지식은 제한적인 범위에서라도 의미가 있는 일반지식이어서 이 일반지식의 특성을 중심으로 재통일에 대한 심리학적 고찰을 할 필요가 있다. 그리고 이 일반지식의 대부분은 문화심리학적 측면에서 다루어질 필요가 있다.

(6) 실제 문제와 관념 문제

앞서 채산의 경우처럼 재통일된 국가에서 국민 개개인들은 개인적으로나 집단적으로 많은 심리적 문제를 경험한다. 이들 문제를 해결하기 위해서는 실제 발생되는 실제 문제와 실제 발생하지는 않는데도 불구하고 실제 문제처럼 간주되는 관념의 문제를 구분해야 한다. 그런데 이러한 구분을 전문가나 관련 정책담당자들이 아직까지도 하지 못하고 있다. 일반인은 말할 것도 없다. 이 구분을 올바로 해야 실제의 문제를 가급적 예방하여 줄이고 빠르고 적절하게 대처할 수 있고, 관념의 문제를 아예 없애려는 노력을 할 수 있기 때문이다.

실제 문제는 매우 많을 것이다. 그중에서도 대표적인 것이, 새로운 법령 변화나 제도 변화에 대해 적응해야 하는데 적응하지 못하는 문제 등이나 상대편 지역으로 이주할 때 적응해야 하는데 적응하지 못하는 문제 등을 들 수 있다.

관념의 문제도 적지 않을 것이다. 예를 들면, 재통일 이후에 당연히 1등 시민과 2등 시민이 생길 수밖에 없다고 생각하는 문제가 여기에 해당된다. 이러한 현상은 발생될 개연성은 높지만 꼭 발생한다고 할 수는 없는 것이며, 당사자들이 이러한 점을 경험하지도 않고 정보와 지식으로서 먼저 획득하게 되어 갖게 되는 인식이다. 그리고 이러한 관념의 문제는 먼저 재통일을 이룬 국가들에서 발생되었던 실제 문제나 관념의 문제가 이식되는 형태로 나타날 수 있다. 독일 재통일 후에 동독 출신자들이 2등 시민의식과 차별감을 경험했다는 문제점이 드러났는데, 이 문제점을 국내 학자들이나 정책담당자 혹은 북한이탈주민이 인지하여 국내 북한이탈주민에게도 당연히 2등 시민이라는 생각을 갖게 되는 문제가 도입되고 이식된 관념의 문제에 해당된다. 이러한 문제는 향후 한민족의 재통일과정과 재통일 이후에도 나타날 가능성이 매우 높다. 따라서 관념의 문제에 대한 민

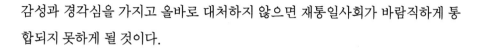

감성과 경각심을 가지고 올바로 대처하지 않으면 재통일사회가 바람직하게 통합되지 못하게 될 것이다.

8. 한민족 재통일의 심리학적 해결 과제

(1) 개인 심리취약성의 작용

심리적 취약성이 큰 경우에는 이러한 경향이 더 크게 부각되어 새로운 문제가 생기는 악순환의 가능성이 크다. 앞서 박순진이라는 북한이탈주민이 순진하고 남을 잘 믿고 심리적으로 취약해서 사기를 당하고 심리상담을 받는 모습은 바로 개인의 심리취약성이 작용한 예이다. 인지치료 전문가인 벡Beck(1967; 원호택 외, 1996)이 주장한 우울증적 경향을 많이 가지고 있는 사람은 자신이 처한 상황을 더 부정적으로 지각하는 경향이 있다는 점을 준용할 필요가 있다. 이를 좀 더 직접적으로 확인시켜 주는 연구로서 한인영(2001)의 연구를 들 수 있는데, 여기서 북한이탈주민이 남한주민보다 더 많이 우울증적인 경향을 지니고 있다는 점이 드러났다. 이러한 점들에서 대부분의 북한이탈주민은 특히, 정착 초기에 심리적 문제와 관련된 부정적 연쇄고리가 작용될 가능성을 많이 내포하고 있다고 볼 수 있다.

그리고 이러한 현상은 재통일 시 북한주민들 중에서도 유사하게 경험할 수 있다. 또한 해외에서 유입될 해외동포들 중에서도 비슷하게 경험할 수 있다. 물론 한민족의 재통일 시 발생되는 문제가 모두 미국 심리학과 같은 주류심리학에서 다룬 문제와 완전히 다르다고 생각하면 안 된다. 비슷한 점은 최대한 인정하고 활용하는 지혜가 필요하다.

(2) 심리학의 사회구속성

심리학은 그동안 어느 누구도 다른 심리구조를 가지지 않을 것으로 보는 보편적 시각으로 연구를 한 것이 대다수였다. 이는 찰스 다윈Charles (Robert) Darwin이 인간을 동물의 연장선상에서 다룬 측면에서부터 기인하여 그동안 미국을 중심으로 한 주류심리학에서 계속해서 견지해 온 시각이다. 이러한 연구는 서구인들의 문제를 해결하기 위해 구성한 이론에 따른 연구 결과를 비서구 지역의 사람들에게도 그대로 적용되었다. 하지만 실제로 이렇게 적용한 결과, 예상치 못한 문제가 발생되어 자신들의 시각을 일부 수정하게 되었다. 이것이 바로 비교문화심리학적Cross-Cultural Psychology 시각이다. 즉, 자신들이 만든 이론과 연구 결과는 기본적으로는 어느 누구에게도 적용 가능하지만 일부 차이가 있을 수 있으니 이를 반영하여 원래의 이론과 연구에 대해 일부 수정을 하면 된다는 태도를 보이는 것이다.

하지만 베리Berry(2000)는 미국의 사회심리학을 예를 들어, "미국 사회심리학은 미국 사회의 문제를 해결하기 위한 미국인의 토착적 사회심리학Indigenous Psychology"이라고 주장했다. 그래서 미국에서 주로 연구하고 있는 사회심리학적 연구 주제는 미국 사회가 중시하는 개인주의, 이성주의, 자유주의 사상에 기반한 것이라고 볼 수 있다. 이를 다른 국가에 적용해 보면 각자의 사회에서 해당 국민들의 문제를 해결하기 위한 심리학이 가능하고, 필요하며, 그렇게 하지 않고는 다른 국가의 심리학자들이 해결해 주지 않는다고 볼 수 있다.

따라서 앞서 "듣자 듣자 하니 별 소리를 다하네. 지금이 어느 시대인데 그런 말을 하고 있어? 당신 남쪽에서 왔지? 남쪽에서 왔으면 조용히 술이나 마시고 가!"와 같이 말하면서 남한에서 온 사람과 싸우던 북한주민의 심리적 측면들은 다른 국가에서는 보기 힘든 현상이므로 우리 한국 심리학계가 해결해야 할 과제이다.

(3) 한국 문화 기반 재통일비용 문제의 고려사항

재통일비용 쟁점은 독일 재통일 이후 남한이 북한을 흡수하는 방식의 재통일
을 염두에 두고 급속히 퍼져 나갔다. 국내에서뿐만 아니라 국외에서 아니 국외
에서 더 열심히 비용 계산을 해 왔다. 여러 기관과 학자들이 우후죽순으로 도출
해 낸 비용 간에는 약 100배의 차이를 보이기도 했다. 사실 어느 것이 옳은지 판
단도 어려운 상황이다. 이렇게 많은 편차를 보이게 된 주된 이유는 세 가지이다.
첫째는 각 산출 과정에서 전제하는 조건들이 많이 다르다는 점이다. 둘째는 북
한에 대한 통계자료 등이 없거나 존재해도 과장되거나 축소되거나 오래된 것들
이기 때문이다. 셋째는 재통일 상황에서 나타날 수 있는 현상들을 좀처럼 가늠
하기 어렵기 때문이다. 예를 들어, 북한주민이 남한으로 언제 얼마나 어느 곳으
로 무엇을 위해 이동할지를 예상하는 것이 어렵기 때문이다.

그렇다고 하더라도 재통일비용 문제는 일정한 조건을 전제로 어느 정도는 개
략적으로 산출할 수 있고, 재통일을 준비하는 입장에서는 산출하기 마련이다.
국가 재정이나 금리 문제 등의 정책을 잘 쓰려면 필요하기 때문이고, 기업체들
이 활동하는 여건을 마련하기 위해 필요하기도 하기 때문이다. 이러한 재통일
비용 산정 문제는 주로 북한의 흡수재통일이나 북한지원정책과 연관되어 있다.
따라서 남한과 북한이 상당 기간 별도로 경제적으로 성장하고 발달하면서 교류
하면 이 쟁점은 상대적으로 비중이 낮아지게 된다. 그리고 이와 연관된 부수적
쟁점인 재통일 이후 연금 문제도 이와 같은 관점으로 보면 된다.

그런데 남한주민이 재통일에 대해 부담시 하는 것이, 꼭 재통일비용을 많이
부담해야만 한다고 생각해서는 안 된다. 재통일비용을 많이 부담해도 일정 시점
이후부터(무조건 '장기적'이라는 용어와 관점을 가지면 안 된다. 그 이유는 인간은 무조
건 '장기적'이라는 것을 좋아하지 않는다. 자신이 살아가는 기간이라는 유한성을 기반으
로 생각하는 경향이 많기 때문이다. 그리고 자신의 생애 기간 중에서도 현재에 근접한
미래일수록 더 중요하게 생각하기 때문이다.) 혜택을 더 많이 볼 수 있다면 장기적

으로 투자한다고 생각하고 재통일비용을 부담할 수 있기 때문이다.

통일연구원(2010)의 연구에 따르면, 남북한 경제통합효과는 장기적으로 볼 때 편익이 많다. 구체적으로는, 재통일 이후 매년 비용이 700억 달러씩 발생하지만 10년 누적 편익은 1조 달러 이상이다. 물론 이러한 산출은 이 연구를 수행한 연구자들도 밝혔듯이 설정한 조건이 딱 맞아떨어졌을 때의 이야기다. 조건이 조금만 달라지면 그 결과는 판이하게 달라질 수 있다. 이러한 전제하에 이 비용과 편익의 결과를 토대로 국민들을 설득하면 재통일비용 조달은 그리 어렵지 않다.

하지만 한국에서는 김금행의 경우처럼 '사돈이 논을 사면 배가 아프다'는 말이 있다. 이는 '소나무가 무성하게 자라면 잣나무가 이를 기뻐한다'는 송무백열松茂栢悅과는 정반대의 뜻을 담고 있다. 사돈이 논을 사면 배가 아프다는 것은 단순히 상대적 박탈감만을 의미하는 것이 아니라 자신만 잘살아야 하고 상대는 잘살면 안 된다는 우월지향적 의식이다. 즉, 어떻게 하든 상대방보다는 더 잘살아야 한다는 생각을 가지고 있어서 상대방이 자신의 생활수준과 같거나 넘어서는 것을 결코 인정하고 수용할 수 없다는 것이다.

실제로 남한주민이 북한이탈주민의 남한 내 성공담을 그리 좋아하지 않는다. 예를 들어, 어떤 북한 내 고위급을 지낸 북한이탈주민이 서울 강남 지역에서 정착한 지 몇 년 되지 않았는데도 상당한 재산을 모았는데, 이에 대해 남한주민 상당수는 앞서 김금행이 느꼈던 것처럼 '어떻게 수십 년 남한에서 산 나보다 더 재산이 많지, 자괴감이 든다'라는 생각을 내비쳤다. 이러한 것은 상대방과 자신의 능력이나 여건 등을 고려하지 않고 '내가 제일 잘나가야 한다'는 생각을 가지고 있는데 그렇지 못해서 괴롭다는 의미이다.

신창민(2010)은 남한이 북한에 지원하는 것을 '퍼주기'라며 비난하는 공격의 원인을 다음과 같이 제시했다. 즉, 상호주의의 허와 실, 북한 핵 문제, 인도주의 및 인권문제, 냉전논리이다. 그리고 그는 독일 재통일과정에서 서독 측의 중대한 실수 세 가지를 다음과 같이 꼽았다.

(1) 동독 사람들도 서독 사람들처럼 똑같이 우수한 사람들이므로, 동독 인력의 보수를 서독 수준으로 조정한 것이다. (2) 동독 사람들을 위해 주는 차원에서 동서독 화폐를 1:1로 교환한 것이다. (3) 토지에 한 분단 이전의 소유권을 인정한 것이다(신창민, 2010, 31쪽).

배종렬(2010)은 다음과 같이 독일 재통일에 의한 변화를 주장했다. 주장의 논리는 다소 비약적이지만 심리적 문제의 중요성을 법적 수요에서 찾아 제시했다는 점에서 주목할 만한 내용이다.

독일에서는 통일 이전에 법학 전공자들의 실업률이 매우 높았는데, 통일 이후에 가장 선호하는 전공으로 바뀌었다. 통일 이후에 법률 전문가에 대한 수요가 급증하는 바람에 법학 전공자들은 모두 일자리를 얻게 되었던 것이다. 이러한 측면에서 북한주민의 심리를 고려하는 것이 필요하다(배종렬, 2010, 37쪽).

배종렬(2010)은 또한 다음과 같이 재통일비용 산출 시 고려할 점을 지적했다. 특히, 상대적 박탈감의 문제를 다룬 것은 이것이 바로 심리적 현상이고 이 현상이 소위 '돈'과 밀접한 관련이 있기 때문이다.

통일이 바로 시작되었을 때는 요구조건이 그리 높지 않다. 통일 이전보다 통일 이후의 생활수준이 나아지면 금방 통일정부를 지지하는 입장으로 선회할 것이다. 하지만 시간이 조금 흐르면 상대적 박탈감이 시작될 것이다. 현재 북한은 절적 빈곤해소를 요구하지만 시간이 흐르면 상대적 빈곤문제가 제기되어 정치적 비용이 증가하게 될 것이다(배종렬, 2010, 37쪽).

조동호(2010)는 기존 통일비용 추정치의 문제점을 다음과 같이 지적했다.

첫째, 통일편익을 고려하지 않았다는 점이다. 통일비용은 순 비용net cost으로 봐야 하는데, 그동안의 통일비용 추정치들은 편익을 고려하지 않다 보니 총 비용total cost만 얘기하게 된 것이다. 그래서 실제 비용cost을 과장해서 이야기할 수밖에 없었던 것이다. 둘째, 북한경제의 현실적인 흡수 능력을 고려하지 않았다는 점이다. 통일비용이라는 것은 재통일이 된 이후에, 매우 소규모이고 낙후된 북한의 경제수준을 남한 경제수준의 일정비율 이상으로 끌어올려 주는 것이다. (중략) 셋째, 통일비용은 고정된 것이 아니다. (중략) 통일비용은 그 비용에 해당하는 만큼의 현금이 북한으로 가는 것이 아니라, 북한지역에 그만큼의 건설이 이뤄지는 것이다. 통일 당시에 우리 경제가 튼튼하고 여유가 있으면 북한에 고속도로 10개를 한꺼번에 건설할 수 있겠으나, 우리의 경제력이 부족하면 7개를 먼저 건설하고 3개는 기존의 국도를 이용하면 된다. 통일비용은 우리의 경제능력에 맞게 조절할 수 있는 것이다. (중략) 통일비용은 조절할 수 있다.

최수영(2010)은 "3단계 통일방안을 운용한다면 대략적인 그림은 그려지지만 구체적인 그림은 담겨져 있지 않기 때문에 보다 구체적인 그림이 필요하다고 보았다. 그래야만 통일비용 계산도 제대로 할 수 있다고 생각한다(최수영, 2010, 43쪽)."라고 주장했다.

권구훈(2010)은 "독일 통일비용의 80% 이상이 동독 지원금으로 사용되었고, 나머지 20% 정도가 인프라 구축에 사용되었다"로 제시했다.

이상의 내용으로 보면, 한민족 재통일 시 필요한 재통일비용 문제는 너무 고정적이고 좁은 시각으로만 보면 안 된다. 재통일을 우리가 어떻게 이뤄 나갈 것인가를 먼저 생각하고 이 상황에서 이 비용 문제를 효율적으로 해결할 창의적인 방안을 마련할 필요가 있다.

(4) 한민족 재통일 시나리오에 따른 한민족 재통일의 고유한 심리학적 해결 과제

앞서 채산이 새로운 수도인 새마루특별시에 가서 활동하는 것도 한민족 재통일 시나리오의 하나일 뿐이다. 재통일 시점에 실제 진행되는 개인들의 삶은 미리 준비하는 시나리오 내에 있을 수도 있고, 그렇지 않을 수도 있다. 하지만 최대한 재통일 상상력을 발휘하여 그럴듯한 상황을 상정한 유력한 시나리오를 구성하여 관리하는 것이 필요하다. 이러한 관점에서 한민족 재통일은 그저 다가오는 미래라고 생각할 수 있지만 그 전개 방식과 과정에 대해서는 어느 정도 예상할 수 있다. 이러한 예상과 바람을 반영하여 한민족 재통일 시나리오가 오래전부터 등장하였다. 이들 시나리오는 여러 가지 변수와 조건 등이 조합되어 결정되는데, 현재까지 제시된 주요 시나리오는 다음 다섯 가지이다. 그리고 생물학에서 생물분류를 할 때 특정 종을 분류하고, 각 종의 아종亞種을 구분하듯이 일부 변형된 시나리오를 구성할 수 있다. 이렇게 구성이 되면, 이 시나리오들에 대해 심리학적으로 검토하여 적절한 방식으로 대응하는 것이 심리학계의 과제이다.

첫 번째 가능성은, 북한 자체의 붕괴 후 남한으로의 흡수재통일이다. 독일 재통일 직후에는 이 가능성이 많이 점쳐졌고, 이러한 재통일을 바라는 사람들도 적지 않았다. 이러한 흡수재통일을 주장하거나 희망하는 사람들이 현재까지도 많지만 재통일 이전에는 쉽사리 사라지지 않을 것이다. 이 흡수재통일에 의한 북한의 변화 결과는 다음과 같이 나타난다고 보는 입장에 있기 때문이다. 즉, 북한이 재통일의 과정에 진입하면 그 이후에는 불가피하게 자본주의 체제로 변화되어야 한다는 점을 강조하는 학자들이 있다. 대표적으로 통일부장관을 역임한 이종석(2012)은 『통일을 보는 눈』이라는 책을 통해 이러한 주장을 하고 있다. 이외에도 개성공단에 근무했던 남한 기업의 직원들을 대상으로 인터뷰한 내용을 토대로 『개성공단 사람들』이라는 책을 저술한 김진향(2015)도 이와 같은 입장에 있는 학자이다.

이러한 관점에서 보면, 북한이 공산주의 체제에서 자본주의 체제로 전환되는 데 있어서 그 성공적 모델을 고려해 보아야 한다. 그동안 중국과 베트남 등 여러 국가에서 공산주의 체제에서 자본주의 체제로 전환을 해 왔는데, 그중에서 대표적인 사례는 헝가리이다. 황병덕 등(2011)에 따르면, 헝가리는 비교적 짧은 혼란 기간을 거쳐 체제전환이 성공적으로 이루어졌다. 이 혼란기간을 짧게 할 수 있었던 요인은 여러 가지이지만, 특히 중요한 요인으로는 폭력과 사회적 갈등 대신 협상과 회의에 의해 체제전환을 했다는 점을 꼽을 수 있다. 그리고 이 협상과 회의를 위한 토대는 1989년에 마련된 것이 아니라 이미 오래전부터 갖춰져 있었다고 분석된다. 이러한 과정에 대해서는 황병덕 등(2011)이 제시했다. 이들에 의하면, 1960년대 말부터 헝가리는 체제개혁, 경제구조 개혁을 시도하여 어느 정도 효과를 보았다. 그 이후 1989년부터 본격적으로 체제전환을 시도했는데, 그 변화는 주로 독일과 스웨덴의 모델에 기반하여 교육, 노동, 사회복지 등의 분야에서 '사회구조의 유럽화'를 진행한 것으로 볼 수 있다고 황병덕 등(2011)이 주장하였다. 북한의 경우도 헝가리와 같이 미리미리 체제전환의 토대를 마련해야 헝

〈표 8〉 개혁·개방과 체제전환이 한반도에 주는 시사점

행위자		시사점
한국	한국 국민	• 체제전환은 분단비용·재통일비용 감소 • 시민사회의 적극적 역할 중요
	한국 정부	• 포용과 관용의 관점에서 사회통합 프로그램 마련 • 북한의 '격차 축소형 경제성장' 발전전략 유도 및 지원 • 점진적 합의재통일을 위한 대북재통일정책 강화
북한	북한 지배층	• 개혁·개방과 사회주의 병행 가능 • 개혁·개방의 과실 분배는 지배층에 유리 • 개혁·개방의 성공조건은 국제협력과 남북협력
	북한주민	• 개혁·개방은 주민의 정치적 지위 향상 • 개혁·개방은 주민의 삶의 질 개선 • 노력한 사람만이 개혁·개방의 과실 획득

출처: 황병덕 외(2011), 330쪽.

가리와 같은 성공적인 결과를 맞이할 수 있게 될 것이다. 이렇게 남한과 북한이 각각 국민 차원과 정부 차원에서 변화되는 것과 관련해서는 〈표 8〉과 같은 시사점으로 정리해 볼 수 있다. 이 표를 보면 알 수 있듯이 남한의 경우는 현재까지 추진해 온 내용을 좀 더 강화하는 정도이면 되지만, 북한의 경우는 과감하게 개혁·개방을 추진해야 한다는 점이다. 또한 이렇게 북한의 변화된 행동을 위해서는 국제적 협력과 남북협력이 매우 중요하다는 점이다.

그런데 미국도 이러한 예상을 했지만 결국 바람에 그치고 말았다. 하지만 현재는 북한도 이러한 재통일을 적극적으로 반대하고, 남한도 반대하는 사람들이 많다. 그리고 현실적으로 이러한 예상의 실현가능성은 낮은 상태이다.

두 번째 가능성은, 미국 등의 외부 압력에 의해 붕괴되거나 정권 교체 후 재통일 전쟁 형태를 거쳐 이루어지는 재통일이다. 하지만 이 또한 남한과 주변 강대국 간에 이견이 있고, 자칫 세계의 전쟁터가 될 수 있다는 점에서 현재로서는 실현가능성이 낮다.

세 번째 가능성은, 북한의 핵 문제를 해결하고 남한과 교류 협력 후 협의하여 이루는 재통일이다. 현재 남한에서 가장 희망하는 재통일 방식이다. 하지만 북한이 남한과 교류 협력만 진행하고 재통일은 하지 않을 가능성이 높다. 따라서 남한과 북한이 최종 단일 국호에 의한 단일 정부를 세우는 것이 아니라 국가연합 수준의 재통일을 할 가능성이 현재로서는 더 높다.

네 번째 가능성은, 세 번째 가능성에서 국가연합 수준의 재통일이 아닌 연방제 수준의 재통일을 하는 경우이다. 이 경우는 현재로서 가능성이 낮다.

마지막 가능성은, EU 형태의 동아시아 공동체 내로 흡수되는 재통일이다. 하지만 이 가능성도 낮다. 특히, 중국과 일본이 서로 역내에서 패권 다툼을 하고 있기 때문이다.

따라서 세 번째 재통일 가능성을 염두에 두고 한민족 재통일의 심리학적 해결 과제를 설정할 필요가 있다. 이 합의재통일에 대해서는 황병덕 등(2011)이 제시한 "합의통일이란, 남과 북이 화해협력을 증진하고 평화를 증대함으로써 평화적으로 통일을 이루는 것"(327쪽)으로 정의한 점을 기초로 하면 된다. 그리고 황병덕 등(2011)은 "남북 합의통일은 민족구성원 모두가 통일의 결실을 공유하는 진정한 민족공동체 국가 실현, 구성원 모두에게 자유와 복지를 보장하는 선진 복지국가 구현, 구성원들은 활동영역의 확대와 폭넓은 선택의 기회 향유, 세계평화와 인류공영에 이바지하는 선진 일류국가 지향 등이 통일의 미래상으로 제시될 때 가능하다"(328쪽)라고 보았다.

앞서 언급한 바대로 그동안 심리학계에서 한반도의 재통일 문제와 관련하여 심리학적 문제 가능성에 대해 거론해 오기는 했다. 예를 들어, 심리학자인 차재호(1993)는 '흥정과 협상', '동맹형성', '인상형성' 등의 문제를 재통일 이전에 다룰 수 있는 주제로 설정했다. 하지만 그는 구체적인 재통일방안을 제시하려는 노력 같은 것은 하지 않았다. 또한 심리학자인 오수성(1993)은 적색공포증red complex을 다루면서 재통일은 사람과 사람 간의 재통일이라는 점을 주장했다. 그 역시 재통일방안을 제시한 것은 아니지만 나름대로 재통일과 관련된 심리학적 연구 관점을 제시한 것으로 높이 평가할 수 있다.

심리학자는 아니지만 심리적 현상에 초점을 두고 연구한 정치학자 이화수(1999)가 있기도 하다. 그는 독일의 사례를 기초로 "물리적 시설이나 제도의 차이를 넘어서 보다 더 문제가 되는 것은 남한 사람들과 북한 사람들의 인간적인 차이, 즉 인성人性의 이질화라고 할 수 있다"(25쪽)는 주장을 했다. 이때의 인성이 심리학에서 말하는 성격에 해당되는지 그렇지 않은지는 분명하지 않다. 만약 성격에 해당된다면 이러한 것은 한 나라나 문화에서도 나타나는 현상이다. 따라서 소위 '국민성'에 해당되는 것으로 추정할 수밖에 없다. 즉, 오랜 분단 기간에 서로의 국민성이 많이 달라졌다고 보는 것이다. 그런데 이 국민성 논란은 이미 수십 년 전부터 유의미하지 않다고 평가되기 때문에 이화수(1999)의 주장이 적절하다고 보기는 어렵다.

이상에서 살펴본 연구들에서는 기본적으로 앞에서 언급한 한반도의 재통일 시나리오에 기초해 있지 않다. 이들은 최종적으로 1민족 1국가 1정부라는 재통일을 상정하고 진행된 연구들이었다. 이제부터라도 앞에서 언급한 다양한 재통일 시나리오에 기반한 심리학적 연구들이 이루어져야 한다.

　한민족 재통일과 관련된 고유한 심리학적 문제는 다음과 같이 정리해 볼 수 있다. 첫째, 가장 중요한 문제는 적대심리hostility의 해결이다. 기본적으로 적대심리는 적대감(敵對感: 적으로 여겨 맞서는 마음)(다음 사전) 혹은 적개심(敵愾心: 적 또는 적으로 여기는 이에 대하여 분개하는 마음)(다음 사전)을 의미한다. 적대감과 적개심을 구분해서 군대에서는 적개심 고취를 강조하지만 이 책에서는 기본적으로 동일한 의미로 보고 다룬다. 심리학적으로 적대심리는 집단역학과 개인 정신건강 차원에서 주로 다뤄진다. 집단역학에서 적대심리는 '한정된 자원을 차지하려는 두 집단의 갈등과 싸움의 씨앗이자 결과'이다. 특히, 군대에서는 이 적대심리를 고양시켜 사기를 올리는 것을 바람직하게 생각한다. 하지만 이 적대심리는 일반적으로 정상적인 경쟁심리보다는 매우 강력한 것으로서 상대를 압도해서 궤멸시키려는 것이다. 적을 이겨야 하는 군의 생리상 적대심리 고양은 필요하겠지만 일반 시민사회에서는 시민 상호 간에 협조와 공존을 해야 하는 상황이므로 적대심리는 줄이거나 아예 없애야 한다. 개인 정신건강 차원에서는 적대심리가 정신건강을 해치는 아주 강력한 독성을 가진 것으로 본다(Chida & Steptoe, 2009). 적대심리를 갖게 되면 생리적 이유에서는 과도한 신체의 스트레스 반응을 만성화시킨다는 점에서, 심리적 이유에서는 좋지 못한 건강습관을 키우고 사회적 지지를 회피하게 한다는 점(Smith & Ruiz, 2002)에서 아주 큰 문제로 인식된다.

　이러한 관점에서 보면, 일반 시민은 재통일과 관련 없이도 적대심리를 갖지 않는 것이 바람직하다. 그리고 한민족 재통일과 관련해서는 이러한 적대심리를 갖게 된 배경이 다른 재통일 선례 국가들과는 차이가 있다. 즉, 양측은 1945년 해방 이후에도 극심한 이념 대립을 보였고, 6 · 25전쟁과 그 이후 수차례의 무력충돌, 그리고 양측 수뇌부들의 거친 언사 등을 경험하여 적대심리가 중층적으로 강하게 축적되어 있다. 특히, 현재까지도 군사력이라는 무력적 측면에서 핵무기 개발과 발사 등의 아주 강력한 무력시위가 존재하여 적대심리가 추가되고 있다.

실제 이러한 북한의 도발적 행위가 남한주민에게 북한에 대한 부정적 이미지를 강화시키는 효과를 보인다는 조사 결과도 있다.

둘째, 북한의 평양시민 특별의식의 해결이다. 평양 인구는 2014년 기준 북한 전체 인구인 2,500여만 명의 약 12%인 300여만 명인데, 이들은 당에서 고르고 고른 핵심층이어서 평양 이외 거주자들에 비해 상대적으로 우위에 있다는 의식을 갖고 있다.[17] 이러한 의식은 남북한주민의 우열에 따른 '북한이탈주민의 2등 시민론' 등과 함께 아주 복잡한 출신 배경별 갈등이나 분열로 이어질 공산이 크다.

남한의 경우에도 과거에 '서울특별시민'에 대한 특별한 의식이 있는 것으로 묘사되곤 했다. 하지만 이러한 것은 비서울 지역 주민들이 서울이 여러 측면에서 국내 이익을 독식하고 비서울 지역 주민을 홀대한다고 인식하여 나타난 것이다. 물론 서울시 내에서도 소위 '강남'과 '비강남'이 구분되고, 강남 내에서도 북쪽과 남쪽이 구분되기도 한다. 이러한 구분은 곧 여러 고정관념, 편견, 차별로 이어질 수 있다는 점에서 문제가 된다. 하지만 이러한 것은 남한 정부가 의도적으로 만들어 낸 것이 아니다. 정치나 경제, 그 밖에 사회문화적인 이유 등으로 만들어진 것이다.

이에 비해 북한의 평양시민의 특권의식은 당이 만든 것이므로 이러한 의식은 재통일 이후에도 상당히 뿌리 깊고 오랫동안 지속될 것으로 전망된다. 예를 들어, 2003년 남한으로 입국한 북한이탈주민 한 사람은 "60~70년대부터 평양을 국제도시로 꾸민다는 이유로 평야에 거주하던 장애인들을 각 지방의 연고지에 따라 강제로 이주시켰다."라고 말했다. 또한 다른 북한이탈주민은 "지방 주민이 쌀 걱정을 할 때 평양 주민은 외식 장소를 고민한다."라면서 지방 주민에 비해 상대적으로 우대받는 평양 주민의 입장을 알려 주었다. 결국 이러한 상태는 평양시민이 비 평양시민을 무시하고 비 평양시민이 평양시민을 싫어하는 문제를 유발하게 되고, 이는 다시 재통일 이후에도 지역 간 차별이나 갈등 문제를 일으킬 수 있다는 점에서 각별히 노력할 필요가 있다.

---

17) 출처: 나무위키, https://namu.wiki/w/%ED%8F%89%EC%96%91%EC%A7%81%ED%95%A0%EC%8B%9C).

| 제2장 |

한민족 재통일에 대한
심리학적 접근 방식

1. 심리학적 접근을 위한 모형

　한민족 재통일을 심리학적으로 접근해서 분석하기 위해서는 다음과 같은 관점을 가질 필요가 있다. 이러한 관점은 한민족의 경우뿐만 아니라 모든 재통일 국가에서 적용될 수 있는 것이라고 할 수 있다.

　먼저, 모형은 재통일이 과거와 무관한 상태, 즉 제로베이스zero base에서 출발되는 것은 아니라는 점, 시간의 흐름에 따라 진행된다는 점, 주체가 있다는 점, 재통일 방식이라는 것이 작용한다는 점, 일정한 공간에서 이루어진다는 점, 삶의 조건에 따라 진행된다는 점, 그리고 미래 희망이 작용한다는 점이다. 이러한 것들은 [그림 11]과 같이 좌에서 우로 진행된다고 볼 수 있다.

　이러한 요인들은 모두 주요 변수로 볼 수 있다. 즉, 과거사, 시간의 흐름, 주체, 재통일 방식, 공간, 삶의 조건, 미래 희망 등 7대 요인이다. 하나씩 좀 더 구체적으로 살펴보면, 과거사는 분단 이후 경험한 것뿐만 아니라 분단과정에서 경험한 것까지를 포함한다. 한민족의 경우에는 1945년 일본으로부터 해방된 이후부터 남한과 북한 정부가 각기 세워지는 과정에서 있었던 사건 경험과 분단 이후의

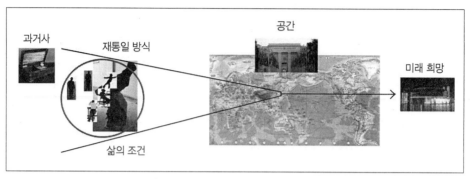

[그림 11] 한민족의 재통일에 대한 심리학적 분석 공간

경험도 모두 포함된다. 특히, 6 · 25전쟁이나 남북 대립 상황에서 나타난 각종 사건과 개인적 경험들이 포함된다. 시간의 흐름은, 재통일이라는 과정이 어느 한순간에 시작되어 끝나는 정태적인 것이 아니고 적어도 수개월 혹은 수십 년 진행되는 동태적인 것이어서 재통일 시작 시점뿐만 아니라 그 이후의 시간 경과를 말한다. 주체란, 재통일과정을 경험하고 주도하는 세력으로서 국가와 사람 모두를 포함한다. 국가는 남한과 북한을 말하고, 사람은 남한 사람과 북한 사람, 재외동포 등이 포함된다. 재통일 방식은, 무력재통일이냐 평화재통일이냐뿐만 아니라 국가연합식이나 연방국가제식이냐 등의 결합 방식을 말한다. 공간은, 한반도뿐만 아니라 한민족 통일과 관련되어 새로운 국가가 영향을 주고받는 국제적 공간도 포함한다. 삶의 조건은, 국내 경제적 여건과 정치적 여건 등의 재통일 조건뿐만 아니라 국제경제적 여건과 국제정치적 여건 등도 포함하는 것이다. 마지막으로, 미래 희망은 한민족의 재통일이 무엇을 미래 목표로 희망하고 있는가를 말한다. 여기서는 미래 언제까지는 경제적으로 세계 몇 위에 오른다든가 하는 정량적 희망도 있지만 얼마나 발전하고 살기 좋게 새로운 국가를 만들 것인가라는 정성적 희망도 포함한다. 물론 이러한 조건을 모두 한꺼번에 고려하기는 어렵다고 하더라도 분명히 우리 한민족이 재통일과정에서 영향 받고 영향을 줄 것이라는 점은 부인할 수 없으므로 어떤 형태로라도 고려해서 보다 나은 결과를 낳아야 하는 숙제에 해당된다. 이러한 내용은 [그림 11]로 표현할 수 있다.

　　한민족의 재통일과 관련하여 좀 더 구체적으로 분석할 수 있는 변수는 베리 Berry 등(1997)의 문화적응과정에 영향을 주는 요인을 토대로 새롭게 구성했다. 베리는 문화적응과정에서 '원사회', '정착 사회', '집단 문화적응', '문화적응에 선행하는 조정 변인', '문화적응과정에서 발생하는 조정 변인'이라는 다섯 가지 상위 변수를 중심으로 각 상위 변수에 조작적 정의를 통해 연구할 수 있는 하위 요인으로서 구체적인 특징을 제시하였다. 저자는 이 베리의 요인 설정을 검토하고, 재통일 상황, 특히 우리 한민족의 경우에 적합한 상황을 고려하여 〈표 9〉와 같이 제시한다.

〈표 9〉 한민족의 재통일에 대한 심리학적 분석 요인

요인	하위 요인	비고
과거사	• 양측 체제의 가치(특히, 북한의 주체사상과 같은 가치 등) • 정치 상황(6·25전쟁과 판문점도끼만행사건처럼 양측 간 접전과 대치, 쿠데타, 혁명 등) • 경제 상황(고난의 행군 시기, 외환위기 시기, 경제발전기, 부동산 버블기 등) • 사회 상황(올림픽 유치, 영호남 지역갈등, 집단혐오, 인터넷 활동, K방역 등) • 문화 상황(한류예술, 김치 세계화 등)	분단 상황 이전부터 분단 상황에서 발생된 것으로서 재통일의 선행 사건을 말함.
시간의 흐름	• 특정 시점 • 시간의 경과	통일은 시작은 명료하지만 종료 시점이 모호하다는 점을 고려하고 장기간 진행되는 점을 고려하기 위해 시간의 흐름을 정한 것임.
주체	• 사람(남한주민, 북한주민, 해외동포, 외국인, 국내거주 외국인 등의 특성, 적응 의지 등) • 정부(남한 정부, 북한 정부, 주요 관련국 정부) • 기구(국내기구, 국제기구 등)	
재통일 방식	• 무력통일(전쟁, 흡수통일) • 평화통일(흡수재통일, 국가연합, 연방국가제 등)	

공간	• 남한 • 북한 • 한반도 • 동아시아 • 전세계	
삶의 조건	• 문화적응 상황(물리적 · 생물학적 · 경제적 · 사회적 · 문화적 문화적응 등) • 경제적 여건(국가 경제, 세계 경제 등) • 사회적 사건(지역 불균형 등) • 산업 변화 등	
미래 희망	• 신 국가 모습 • 개인의 삶 등	

한민족의 재통일 성패는 단일한 목표에 대한 것이 아니라 다양한 측면에서 보이는 효과에 의해 결정된다고 볼 수 있다. 물론 아직까지는 이에 대해 정확하게 설정되어 있지는 않다. 기존에 재통일을 왜 해야 하는가와 관련된 관점에서 도출해 볼 수 있는 것으로는 경제적으로 얼마나 나아졌는가, 사회적으로 얼마나 통합되었는가, 전쟁과 같은 위협을 낮추어서 얼마나 안전하게 되었는가, 국가의 위상은 얼마나 높아졌느냐, 국민의 심리적 안녕감은 얼마나 좋아졌느냐 등이다. 이들 중에서 제일 많이 주목받는 것은 경제적 성과와 심리적 성과이다. 특히, 경제적 성과도 심리적 성과에 영향을 미쳐서 최종적으로는 심리적 성과가 중시된다. 이러한 맥락에서 독일의 경우, 사회경제적 조사 패널인 GSOEP(German Socio-Economic Panel)를 주기적이고 지속적으로 조사 연구함으로써 재통일의 효과를 파악하려는 노력을 하고 있다. 이 조사 연구 결과를 통해 재통일의 효과는 심리학적으로 자연스럽게 귀결되고 환원될 수 있음을 확인할 수 있다. 이러한 모습은 채정민과 김종남(2009)의 '독일통일 후 경제적 지표와 심리적 지표 간 관계' 연구가 보여 주고 있다. 채정민 등(2009)은 1991년부터 2001년까지의 자료를 분석했는데, 경제적 지표와 심리적 지표 간에는 상당한 관련성이 있는 것으로 나타났다.

한민족의 재통일을 심리적 측면으로 파악해 보기 위해 설정할 수 있는 주된 변인도 여러 측면에서 설정할 수 있다. 이를 위해 베리가 제시한 심리적 문화적 응의 여부를 확인할 수 있는 변인과 특징을 참고할 필요가 있다. 그가 설정한 변인은 '행동변화', '문화적응 스트레스', '정신병리학', '심리적 적응', '사회문화적 적응' 등 5개이다. 저자는 한민족의 재통일에 관련된 심리적 변인으로서 베리가 제시한 5개 변인을 중심으로 〈표 10〉과 같이 제시한다. 저자가 제시하는 요인은 인지적 변화, 정서적 변화, 행동적 변화, 자기, 병리적 수준, 심리적 만족, 문화적 적응, 갈등해소이다.

〈표 10〉 한민족의 재통일에 대한 심리학적 분석 요인

요인	하위 요인	비고
인지적 변화	• 사고방식(흑백논리, 자기검열, 레드컴플렉스, 귀인방식 등) • 가치관(개인주의–집단주의, 물질주의, 안전의식, 친환경의식 등) • 차별의식 • 분단의식 등	사고의 폭이 넓어지고 건강해지는가 파악
정서적 변화	• 소외감 • 우울감 • 상대적 박탈감 등	
행동적 변화	• 문화학습(예, 사회적 규범의 체화, 상대출신자와의 대인관계 기술 등) 등	새로운 사회에 적합한 행동을 할 수 있는가 파악
자기	• 자기의식 • 성격 • 정체성 • 회복력 • 목표설정과 동기부여 • 변화적응력 • 트라우마 극복 등	
병리적 수준	• 정신건강 • 스트레스 • 자살 • 범죄 발생 등	정신적 문제 정도를 파악

심리적 만족	• 생활만족도 • 소득만족도 • 심리적 안녕감 • 이민족 배타성 등	삶의 여유로움을 파악
문화적 적응	• 문화적 지식 • 문화적 기술 • 문화적 민감성 • 공동체의식 등	
갈등해소	• 시민의식(인권의식 등) • 조정력 등	

2. 접근 방식의 차원

(1) 차원 1: 경험적 접근 대 시뮬레이션적 접근

앞서 언급한 바대로 한민족 재통일에 대해 아직 재통일이 이루어지지 않았는데 경험과학으로서의 심리학으로 연구가 가능한가 하는 의문이 많이 제기된다. 이에 대해 가장 소극적으로 반론을 하자면, 재통일 그 자체는 아직 이루어지지 않았지만 현재도 재통일을 준비하고 있는 측면이 있고, 어떤 학자들과 정책담당자들은 이미 재통일의 단계에 진입해 있다고 주장하는 측면이 있어서 경험적 측면에서의 심리학적 연구가 가능하다. 그 예로서, 적색공포증, 북한이탈주민 적응 문제, 재통일지향성 등을 연구할 수 있다. 여기서 특히 재통일지향성이란, 재통일에 대해 얼마나 관심을 가지고 있고, 앞으로 진행될 재통일의 과정에서 어떤 태도를 가지고 어떤 행동을 할 것인가 등을 연구할 수 있다는 것이다. 그 예로서, 김혜숙(2000)의 북한 사람에 대한 남한주민의 고정관념 등에 대한 연구를 들 수 있다. 특히, 고정관념은 사회심리학적 주제로서 널리 알려져 있고, 남북한 관계에서는 우선적으로 탐구하고 싶은 주제이어서 심리학계에서는 이외에도 몇 편의 연구가 이루어졌다(예: 전우영, 1999; 전우영, 조은경, 2000 등).

이뿐만 아니라 북한이탈주민의 남한 내 적응 문제는 현재 비교적 많이 연구되었다. 앞으로도 더 연구가 이어질 것이다. 대표적인 예로서, 채정민(2003)은 북한이탈주민이 남한에 입국하여 정착하면서 문화적응 기제를 어떻게 갖게 되는가를 연구한 것이다. 물론 이러한 연구들의 성과가 하나의 이론으로 제시되는 수준에는 이르지 못했다. 이론화에 대한 관심과 여건이 성숙하지 않아서라고 볼 수 있다.

그리고 아직까지는 이러한 경험적empirical 접근이 많이 제한되어 있다. 북한주민을 대상으로 직접 연구하지 못하기 때문이다. 현재로서는 가장 근접한 연구 대상은 과학적 연구방법론에는 흠결이 있기는 하지만 개성공단에 근무하면서 관찰되거나 같이 어우러져 생활했던 북한주민에 대한 연구이다. 김진향(2015)의 연구가 대표적이다.

이에 비해 시뮬레이션적simulation 접근이란, 북한이탈주민 연구 결과와 개성공단에서 근무하면서 자연스럽게 노출된 북한주민의 행태 등을 종합하여 주요 변수를 설정한 후 북한주민의 행동 특징의 변량 등을 시뮬레이션적 방식으로 연구하는 것이다. 예를 들어, 북한주민이 남한주민을 만났을 때 관심을 보이는 심리학적 특징, 좀 더 구체적으로는 남한주민의 성격을 알아보려는 탐색행동의 유형과 그 심도를 주요 변수로 설정하여 남한주민과의 대인관계 방식을 연구할 수 있다.

이러한 시뮬레이션적 접근은 최근 들어 빅데이터big data 연구 방식과 AI 연구 방식이 발전하고 있기 때문에 더욱더 연구 실행가능성이 높아지고 있다. 그리고 이러한 연구 방식은 재통일 진행 과정이나 재통일 후에도 계속 진행할 수 있고, 남한주민과 북한주민을 직접 대상으로 할 때의 비용, 노력, 연구윤리상의 문제 등을 극복할 수 있다는 점에서 적극적으로 시도할 필요가 있다.

(2) 차원 2: 개인 차원의 접근 대 집단 차원의 접근 대 국가 차원의 접근

재통일에 대한 심리학적 연구를 할 때 국가나 사회나 개인 중 한 대상만 연구하여 나머지 2개의 대상에 그대로 적용하려는 경우가 제법 많다. 하지만 그렇게 할 경우 이들이 동일한 심리적 특징을 보인다는 전제가 있어야 하는데 그렇지 않기 때문에 문제이다.

예를 들면, 원래는 사회심리학자였는데 나중에 비교문화심리학자로 불리는 홉스테드G. Hoftstede의 연구 방식을 살펴보자. 그는 『문화의 결과Culture's consequences』라는 책을 통해 여러 국가의 가치 차이를 비교분석하여 제시했는데, 이때 사용한 연구 방식에 주목할 필요가 있다. 왜냐하면 그는 연구참가자들 개개인에게 예를 들어, '귀하는 선약이 있는데 회사에서 회식을 당일 갑자기 하자고 하면 선약을 무시하는가?'와 같은 질문을 하여 이 응답 결과를 평균 내어 해당 문화의 특징은 개인주의적인 점수가 어느 정도라는 식으로 해석한다. 그런데 이런 방식의 문제가 문화의 이중성 등을 보이는 문화에서는 잘 들어맞지 않는다. 참고로 그의 연구에 의한 결과는 [그림 12]와 같다. 여기서 개인주의 차원의 한국 점수

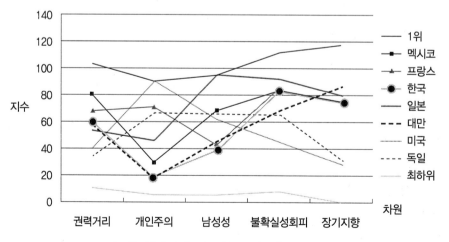

[그림 12] 홉스테드의 문화 간 가치지향의 차이 결과

출처: Hoftstede (1990), 215쪽.

가 낮게 나왔는데, 이는 즉 집단주의가 강하다는 것이다. 그런데 과연 개인들이 보이는 집단주의적 의식이 전체 사회와 국가적 차원에서 보이는 집단주의적 행동과 같다고 볼 수 있느냐는 문제가 있다. 특히, 최근 들어 한국인들의 개인주의가 증가하고 있는 상황에서는 이러한 문제는 더욱 심각해질 수 있다.

　문화의 이중성은 국내에서 여러 학자들에 의해서 연구되었는데, 대표적으로 나은영과 민경환(1998)의 연구를 들 수 있다([그림 13] 참조). 이들은 한국 문화가 명시적이면서 공식적인 규범을 가지고 있으면서도, 암묵적이면서 비공식적인 행동 원리 간에 불일치가 있다고 주장하였다. 그리고 이러한 모습의 저변에는 우리 사회가 여러 역사적 경험을 가져서 그렇다고 보았다. 즉, 근대적 규범과 유

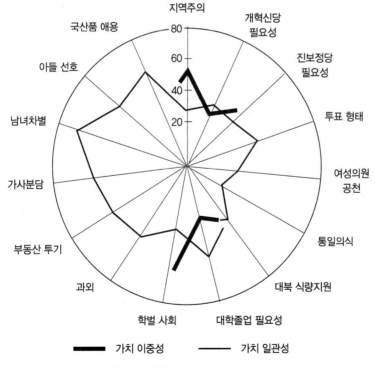

[그림 13] 한국 국민의식의 이중성

원저자 주: 방사선에서 가치 이중성의 값이 높을수록 의식의 이중성이 심각한 것이다. 예를 들어, 지역주의에 대해 이중성을 가진 국민의 비율은 51.0%인데, 일관성을 가진 국민의 비율은 28.2%이다.

교적 관행 간의 불일치, 비공식적 대인관계망(즉, 연고주의와 연줄망)의 발달, 의사소통 구조의 이중성, 가족이기주의가 자리 잡고 있다고 주장했다. 그리고 나은영과 민경환(1998)은 이러한 맥락에서 전통문화와 외래문화, 바람직한 가치요소와 바람직하지 못한 가치요소를 세대차와 관련지어 설명했다. 이러한 것은 결국 한국인들의 이중적 국민의식에 대한 분석 결과에서도 드러나듯이 여전히 이중적 측면이 강하게 나타나고 있다.

이러한 남한주민의 가치 이중성 등의 특징은 다음과 같이 정리해 볼 수 있다. 첫째, 집단주의적 경향이 여전히 강하다. 이와 아울러 관계주의적 경향도 높고, 연고주의도 높다. 하지만 현재의 청년층은 집단주의적 경향이 약한 대신 개인주의적 경향이 강하다. 둘째, 가족주의적 경향이 강하다. 실제 가족뿐만 아니라 사회조직에 대해서도 가족주의적 경향이 강해서 다른 사람들과의 관계에서 일정 수준의 접촉이 이루어지면 가족화하는 경향을 보이는 경우가 많다. 셋째, 수직적 문화를 중시한다. 부-부 관계나 자-자의 관계보다는 부(모)-자 관계를 중시하는 경향이 강하다. 서열주의가 강한 것도 같은 맥락이다. 넷째, 이념ideology 측면에서는 유교적 문화를 부정하고 있지만 실제realistic 측면에서는 비교적 강하게 유지하고 있다. 다섯째, 대의명분을 중시한다. 이와 같은 맥락에서 체면을 중시한다. 단, 최근 들어 대의명분보다 실리적 측면을 중시하는 경향도 강해지고 있다. 여섯째, 情과 恨이 비교적 강하게 남아 있다. 일곱째, 역동적이다. 최근 들어 강해지고 있는 경향이다.

이러한 이유 때문에 홉스테드식 연구 방법보다는 슈와르츠Schwartz의 연구 방식을 따르는 경우가 많다. 그는 앞서 홉스테드의 연구에서 사용된 질문과 같은 것을 '당신의 경우에는~'와 '당신이 보기에 당신이 속한 문화에서는~'과 같은 식으로 별도로 질문하여 응답의 차이가 나는지를 확인하여 사회라는 차원에서의 특징과 개인이라는 차원에서의 특징을 연구하였다. 이러한 연구 결과, 그는 다음과 같은 차원에서 문화를 분류했다. 즉, 성취, 관용, 동조, 쾌락주의, 권력, 안전, 자기지시self-direction, 자극성, 전통, 보편주의를 중심으로 문화를 분류했다.

이외에도 국가적 차원에서 비교하는 연구도 가능하다. 예를 들면, 세계가치관 조사협회(World Values Survey Association: WVSA)가 1981년부터 국가별, 문화권 별 가치관을 조사하여 그림15와 같이 제시하고 있다. 그림15는 2010년 자료이 다. 이러한 자료는 심리학적 측면에서도 충분히 활용할 수 있는 것이고, 이 조사 방식도 충분히 차용할 만하다.

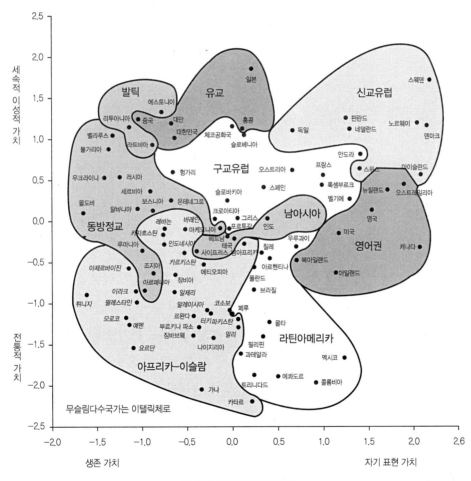

[그림 14] 세계가치관조사

출처: 세계가치관조사협회(2010).

이상의 국가, 사회, 개인 등 3개 차원에 대해 어느 것이 옳고 그른가를 논하기보다는 어느 주제를 가지고 어떤 목적으로 연구하느냐에 따라 이들 중 하나의 차원만 연구하든지 2개 이상의 차원을 연구하여 파악하는 것이 바람직하다.

우리의 재통일에 대한 심리학적 연구에서도 이런 자세가 필요하다. 그리고 현재는 북한주민 개개인에 대한 접근이 어렵기 때문에 북한이라는 국가 차원 혹은 북한 사람들의 일부 집단에 대해 연구하기 위해 국가 차원과 사회 차원에서만 연구할 수 있다. 부득이하게 북한이탈주민을 대상으로 하여 북한주민에게 그 특징을 일반화하여 적용할 수도 있기는 한데, 이 경우에는 후술하는 바와 같이 신중할 필요가 있다.

(3) 차원 3: 횡단적 접근 대 종단적 접근

발달심리학적 주제를 연구할 때 횡단적cross-sectional 접근을 해야 옳으냐 아니면 종단적longitudinal 접근을 해야 옳으냐의 문제가 논쟁이 되기도 한다. 그 이유는 어떤 성인 한 사람이 현재의 어떤 모습을 보이고 있을 때, 이 사람은 수태 시점부터 어떤 경험을 하여서 현재의 모습에 이르게 되었다고 할 수 있는가를 설명하려는 심리학자가 과연 횡단적 접근으로 연구해야 하느냐 아니면 종단적 접근으로 연구해야 하느냐의 문제가 있기 때문이다. 얼핏 보면, 이 경우라면 당연히 종단적 연구를 해야 하지 않느냐 하는 생각을 할 수 있다. 하지만 한 사람이 성인에 이르기까지 최소한 18년이 걸리는데 과연 어떤 심리학자가 이렇게 지속적으로 연구대상을 추적하여 연구할 수 있겠느냐의 문제가 생긴다. 물론 한 심리학자가 연구하다가 그 이후 다른 연구자에게 연구를 인계하여 진행하는 방식을 하면 된다. 이렇게 하는 연구도 드물게 있기는 하지만 연구에 들어가는 시간, 비용, 노력의 문제로 이러한 연구를 하지 못하거나 안 한다. 그래서 횡단적 접근으로 연구를 하는 경우가 많다. 그런데 횡단적 접근으로 하게 되면 과연 장님 코끼리 만지기식으로 여러 장님이 각기 코끼리의 다른 부위를 만지게 해서 답을 들어 모

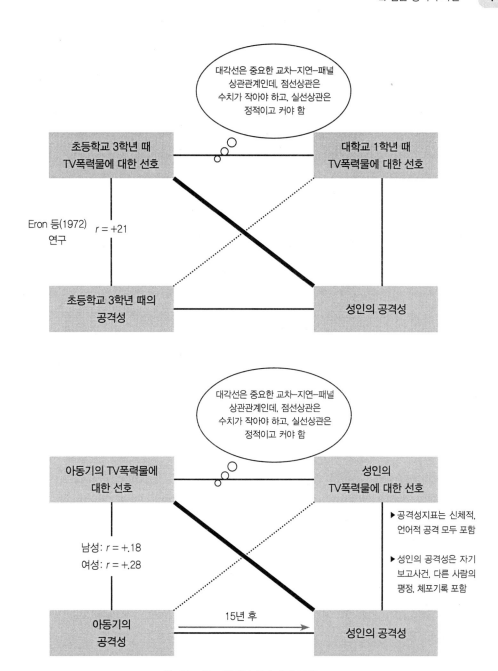

[그림 15] 교차지연패널 상관 절차

자이크식으로 종합하여 결론을 내는 꼴과 뭐가 다른가라는 비판을 받게 된다.

여기서는 횡단적 접근을 보완할 수 있는 교차지연패널 상관 절차Cross → Lagged → Panel Correlation Procedure를 [그림 15]처럼 진행할 수 있음을 볼 수 있다. 원래 단일 상관법은 횡단적 접근의 형태인데, 단일 상관 연구 결과로는 인과성의 방향을 결정하기 어렵다. 그래서 연구자는 서로 독립적인 연구에서 수렴 증거가 얻어지고 강력한 근본 기제가 파악될 때까지는 상관 증거를 잠정적인 것으로 보게 된다. 이때의 연구 전략은 시간에 걸쳐서 여러 번의 상관들을 구하는 것이고, 그 후에 r의 크기와 방향에 근거해서 무엇이 무엇을 초래했는지를 결정하는 것이다. 하지만 여전히 아주 많은 시간이 소요된다는 단점이 있다.

그래서 이러한 두 가지 접근법의 장단점을 고려하여 이 두 방법을 혼합하여 사용하는 혼합적 방법도 있다. 이러한 방법은 실험법뿐만 아니라 관찰법 혹은 조사법 등에서 모두 사용 가능하다.

2. 이론화

(1) 이론화의 기초

어떤 학문이 새로운 지식을 만들어 가야 한다면 실제로 연역법은 별 도움이 안 된다. 오히려 귀납법이 더 유용하다. 하지만 학문의 발전 과정을 보면 귀납법뿐만 아니라 연역법도 많이 적용된다. 한 연구자가 이 두 가지 방법을 사용하지는 않더라도 해당 학문 분야에서 이론의 구성과 발전에는 귀납법과 연역법이 각각의 단점을 보완하면서 기여하는 경우가 많다.

한민족 재통일과 관련된 심리학 분야에서도 이와 같은 모습을 보일 가능성은 얼마든지 있다.

(2) 이론화 가능성과 조건

한민족 재통일과 관련된 심리학 분야에서 이론화를 진행하기 위해서는 먼저 그 가능성을 구체적이고 종합적으로 고찰해 보아야 한다. 이 분야의 이론화를 위해서는 이론화할 대상이 먼저 존재해야 한다. 그 대상은 다름 아닌 재통일의 사건이다.

아직 한민족 재통일이 되지 않은 상황에서 그 대상이 존재하지 않는다고 지적하는 학자들이 있을 수 있다. 일견 타당한 지적이다. 하지만 이에 대한 재반론도 가능하다. 한민족 재통일에 대한 심리학 분야는 현재진행형이기 때문이다. 재통일을 선언한 이후에만 연구할 수 있는 것은 아니고 재통일 이전에 준비단계에서 연구할 수 있다. 남한으로 이주한 북한이탈주민의 남한 내 적응 과정에 대한 심리학적 연구가 현재 존재하는 연구 대상에 대한 것이기도 하지만 재통일 진행 과정이나 재통일 후 과정에서 발생할 수 있는 것들과 연관성이 있고 미니어처적miniature 특성이 있는 연구이기 때문이다. 또한 독일, 베트남, 예멘 등의 재통일 선례들에 대한 연구 결과를 토대로 한민족 재통일과 관련된 심리학 분야에 시뮬레이션적 연구도 가능하기 때문이다.

그렇다면 이 분야의 이론화를 위해 필요한 조건들은 무엇일까? 일반적으로 좋은 이론이 갖춰야 할 주요 요소는 앞서 언급한 바와 같이 포괄성, 검증가능성, 경제성, 경험적 타당성, 탐구성, 적용성이다. 포괄성이란 해당 이론이 해결해야 할 문제들을 종합적으로 모두 다루는 이론인가를 말한다. 검증가능성이란 해당 이론이 해결해야 할 문제들에 대해 명확하게 기술하고 측정하며 조작적 정의를 올바로 할 수 있게 이끌 수 있는가를 말한다. 경제성이란 해당 이론이 최대한 단순하고 효율적으로 해결해야 할 문제들을 설명하고 있는가를 말한다. 경험적 타당성이란 해당 이론이 해결해야 할 문제들에 대해 지지 증거를 필요로 하느냐를 말한다. 탐구성이란 해당 이론이 새롭게 연구할 아이디어를 도출하게 할 수 있느냐를 말한다. 적용성이란 해당 이론을 실제 생활에 적용하여 인간의 삶의 질을 제고할 수 있느냐를 말한다.

이상의 조건들을 토대로 볼 때, 재통일 이전의 준비단계에서 필요한 연구, 현재의 남한 내 북한이탈주민 연구, 재통일 선례 국가들을 대상으로 한 연구 등이 이론으로 정리되어 제시되는 데 큰 문제는 없다. 단, 이론이 다룰 수 있는 연구 주제의 범위는 다음과 같은 점들을 고려하여 결정해야 한다.

(3) 중범위이론화

이론이 다룰 수 있는 연구 주제의 범위에 대한 논의는 미시이론micro theory, 중범위이론middle range theory, 거대이론grand theory이라는 세 가지 범주로 나누어서 진행될 수 있다. 미시이론은 이론이 설명할 수 있는 실제 상황이 매우 구체적이고 한정적인 경우를 말한다. 예를 들어, 상호침투이론mutual penetration theory 혹은 social penetration theory은 두 사람 간의 교류가 발전해 나가는 과정을 설명하는 미시이론에 해당된다. 이 미시이론은 효용이 있기는 하지만 매우 제한적인 상황에서만 유효하므로 여러 미시이론들이 제시되기 마련이다. 이 상황에서 고려할 이론이 바로 중범위이론이다. 중범위이론은 사회학자 머튼R. K. Merton이 사회현상에 대해 일반적인 통찰을 만들어 내기 위해 제시한 것으로서, 미시이론들을 통합하여 한정적이지만 하나의 이론으로 설명하기 위한 목적으로 제시한 것이다. 예를 들어, 사회교환이론social exchange theory은 상호침투이론 등과 같은 여러 미시이론들을 통합하여 인간의 교류 행동을 설명하는 것이다. 중범위이론은 미시이론과 마찬가지로 적용 영역이 제한적이지만 해당 영역에서는 타당성이 높아서 많이 등장하게 된다. 이 상황에서 중범위이론들을 통합적으로 설명해 내기 위해 거대이론이 등장하게 된다. 중범위이론이 최대한 검증가능한 명제들과 이것들을 개념적으로 통합하려는 시도가 나타날 수 있게 만들어 주는 것이 거대이론이다. 예를 들어, 정신분석이론Psychoanalytic theory은 보기 드문 거대이론으로서 인간관계 속에서 나타나는 다양한 심리적 기제 등을 설명할 수 있는 체계라고 볼 수 있다. 물론 어떤 영역에

서 미시이론들이 먼저 등장하고, 그 이후에 중범위이론, 마지막에 거대이론이 나
타나는 것은 아니다. 거대이론이 먼저 등장하고 중범위이론이나 미시이론이 뒤따
를 수도 있다. 즉, 이들 이론의 발생순서는 연구 발전에 크게 관련은 없다.

　이러한 미시이론, 중범위이론, 거대이론 모두 한민족 재통일과 관련된 심리학
적 연구에서 등장할 수 있다. 단, 거대이론은 심리학이라는 거대한 학문체계 내
에서도 보기 드문 것이어서 한민족 재통일과 관련된 심리학적 연구에서 등장하
기는 쉽지 않아 보인다. 따라서 이 분야에서는 중범위이론이 상당히 유효할 것
으로 보인다.

(4) 미시이론화

　재통일이 거대한 사건이어서 중범위이론이 매우 유효함에도 불구하고 현실적
으로는 재통일의 미시적 현상이 더 많이 드러날 수 있으므로 미시이론을 좀 더
적극적으로 구안해야 할 것으로 보인다. 예를 들어, 국가적으로는 사회통합이냐
미통합(혹은 분열)이냐의 거대한 사건이고, 개인, 특히 청소년에게는 발달 과업
developmental task을 해결하는 데 재통일이 긍정적 영향을 미치느냐 그렇지 않느냐
의 문제가 걸려 있는 사건이 된다. 이러한 미시적 현상들은 너무도 다양하고 구
체적인 좁은 영역에서 발생되므로 이에 대한 심리학적 설명체계는 미시이론이
더 적합하다.

　그런데 현재까지는 한민족 재통일과 관련하여 심리학에서도 이러한 이론들이
거의 등장하지 않고 있을 뿐만 아니라 인접 관련 학문에서도 이러한 이론들을
보기 힘들다. 그 이유는 여러 가지가 있겠지만 특히, 연구자들이 아직까지는 표
피적인 연구 주제를 다루는 데 급급하기 때문인 것으로 보인다.

　미시이론화의 대표적인 것으로서 재통일 생활만족도의 추세이론을 제시할 수
있다. 이를 위해 파이퍼Pfeifer와 페트러닉Petrunyk(2015)의 분석 결과([그림 16] 참조)
와 북한이탈주민 적응 관련 연구자료를 토대로 저자가 [그림 17]과 같이 한민족

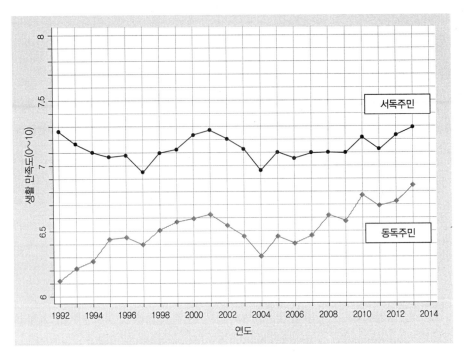

[그림 16] 독일 재통일 이후 동서독주민의 생활만족도 변화 추세

출처: Pfeifer & Petrunyk(2015), 19쪽.

재통일 후 남한주민과 북한주민의 생활만족도 변화 추세를 이론화했다.

이 그래프는 연구자들이 German Socio-Economic Panel(GSOEP)의 1992년
부터 2013년까지의 자료를 토대로 작성된 것이다. 여기서 생활만족도에 영향을
미치는 것으로는 가구별 소득과 실업률이었다. 이러한 추세 변화는 해당 시점에
재통일된 독일 사회가 겪는 정치, 경제, 사회, 문화 등의 다양한 사건들이 가구별
소득과 실업률에 영향을 미쳐 두 변수가 결정된 것으로 보아야 한다. 그리고 이
과정에서 양측 주민들이 가진 재통일과 관련된 기대와 실망 등의 심리적 특성도
작용한 것으로 보아야 한다. 이 그래프는 전체 패널 구성원들을 대상으로 한 것
이고, 성별, 연령대별 등으로 별도의 그래프가 있다.

저자는 한민족의 경우에 대해 예상하기 위해 재통일의 조짐과 준비가 되는 재
통일이라고 전제하였다. 이러한 재통일이라면 재통일 이전에 남한주민은 북한

주민보다는 상대적으로 높은 생활만족도를 보이다가 재통일 선언 시점까지 새 시대에 대한 기대와 환상을 가지고 있어서 경제적으로는 당장 좋아지지 않는다고 하더라도 미래에 좋아질 것이라고 전망하고 생활만족도는 급격히 높아질 것이다. 하지만 재통일이 선언되는 시점부터 점차 기대치보다 못한 현실을 경험하면서 생활만족도가 낮아지게 될 것이고, 재통일 10년 후쯤이 가장 낮은 상태를 유지할 것으로 전망했다. 그 이후 상하로 약간씩 움직이다가 남한주민은 당초 가졌던 생활만족도 수준을 회복하여 조금 더 상승하고, 북한주민은 재통일 이전에 가졌던 생활만족도보다는 훨씬 나은 수준으로 상승할 것으로 예상했다. 이러한 미시이론화는 결국 나중에 실증되어야 한다.

저자는 생활만족도에 대한 미시이론화 이외에도 다양한 영역에 대한 이론화가 가능하다고 판단한다.

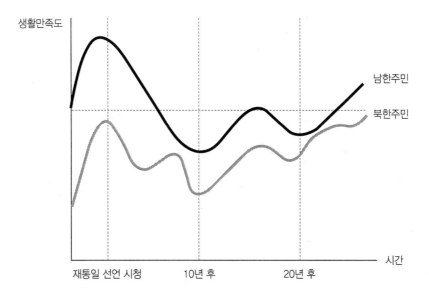

[그림 17] 한민족 재통일에 따른 남한주민과 북한주민의 생활만족도 변화 추세 예상

(5) 이론화의 틀

한민족의 재통일에 대한 이론화를 위해서는 앞서 제시한 이론의 수준인 거대이론, 중범위이론, 미시이론 중 이론화하는 목적에 따라 선택하면 된다. 그런데 한민족의 재통일은 통일 이전 상태에서 남북한주민 상호 간 혹은 각자 경험한 내용이 작용할 여지가 크다.

이 시점에서 참고할 만한 재통일국가 사례는 독일이다. 독일에서 보인 동독주민의 2등 시민화 현상, 서독주민의 승리자증후군 현상, 오스텔지아 현상 등이 있어서 이를 토대로 한민족의 재통일 상황에서 응용하여 우리 상황여건에 맞게 조정해서 이론화를 추구할 수도 있다.

그런데 독일의 경우와 우리 한민족의 경우가 같은 과거사를 가지고 있었느냐하면 그렇지 않다. 프랑크가 말한 것처럼 양국이 분단 경험만이 유일하게 공통점을 가진 것이라고 보기에는 유사한 점도 적지 않게 있다. 대표적으로 유사한점으로는 분단이 외세에 의해 이루어졌다는 점, 자본주의와 사회주의로 나뉘었다는 점, 한쪽은 풍요를, 다른 쪽은 결핍을 오랫동안 맛보았다는 점, 한쪽은 시민교육을 강화해 나갔고 다른 쪽은 사회주의적 인간 만들기 교육을 강화했다는점, 양측이 유엔에 동시가입 했다는 점, 동독에서 탈출한 사람과 북한에서 탈출한 사람 관련 처벌이 있었다는 점 등이다.

대표적으로 상이한 점으로는 독일은 분단 후 전쟁을 겪지 않았는데 한민족은 전쟁을 경험했다는 점, 동독은 사회주의적 이데올로기 교육을 했는데 북한은 주체사상 교육을 했다는 점, 동독보다 북한이 생활문화를 주체사상 이념에 맞게 없애거나 변형하거나 새롭게 만들었다는 점, 독일은 핵을 가지지 않았는데 북한은 핵을 가졌다는 점, 동독보다 북한이 더 공격적인 모습을 보였다는 점, 동독에서는 공식적으로 서독 TV를 통해 서독과 서방문물에 대해 오랫동안 노출되었는데 북한에서는 그렇지 못했다는 점, 동독은 거의 소련에 의해 통치당했는데 북한은 독자적으로 통치했다는 점, 동독은 기독교의 힘이 재통일과정에서 크게 작용했는데 북한은 재통일과정에 작용할 기독교의 힘이 거의 없다는 점, 동독에서 서독으로 이주한 사람은 많았는데 북한에서 남한으로 이주한 사람은 상대적으로 매우 적다는 점, 동독과 서독의 인구 대비는 4:1인데 북한과 남한의 인구 대비는 1:2라는 점, 동독은 재통일 직전에 공산권 국가 중에서는 제일 부유했는데 북한은 제일 빈곤하다는 점, 동독은 지도자가 세습을 하지 않았는데 북한은 3대 세습했다는 점, 동독은 군사적 측면이 주로 소련에 의해 움직여서 동독 내에서 정치보다 우위에 서는 듯한 모습은 거의 없었는데 북한은 군인도 많고 선군정치가 강조되는 경향을 보인다는 점, 서독은 지속적으로 동방정책과 신동방정책 등을 펼쳐 동독과 주변 관련국에 대해 접근을 통한 변화를 추구했는데 남한은 아직 많이 부족하다는 점, 남한은 북한과 개성공단과 금강산관광 사업 등을 했는데 동서독은 그렇지 않았다는 점 등이다.

　따라서 현 상태에서 한민족이 재통일된다면 독일에서 보인 모습과는 비슷한 듯 다른 듯한 방식으로 여러 심리적 현상이 나타날 것이므로 이를 고려한 심리적 이론화가 필요하다고 할 수 있다. 그렇다면 한민족 재통일과 관련하여 심리적 이론화는 어떻게 해야 할까? 이를 위해서는 심리적 이론이 주로 개인적 측면과 집단적 측면으로 구분되는 경향이 있으므로 이를 고려해야 한다는 점이 첫 번째이다. 두 번째는 심리적 이론이 주로 심리적 에너지의 관계를 중시하여 내향성과 외향성 등을 다루고 조증과 울증을 다루며 동기론적 측면을 다룬다는 점이다. 특히, 독일의 사례를 보면, 재통일과 관련하여 동독지역으로 재정투입을 하는 문제, 세금 문제, 임금 차이 문제, 상대방을 무시하는 문제 등이 심리적 에너지의 역학 속에서 일어났기 때문에 심리적 에너지를 중시해야 한다. 또한 공동체주의와 같은 시민의식은 힘이 공세적이지도 수세적이지도 않으며 중립적인 형태로 작용하는 것으로 볼 수 있다.

　이러한 점들을 고려해서 한민족 재통일에 대해 심리적 이론화를 하기 위해서는 〈표 11〉과 같은 차원에서 다루어야 한다. 여기서 분석 차원은 초점 차원(개인적 차원 vs. 집단적 차원)과 심리적 에너지의 작용 차원(공세적 vs. 중립적 vs. 수세

〈표 11〉 한민족 재통일에 대한 심리적 이론화의 틀

초점 차원		심리적 에너지의 작용 차원		
		공세적	중립적	수세적
	개인적 차원	차별 심리 등	호혜주의 심리 등	재통일 무관심의 심리 등
	집단적 차원	희생양 찾기 심리 등	평화운동 심리 등	지역이기주의 심리 등

적)으로 구분할 수 있다. 개인적 차원은 사람이 1:1로 관계 맺을 때를 말하고, 집단적 차원은 사람이 1:多, 多:多로 관계를 맺는 것을 말한다. 공세적 차원은 자신 혹은 자신들의 심리적 에너지를 자신 이외의 사람 혹은 사람들에게 쏟아서 상대방에게 피해를 주면서 자신이 이익을 얻으려는 것을 말하는 것이고, 수세적 차원은 자신이나 자신이 속한 사람들에게 쏟아서 자신을 보호하려는 것을 말하는 것이며, 중립적 차원은 공세적 차원과 수세적 차원이 아닌 중간 지대에 쏟아서 평화롭게 공동체를 유지하려는 것을 말한다. 이들 차원을 조합하여 총 6개의 유형을 구분하고 각각에 해당되는 심리현상과 이론화 가능성을 구분해 볼 수 있다.

지역이기주의 심리 등의 현상 이외에도 좀 더 복잡한 경우를 생각해 볼 수 있다. 예를 들어, 상대적 박탈감은 이들 6개의 유형 중 하나에 속한다고 단순히 생각할 수 있는데, 그렇지는 않다. 재통일된 독일에서 볼 수 있었듯이 동독주민이 주로 상대적 박탈감을 개인적으로나 집단적으로 가지고 있었는데, 여기에 서독주민 중 동독주민의 처지를 이해하면서 동조하는 형식으로 동독주민이 느끼는 집단적인 상대적 박탈감을 경험하는 경우가 있었다. 이 경우 상대적 박탈감이라고 해서 꼭 집단적 차원으로만 보려고 하거나 개인적 차원으로만 보려고 하는 것은 옳지 않다. 또한 상대적 박탈감을 동독주민만 경험하는 것으로 보는 것은 옳지 않다. 앞서 김금행이 보인 상대적 박탈감은 그가 일반적으로 남한주민을 대상으로 느끼는 상대적 박탈감과는 차이가 있다. 그 이유는, 원래 나보다 못

살았던 북한주민이 나보다 더 잘살게 되었다는 생각에서 나타난 상대적 박탈감으로서 시기(猜忌)적인 측면도 있고, 보수적인 측면도 있으며, 우월감 측면도 있다. 이러한 상대적 박탈감은 개인적이면서도 수세적인 측면에서 나타난 것으로 이해하고, 수세적인 상대적 박탈감으로 명명할 수 있다.

　이상과 같이 살펴본 한민족 재통일에 대한 심리적 이론화의 틀을 토대로 어떤 수준에서든 어떤 유형의 심리적 이론화든 시도해 볼 수 있다.

| 제3장 |

한민족 재통일에 대한 심리학적 연구 방법

1. 한민족 재통일에 대한 심리 측정과 연구의 문제 극복 방안

(1) 문제의 출발

심리학적인 연구에서 언어는 매우 중요하다. 연구자가 연구 내용을 참여자에게 설명하는 것도, 질문하는 것도, 응답하는 것도, 치료하고 상담하는 것도 언어를 기반으로 하는 것이 많기 때문이다.

그런데 재통일에 대한 심리학적 연구를 할 때는, 언어 그 자체에 대해서도 관심을 가져야 한다. 앞서 북한 지역에 있는 술집에서 남한주민과 북한주민이 언어 문제로 싸우듯이 남한과 북한에서 사용되는 단어가 다를 수도 있고, 단어는 같아도 의미가 다른 경우도 있고, 아예 한쪽에서 사용하는 단어가 다른 쪽에서는 쓸 필요가 없어서 존재하지 않기도 하기 때문이다.

이 두 가지 측면에서 언어적 측면을 간단히 살펴보자. 박노평과 김봉기(2016)는『평양말, 서울말: 언어에도 휴전선이』라는 책을 펴냈다. 이 책은 북한 언어의 특징이 수령절대주의체제와 관련된 정치사상사적 의미를 담고 있는 언어라는 점을 강조하였다. 따라서 북한주민들이 사용하는 단어나 어구 등은 단순히 생각하면 안 된다는 의미이다. 예를 들어, '여사女士'라는 단어는 "김일성의 어머니 강반석 여사에게만 적용된다"(박노평, 김봉기, 2016, 27쪽)고 보았다. 이는 남한에서 '결혼한 여자를 높여 이르는 말'이나 '사회적으로 이름 있는 여자를 높여 이르는 말'로서의 '여사女史'와 '학식이 뛰어나고 어진 여자를 높여 이르는 말'인 '여사女士'와는 발음은 같지만 의미는 매우 다르다는 것을 뜻한다.

이뿐만 아니라 박노평과 김봉기(2016)는 남한주민에게 생소한 북한 말, 표현이 다른 남북한 말과 잘못 알려진 북한 말 등을 이 책에서 다뤘다. 생소한 북한 말로는 '고난의 행군'을 대표적인 예로 들 수 있다. 본래 '고난의 행군'은 김일성이 항일투쟁 시기 일본군의 토벌을 물리치며 1938년 11월 만주의 남패자에서 출발하여 1939년 4월 북대정자에 이르기까지 100여 일간의 혹한과 굶주림, 계속되는 치열한 전투 속에서도 김일성을 목숨으로 사수하면서 승리적으로 목적지에 도착했는데 이 100여 일간의 여정을 가리켜 '고난의 행군'이라 일컬었다(박노평, 김봉기, 2016, 72쪽)

1994년 김일성의 갑작스러운 사망 이후 북한 내 경제사정이 악화되면서 수많은 아사자가 속출하는 등 어려움이 가중된 시기에 김정일이 '고난의 행군'이라는 말을 다시 사용하여 북한주민을 결속시키려 했다. 남한주민이 '고난의 행군'의 원래 사용 맥락과 의미뿐만 아니라 김정일이 사용한 맥락을 이해하지 못하면 북한주민이나 북한이탈주민이 이 말을 사용할 때 의사소통을 제대로 하지 못하게 된다.

또한 잘못 알려진 북한 말의 대표적인 예는 '전승일'이다. 이 말을 남한주민이 들으면 일본을 상대로 싸워 이긴 날처럼 생각할 수도 있다. 하지만 이 말은 1953년 7월 27일 남북한이 3년간의 전쟁을 중지하기로 한 날을 가리키는 것이다. 그래서 남한은 '휴전일'로 명명하는데, 북한은 다르게 명명한 것이다. 또 북한에서 '낙지'라는 말은 남한에서 '오징어'로 명명한다.

이처럼 생소한 말도 남한주민에게는 학습할 필요가 있지만 표현이 다른 말이나 잘못 알려진 말도 올바로 알아야 한다. 그렇지 않으면 말을 통한 의사소통이 기본적으로 어렵거나 오해하는 등의 문제가 발생되기 때문이다. 이러한 문제를 해결하기 위해서는 남북한 양측 주민들을 대상으로 한 심리 측정 시 언어적 차이를 살펴보아야 한다. 또한 앞서 살펴본 바와 같이 채산에게 여러 오해의 에피소드를 알려 주는 북한이탈주민이나 역으로 남한주민으로서 북한이탈주민에게 오해했던 점들을 알려 주어 오해를 갖지 않도록 하는 데에도 이러한 언어적 차이(〈표 12〉 참조)에 대한 이해가 중요한 기반이 될 수 있다.

〈표 12〉 심리 측정을 위해 검토해야 할 주요 남북한 언어

남한 말	북한 말	예	고려사항
가출	탈가		
갈치	갈치		
갑오징어	오징어		
계좌	구좌(돈자리)		
교도소	교화소		
구설수에 오르다	밑밥에 오르다		
군인가족	후방가족		
급료	생활비, 로임, 임금		
기울기	경사도, 비탈도		
낙지	서해낙지		
남북관계	북남관계		
느림보	게으럼뱅이		
달걀	닭알		
뒷산	뒤산		
민간인	사회사람		
보신탕	단고기		
불식	해소	오해를 ~	
비바람	빗바람		
상호간	호상간		

남한 말	북한 말	예	고려사항
서로 엇갈려 지나가다	사귀다	두 직선이 ~	
석사	준박사		
시옷	시읏	ㅅ	
오징어	낙지		
올바른	옳바른		
위험표지	경표		
유치원교사	교양원		
육이오전쟁	조국해방전쟁		
의식주	식의주		
이빨	이발		
이월(移越)	조월		
이자놀이	변놀이, 변놀이, 변돈놀이, 번돈놀이		
임산부	임신부		현재 남한 말도 임신부
입주권	입사권		
작동	동작	기계를 ~시키다	
장애인	불구자		
전업주부	가정부인, 가정주부		
조울병	기쁨슬픔병		양극성 장애
주민등록증	주민증		
표준어	문화어		
한반도	조선반도		
회식	식사조직		

또한 언어 표현 방식에서도 남한주민과 북한주민은 적지 않게 다르다. 예를 들면, 우회적 표현을 잘 쓰느냐 혹은 직설적 표현을 잘 쓰느냐 하는 것이다. 남한주민의 경우는 북한주민에 비해 상대적으로 우회적 표현을 많이 쓰는 편이다. 남한주민은 노래를 잘 못 부르는 아이에게 "야, 그게 노래야, 그만 해!"라고 말하

기보다는 "야, 노래 참 잘 한다."라고 말하는 경향이 있다. 이렇게 말해도 이 아이는 그 진의를 알아차리고 노래를 그만둔다는 점을 잘 알기 때문이다. 하지만 북한주민의 경우는 애매하게 돌려 말하지 않는다. 그래서 "그만 해라."라고 바로 말한다. 이러한 차이는 남한주민이 북한이탈주민에게 의례적으로 "언제 밥 한번 먹자."라고 말하는 것이 진짜로 밥 먹자는 것으로 이해하여 계속 밥 먹을 수 있는 기회를 기다리는 상황이 연출되고, 끝내 밥 먹을 기회를 갖지 못하면 실망하고 상대방을 비난하는 경우로 이어지는 문제가 있다.

이상의 언어적 측면 이외에도 일반적으로 남한주민에 대해 심리 측정과 연구를 할 때도 적지 않은 어려움이 있다. 왜냐하면 연구 참가자들이 연구에 진정성 있게 응답하거나 반응하지 않을 수 있기 때문이다. 대표적인 문제로는, 성의 없이 임의 반응을 하거나, 사회적 바람직성에 의해 응답하거나, 응답하지 않는 등의 문제이다. 이러한 문제는 향후 북한주민에게서도 나타날 수 있다. 그럴 가능성이 매우 높다는 것이 현재 북한이탈주민에 대한 연구 시에 나타난다.

이뿐만이 아니라 리커트 척도Likert scale를 사용한 조사 연구에서 북한이탈주민이 남한주민에 비해 극단적인 반응을 하는 경향이 있다(채정민, 2016). 즉, 5점 척도(1점: 전혀 그렇지 않다 ~ 5점: 전적으로 그렇다)의 문항에 대해 반응할 때, 일반적으로는 남한주민이 1점, 2점, 3점, 4점, 5점에 골고루 반응한다면 북한이탈주민은 1점, 3점, 5점에 주로 반응하고 2점과 4점에 거의 반응하지 않는 경향을 보인다는 점이다. 이러한 점은 북한의 문화가 흑 아니면 백 식으로 요구받고 체화된 결과라고 해석되는 대목이다. 이러한 문제를 극복하기 위해서는 3점 척도와 같이 앵커anchor(선택지)를 줄이는 방법 등이 있다.

또한 북한이탈주민은 남한에서 잘 살기 위해 북한을 탈출하여 남한으로 온 것이라는 점은 누구도 부인하기 어렵다. 여기서 이 잘 산다는 것은 물질적으로 잘 사는 것뿐만 아니라 심리적으로도 잘 사는 것을 의미한다. 그리고 물질적으로 잘 산다는 것도 궁극적으로는 심리적으로 잘 사는 것의 토대가 되는 것이다. 이러한 관점은 특히, 잘 살지 못하는 조건에서 보면 명확해진다. 즉, 심리적으로 잘 살지 못하는 것은 심리적으로 문제가 있는 것으로 귀인될 수 있다. 그리고 물질적으로 잘 살지 못하는 것도 심리적으로 문제가 있는 것으로 연결될 수 있다. 이러한 점에서 볼 때 북한이탈주민의 남한 적응 과정에서 발생될 수 있는 심리적 문제는 중요하다.

그렇다면 심리적인 측면 중에서 특히 어떤 점이 중요한가? 이 점에 대해서는 좀 더 면밀한 연구가 추가적으로 이루어져야 하지만 현재까지 밝혀진 바로는 이들이 현재 만족하고 살아가고 있는가의 여부이다. 이 점을 파악하기 위해서는 심리학적 개념인 주관적 안녕감이나 생활만족도와 같은 점에서 살펴볼 수 있다. 이들 요인은 긍정적인 측면인가 부정적인 측면인가로 구분해 볼 때 긍정적인 측면에서 살펴보는 것이라고 볼 수 있다. 이들 측면과 반대의 것이 부정적인 측면으로서 불안감이나 우울감, 소외감 등이라고 볼 수 있다. 따라서 이들의 현재 잘 살고 있는가의 여부는 긍정적인 측면과 부정적인 측면을 동시에 살펴볼 필요가 있는 것이다.

북한이탈주민 심리에 대한 연구가 어떻게 이루어져 왔는가에 대해서는 다양한 시각에서 살펴볼 수 있다. 이를 위해서는 채정민, 한성열, 이종한, 금명자(2007)가 독일의 정신건강 연구에 대해 개관한 논문에서 제시한 틀을 준용할 수 있다. 채정민 등(2007)은 독일의 정신건강 문제를 연구하기 위해서 연대기적 분석, 연구 주제별 분석, 연구 방법의 종류별 분석을 적용하였다. 이 관점에서 국내에서 그동안 이루어진 북한이탈주민의 심리에 대한 연구도 분석해 볼 수 있다.

먼저 연대기적 분석이다. 북한이탈주민의 심리에 대한 연구가 언제부터 어떻게 이루어져 왔는가를 살펴보는 것이다. 국내에서 북한이탈주민의 심리에 대한 연구는 1990년대부터 시작된다. 이때부터 시작된 주된 이유는 독일이 재통일된 시기가 1990년 10월 3일이기 때문에 우리나라도 머지않아 재통일이 될 수 있다는 생각과 정부가 각 학문 분야별로 연구를 자극했기 때문이다. 하지만 심리학의 학문적 특성상 사례수가 소수인 대상을 연구하기는 어렵고 1990년 초반에만 해도 매년 북한이탈주민의 입국자 수는 10명을 넘지 않았을 뿐만 아니라 누적 입국자 수가 50여 명도 되지 않았을 때였기 때문에 심리학적 연구는 별로 이루어지지 않았다. 그러다가 1990년대 후반부터 북한의 경제난과 식량난 등으로 북한이탈주민의 국내 입국자 수가 증가하여 심리학적 연구가 이전보다 활성화되었다. 그리고 2000년대 들어서서 남북한의 화해 분위기와 북한이탈주민의 국내 입국자 수 급증에 따라 심리학적 연구도 증가하게 되었다. 이러한 심리학적 연구의 활성화는 재통일 전 독일에서는 전혀 심리학적 연구가 이루어지지 않았던 것에 비하면 매우 긍정적이고 바람직한 것이라고 볼 수 있다. 그리고 이러한 양적 팽창에 따라 다양한 연구법의 적용과 개발이 가능해졌다.

　다음으로는 연구 주제별 분석이다. 이들에 대한 연구 주제는 아직까지 다양하지 않다. 지금까지 이루어진 주된 연구는 이들의 적응 문제이다(예: 채정민, 2003). 이 적응 문제도 좀 더 깊게 세분화해 보면, 우울감, 생활만족도, 주관적 안녕감, 정신병 등이 포함되었다. 그다음으로는 이들의 심리적 특성을 성격 차원(예: 정진경 외, 2002)이나 가치관 차원(예: 정태연, 2004)에서 다뤘던 주제이다. 특히, 이들이 가진 성격 차원은 북한주민과 동질적일 것이라는 전제하에 이루어졌다. 이 외에도 이들에 대한 심리상담이나 치료의 효과에 대한 연구(예: 김현아, 2009)가 있었다. 이 연구는 주로 북한이탈주민의 정착지원기관인 하나원과 연계하여 이루어진 것들이다.

　마지막으로, 연구 방법의 종류별 분석이다. 이들에 대한 심리학적 연구 방법은 현재는 다양해졌지만 연구 초반에는 상대적으로 제한적이었다. 이 시기에는 주로 심리검사를 사용한 설문지법과 면접법을 사용한 연구가 많았다. 하지만 점차 이들에 대해 실험법 등이 적용되기 시작했고, 현재에는 이들에게 적합한 새로운 심리검사들이 개발되는 단계에 이르렀다. 그리고 이들에 대한 심리상담이나 심리치료의 효과에 대한 검증 연구와 이들과 남한주민의 상호작용에 대한 연구 방식도 진행되었다.

(2) 재통일 관련 조사 연구

한민족 재통일과 관련하여 심리학적 연구를 위해서는 문헌연구나 인터뷰연구를 하는 경우도 있지만 대부분 심리 측정방식을 적용하게 된다. 이때 적용되는 측정도구는 기본적으로 기존에 남한주민을 대상을 위해 국내에 도입되었거나 개발된 것들이다. 따라서 북한 출신자들에게는 적용하는데 문제점을 안고 있을 수 있다.

국내에서는 재통일 관련 조사가 매우 활발히 이루어지고 있는 편이라고 할 수 있다. 조사의 주체로 보면, 정부, 연구소, 언론기관 등으로 구분할 수 있다. 먼저 정부에서는 주로 대통령 산하 자문기구인 민주평화통일자문회의가 주축이 되고, 연구소의 형태이지만 정부와 관련이 있는 통일연구원이 또 하나의 축을 이루고 있다.

민주평화통일자문회의의 경우, 주기적인 조사를 하기도 하지만, 현안이 대부분 특별한 상황, 즉 핵문제, 남북정상회담 직후 조사를 실시하고, 그 대상은 2000년 2월의 경우, 일반인 1,642명, 민주평통자문위원 1,560명, 관련 전문가 88명을 대상으로 대북포용정책에 대한 전반 평가와 현안 평가, 그리고 향후 평가와 같은 내용을 10문항으로 구성하여 설문하였다. 2007년 청소년 통일의식 조사의 경우, 재통일에 대한 의식, 대북·재통일정책에 대한 견해, 북한에 대한 인식, 대북지원 및 교류 협력, 주변 정세와 같은 기본적인 질문에, 6자회담과 같은 현안 문제를 포함하여 20문항으로 구성하여 실시하였다.

민간 기관으로는, 흥사단이 2004년부터 '대학생 통일의식조사'를 매년 동일한 설문내용으로 조사해 오고 있다. 이 조사는 주로 재통일에 대한 태도, 북한에 대한 태도, 대북지원과 화해협력 등의 정책 평가, 재통일 저해 국가 등과 같은 문제를 지속적으로 다루고, 핵문제, 미군 재배치, 전시작전권 회수 문제와 같은 현안 문제를 다루고 있다. 하지만 이 조사는 서울 대학생에 한정하고, 표집 규모는 1,200명 수준이고, 조사 대행기관이 변하고 있다.

이러한 조사들의 장점은 다음과 같다. 첫째, 재통일 문제만을 전문적으로 주기적으로 조사한다는 점에 대해서는 긍정적이라고 볼 수 있다. 둘째, 현안에 대해 즉각적인 국민의 의식을 파악할 수 있다.

하지만 이들 조사의 단점도 많다. 첫째, 패널조사가 아니어서 진정한 의식의 변화를 파악할 수 없다. 둘째, 설문 문항들이 고정된 것은 매우 적고, 상황에 따라서 다른 문항을 구성하고 있다. 셋째, 문항 수가 너무 적어서 재통일 관련 의식 조사라고 보기에는 무리가 있다. 넷째, 특정 지역에 국한되는 경우가 많아서 국민 전체 모집단에 일반화하기가 어렵다. 다섯째, 전화면접이 대다수이어서 신뢰할 만한 응답을 확보하기가 어렵다. 여섯째, 조사 대행기관이 수시로 바뀌는 문제가 있다. 일곱째, 재통일 문제를 정치 태도와 같은 수준에서만 파악하는 경향이 짙어서 복잡하고 입체적인 거대한 사회 변화라고 할 수 있는 재통일 문제를 다루기가 어렵다. 마지막으로, 재통일 이후에도 동일한 문항으로 조사하기에는 적합하지 않은 문항들로 구성되어 있다.

이러한 문제점이 알려진 만큼 이에 대한 대안이 마련되어야 한다. 최근에는 국민들이 휴대폰(대부분은 스마트폰임)을 많이 사용하고 있고 조사 참여자들의 신분 확인 등이 비교적 쉬워서 모바일 조사를 많이 하는데, 이를 통해 앞에서 제기된 문제를 어느 정도는 해결할 수 있으므로 모바일 조사 형태를 발전시켜 나가야 한다. 물론 노년층이나 청소년층에서 이러한 통신기기를 사용하지 않는 경우도 있어서 이에 대한 대안을 마련하는 전제하에서 말이다.

(3) 문제의 해결 단초

국내에서 시행되고 있는 패널조사가 몇 가지 있다. 대표적인 패널조사는 한국노동연구원에서 주관하고 있는 한국노동패널조사KLIP: Korea Labor and Income Panel Study, 대우경제연구소가 주관하고 있는 한국가구패널조사KHPS: Korea Household Panel Survey, 한국보건사회연구원에서 주관하고 있는 자활패널조사, 한국산업인력공단 중앙고용정보원에서 주관하고 있는 산업인력관리공단 청년패널조사, 한국직업능력개발원에서 주관하고 있는 교육고용패널조사 등이 있다. 여기서 재통일에 대한 조사는 국민 전체를 포괄적으로 포함시켜야 한다는 취지에서 자활패널조사, 청년패널조사, 교육고용패널 조사는 논외로 하겠다. 왜냐하면 자활패널조사는 저소득층에 국한되고, 청년패널조사는 청년에 국한되며, 교육고용패널조사는 중고생과 해당 학부모와 담임선생, 학교 행정가에 국한되기 때문이다. 단, 한국가구패널의 경우에는 1998년부터 경제적 어려움 때문에 중단되었다. 따라서 현재 활용가능한 국내 패널조사는 한국노동패널이 유일하다.

국내에서 드러난 패널조사의 문제는 국내뿐만 아니라 다른 국가에서도 발견되는 현상과 국내 고유의 현상으로 구분해 볼 수 있다. 먼저 일반적인 현상으로는, 첫째, 표본 손실이 제일 큰 문제이다. 이는 특히, 시간이 경과할수록 더 증가하는 것으로서, 주로 자연소실(예: 죽음), 지리적 이동(이 경우, 추적불가능할 수 있기 때문), 거부 등의 원인이 있다. 둘째, 응답자가 응답 내용과 관련하여 영향을 받거나 학습하는 현상이다. 이를 '호손효과Hawthorne effect'라고 한다. 셋째, 재정적 문제이다. 국내 패널조사의 경우 대우경제연구소가 실시하던 한국가구패널조사가 외환위기를 극복하지 못하고 중단된 사례가 이를 입증해 준다. 다른 국가의 패널조사도 이러한 문제를 보이는 경우가 적지 않았다.

그렇다면 국내에서 패널조사를 할 경우 고유하게 경험하는 특징과 고려사항은 무엇일까? 첫째, 응답 사례비 제공의 문제이다. 신동균(1998)에 의하면, 1997년 당시 미국의 경우 응답자 1인당 25,000원 수준인데, 국내의 경우 5,000원이어서 응답의 정확성을 확보하기 어렵다고 주장했다. 특히, 최근 들어 국내 응답자들의 사례비 요구액이 증가하는 추세이므로 사례비가 적정화되지 않으면 조사 진행이 원활하지 않거나 조사 결과를 신뢰하지 못할 가능성이 있음을 알 수 있다. 둘째, 한국인들은 과시욕구나 과장욕구가 강하므로 소득이나 세금 등의 내용에 대해서는 정확하고 신뢰할 수 있는 응답을 얻어 내기 어렵다. 셋째, 최근 들어 개인정보의 보호 문제에 민감하다. 이러한 것은 결국, 질문 내용이 지나치게 사적인 내용을 묻는 방법을 세련되게 개선해야 하거나 통계법 등에 대한 응답자의 인식을 강화시킬 필요가 있다. 넷째, 지리적 이동이 상대적으로 외국에 비해 많다. 즉, 가구 차원에서는 이사를 자주 다닌다는 의미이다. 그리고 개인 차원에서는 결혼하여 분가하거나, 남자의 경우 군대 입대하거나, 최근 들어 유학하는 경우도 급격히 증가하기 때문이다. 마지막으로, 경제적 측면에서 문제가 있다. 즉, 국내에서는 주로 '재산은 집 한 채가 전부이다'라는 관점에서 보면, 지나치게 변동하는 주택가격 등의 영향이 크고, 매매가가 아닌 경우에는 호가가 비현실적으로 높은 경우 등이 많기 때문이다. 물론 여기에 유가증권의 가치도 지나치게 변동이 심한 것도 문제이다.

　이러한 점들을 고려하여 기존의 패널조사 활용 전략과 신규 조사 구축 전략 두 가지를 [그림 18]과 같이 생각해 볼 수 있다. 먼저, 전자의 방법은 한국노동패

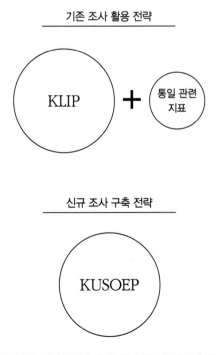

[그림 18] 기존 조사 활용 전략과 신규 조사 구축 전략

널조사KLIP와 같은 것은 계속 진행되므로 별도로 재통일 관련 지표를 구성하여 시행하는 패널조사를 시행하여 결과를 합해서 분석하는 방식이다. 후자의 방법은, 아예 이번에 별도로 독일에서의 패널조사와 같이 구성하여 진행하는 방식이다. 연구 목적과 연구에 투입할 수 있는 시간, 비용, 노력 등의 문제를 고려해서 결정해야 하는데, 이왕이면 후자의 방식이 장기적으로는 더 낫다.

그리고 새롭게 패널 구성을 한다고 하면 패널 구축을 어떻게 해야 하는가의 문제가 남는다. 이것도 [그림 19]와 같이 진행할 수 있다. 이는 독일에서도 있었던 방식이다. 즉, 출발 시점에는 남한주민, 북한이탈주민, 해외에서 온 이주민(또한, 이때부터 해외동포도 포함할 수 있다)을 패널로 구성하고, 재통일 이전에는 북한주민을 패널에 포함시킬 수 없으므로 이들에 대해서는 재통일 시점에 포함시키고, 재통일 이후 시점에는 기존 패널 구성원들에 해외동포 이주민과 해외에서 온 이주민을 포함시키면 최종 패널이 구축된다. 물론 출발 이후에는 지속적으로 자료를 획득할 수 있기 때문에 이들에 대한 분석을 횡단적으로 연구할 수도 있고, 종단적으로 연구할 수도 있다. 그리고 그 이후 시점에 추가되는 패널 구성 집단에 대해서도 종합적으로 분석하여 추세 분석까지 가능하다.

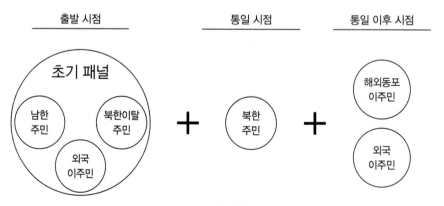

[그림 19] 단계별 패널 구축 방안

　　이러한 패널 구성을 위해서는 [그림 20]과 같이 조사설계, 예비조사, 본 조사를 해서 최종적으로 패널을 구성해야 한다. 이때 패널에 대해서는 단순한 조사법 식으로 질문지 형태의 조사 연구만 할 것이 아니라 이들 중 일부를 표집하여 심층조사 패널로 구성하여 정성적 분석도 하는 것이 정량적 연구의 문제를 보완할 수 있다([그림 21] 참조).

　　또한 채정민(2015)의 연구에 의하면, 북한이탈주민은 남한주민과 달리 조사법 등의 연구에 참여하여 반응하는 패턴이 다소 일반적이지 않아서 연구의 신뢰도

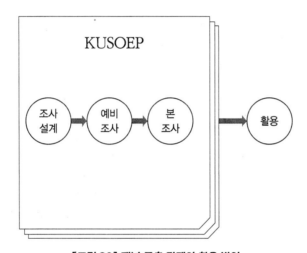

[그림 20] 패널 구축 단계와 활용 방안

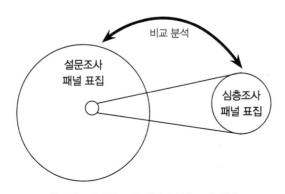

[그림 21] 설문조사 패널과 심층조사 패널

를 저하시킨다. [그림 22]를 보면, 북한이탈주민의 분포는 남한주민에 비해 정상
분포에서 많이 좌측으로 기울어져 있어서 정상분포의 활용 측면에서나 남한주
민과 비교 측면에서나 다소 문제가 된다. 좀 더 구체적으로 보면, 생활만족도 총
점 평균 범위가 1.20~5점, 즉 3.80점으로 남한주민의 1~4.20점, 즉 3.20점보다
더 넓었고, 표준편차는 북한이탈주민이 .86점으로 남한주민의 .75점보다 더 컸
으며, 첨도는 북한이탈주민이 3보다 작아서 편차들이 평균으로부터 멀어져 뭉
툭한 모양의 분포를 이뤘다.

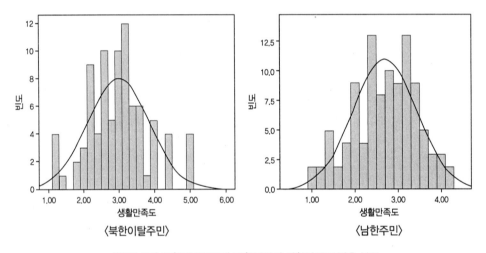

[그림 22] 북한이탈주민과 남한주민의 생활만족도 반응 분포

출처: 채정민(2015).

채정민(2015)의 같은 연구에서 우울감을 측정하는 CES-D에서도 이러한 유사
한 문제가 드러났다([그림 23] 참조). 즉, CES-D의 북한이탈주민의 총점 범위가
7~45점, 즉 38점으로 남한주민의 1~44점, 즉 43점보다 더 좁았지만, 표준편차
는 북한이탈주민이 9.94점으로 남한주민의 7.00점보다 더 컸으며, 첨도는 북한
이탈주민이 .38로 3(남한주민은 3.54)보다 작아서 편차들이 평균으로부터 멀어져
뭉툭한 모양의 분포를 이뤘다.

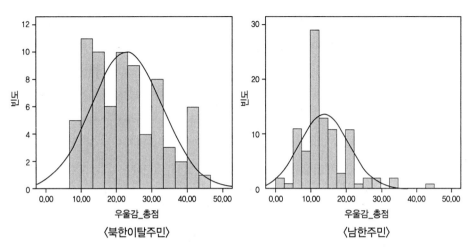

[그림 23] 북한이탈주민과 남한주민의 우울감 반응 분포

출처: 채정민(2015).

이러한 문제는 채정민(2015)의 연구에서만 드러난 것이 아니다. 따라서 이러한 문제를 극복하는 방안이 모색되어야만 한다. 다행스럽게도, 이러한 관점에서 이루어진 연구가 이미 있었다(예: 김종남, 최윤경, 채정민, 2008). 물론 이 시점에서는 북한이탈주민의 반응행태가 구체적으로 어떻게 나타나고 무엇이 문제인지를 확인하지 못하고 연구자들의 전문가적 견해와 경험에서만 제기되던 상황이었다. 하지만 이러한 연구 방식이 이 문제를 극복하기 위한 하나의 대안이 충분히 될 수 있음을 알 수 있다.

그렇다면 김종남 등(2008)의 연구는 어떻게 진행되었는가를 살펴보자. 북한이탈주민의 우울감에 대해 기존에 주로 사용하던 자기보고식 질문지법CES-D 이외에도 새로이 투사적 검사법(로르샤흐 검사)을 사용하여 입체적으로 조명하기 위해 진행되었다. 북한이탈주민의 우울감에 대해 좀 더 정확하게 파악하기 위해 비교집단으로서 남한주민을 포함시켰다. 이 연구는 북한이탈주민 40명과 남한주민 40명의 자료를 토대로 이루어졌다. 연구 결과는 다음과 같다. 첫째, CES-D에서는 북한이탈주민이 남한주민보다 더 높은 우울 점수를 보였다. 그리고 로르샤흐 검사 결과에서는 양측 주민들의 DEPI, CDI, S-CON 지표에서 유의미한 차이가 없었다. 둘째, 양측 주민들에게서 성별의 차이를 검증한 결과, 북한이탈주민 여자의 CDI의 점수가 가장 높았다. 이는 북한이탈주민 남자에 비해 여자가 실제로 심리적인 어려움을 더 크게 겪고 있을 가능성을 시사한다. 셋째, 양측 주민들이 보인 CES-D와 로르샤흐 검사의 DEPI 점수 간의 상관계수의 차이 분석에서 유의미한 차이가 나타났다(〈표 13〉 참조). 결론적으로 말해, 남한주민과 북한이탈주민의 우울감과 관련해서는 자기보고 과정에서 상이한 패턴을 보일 수 있음을 명심해야 하고, 자기보고 형식과 다른 검사 형태를 조합하여 사용하는 방식이 필요하다.

〈표 13〉 양측 주민들의 CES-D와 로르샤흐 검사에서의 DEPI 간의 관련성

		DEPI 우울증	DEPI 비우울증	x^2 값
남한주민	CES-D 우울증	0(.0%)	5(12.5%)	1.01
	CES-D 비우울증	6(15.0%)	29(72.5%)	
북한이탈 주민	CES-D 우울증	2(5.0%)	12(30.0%)	.06
	CES-D 비우울증	3(7.5%)	23(57.5%)	

출처: 김종남, 최윤경, 채정민(2008).

　이상의 방법이 좀 더 확장되면 [그림 24]와 같은 관점으로 진행할 수 있다. 이 방법은 이상적인 방법으로서 모든 연구에 적용하기는 쉽지 않지만 기본적으로는 이 방법을 염두에 두고 연구 여건에 맞게 조정해서 진행해야 한다.

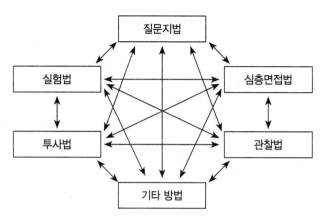

[그림 24] 북한이탈주민 관련 질문지법의 한계 극복을 위한 이상적인 방안

출처: 김종남, 최윤경, 채정민(2008).

2. 문화심리학적 관점에서의 근본적 문제 해결

(1) 문화심리학적 접근의 기초

재통일에 대한 심리학적 연구를 차치하고라도 심리 측정방식상의 문제는 앞서와 같이 제기되었고, 이에 대해 연구자가 나름대로 해결 방안을 가지고 진행하고 있다. 하지만 이 문제에 대해 보다 심층적으로 검토해서 더 나은 방안을 모색하는 것이 바람직하다. 그래서 문화심리학적 측면에서 제기하는 문제점과 이를 극복하는 근본적인 해결 방안에 대해 모색해 보겠다.

문화심리학에서 그동안 연구 방법론 관점에서 여러 연구 방법에 대해 다뤄 왔다. 그중에서 구체적인 연구 방법보다는 연구 방법론적 측면에서 다뤄진 내용을 살펴보자.

대표적으로 다뤄진 연구 방법론은 에틱Etic 접근과 에믹Emic 접근이다. 이 접근은 이미 오래전에 파이크Pike(1954)에 의해 제기되었다. 그가 에틱과 에믹이라는 용어를 사용한 것부터 살펴보면 다음과 같다.

- 에틱Etic의 어원은 'Phonetic(음성의)'이라는 단어이다. 즉, 우리 인간이 다른 사람들과 의사소통할 때 언어를 사용하는데, 음 그 자체에 초점을 맞춰서 어떤 사람이 말할 때 이 말이 다른 사람에에게 같게 들리느냐 달리 들리느냐를 음 그 자체로 판단하려는 관점이 에틱적인 것이다. 이를 문화심리학적 관점에서 보면, 특정 체계를 외부의 관점에서 행동 연구를 통해 보는 것이다. 이 관점에 따르면, 외계Alien System는 인식하고 연구하는 사람이 본질적인 차이로 인식하게 되고 연구자의 문화를 가지고 연구를 하며, 대상 문화를 연구하는 사람의 문화를 기준으로 비교하여 측정한다. 어떤 심리학자가 불안에 대해 연구할 때 자신들의 문화에서 만들어진 특정한 불안 척도로 다른 여러 문화를 동일한 방식으로 측정하여 그 차이를 비교하는 연구가 이 관점에 의한 것으로 볼 수 있다.
- 에믹Emic의 어원은 'Phonemic(음소의, 음소론의)'이 어원이다. 이는 에틱적 관점과는 상반되는 것으로서 어떤 연구자가 특정 문화에서 심리학적 연구를 할 때 그 문화체계 내부의 관점에서 행동 연구를 하는 것을 말한다. 즉, 특정한 불안 척도 하나를 가지고 여러 문화를 비교하는 방식이 아닌 연구 대상 각각의 문화에 적합한 우울증 개념과 척도를 만들어 측정하여 연구 결과를 해석하는 방식이다.
- 이 두 접근법은 얼핏 보면, 연구의 방법론적 차이로만 보이지만 실제로는 기본적인 가정이 전혀 다르다고 볼 수 있다.

비교문화심리학에서 에믹 접근과 에틱 접근을 사용하는데(Berry, 1989), 실제 사용 빈도를 보면, 에믹 접근보다는 에틱 접근을 더 많이 사용한다. 이러한 상황에서 베리 등은 이 두 접근을 통합적으로 사용함으로써 각각의 장점을 극대화하려는 움직임이 있었다(예: James). 이들의 의도는 이들 접근법이 가진 극단적인 보편주의와 문화적 상대주의 모두를 거부하려는 것이었다. 이러한 관점에서 베리Berry(1980)는 파생된 에틱Derived Etic 접근을([그림 25] 참조), 김Kim, 박Park과 박

Park(1999)은 토착심리학적 접근을 주장하였다. 파생된 에틱 접근이란, 기존의 이론들을 조정하고 통합하여 국지적인 에믹 방법에 의해 도출된 지식에 맞게 하는 것으로서 에틱 접근과 마찬가지로 외부(다른 문화)에 부과하는 것이다. 또 다른 형태가 외부에 부과하는 형태로는 현재의 심리학적 지식은 심리학자들의 심리학을 의미하는 것이며, 심리학자들이 이해시킬 사람들(일반인)의 심리학이 아님을 주장하는 형태이다. 또한 토착심리학적 접근도 외부에서 도입한 것을 현지에 착근시키는 외부로부터의 토착화뿐만 아니라 내부에 원래부터 존재해 오던 것에 주목한다는 의미의 내부로부터의 토착화도 가능하다는 점을 담고 있다 Indigenization from without and indigenization from within(Enriquez, 1993)는 점이 나타났다.

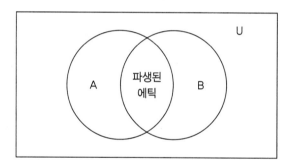

[그림 25] 두 문화에서 현상 비교하는 방법으로서의 파생된 에틱 접근

재통일과 관련하여 사용할 수 있는 주된 접근법으로서는 파생된 에틱 접근법이 있다. 주로 지능측정에서 사용되고 있는데, 남한주민과 북한주민, 북한이탈주민, 더 나아가서 해외동포나 외국인 이주민 등에 대해서도 지능을 측정해야하는 상황들이 있으므로 이에 대해 좀 더 구체적으로 살펴보자.

원래 우리가 알고 있는 지능검사의 지능은 미국에서 주로 인지능력에 초점을 맞춰 정의되었다(Berry, 1984). 그런데 다센Dasen(1984)의 연구를 살펴보면 지능과 관련하여 생각해 볼 점이 많다. 즉, 그에 의하면, 예를 들어 바울레Baoule 문화에서는 미국에서와 마찬가지로 지능을 문자해독, 기억, 신속한 정보처리 능력이라는 조건에서 정의하였는데, 이러한 지능 형태는 해당 공동체의 안녕이 확보될 때만 적용되어서 의미를 가지는 것으로 설정되어 있다. 즉, 바울레 문화에서는 사회적 지능을 강조한다. 사회와 괴리되거나 분리된 개인의 지능이란 있을 수 없다는 의미로서 미국에서의 일반적인 지능 개념과는 차이가 있다. 바울레 이외의 다른 문화에서도 바울레에서의 지능 개념과 유사한 것이 발견되어 왔다 (Berry, 1984; Berry & Bennett, 1992; Stevenson, Azuma, & Hakuta, 1986).

또한 다센(1984)은 북미나 유럽에서는 발견되지 않고 이곳에서만 발견되는 고유한 지능의 특징이 있음을 발견했다. 즉, 행운과 관련된 지능 개념인데, 행운을 가지는 것과 행운을 가져다주는 것to be lucky and to bring good luck을 의미하는 지능 개념이다. 따라서 지능과 관련하여 미국과 바울레 문화 간의 관계는 전적으로 동일하지도 전적으로 다르지도 않아서 다음의 A, B 문화의 형태로 적용해 볼 수 있다. 즉, 지능과 관련해서는 두 문화의 교집합에 주목하는 것이 파생된 에틱 접근이다. 이를 위해서는 양측 문화의 연구자들이 공동 연구하는 방식으로 진행될 필요가 있다.

이 접근 이외에도 여러 접근이 있다. 부여된(혹은 강요된) 에틱imposed etic 접근도 그중 하나이다. 이 접근의 시각은 일반심리학이 미국에서 가정한 것assumption, 이슈, 문제에 초점이 맞추어져 있기 때문에 이 접근에 의한 연구 결과도 이곳에 한정되어야 한다는 것이다. 따라서 처음에 개발된 이론과 연구방식이 다른 문화권에 적용되어 얻어진 자료는 진정한 에틱이 아닌 부여된 에틱이다(Berry & Kim, 1989).

아즈마Azuma(1984)의 주장이 이 부여된 에틱 접근에서 비롯된다. 그는 "한 심리학자가 서구의 안경을 쓰고 비서구 문화를 볼 때 그는 비서구 문화의 중요한 측면을 보지 못하는데, 그 이유는 그가 생각하는 과학에서는 그러한 것을 인식할 쉐마schema(도식)를 제공하지 않기 때문이다."라고 주장했다. 이와 관련하여 보면, 일반심리학에서 심리적인 현상 전체를 어느 한 관점에서만 연구할 수 있다고 보기는 어렵다. 미국적 이슈와 그 이외의 지역에서 발생되는 이슈 자체가 다룰 수 있기 때문이다. 이러한 것들을 모두 합해서 하나의 일반심리학으로 다룰 수 있지만 현재까지는 그렇지 못한 실정이다.

조합된 에믹과 에틱Combined Emic-Etic 접근도 있는데, 이는 두 접근을 조합하는 방식이다. 정Cheung, 정Cheung과 판Fan(2013)은 이 조합된 에믹과 에틱 접근으로 성격검사를 개발했다. 좀 더 구체적으로 보면, 이들은 중국인용 성격검사를 만들되, 향후 비교문화적 성격검사로 사용할 수 있도록 개발했다. 즉, 중국인을 위해 에믹 접근을 해서 먼저 검사를 개발했고, 이를 나중에 아시아권 국가들에서 사용될 수 있도록 에틱 접근을 해서 조정했다

또한 탈중심화decentering 접근도 있다. 이는 주로 공통질문지를 사용한 조사법에서 이루어지는 접근이다. 즉, 한 연구자가 자기 문화와 다른 문화에서 공통의 질문지를 작성하여 연구할 때 주로 사용하는 방법 중 하나이다. 구체적인 절차는 다음과 같다. 첫째, 연구자가 자신의 문화에 맞는 언어로 질문지를 작성한다. 둘째, 다른 문화의 언어에 능숙한 사람으로 하여금 번역하도록 한다. 셋째, 이를 처음 번역한 사람이 아닌 제3자에게 처음 만든 문화의 언어로 역번역하도록 한다. 넷째, 질문지의 뜻과 표현이 동일하면 이 최종질문지를 사용한다. 만약 그렇지 않을 경우에는 이 과정을 반복하여 최대한 동일하도록 만들어서 사용한다. 심리학적 구성개념에 대해서도 이와 같은 방식으로 진행할 수 있다. 즉, 비교문화 연구 시에는, 1) 연구문제가 명백하게 언급되어야만 하고, 2) 연구문제에 의해 적절하다고 판단되는 방법이 선정되어야 하며, 3) 연구문제와 방법에 따라 적절한 자료 분석이 이루어져야 한다는 중요한 세 가지 과정이 포함되게 한다.

이러한 관점이 남한주민과 북한주민을 대상으로 한 각종 심리검사와 연구에서 적용될 수 있는 것들이다. 그냥 남한 심리학자가 남한문화를 반영하고 남한인의 시각에서 연구한다면 미국에서 발생된 문제와 동일한 문제가 발생될 수 있고, 그로써 진정한 재통일심리 연구가 이루어지지 못할 수 있다는 점에서 이와 같은 접근들을 진지하게 검토하여 활용할 필요가 있다.

(2) 비교 연구와 자료 분석에 관련된 주요 이슈

일반적으로 비교문화심리학적 관점에서 이루어지는 연구와 관련된 주요 이슈는 대체로 다음 두 가지이다. 첫째, 차이 검증 이론과 연구 방법에 관한 것이다. 캠벨Campbell과 스탠리Stanley(1966) 그리고 푸어팅가Poortinga와 맬패스Malpass(1986)는 네이먼Neyman–피어슨Pearson의 통계 차이 검증 이론이 원래 실험연구에 적합하게 고안되었으므로 사회과학 등에는 적합하지 않다고 보았다. 좀 더 구체적으로 보면, 원래 실험연구에서는 무선할당을 전제하고 실제로도 이루어지는 데 비해, 사회과학 등에서는 그렇지 못하기 때문에 적용 조건이 맞지 않는다는 것이다. 전제조건 자체가 다르면 어떤 이론이나 방법이 적용되어서는 안 된다는 관점이다. 만약 부득이하게 이 방법을 적용해야만 한 경우에도 결과 해석에 있어서 매우 신중하게 해야 한다는 것이다. 둘째, 영가설 기각과 관련된 것이다. 렁Leung(1989) 등은 화이팅Whiting(1976)이 주장한 바와 같이, 문화라는 것이 하나로 패키지화되어 있지 않은 것unpackaged이므로 문화라는 것을 하나의 독립변인처럼 설명변인으로 사용하는 것은 옳지 않다는 것이다. 따라서 부득이하게 사용해야 할 경우에는 의미 있는 몇 개의 심리학적 구성개념으로 나누어서 사용하여야 한다는 것이다. 예를 들어, 남한과 북한의 문화심리학적 차이를 밝히려는 연구에서 단순히 한국 문화와 미국 문화라는 1개의 변수로 설명하는 것보다는 물질주의적 가치와 공동체주의 가치 등 몇 개의 가치 변수로 구분해서 설명해 보려는 노력이 필요하다는 의미이다.

이 두 가지 측면을 재통일에 대한 심리학적 관점에서 고려해 본다면, 통계 차이 검증 연구는 최소한으로 하되 방법에 따른 제한점을 분명히 인식해야 한다는 것이고, 영가설 기각과 관련해서는 단순히 남한주민 혹은 북한주민 혹은 북한이탈주민을 독립변인으로 생각해서 설명변인으로 설정하고 이에 대해 영가설 기각을 하는 방식을 지양해야 하고, 부득이하게 사용하게 된다면 조심해야 한다는 것이다.

이러한 노력을 한다고 해도 또 하나 생각해 보아야 하는 것은, 보쉬Boesch (1996)가 제시한 '비교문화심리학의 일곱 가지 흠'의 문제이다.

1. 문화를 독립변인으로 취급
2. 각 문화에서 대표적인 표집하기
3. 문화 간에 균등한 측정
4. 구체적인 연구자의 존재와 특정 참여자 간의 상호작용에 의한 편파 피하기
5. 전적으로 문화 특수적인 토픽을 연구하기
6. 참여자를 정보원으로서 다루기
7. 우호적인 상호작용과 관찰의 목적

그의 이러한 주장은 연구하고자 하는 문화의 구성원들로부터 타당한 자료를 얻으려면 민속지적 방법을 적용해야 한다는 것이다. 이러한 주장은 문화적으로 차이가 많을수록, 즉 문화적 거리가 클수록 옳은 것이라고 그는 주장했다.

반면, 좋은 비교문화 연구는 다음과 같다.

1. 문화 간에 유사성이 많이 포함된 연구 틀이 마련되어야 한다.
2. 중다방법multimethod 절차가 사용되어야 한다.
3. 문화 간 혹은 문화 내에서의 척도는 일관성을 유지해야 한다.
4. 경쟁 가설에 대해서 점검하고 그러한 점이 틀렸음이 증명되어야 한다.
5. 에틱적인 구성개념은 에믹적인 방식으로 측정되어야 한다.
6. 연구는 윤리적으로 실시되어야 한다.
7. 연구자는 자민족중심주의ethnocentric · 남성중심주의androcentric 편향bias이 없 도록 노력해야 한다.

여기서 문화심리학 연구 시 고려해야 할 추가적인 내용이 있다.

1. 문화마다 심리학적 개념이 다를 수 있다. 여러 심리학적 개념들이 있다. 그 중에서 예를 들어, '지능intelligence'이란 개념을 '전통을 아는 것'으로 볼 수도 있지만, '느리고, 확실하고 실수를 하지 않는 것'으로 볼 수도 있다.

2. 지시 내용을 서로 다르게 이해할 수 있다. 미국 문화에서는 선다형multiple-choice에 친숙한 편이지만, 다른 문화에서는 이러한 방식에 친숙하지 않은 경우가 있다.

3. 지능검사에서 어떤 사람들은 공포스러워한다. 지능검사는 원래 불안한 상태에서는 하면 안 된다. 한 문화 내에서도 불안해서 여러 번 검사해야 하는 사람이 있고, 더 큰 문제는 문화 간 비교를 할 때 어떤 문화의 사람들은 다른 문화 사람들보다 이러한 검사 상황을 더 공포스러워한다는 것이다.

4. 검사 상황에 대한 의미가 늘 같지는 않다. 본드Bond 등(1984)의 주장에 따르면, 게토 지역에서 흑인 아이들에게 백인 심리학자가 지능검사(예: 스탠퍼드-비네 검사)와 같은 것을 사용하면 형편없는 반응을 보인다. 하지만 검사 전에 백인 심리학자가 아이들과 바닥에 앉아서 같이 놀고 나서 진행하면 더 좋은 결과를 보인다.

5. 실험자에 대한 반응이 다를 수 있다. '외부인Outsiders'에 대한 반응이 문화에 따라 다를 수 있다. '외부인'에게 협조하는 것을 금지하는 문화가 있는가 하면, '외부인'을 속이거나 놀리는 것이 의무인 문화도 있다.

6. 연구 대상 집단의 동기 수준이 다를 수 있다. '서두름'에 대한 반응으로 '내가 왜 서둘러야 하는데?'와 같은 태도를 보이는 경우가 있는가 하면, '빨리 반응해야지'와 같은 태도를 보일 수 있다.

7. 문화에 따라 반응 세트가 다를 수 있다. 절대적으로 확신하는 것에 대해서만 답을 하는 문화가 있는 반면, 모르거나 관련이 없어도 모든 질문에 답을 하는 문화도 있다. 스페인계 미국인의 경우 극단적인 반응(예를 들어, 나는 강력하게 동의한다.)을 많이 하는 편이지만, 그들 중 미국에서 오래 살아서 미국 문화에 적응한 사람들은 그러지 않았다.

8. 두 개의 문화에서 표집한 두 개의 집단이 등가적이지 않을 수 있다. 한국의 대학생 집단과 미국의 대학생 집단이 등가적이지 않은 경우가 많다.

9. 방법의 윤리적 수용성이 다를 수 있다. 어떤 문화에서는 부인에게 질문을 하면, 의견을 가질 수 없는 것 같은 반응을 보일 수 있다. '내가 뭐 알겠어요, 저는 아무 생각 없어요'와 같은 반응인데, 이러한 반응의 의미는 해당 질문에 대해 윤리적으로 적절하지 않다고 생각하는 것이다. 이와 같은 경우, 사전 조사pre-test를 해서 다른 방안을 강구하는 것이 더 낫다.

이상의 내용을 토대로 남한주민과 북한주민을 심리학적으로 연구하는 것이 필요하다.

(3) 등가성

등가성equivalence의 문제는 비교되는 대상집단과 관련하여 늘 거론되는 것으로서 중요한 문제이다. 연구 결과의 일반화를 위해 극복하고자 해도 쉽지는 않은 문제이다. 특히, 재통일에 대한 심리학적 연구에서는 이 문제가 많이 문제될 수 있다. 주로 거론되는 등가성 문제는 세 가지인데, 구조적 등가성, 측정 단위 등가성, 스칼라scalar 등가성 문제이다. 구조적 등가성이란, 서로 다른 문화권에서 획득된 자료 세트가 과연 심리적 속성 측면에서 유사하다고 볼 수 있는가의 문제이다. 구체적으로는 검사도구의 각 항목별 상관치나 각 도구측정치와 타 측정치와의 상관치를 말한다. 이 문제를 해결하기 위해서는 불가피하게 다양한 통계기법을 사용할 수밖에 없다. 대표적인 방법으로는 MDS, 요인분석, 공변량분석 등이 있다. 측정 단위 등가성과 스칼라 등가성도 구조적 등가성과 관련 있다. 두 집단의 점수가 비교될 때 측정 단위가 기본적으로 동일해야 한다. 하지만 그렇지 않은 때도 있다. 이러한 경우는 큰 문제이다. 그리고 각 점수들이 측정의 동일한 단위뿐만 아니라 공통의 근원origin을 갖고 있다고 확실시될 때만 스칼라 등가성이나 전체full 점수 비교가능성이 있다고 볼 수 있다.

이러한 등가성 문제를 통계적으로 확보하기 위해서는 다음과 같은 방식으로 진행해야 한다. 먼저 요인분석Factor Analysis을 통한 등가성 여부의 판정이다. 해당 문화들에서 동일한 요인에 동일한 문항들이 묶인다면 등가적이라고 본다. 다음으로는, 문항반응분석Item Response Analysis을 통해 해당 문화들에서 동일한 문항에 대해 동일한 응답이 나올 경우 등가적이라고 본다. 또한 정신물리학적 방법Psychophysical Method을 통해 해당 문화들에서 물리적 대상 간의 거리를 동일하게 볼 경우 등가적이다.

이러한 구체적인 방법들을 모두 적용하여 타당한 결과가 도출될 때 비로소 등가성이 확보되었다고 볼 수 있고, 이러한 등가성이 있을 때에만 연구 결과의 타당성과 일반화의 가능성이 있다고 볼 수 있다.

3. 한민족 재통일에 대한 심리검사 개발을 위한 방향

심리검사와 문화의 관계

앞서 본 바와 같이 북한이탈주민이었다가 다시 북측 지역에 가서 살게 된 박순진이 심리상담을 받기 위해 심리검사를 받은 것처럼 한민족 재통일 후 북한주민들도 심리상담과 심리치료를 받을 수 있다. 이럴 때 심리검사는 과연 어떻게 해야 하는가를 고민해서 미리 준비해야만 한다.

원래 심리적 요인을 다루는 데 있어서 심리검사는 매우 유용하게 사용되고 있다. 캐텔G. M. Cattell이 심리검사mental testing라는 용어를 사용하면서부터 100여 년 동안 발전해 오고 있는 심리검사는 때로는 너무 남용되기도 해서 문제이다. 특히, 해당 심리검사는 나름대로 사용을 위한 전제조건 등이 있는데, 이를 정확하게 고려하지 않는 경우가 많다. 예를 들면, BDIBeck Depression Inventory의 경우 1차적으로 우울 경향성이 확인된 대상자에게만, 즉 임상적 우울 증상을 보인 대상자에게만 우울증의 심각도를 측정하기 위해 실시되도록 사용 매뉴얼에 명시되어 있는데도 불구하고 일반인에게까지 실시하는 문제를 보이는 경우가 적지 않다.

이러한 문제는 문화와는 상관없이 나타나는 심리검사의 활용상 문제라고 할 수 있다. 하지만 이 외에도 심리검사와 관련해서 문화를 고려해야 하는데 그렇지 않아서 발생되는 문제도 적지 않다. 이는 문화심리학 분야에서 주로 다루어지는 것인데, 어떤 심리는 다른 문화에서는 존재하지 않을 수도 있고, 존재한다고 하더라도 다를 수도 있고, 같은 형태로 존재한다고 해도 해당 문화에 거주하는 사람들이 가진 반응방식들이 다를 수 있어서 이러한 문제들을 모두 해결해야 한다. 하지만 그렇지 않은 경우가 매우 많다. 예를 들어, 화병火病이라는 것은 다른 국가에서는 보기 드문 현상으로 알려져 있다. 이 경우 미국에서 이에 대한 심리검사를 제작할 필요도 없고 관심도 없을 것이다. 한국에서만 필요하고 관심을 두는 것이다. 그리고 우울증이라는 것도 미국에서 바라보는 관점과 중국에서 바라보는 관점이 약간 다르다. 중국에서는 주로 신경쇠약의 개념에 가까운 관점을 가지고 있다. 이 경우 미국에서 개발된 우울증 검사도구를 단순히 번역을 해서 중국에서 적용할 경우 문제가 있게 된다. 또한 미국에서는 설문지식questionnaire 형태의 척도에 자기기입식self-report 반응을 하는 데 익숙해 있지만 아프리카의 대부분 지역에서는 그림과 같은 형태에 반응하는 것에 익숙해 있어서 자기기입식 반응을 아프리카 주민들에게 적용하는 것은 문제가 된다.

정신질환의 진단 상황에서 발생할 수 있는 문제도 심리검사에서 볼 수 있는 문제와 유사하다. 미국에서 보기 어려운 화병에 대한 진단을 한국에서 하기 위해서는 독자적으로 진단기준을 마련해야 한다.

재통일국가가 아니더라도 어느 국가에서나 정확한 심리검사와 정신질환 진단 체계가 마련될 필요가 있다. 그렇지 않으면 국민의 정신건강과 심리 관리가 쉽지 않기 때문이다. 그런데 재통일국가에서는 이러한 문제가 더더욱 중요하다. 분단되어 있던 양측이 가진 심리검사와 정신질환 진단체계의 공통성이 있기는 하지만 차이가 있는 부분에 대한 해결 과제도 산적하기 마련이다. 이때 자칫 모든 것을 재통일 직후에 한꺼번에 일치시키는 것이 바람직하다고 생각할 수 있는데 이 경우 문제가 생길 수 있다. 대표적인 문제는 양측 문화와 양측 출신자들이 동일한 문화심리학적 상태에 있지 않을 수 있다는 것이다. 특히, 분단 기간이 길수록 이러한 비동일성은 커질 수 있다. 그래서 일정 기간 동안은 양측의 문화심리학적 특징을 인정하다가 점차 수렴converging시키는 방향으로 나아가야 한다. 그리고 일반적으로 해결해야 할 과제의 예는 다음과 같다.

심리검사가 문화의 영향을 덜 받기 위해서는 제작 단계에서부터 문화 간 차이를 좁히거나 없앨 수 있는 방안이 모색되어야 한다. 이를 위해서는 검사개발자들이 여러 문화권에서 여러 문화적 배경을 가진 사람들이 모여서 검사를 개발해야 한다. 그리고 검사의 구성개념도 문화 간 차이가 발생하거나 특정 문화에 편중되지 않도록 해야 한다. 또한 검사의 세부적인 단어나 어휘 등이 등가적인 의미를 지닐 수 있도록 신중한 고려를 해야 한다.

4. 정신질환 진단기준 마련

(1) 북한주민에 대한 정신질환 진단기준 마련 필요성

앞서 살펴본 박순진처럼 심리적 문제를 가지면 심각할 경우 정신질환으로 진단받을 수 있다. 그런데 북한은 정신질환에 대해 남한과는 다른 시각을 많이 가지고 있다고는 점을 감안해야 한다. 북한의사 출신 최희란(2012)은, 남한에 와서들은 해리장애, 성주체성장애에 대해 북한에서 전혀 들어 보지 못한 질병이라고 말했다. 이에 반해 남한 정신건강의학과 의사인 김석주는 이렇게 말한다. "정신의학적 관점에서도 한국의 정신장애에는 생물학적/사회심리학적 원인에 따른 우울, 불안, 알코올 중독 등을 모두 포함하는 반면에 북한은 정신병(환청/망상)만을 대상으로 하고 있으며, 그 원인 또한 생물학적 원인에서 찾고 있습니다. 따라서 치료에 있어서도 한국은 정신치료로 접근하는 반면에, 북한은 교육과 훈련으로 접근하고 있습니다(2012)."

이 뿐만이 아니다. 남한과 북한의 정신질환 관련 용어의 재통일도 필요하다. 〈표 14〉는 양측의 용어 비교이다.

〈표 14〉 남북한 정신질환 관련 용어 비교

남한	북한	한자	영어
건망증	잊음증		
구급차	위생차		
기도	숨길		
다한증	땀많은증		
두통	머리아픔		headache
만성병	긴날병		chronic disease
문진	물어보기	問珍	
민간요법	토법(土法)	民間療法	
병력	앓은병조사	病歷	
성전환	성달라지기		
실어증	말잃기증		
언어 중추	말중추		
위통	위아픔		
이명	귀울이		
조울증	기쁨슬픔증		
진정제	가라앉힘약		
진찰	검병		
한약	고려약		
합병증	따라난병		complication
호흡곤란	숨가쁨		

출처: 북한보건의료네트워크(http://nkhealth.net/sub_0306.html, 2018. 05. 25 방문)에서 간추려 정리한 것임.

(2) 정신병리와 문화의 관계 모형

북한의 경우 정신병리에 대해 어떤 관점을 가지고 있는지 정확하게 알려져 있지는 않은데, 일반적으로 문화심리학적 관점에서 정신병리에 대한 관점은 크게 세 가지로 나눈다. 즉, 절대적 관점, 보편적 관점, 상대적 관점이다. 물론 이들을 절충한 관점도 있다.

먼저, 절대적 관점absolutist은 문화에 따라 정신병리 현상이 변하지 않는다고 보는 관점이다. 단, 문화가 정신병리 현상에 아주 사소한 정도로만 영향을 준다고 인정한다.

보편적 관점universalist은 정신병리학이 문화 간 비교가 가능하거나 세계적으로 적용 가능한 차원이나 범주가 있다고 강조하는 관점이다. 이러한 범주는 서구의 크레펠린Kraepelin식 진단체계와 유사하다. 이 관점을 많이 사용하므로 조금 더 구체적으로 살펴보면 다음과 같은 특징이 있다. 생의학적 관점과 문화 간 진단의 표준화를 위해 국제장애분류ICD-10: The International Classification of Disorders와 DSM-IV는 전세계적으로 표준화된 진단체계의 사용을 촉진한다. 그리고 DSM-IV에서는 '고통distress'과 '무능disability'이라는 개념을 행동 패턴(행태)에서 다루기 시작했는데, 이것은 매우 중요한 변화이다. 또한 DSM-IV에서는 정신장애의 정의에 '죽음, 고통, 무능, 자유의 중대한 손실을 겪고 있는 증대된 위험' 상태를 포함시켰다. 이러한 것은 개인 내부에서 주로 발생하는 역기능을 포함시키는 것으로서 사회적 일탈에 의한 정신장애와 구분하려는 시도가 되었다. DSM-IV의 비교문화적용력을 높이기 위해서 이 책의 저자들은 각 장애들의 임상적 발현에서 문화적 변이cultural variation에 대해 정보를 제공하였고, 부록에 25개 문화에 따른 증후군을 제공하였으며 이 중에는 화병도 포함되었다. 또한 개인들의 문화적 맥락에 대한 평가를 위해 문화적 공식의 개요를 제공하였다. 이러한 다양한 노력에도 불구하고 DSM-IV의 문화적용력에 대해서는 좀 더 테스트가 필요하다. 그리고 DSM-IV에 대한 문화 특수적 관점에서의 비판 이외에도 진단상의 문제가 제기되고 있다. 첫 번째로 서로 다른 문화 맥락에서 개인의 정상 기능과 비정상 기능을 정의하는 것은 무엇인가 하는 질문과 두 번째로 진단자들이 어떤 행동장애가 개인이 속한 고유한 문화적 맥락 내에서 임상적으로 중요한지 알 수 있는가 하는 질문이다. 그런데 이러한 문제에 대한 정확한 답을 저자들은 아직도 제공하지 않고 있다. 단, 이러한 문제에 대해서는 임상장면에서 좀 더 고민해야 한다고 명백하게 밝혔다. 하지만 이 DSM-IV의 발간은 드라마틱하게 서로 다른 문화권에서 이상abnormality에 대한 동일한 기준을 적용해서 비교문화 연구를 하게 하고 비교 자료를 수집하게 하는 결과를 낳았다.

상대적 관점relativist은 각 문화마다 정신병리에 대한 참조체계frame of reference가 다르다는 관점을 취하고, 보편적 관점과 같은 '범주의 함정category fallacy'을 경계한다.

이 세 가지 관점 각각으로도 볼 수 있지만, 이들을 모두 절충하는 절충적 관점이 있다. 절충적 관점hybrid position은 개념적 구분에 의한 것이 아니고 실제적이고 임상적인 관점에서 문화에 영향을 받은 정신병리학을 보는 관점이다. 복잡문화 국가인 호주, 캐나다, 싱가포르 등과 같은 곳뿐만 아니라 이전에 동질문화 국가이었다가 변해 가고 있는 프랑스, 독일, 영국 등과 같은 곳에서도 이와 같은 관점이 점차 강해졌다.

5. 북한주민에 대한 심리학적 개입 방안 마련

(1) 기존 상담 이론과 기법에 대한 검토

재통일과 관련되어 기존 상담이론과 기법에 대한 문제를 제기할 수 있는 것이 아니다. 남한주민에 대해서도 이러한 문제제기는 가능하다. 그런데 우리 한민족과 무관하게도 미국 심리학계에서도 이러한 문제제기가 가능하고 이미 제기되었다.

문제는 '나' 중심 상담이론이 항상 옳은가이다. 느와추구Nwachuku(1992)는 '나' 중심의 상담이론이 문화적으로 맞지 않는 내담자들이 있다고 주장했다. 그는 흑인 북미인이나 레바논인의 경우에는 개인에 초점을 둔 접근보다는 대인관계나 가족에 초점을 둔 접근이 더 유용하다고 제시했다.

이러한 초점 전환을 위해서 느와추구(1992)는 해당 문화의 정수essential를 파악해야 한다. 여기에는 의사소통과 언어(언어적, 비언어적, 수사적 표현, 인용 행동), 의식rituals, 상징, 인공물, 규범, 가치, 신념, 태도, 옷 입는 양식, 외모, 음식과 먹는 습관, 보상과 인식, 자녀 양육방식과 부모-자녀관계, 자기감sense of self과 공간감, 시간과 시간의식, 개인주의와 집단주의 등을 연구해야 한다고 주장했다.

실제로 문화마다 다른 상담과 심리치료가 유용하고 필요하다는 주장이 이어졌다. 쳉Tseng과 스트렐처Streltzer(2008)는 문화마다 심리치료 방식이 다르다고 보았다. 즉, 스칸디나비아 사회에서는 의료서비스가 사회주의 체제를 강하게 지향하고 있고, 개인에 초점이 맞춰진 심리치료가 아닌 공동체 관련 건강 프로그램을 더 많이 강조하고 있다(Kelman, 1964). 그리고 쳉과 스트렐처(2008)는 일본이나 중국과 같은 다른 많은 국가에서는 '말하기 치료(talking therapy, 혹은 이야기 치료라고도 번역됨)'가 그다지 높이 평가받지 못한다고 보았다. 그리고 해당 국가의 의료보험도 심리치료자들에게 보상을 주지 못하고 있다.

문화에 따른 상담과 심리치료에 대한 과거와 현재를 살펴보자. 1988년 히스Heath, 네이메어Neimeyer, 그리고 페더슨Pedersen이 과거 20여 년 동안 비교문화적 상담에 대한 관심이 증가되었다고 보고, 향후 10년이 지나면 어떠한 변화가 나타날지를 53명의 전문가를 대상으로 델파이 연구를 통해 밝혔다. 그 결과, 가장 크게 발달할 것으로 본 것은 상담의 기술skills로서 전체의 45%가 동의했다. 그리고 시뮬레이션이나 역할 연기를 통한 훈련 프로그램 발전이 40%, 이러한 상담기술이나 훈련 프로그램에 대한 의식 상승이 30%, 이러한 상담기술이나 훈련 프로그램에서 편견에 대한 자기점검이 30%이었다. 이런 전망이 모두 옳았던 것은 아니지만 많은 영역에서 상당한 진전이 있었다고 평가할 수 있다.

(2) 동양문화와 한국 문화에 적합한 상담 이론과 기법에 대한 검토

　재통일과 관련한 상담을 위해서는 먼저 한민족이 포함되어 있는 동양인이 상담에 대해 어떤 태도를 가지고 있는지를 확인할 필요가 있다. 연구 결과를 보면, 한국인을 비롯하여 아시아계 미국인들이 실제로 겪고 있는 정신적 문제의 심각성 정도에 비해 전문상담기관을 이용하는 비율이 낮다(Sue & Kirk, 1972). 이 이유를, 루트Root(1985)는 자신의 문제를 타인에게 공개하는 것을 집안의 수치로 여기는 동양의 문화적인 전통 때문에 상담에 대한 부정적인 태도를 갖게 되었다고 보고 있다. 또한 아시아계 미국인 내담자들이 상담기관에 도움을 요청해 오더라도 도중에 상담을 중단하는 비율이 높은 가장 큰 이유는 전통적인 상담기법의 부적절성이라고 추정된다(Atkinson & Gim, 1989).

　그리고 아시아계 미국인 내담자들은 상담자가 보다 더 권위적이고 양육적인 역할을 수행할 것을 기대하고 있다고 보고된다(Atkinson, Maruyama, & Matsui, 1978). 상담에서 호소하는 문제유형에서도 이러한 경향은 확인되는데, 아시아계 미국인 내담자들은 백인 내담자들에 비해 자신이 개인적이거나 정서적인 문제보다는 교육적이거나 진로와 관련된 문제들을 더 심각하게 겪고 있다고 지각하고 있다(Tracey, Leong, & Glidden, 1986).

　국내 연구를 보면, 한국인 내담자들이 미국인 내담자들에 비해 상담에 대해 비교적 수동적 · 의존적 기대를 더 많이 갖고 있으므로 보다 더 구조화된 상담기법의 사용이 필요하다는 주장이 있다(예: 이장호, 금명자, 1991).

　이러한 점들을 보면, 한국인을 비롯한 아시아계 내담자들에게는 이들의 문화적인 배경과 일치하는 상담서비스를 제공해 주어서 적어도 상담자의 영향력이 많이 미치는 초기 상담과정(Pederson, 1977)을 생소하게 느끼지 않고 익숙하게 느낄 수 있도록 할 필요가 있다.

그리고 동일한 문화권의 내담자들이라고 해도 집단 내에서 문화적인 경험 차이가 다를 수 있어서 이들의 상담과정에 영향을 준다는 점에서 한 문화권의 사람들을 꼭 동일한 상담방식으로 대할 필요는 없다(이영희, 1982; Atkinson, 1983).

(3) 한민족의 문화심리에 적합한 상담의 가치

앞서 우리 문화에 적합한 상담이 필요함을 살펴보았다. 그런데 상담은 상담자와 내담자의 가치도 고려해서 이론과 기법을 정해야 한다.

먼저 기존에 널리 알려져 있는 상담이론과 기법이 미국을 중심으로 한 서구적인 가치를 반영하고 있음을 명심해야 한다. 이 개인주의적 가치를 추구하는 상담자의 역할은 다음과 같다(박외숙, 1996). 첫째, 내담자의 내적인 감정, 욕구, 증세 등에 초점을 맞추면서 내담자의 관심을 내부로 향하도록 돕는다. 둘째, 내담자의 욕구를 내집단의 욕구와 분리시켜서 내담자의 욕구에 초점을 맞추도록 도와준다. 셋째, 내담자 자신의 감정을 자각하도록 돕는다. 넷째, 의사결정 시에 내담자 자신에게 미칠 영향을 최대한 고려해 보도록 돕는다. 다섯째, 내담자 자신에게 이익이 되는 방향으로 의사결정을 하도록 돕는다. 여섯째, 내담자는 자신을 위하여 무엇을 할 것인가를 항상 먼저 생각해 보도록 하여 내집단과의 갈등 시에는 언제라도 집단으로부터 독립하여 자신의 이익과 욕구에 부응하는 삶을 누리도록 돕는다.

이에 비해 집단주의 가치를 추구하는 상담자의 역할은 다음과 같다(박외숙, 1996). 첫째, 내담자의 외적인 환경, 사회적인 관계, 내집단에서의 내담자의 역할, 환경조건 등을 살펴보도록 하여 내담자의 관심을 외부로 향하도록 돕는다. 둘째, 내담자 자신의 욕구보다는 내집단의 욕구를 우선하여 내담자가 내집단의 욕구를 파악하도록 도와준다. 셋째, 내담자가 내집단원들의 감정에 대한 민감성을 높이도록 한다. 넷째, 의사결정 시에 내집단원들에게 미칠 영향을 최대한으로 고려해 보도록 돕는다. 다섯째, 내담자가 집단원들에게 이익이 되는 방향으로 의사결정을 하도록 돕는다. 여섯째, 내담자는 자신이 타인, 특히 내집단원들을 위하여 무엇을 할 것인지를 항상 먼저 생각해 보도록 하여 내집단원들과 더 밀접해지며 갈등을 미연에 방지하도록 한다.

그런데 현재 북한의 경우에는 집단주의적 가치가 강하다. 그 이유는 김일성이 1958년부터 집단주의를 강조했기 때문이다. 이현주(2020)에 따르면, 북한전문가들은 북한에서 자유가 사라지고 집단주의가 강화되기 시작한 시점을 1958년 8월 종파사건을 거친 이후 같은 해 11월 20일 전국 시 · 군 당위원회 선동원들을 대상으로 한 강습회에서 '공산주의 교양에 대하여'라는 강연을 한 때로 본다. 다음은 김일성의 강연 중 집단주의에 대한 것이다.

> "개인주의를 버리고 집단주의로 나아가자." (중략) "개인주의적 성향으로는 보수 분자들과 소극 분자들에 대하여 이들이 인민의 열의와 기세를 꺾으려 한다." (중략) "개인주의와 이기주의는 공산주의의 커다란 장애로 이로 인하여 사회주의적 소유, 즉 집단의 소유화와 전 인민적 소유화를 가로막는다." (중략) "과거의 어려웠던 생활은 조상들 탓이므로, 잘살고 후손들에게 부강한 국가를 물려주려면 개인주의적 성향과 보수 분자들과 소극 분자들처럼 되어서는 안 되며 사회주의적 소유, 집단주의적 소유를 이루고, 지도를 따라야 한다." (이현주, 2020, 313쪽)

또한 북한에서는 '하나는 전체를 위해서, 전체는 하나를 위해서'라는 집단주의 구호하에 움직이는데 전체가 하나를 지켜 줄 때 유효하다고 볼 수 있다.

이에 비해 남한의 경우에는 집단주의적 가치가 여전히 강하지만 점차 약해지고 있어서 두 집단에 각기 적용할 상담이론과 기법은 다를 필요가 있다.

이 시점에서 개인주의와 집단주의 가치를 절충적으로 반영하는 이상적인 상담자의 역할도 살펴볼 필요가 있다(박외숙, 1996). 첫째, 내담자의 관심을 내부와 외부 모두에 돌려서 관계 속에서의 자신의 역할과 위치를 파악하면서 자신의 내적인 욕구에도 귀 기울이도록 돕는다. 둘째, 내담자 자신의 욕구와 내집단의 욕구를 다 살펴보도록 한다. 셋째, 내담자 자신의 감정에 대한 자각과 동시에 집단원들의 감정에 대한 민감성을 높인다. 넷째, 의사결정 시에 내담자 자신과 집단원들에게 미칠 영향을 다 고려해 보도록 돕는다. 다섯째, 내담자 자신과 내집단에게 이익이 되는 방향이 무엇인지를 절충하도록 돕는다. 여섯째, 내담자는 집단과의 갈등 시에는 언제라도 상충되는 욕구를 절충하여 내담자 자신과 집단의 욕구를 다 반영할 수 있는 삶을 살 수 있도록 절충하고 타협하는 기법을 습득하도록 돕는다.

이러한 관점과 아이비Ivey(1977)가 제신한 비교문화적 상담의 전문가가 되기 위한 조건들을 제시한 점은 같은 맥락에 있다. 그가 여러 조건들을 제시했는데, 그중에서 가장 중요하게 생각한 것은, 상담과정에서 상담자가 어느 주제를 다룰 것인가의 기술, 즉 '초점 기술focus skills'을 가져야 한다는 점이다.

그리고 아무리 이러한 두 가지 상담이론과 기법 중에서 특정한 하나의 이론과 기법대로 하더라도 내담자들의 개인차를 고려하지 않으면 안된다. 이 점은 상담이 과학science보다는 아트art에 가깝기 때문이다. 이와 관련하여 이장호와 김정희(1989)가 주장한 바는 중요한 시사점을 제공한다. 이들은 한국인 내담자들에게 개인차를 고려하지 않고 "내성적 자기분석보다는 가족관계를 포함한 공동체적 책임행동을 격려한다"는 것에 대해 주의를 요한다고 주장했다.

(4) 한민족을 위한 상담의 방향

먼저 한국인 상담을 위한 고려사항을 살펴보자. 우리나라의 경우, 상담이 장기상담이 아닌 단기상담이 대부분이다. 전체 인구의 20% 정도가 상황에 따른 경미한 수준의 갈등이나 어려움으로 단기상담 내지는 위기개입을 필요로 하고, 약 2%만이 임상치료를 요하는 심각한 사람들이다(장성숙, 2002).

따라서 한국에서 한국인을 상대로 상담을 하기 위해서는 상담의 보편성뿐만 아니라 특수성도 고려하는 자세가 필요하다. 그리고 이를 위해 한국 문화에 대한 철저한 이해가 필요하다. 한국 문화에 대한 이를 제대로 하려면 한국 문화만을 대상으로 이해를 시도할 것이 아니라 앞서 살펴본 바와 같이 다른 문화와의 비교도 필요하다. 하지만 현재까지 밝혀진 우리에 대한 문화심리학적 지식과 정보는 부족하다. 문화심리학의 발전에 항상 발맞춰 상담이론과 기법을 새로이 정비하면서 상담하는 것이 필요하다.

따라서 한국인을 위한 상담의 방향은 다음과 같은 두 가지 대안 중에서 하나를 선택해야 한다. 제1안은 서양에서 개발된 상담이론이나 기법을 한국적 상황에 맞게 수정하는 방안이다. 제2안은 한국 내에서 동양철학을 기초로 상담기법을 체계화하여 한국적인 토착상담모형을 제시하려는 방안이다(예: 윤호균, 1983; 이동식, 1974; 이장호, 김정희, 1989; 이형득, 1993, 장성숙, 2003)

(5) 재통일과 관련된 한민족을 위한 상담의 방향

앞서의 일반론적인 한민족을 위한 상담의 방향도 중요하지만 결국 재통일이 되면 남한주민, 북한주민, 북한이탈주민, 해외동포, 외국에서 온 이주민 등 다양한 부류의 사람들이 어울려 살아가게 된다는 점을 고려한 상담의 방향이 모색되어야 한다. 특히, 저자가 주장하는 '여유로운 신국가'를 위해서는 다문화적 관점의 상담이 필요하다.

상담을 할 때 문화적 측면을 중시하지 않으면 절대로 안 된다는 주장이 이미 1973년 베일에서 개최된 미국심리학회APA 연차대회에서 나왔다. 여기서 상담 및 심리치료에 있어서 문화적 차이에 대해 언급하고, 문화적으로 다른 집단에 대한 분명한 이해 없는 상담서비스는 비윤리적이라고 규정하였다. 즉, 문화를 고려하지 않은 상담과 심리치료는 안 된다는 것이다. 이후 다문화상담multicultural counseling or culture-centered counseling에 대한 관심과 연구가 진행되었고, 1980년 이후 중요한 이슈로 부각되었다.

특히, 오스버거Augsburger(1986)는 클러크혼Kluckhorn과 머레이Murray(1948)가 강조한 인간의 세 가지 차원, 즉 모든 사람에게 공통적인 보편적 차원, 다른 사람 또는 집단이 보이는 유사성인 문화적 차원, 각 개인의 독특한 개별적 차원을 토대로 상담에서 문화적 인식의 중요성을 강조하였다. 이러한 관점은 홉스테드의 인간 정신 프로그램의 세 가지 수준과 유사하다.

그렇다면 다문화상담이란 무엇인가를 살펴보자. 수Sue와 토리노Torino(2005)는 다문화상담과 치료를 조력하는 역할이자 과정으로 정의했다. 따라서 내담자의 생활 경험 및 문화적 가치와 일관된 상담 목표와 양식들을 사용한다. 또한 내담자의 정체성을 개인, 집단 그리고 보편적 측면을 포함하는 것으로 인정하고, 조력과정에서 개인적이고 문화 특수적인 전략과 역할을 사용하며, 내담자와 내담자 체계를 평가하고 진단하며, 치료할 때 개인주의와 집단주의 간 균형을 맞추는 것이다.

그리고 다문화상담의 방향성에 대해 수 등(2008)은 다문화상담의 이론적 기초에 따라서 다문화상담이 내포하고 있는 가설 및 방향성을 다음과 같이 정리한 내용에 주목해야 한다. 첫째, 다문화상담은 상담의 변형이론으로서 모든 상담은 문화중심적이고 그 가치관과 세계관은 문화적 맥락에 따른 철학적 기초를 분명하게 인식해야 한다. 둘째, 기존의 상담이론은 특정한 문화적 상황 속에서 발달되었다. 따라서 각 이론은 특정한 문화적 상황에 적합한 반면에 다른 문화적 상황에 대해 편견을 갖는 경향이 있다. 셋째, 문화적으로 다른 세계관을 가진 상담자는 내담자의 관심에 대해 다른 해석을 하게 된다. 넷째, 한 사람의 정체성은 개인이 속한 문화적 상황에 의해 형성되며 지속적인 영향을 받는다. 다섯째, 모든 개인은 개인과 집단 그리고 보편적 수준의 정체성을 가지고 있으나 이 정체성은 유동적이다. 여섯째, 상담자는 그들 자신의 문화적 배경을 상담현장에 가져오게 된다. 즉, 상담자의 문화적 집단과 연관된 세계관은 그들이 행하는 상담형태에 영향을 끼친다. 일곱째, 문화적 정체성은 무질서한 것이 아니라 복잡하다. 여덟째, 문화적으로 학습된 가설들은 학습된 관점으로서 각 개인의 정체성이나 자기

개념의 근본적인 특징이다. 아홉째, 개인의 문제는 종종 문화적 상황 속에서 발달하기 때문에 문제는 가족, 집단, 또는 지역사회에 존재하는 것으로 정의될 수도 있다. 열째, 다문화상담자는 문화적으로 다른 내담자를 효과적으로 돕기 위해 다문화적 기술을 향상시킬 수 있다. 열한째, 상담의 다문화적 관점은 단지 소수 인구만을 위한 것이 아니라 모든 상담장면에서 평가와 진단을 정확히 하는 데 기여할 수 있다. 열두째, 다문화상담자는 내담자에 대한 문화적 차원의 배경, 가치관, 가족제도와 체계와 역사를 알지 못한 채 내담자를 이해할 수 없다. 이러한 방향성을 가진 문화적으로 민감한 상담자는 문화적으로 둔감한 상담자보다 더욱 상담 효과가 크므로 이 방향성을 잘 인식하고 실천해야 한다.

또한 다문화상담자의 문화적 민감성 향상 방안은 다음과 같다. 제1단계는 문화에 대한 인식 훈련 단계로서 다문화상담자 자신과 문화적으로 다양한 내담자의 관점으로부터 상황을 정확하게 볼 수 있는 능력을 배양하는 과정이다. 제2단계는 지식 훈련의 단계로서 다문화상담자 자신의 문화와 타 문화에 대한 다양한 자료를 통해 더욱 풍부하고 올바른 지식을 습득하는 과정이다. 제3단계는 기술 훈련의 단계로서 다문화상담자가 문화적 자각과 올바른 문화적 지식을 바탕으로 상담적 상황에서 올바른 방법을 통한 다문화적 상담기술을 활용하는 과정이다. 우선, 다문화상담자로서 내담자와의 올바른 상호작용을 할 수 있는 기법을 익혀야 한다. 제4단계는 사례관리 훈련 단계로서 다문화상담자가 내담자가 속한 집단이나 공동체로부터 얻을 수 있는 비공식적 자원과 정부나 공공기관으로부터 얻는 비공식적 자원을 활용하여 내담자의 삶 전반에 효과적으로 개입할 수 있는 체계적인 사례관리적 기법을 습득하여야 한다.

그리고 오스버거(1986)가 제시한 문화적 인식을 학습할 수 있는 사항은 다음과 같다. 첫째, 사람들은 서로 다른 견해를 가질 수 있다는 인식과 다른 사람이 지니고 있는 가설과 가치관에 대해 명확히 이해해야 한다. 둘째, 자신의 특성을 고수하면서도 다른 세계관을 환영하고 이해하고 칭찬할 수 있는 능력이 있음을 고려해야 한다. 셋째, 개인과 상황에 영향을 주는 자료들과 역사적·사회적·

종교적·정치적·경제적 힘의 영향에 대해 인식해야 한다. 넷째, 특정한 심리적 이론에 대한 순응의 강요가 아닌 특정한 사람의 삶의 상황에 융통성 있게 반응할 수 있는 능력을 가지고 있다. 다섯째, 차이점과 유사점 그리고 특성과 공통성의 가치를 인정하면서 다른 사람의 차이점과 관련이 있음에 대해 인식해야 한다. 여섯째, 잘못된 가설과 편견 그리고 정보를 발견하고 버릴 수 있는 자세를 갖고 있어야 한다. 일곱째, 다른 사람들의 역사적 전통에 대한 가치를 탐구하고 자신의 전통에 적용해 볼 수 있는 자세를 지녀야 한다. 여덟째, 이전에 인식하지 못했던 의미와 실체의 새로운 영역을 발견할 것에 대한 기대를 가져야 한다.

이러한 문화적 인식을 가지고 다문화상담을 하게 되면 다음과 같은 유용한 점이 있다. 첫째, 상담장면에 있어서 다문화적 관점을 개발할 수 있도록 도와준다. 둘째, 한 사회 내에서 공존하는 하위문화층에 있는 내담자들에 대한 이해와 이를 바탕으로 상담적 접근을 수월하게 한다. 셋째, 기존 상담이론의 통합적 적용에 대한 인식의 확장에 도움을 준다. 넷째, 내담자의 전통문화적인 특성에 적합한 토착화 상담이론과 방법을 개발할 수 있도록 한다.

(6) 북한주민에 대한 상담과 심리치료에 대한 수용도 제고 방안 마련

먼저 국내에서도 북한이탈주민에 대한 상담 혹은 심리치료 기법에 대해 연구가 있음을 밝힌다. 대표적인 것은 이장호(1997)와 김창대, 김동민, 최한나, 김은하(2014)의 연구를 들 수 있다.

이장호(1997)의 프로그램은 당시 상황이 여전히 이데올로기가 다른 북한에서 남한으로 온 북한이탈주민이 자신의 내면을 잘 드러내지 않고 남한에서 정착하기 어려웠기 때문에 심리적 개방에 초점을 맞췄다고 볼 수 있다.

이에 비해 김창대 등(2014)은 다소 유연해졌으나 남한 생활에서 생활 그 자체를 적응하는 데 어려움이 있는 북한이탈주민의 적응을 돕는 데 초점을 두고 상담기법을 개발했다. 특히, 일반상담사가 아닌 북한이탈주민을 주로 상담하는 상

담사들을 위한 상담기법 매뉴얼을 제시했다. 이들이 제시한 기법은 과정기반개
입모형Process-Based Intervention Model: PBIM을 근간으로 하되, 북한이탈주민의 특성
과 그들을 상담해 온 전문상담사들의 노하우를 PBIM이라는 그릇에 새로이 담
아 북한이탈주민에게 맞춤형으로 개발된 상담모형Process-Based Intervention Model for
North Korean Refugee: PBIM-NKR라고 명명했다([그림 26] 참조).

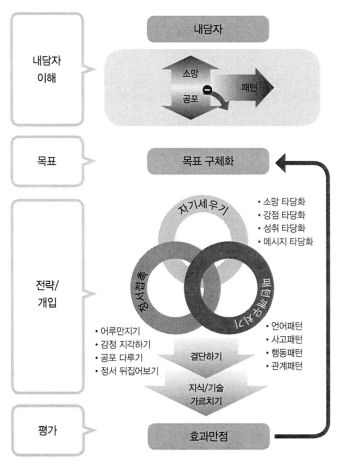

[그림 26] PBIM의 상담과정 도식

출처: 김창대, 김동민, 최한나, 김은하(2014).

여기서 북한이탈주민을 위한 상담을 할 때 기억해야 할 점은 주로 심리문제와 생활문제의 통합에 있다. 그래서 다음과 같은 관점에서 상담기법을 매뉴얼에서 제시했다.

- 대부분의 경우 정서ㆍ심리문제와 생활문제는 구별되지 않는다.
- 정서ㆍ심리문제는 생활문제의 맥락에서 다루어져야 한다.
- 순수한 생활문제는 두 가지 중 하나이다.
- 절대적으로 환경적/자원결핍이 이유인 경우 그 어떤 조력도 문제해결 불가하다.
- 지식과 정보가 부족한 경우 지식과 정보의 제공으로 해결한다.
- 생활문제로 보이지만 실제로는 정서ㆍ심리문제의 경우도 있다.
- 생활 속에서 내담자의 긍정적 행동을 방해하는 심리적 걸림돌의 제거가 필요하다.
- 그 외상 경험이 무엇이든지 그것이 문제를 일으키는 지점은 현재이고, 문제를 일으키는 방식은 다른 외상 경험이 문제를 일으키는 방식과 동일하다.

그리고 북한이탈주민을 대상으로 다행히 장기상담을 진행하게 된다면 이는 다음과 같은 의미로 보아야 한다고 이들은 주장했다.

- 변화가 발생하는 상담과정 전체를 한 개의 사이클로 보고 상담을 한다는 의미가 아니다.
- 문제는 작아도 그 속에 내포된 핵심역동은 작은 문제들 속에서 반복되고 있다고 믿고 상담한다는 것을 의미한다.
- 따라서 작은 문제들 속에 내포된 핵심역동을 여러 번 반복해서 다루게 된다.
- 다음 주에 내담자가 가지고 오는 어려움은 내담자가 빠졌던 역도의 반복이며, 문제가 되었던 구체적인 상황만 달라지는 것으로 간주한다.

- 결국 내담자는 상담자의 도움을 받아 같은 역동을 다른 상황에서 반복적으로 다룬다.

.

하지만 이들 두 가지 기법에서도 상담자 변수는 소홀히 했다. 즉, 앞서 미국에서 상담을 할 때 문화를 중시해야 한다는 것은 상담기법의 문화적 토대뿐만 아니라 내담자의 문화 그리고 상담자의 문화도 고려해야 한다는 의미인데, 이 관점에서 보면 이들 기법의 문제점을 지적할 수 있는 것이다.

이러한 문제를 극복하기 위해서는 상담자와 내담자의 문화 구조를 비교하여 최대한 유사한 수준으로 조정하여야 한다. 이 비교를 위한 틀은 〈표 15〉와 같다. 이 표를 보면, 기본적으로 상담자가 내담자의 문화와 심리를 이해하기 쉽지 않다. 따라서 상담자가 자신이 익힌 상담기법 이외에도 내담자의 문화와 심리를 이해할 수 있는 추가적인 공부를 해야 한다. 만약 이러한 공부가 가능하지 않거나 부족하면 본인이 상담을 진행하지 말고 다른 상담자에게 의뢰해야 한다.

〈표 15〉 상담자와 내담자의 문화 구조 비교틀(예)

	상담자	내담자	상담에 미치는 영향
인종 및 국가	한국	베트남	
출신지역(도시/시골)	도시(서울)	시골지역(농촌)	
종교	기독교	불교	
나이	47	22	결혼하여 한국으로 온 베트남 여성이 문화적 차이로 가정 내에서 겪는 어려움을 상담자가 충분히 이해하지 못할 것 같은 불안이 있다.
성별	남자	여자	
거주지	대도시(서울)	도농경제지역(화성)	
사회적 지위	상담자	주부	
경제적 여건	중	하	
교육 정도	대학원 졸	고졸	
거주 형태	핵가족	시부모 모시고 삶	
소속 단체	스포츠 클럽	없음	

그리고 상담자가 내담자의 행동과 의미를 보다 정확히 이해하기 위해서는 다음과 같은 상호작용 구조의 비교틀을 고려해야 한다(〈표 16〉 참조). 여기서 중요한 것은 특정한 행동의 의미를 파악하는 것이 그리 쉽지 않다는 것이다. 따라서 이러한 것을 쉽게 이해하려면 하나하나의 행동에 대한 의미를 소위 '케이스 바이 케이스case by case' 식으로 공부해야 한다.

〈표 16〉 상담자와 내담자의 상호작용 비교틀

동일한 행동 – 동일한 의미	상이한 행동 – 동일한 의미
동일한 행동 – 상이한 의미	상이한 행동 – 상이한 의미

6. 남북한 양측 주민 간 상호작용에 대한 연구와 개입 방안 마련

양측 주민 간 상호작용 시 개입 프로그램 개발

　양측 주민 간 상호작용 시 개입 프로그램은 거의 개발되어 있지 않다. 그 이유는 상호작용 프로그램 개발이 쉽지 않다는 점도 있지만 아직까지는 이러한 상호작용의 중요성을 연구자들이나 관련 기관들이 인식하지 못하고 있는 것으로 보이기 때문이다.

　하지만 2004년 채정민 등은 남한주민과 북한이탈주민이 상호 간의 문화와 개인적 특성을 파악하여 좀 더 원활한 대인관계 능력을 획득하고, 상대방 문화에 대한 적응력을 가지도록 하기 위해 구성된 집단상담 프로그램의 구성과 그 효과를 검증한 것이다. 이 프로그램은 기존 연구들에서 실제 검증되지 못한 프로그램들이 가진 장점을 최대한 반영하여 양측 주민들이 동등한 입장에서 상호 의존적 협동 작업을 하면서 자연스럽게 대인관계 능력을 획득하고, 상대방 문화에 적응할 수 있도록 하는 것이었다.

　이 프로그램에는 남한주민과 북한주민 각 2명씩 총 4명을 한 집단으로 구성하여 1.5시간여 동안 총 4회기로 1주일 간격으로 진행하는 상호작용 프로그램을 개발하여 총 10개 집단을 대상으로 실시하였다([그림 27] 참조). 이 연구는 사전－사후 조사에 의해 검증되었고, 통제군도 설정되어 있는데, 통제군에 비해 본 프로그램 참가군이 긍정적 효과를 보였다. 단, 북한이탈주민 중 5명이 중도에 이탈하여 프로그램 효과 중 남한주민의 북한이탈주민에 대한 신뢰감을 낮추는 효과가 발생하였다. 이에 의해 상호 간의 인식이 보다 긍정적으로 변한 결과를 확인할 수 있었다.

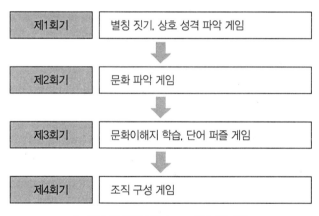

[그림 27] 문화적응 프로그램 구성 내용

　또한 2015년 광복 70주년 행사의 일환으로 정부와 관련 기관은 이에 대한 획기적인 지원을 하였다. 2015년 8월 8일(토)~9일(일) 동아일보와 북한이탈주민지원재단(별칭 남북하나재단)이 공동 주최한 '남북 생애나눔 프로젝트'를 최초로 단독 기획하였던 진행도이다([그림 28] 참조). 이 전체 내용은 2015년 8월 13일 동아일보 A1~3면에서 상세히 다뤄졌다. 이 프로그램은 양측 출신자들이 상호 이해하고 하나의 사회에서 잘 어우러질 수 있게 하기 위해 채정민 등이 2004년에 연구하여 발표한 논문을 기초로 하고, 그동안 연구해 온 각종 성과를 집적하고 타 연

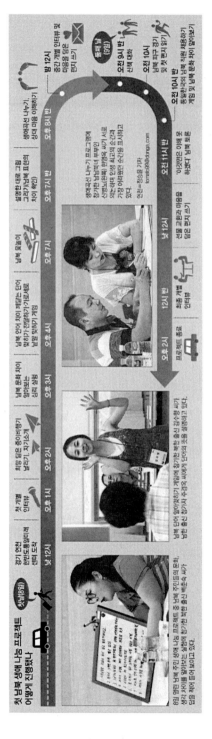

[그림 28] 남북 생애나눔 프로젝트 진행도

출처: 동아일보. 2015년 8월 13일자 A3면.

구자들의 연구 성과를 반영한 13개 활동 유닛으로 구성한 남북 문화심리학적 집단상담 프로그램이다. 이 프로그램을 통해 본 연구자는 진행 과정에서 북한 출신자들과 남한 출신자들 간에 표면적인 수준에서부터 심층적인 수준까지 다양한 공통점과 차이점 그리고 상호 협력 가능한 요소들을 확인했다. 이 프로그램을 통해 양측 출신자들의 상호 이해의 폭이 더 넓어졌음을 확인할 수 있었다.

제**2**부

재통일 심리 이론화

| 제4장 |

재통일 전후
개인 심리의 중요성

1. 재통일이 가진 심리적 함의

(1) 변화로서의 재통일

재통일이 하나의 사회적 변화라는 점에 대해서 이의를 제기하는 사람은 거의 없다. 나아가 노악Noack, 크랙케Kracke, 윌드Wild, 그리고 호퍼Hofer(2001)는 독일 재통일을 하나의 '자연 실험(natural experiment)'이라고 보았다. 이 관점에 따라 재통일 직후 독일은 독일 연구 위원회The German Research Council에서 독일 내 사회 변화에 대한 연구를 위한 프로그램을 운영하기 시작했다.

이러한 사회 변화이자 자연 실험 상황인 독일에서의 변화를 보든Boudon과 보리코드Bourricaud(1992)를 비롯한 많은 학자들이 규범, 가치관, 문화적 생산물, 상징, 기술 분야와 경제 등을 모두 포함한 것이라는 점에서 동의하고 있다. 그리고 동독과 같이 공산주의 국가이면서 전체주의 국가이었던 경우는 재통일에 따라 정치적 자유, 민주주의, 여행의 자유, 이전보다 나은 소비 생활 등의 혜택을 누리는 변화를 경험한다(Pinquart, Silbereisen, & Juang, 2004). 아치버거Achberger(1998)

는 여기에 덧붙여 '서독으로부터의 의식주 영향', '독일어' 등과 같은 변화를 동독 출신자들이 경험할 수 있다고 보았다. 하지만 이들 변화 중에서 그 무엇보다 중요한 것으로 꼽히는 것은 경제적 변화라고 할 수 있다. 이에 대해 베커 Becker(1992)는 동독 출신자들은 생활조건상에서 급격한 변화에 직면해 있지만, 이러한 변화에 의한 '높은 실업률', '임시(불안정한) 노동', '상승하는 생활비' 등의 부정적 측면뿐만 아니라, '상승하는 수입', '개선된 직업적 자격증과 승진의 기회' 등의 긍정적 측면도 경험하였다고 보았다. 그리고 경제적 변화 중에서도 실직과 관련된 점들이 매우 중요한 영향을 끼친 것으로 드러났다(예: 이해영, 2000). 그런데 재통일 직후부터 현재까지 동독 출신자들의 직업 생활 면에서 보면, '취업률', '직업계약 기간', '현재 직업에 대한 자발성', '직장 내 지위', '수입'이 서독 출신자들보다 낮은 상태에 머물러 있다. 재통일 후 약 10년이 경과한 시점에서 치리보가Chiriboga(1997)의 연구 결과를 보면, 동독 출신자 중에서 실업 상태에 있는 사람이 포함된 가족은 전체의 50%를 상회하며, 이러한 것은 사회나 개인들에게 스트레스를 유발한다. 그리고 이러한 점은 재통일 이전부터의 사회경제적 불평등이 재통일 이후에도 지속되기 때문이라고 보는 견해가 지배적이다(예: Nolte & McKee, 2004). 따라서 동독 출신자들은 이와 관련하여 정신건강에 많은 영향을 받았다고 할 수 있다(예: Degen, 1989; Israel, 1990; Maaz, 1990).

또한 법적이고 제도적인 장치인 기본질서를 동독으로 이전시키는 것은 비교적 순조로웠지만, 정치와 문화, 사회적 연계망, 일상 사회생활 등에서는 많은 저항에 직면하여 동독 고유의 정체성이 부활하고 끈질긴 자기방어적 현상이 나타났다(Kocka, 1995: 이해영, 2000에서 재인용).

하지만 재통일에 의해 발생된 대부분의 후유증 사건, 즉 실업, 주거 이동, 정체성 상실은 개인적인 일이라기보다는 개인 외적인 일로 귀인되는 경향을 보였다(Achberger, 1998). 이렇게 된 점을 아치버거(1998)는 동독 지역과 그곳 출신자들의 다음과 같은 특성에서 찾고 있다. 즉, 동독 출신자들은 재통일에 대한 내적 통제 신념을 가지고 있었고, 사회가 그리 빨리 변하지 않음을 인식하고 있었다. 그리고 높은 자기점검self-monitoring, 직업과 관련한 상황에서의 낮은 외향성, 좌절에 대한 높은 인내력, 수용받기 위한 많은 노력, 직업 관련 장면에서 타인에 대한 높은 협조 동기 등을 지니고 있었다. 또한 이러한 점에서 볼 때, 동독 출신자들의 경우 재통일이라는 사건을 부정적으로만 경험한다고는 볼 수 없다고 결론내릴 수 있다.

이러한 경험은 어쩌면 당연하다. 재통일 그 자체는 변화이고, 변화 중에서도 엄청난 변화이다. 이러한 변화에 대해 사람들은 일반적으로 현상유지적 성향이 강해서 쉽게 받아들이지 않는다. 더 나아가서 거부감을 갖고 저항하기도 한다. 그런데 이 변화가 과거에는 당연히 긍정적인 것이었다. 그래서 노래 제목에도 나와 있듯이 '우리의 소원은 통일'이었다. 하지만 이제는 과거와 다르다. 이것은 우리 사회가 겪는 다양한 변화, 변혁, 혁신 등에 의한 피로 증상 때문일 수도 있고, 사회 그 자체에 대한 거부일 수도 있다. 이러한 것은 주로 보수적 입장을 가진 경우에도 해당되지만 진보적인 경우에도 자신들에게 유리하지 않은 변화에 대해서는 거부하는 선택적 진보 성향이 있기 때문에 나타난 현상이라고 볼 수 있다. 따라서 재통일과 같은 이러한 변화는 당연히 개인들의 정신건강 차원에서 스트레스원stressor이라는 차원에서 접근할 수 있다. 최근에 우리 사회에 등장한 귀차니스트는 이러한 변화에 둔감하기 이를 데 없고, 거부감이 극도로 심하다고 할 수 있다. 그리고 이 변화 자체에 대한 거부감의 이면에는 예상되거나 예정된 변화는 어느 정도 수용하고 추종할 수 있지만 변화가 유발하는 예기치 않은 변화가 또 나타날 수 있다는 우려 때문일 수도 있다.

(2) 취약계층과 개인에게 미치는 재통일의 영향

앞서 전체 국민 차원에서 재통일의 영향을 살펴본 바와는 다른 관점에서 살펴볼 수 있다. 즉, 재통일에 특별히 취약한 계층과 개인이 존재할 수 있는가의 문제이다. 이에 대한 답이 있다. 핀쿼트Pinquart 등(2004)의 연구에 의하면 동독 청소년

들의 경우 베를린 장벽 붕괴 2년 후 시점에서 장벽 붕괴 이전 동독 체제를 지지
하는 강도가 높을수록 스트레스를 많이 경험하는 것으로 드러났다. 이러한 점에
서 보면, 전체 국민은 아닐지라도 보수성과 같은 의식구조를 가진 경우, 재통일
이 정신건강에 큰 영향을 줄 수 있다는 점이다. 또한 포르켈Forkel과 질베라이젠
Silbereisen(2001)은 청소년들이 재통일을 겪으면서 가족들의 경제적 어려움과 부
모의 우울증적 경향 때문에 우울증적 경향을 더 많이 가지는 경우가 적지 않음
을 밝혔다.

　이러한 독일의 노력은 우리 한민족에게 재통일을 중요한 사회적 사건으로 정
확히 인식하고 이에 대해 연구하며 대처해야 한다는 점을 시사하는 것이다. 따
라서 우리의 경우에도 재통일과 관련하여 특별한 연구 기구가 마련되어야 하며,
특히 정신건강 측면의 연구는 다른 관련 요인들과 종합적으로 이루어져야 함을
알 수 있다.

　독일에서도 이러한 문제에 대한 명확한 합의가 없는 실정이다. 하지만 대체
로 베를린 장벽이 붕괴된 1989년 11월 9일 이전을 '재통일 이전 시기'로, 그다음
부터 1990년 10월 3일 동독 지역의 연방주들이 서독의 기본법을 준수할 것을 서
명하면서 신연방주로 가입한 시점까지를 '재통일 과정 시기 혹은 재통일 진행 시
기'로 보고, 그다음 시기를 '재통일 이후 시기'로 보는 경향이 있다.

　우리나라에서는 차재호(2000)가 재통일이 언제 시작되었는지와 언제 끝났는
지 알 수 없다고 주장했다. 하지만 재통일에 대해 논리적으로 따져 본다면, 재통
일은 시작과 끝이 한 시점에서만 존재한다. 즉, 재통일 선언이 재통일의 시작점
이자 재통일의 종료점이다. 독일이 1990년 10월 3일에 '재통일 선언'을 했는데,
이것은 재통일이 시작된 시점을 알리는 것이면서 동시에 재통일이 완성되었다
는 종료점을 의미하는 것이다. 하지만 이러한 시각은 너무 논리적인 것으로서
재통일에 대한 심리학적 설명을 제공하는 데는 적절하지 않다. 따라서 재통일
을 이루기 위한 구조적인 노력을 하는 순간을 재통일의 시작점으로 하고, 그 노
력이 끝나는 시점을 종료점으로 규정해야 한다. 이것이 현실적인 관점이다. 이

시각을 독일의 사례에 적용해 본다면, 독일 재통일의 시작점은 1989년 11월 9일 베를린 장벽 붕괴 사건 이후 서독 정부가 이에 대한 연계작업으로서 재통일 작업을 착수한 시점이라고 할 수 있고, 종료점은 1990년 10월 3일 재통일 선언이 있었던 때라고 할 수 있다. 물론 이러한 시각도 '구조적으로 하나 되기'라는 시각으로만 보는 재통일관이다. 그래서 이 시각은 심리적인 측면에서 각 개인들에게 재통일이 어떠한 영향을 미치는지를 파악하는 데에는 유효하지 않다는 한계가 있다. 하지만 현실적으로 보면, 차선책에 해당된다고 할 수 있다.

그렇다면 우리의 경우에는 어떻게 기간을 정의해야 하는가? 우리의 경우도 논리적인 입장보다 현실적인 입장을 적용해야 할 것이다. 단, 우리의 현재 상황을 보면 독일의 선례를 따라가되, 흡수재통일식의 급작스러운 재통일을 원하지 않는 정책을 펴고 있고, 2007년 10.4 선언이 준(準) 평화체제 선언임을 감안할 때, 앞으로 상당기간의 남북 국가연합식 혹은 남북 연방제식[1]의 느슨한 재통일 형태 내지 교류시기를 거칠 것으로 예상된다. 이런 점에서 우리는 독일과는 약간 다른 현실주의적 관점을 가져야 할 것으로 판단된다. 즉, 우리는 교류시기를 향후 선언된 '종전 선언' 내지 '평화협정 선언'을 시발점으로 해서 향후 재통일을 선언하는 시점 이전까지라고 보아야 한다.

그리고 재통일 진행시기는 재통일 선언으로 바로 재통일이 완성된다면 아주 짧은 특정 시점에만 해당된다. 만일 재통일 선언 이후 특정한 시점까지를 재통일을 진행하는 시기로 법률이나 정책으로 규정한다면, 그 기간 동안을 재통일 진행 시기로 보면 된다. 그리고 재통일 이후 시기는 논리적 특정 시점 이후로 규정하거나 현실적 재통일 진행 시기가 완료된 이후로 규정하면 된다. 이러한 구분은 곧 우리가 달성해야 할 재통일에 대한 심리학적 연구와 재통일교육에 모두 영향을 줄 것이다. 하지만 그동안 재통일교육은 이러한 시기 구분을 하고 있지

---

1) 2개 이상의 국가가 군사권과 외교권을 포함한 국가의 모든 권한을 1국으로 구성하는 것이며, 해당 연방들은 자치를 담당하게 되는 형태를 말한다. 미국과 같은 경우를 말한다.

〈표 17〉 재통일교육의 유형

북한관	한민족	제4유형 탈분단교육	제6유형 북한사회이해교육	제2유형 민족공동체교육
	타자	제5유형 다문화 이해교육 갈등해결교육		
	적	제3유형 안보교육		제1유형 승공재통일교육
		두 개 체제의 공존		단일국가의 건설
		재통일관		

출처: 함택영 외(2003). 남북한 평화체제의 건설과 재통일교육: 연합제와 낮은 단계의 연방제의 수렴을 중심으로. 국가전략, 9(4), 53쪽.

않았는데, 최근 들어 함택영, 구갑우, 김용복, 이향규(2003)가 재통일 시기에 따라 구분한 재통일교육의 유형들을 제시하였다(〈표 17〉 참조). 이들의 제안을 완전한 재통일교육 유형 분류라고 보기는 어렵다. 그 이유는 제4유형의 교육과 제5유형의 교육 등이 완전히 배타적일 수 없다는 점 때문이다. 단, 여기서 제시된 '두 개 체제의 공존'이 정확히 '교류시기'의 재통일교육 유형과 일치하는 것은 아니지만, 대략적으로 북한관을 한민족으로 보는 시각과 결합시키면 '교류시기'의 재통일교육 유형에 해당된다고 볼 수 있다는 점에서 의미가 있다(〈표 18〉 참조). 또한 우리가 재통일 환경에 적합한 재통일교육을 선택하여 사용할 수 있다는 점을 시사한다는 점에서 높이 평가할 만하다.

〈표 18〉 심리적 의미를 지니는 교류시기와 재통일 이후의 거시적 요인 비교

추론 방식	차원	교류시기	재통일 이후	비고
논리적 추론	남북한 간 경계	있음	없음	
	국적	각자 다른 국적	모두 동일 국적	집단 구분
	제도의 완전성	약함	강함	
	상호작용	상대적으로 약함 (교류의 폭이 좁음)	상대적으로 강함 (전 범위의 교류)	

	관계의 안정성	약간 안정적	안정적	
	남북한 국민정체성	강함	약함	
	재통일 압력	존재(재통일기반기능)	없음	동질화 압력
	체제 이데올로기	중간	약함	
	표준화	중간	매우 강함	
경험적 추론	관계의 대칭성	약함	강함	
	과거의 영향력	강함	약함(과거 정리 압력 증가)	
	양측 내부 갈등	강하게 존재	약하게 존재	
	민족주의	강함	약함	
	시민 의식	중간	강함	
	사회 복지	중간	강함	
	후유증 논란	중간	강함	교류시기부터

　함택영 등(2003)은 2000년 남북한 정상회담 이후 상대방에 대한 인식을 어떻게 해야 하는가라는 문제가 제기된다는 점을 지적하였을 뿐만 아니라, 이 회담에서 선언된 바에 따라 장차 완전한 재통일 이전에 '연합제와 낮은 단계의 연방제'가 접점을 찾게 될 경우 상당한 기간의 교류가 필요하게 되므로 이 경우 기존 재통일교육의 방향성은 문제가 될 수 있다고 우려했다.

　이러한 재통일 시기 구분은 각 시기별로 발생될 수 있는 다양한 과제를 좀 더 명료하고 체계적으로 인식하고 규정할 수 있을 뿐만 아니라 이들 과제를 해결하는 데 좀 더 구체적이고 효과적인 대책을 강구할 수 있다는 점에서 의미가 있고, 특히 심리적인 과제를 도출하여 적실성 있고 적응력 있게 대처할 수 있게 해 준다는 점에서 의미가 있다.

(3) 한민족 내부의 재통일 저해 요소 차단 필요성

　우리 민족이 가진 재통일 저해 요소에 대해서는 그동안 수없이 강조되어 왔다. 이들 요소 중에서 심리적 측면만을 꼽는다면 다음과 같다. 첫째, 남북한주민 상호 간의 부정적인 고정관념과 편견, 남북한 상호 적대감 등이다. 둘째, 남북한 직·간접적인 상호작용의 부정적인 결과가 있다. 예를 들면, 6·25전쟁 경험과 레드컴플렉스 등이다. 셋째, 재통일교육의 부정적 효과 내지 역효과이다. 남북한 문화이질감, 가치관과 사고방식의 차이, 남북한 양측 각각의 체제 정통성과 우월의식 등을 말한다. 넷째, 재통일에 대한 부정적 의식 요소이다. 재통일 무가치화 혹은 절대가치화, 재통일비용 부담의식 등이 여기에 해당된다. 다섯째, 남북한 내부의 부정적인 문화 심리적 요소이다. 예를 들면, 보수적 권위주의 문화, 파행적 의식구조로서 의존성과 분파의식과 자폐성, 남남갈등 등을 꼽을 수 있다. 여기에 더하여 특히, 북한의 경우, 일반주민은 정치적으로 억압된 체제와 경제적으로 결핍된 상황에서 수십 년을 살아 왔기 때문에 욕구 불만 및 절대적 박탈감, 공격적 행동, 절망감 등을 보일 수 있다.

이들 다섯 가지 종류의 재통일 저해 요소는 6·25전쟁 경험과 레드컴플렉스 등을 제외하고는 대체로 실제 경험에 의해 형성되었다기보다는 관념에 의해 형성된 것이라고 볼 수 있다. 따라서 관념에 의해 형성된 것은 다시 관념을 중심으로 한 교육을 통해 해체하거나 실제 경험을 통해 해결하면 된다. 이러한 것은 북한과 북한주민, 그리고 재통일이라는 사건을 심리적인 점에 초점을 맞추어 체계적으로 교육하면 된다. 그리고 다행스러운 것은, 남한의 경우 이러한 문제를 겪지 않은 제7차 교육과정 해당 학생들에게는 이러한 노력을 굳이 할 필요가 없다는 점이고, 그 이후 해당 청소년들에게는 평화교육을 제공하고 있으므로(정현백 외, 2002) 문제가 없다. 물론 향후 북한에서도 남한에서의 이러한 노력을 배워서 적용해야 한다.

특히, 이러한 문제는 재통일 이전인 교류시기에 적극적으로 해결해야만 재통일 진행 과정과 그 이후에도 긍정적인 효과를 볼 수 있다. 그리고 이 문제에 대해서는 재통일교육 대상자를 6·25전쟁 경험자 집단, 6차 교육과정 이전 대상자 집단, 그 이후 대상자 집단 등으로 구분하여 재통일교육을 진행해야 한다.

그리고 앞서 언급한 남북한 내부의 문화 심리적 요소에 대해서는 남한과 북한이 원래는 유사했지만, 현재는 상이하게 변화하고 있다는 점을 인식하고 이에 대한 대책을 강구해야 한다. 즉, 남한은 이전보다 상당히 민주화되어 가고 있고, 분파의식과 자폐성을 해소해 나가고 있다는 점이다. 하지만 북한은 여전히 과거의 모습에서 벗어나지 못하고 있다. 따라서 이 요소의 해결을 위해서는 시민사회의 성숙을 꾀하는 노력도 좀 더 병행해야만 한다.

(4) 독일 등의 재통일 선례 국가에서 전이되는 요소의 차단 필요성

앞서 언급한 바대로 독일의 사례는 우리 한민족과 학자들이 많이 연구하고 배우고 있다. 그런데 이 사례 연구에서 확인된 부정적인 결과가 무분별하게 우리 상황에 전이되고 있다는 점이 문제이다. 이렇게 하는 주체는 다름 아닌 한민족 자신들이고, 학자들이다. 이들 중에는 고의가 아닌 학문적 차원에서 부정적인 결과를 국내에 유입하는 사람들도 있지만, 한편으로는 고의로 이러한 결과를 유입하는 사람들도 있다.

그러면 구체적으로 어떠한 결과들이 우리 상황에 전이되어 왔는가? 첫째는 재통일 독일의 전반적인 상황에 대한 것이다. 즉, '독일은 재통일되지 않았다', '다시 베를린 장벽을 쌓자', '재통일 후 마음의 벽은 더 높아가고 있다'와 같은 표현에서 볼 수 있듯이 전체적으로 재통일을 부정적 시각에서 묘사하는 방식이다. 그래서 결국 우리도 재통일을 잘못할 경우 엄청난 사회적 재앙이 될 수 있다는 식의 논리를 국내에 전파하는 것이다. 물론 이러한 우려가 꼭 현실로 일어나기를 바라면서 주장한 것이라고는 믿지 않지만, 실제로 국민들은 '재통일은 사회적 재앙이므로 피해야 한다'는 식의 관점에서 이를 수용하고 있다. 국내에서 지속적으로 이루어지는 통일의식조사에서도 '재통일에 반대' 내지 '재통일에 관심 없다'는 등의 반응이 점증하고 있고, '당분간은 남북한이 공존하고, 미래에 조건이 맞으면 재통일을 하자'는 식의 태도를 보이는 경우도 계속해서 증가하고 있다

(예: 이종한, 금명자, 채정민, 이영이, 2005).

둘째, '동독 열위, 서독 우위'에 대한 것이다. 이와 연관된 현상으로는 '구 동독 주민의 2등 시민화', '구 서독 주민의 승리자 증후군', '오씨(Ossi: 구 동독인)족, 베씨(Wessi: 구 서독인)족' 등이 있다. 이러한 현상은 발생 직후 이미 국내에 알려져서 이제는 학자들뿐만 아니라 북한이탈주민, 남한주민도 상당히 익숙해진 상태이고, 이에 따라 실제 문제로 비화되는 경우까지 발생하고 있다. 즉, 북한이탈주민이 남한에서 차별받는다는 점을 '남한 사람들이 우리를 2등 시민으로 취급한다'는 식으로 표현하기도 한다. 이들 현상은 더욱더 문제가 될 수 있는데, 그 이유는 '2등 시민'과 같이 특정 현상에 대한 확고한 명명naming이 되어 있기 때문이다.

셋째, 재통일과 관련된 긍정적인 측면보다는 부정적인 측면만을 부각시키는 결과만을 도입한 경우이다. 여기에는 '구 동독인의 상대적 박탈감', '구 동독인의 오스텔지아(Ostalgie: Nostalgie에서 Ossi족에 맞게 맨 앞의 'N'을 탈락시킨 신조어)' 등이 포함된다. 여러 조사 연구에서 구 동독인이 재통일 이후 만족하고 있다는 점도 많이 드러나는데, 이러한 부정적인 측면만을 강조하여 국내에 도입하면 구 동독인과 같은 처지에 있는 북한 관련 사람들, 즉 북한주민과 북한이탈주민이 부정적인 영향을 받을 수 있다. 실제로 국내에 정착하고 있는 북한이탈주민 대다수는 과거와는 달리 요즈음에는 '재통일이 되면 북한으로 돌아가고 싶다', '재통일 이전이라고 하더라도 기회가 닿으면 북한으로 되돌아가고 싶다', '남한에 온 것을 후회한다', '북한에서 ○○가 제대로 되었다면 남한에 오지 않았을 것이다'와 같은 표현으로 미니어처적 재통일 상태인 현재의 남한 사회에서 자신들을 부정적인 상태에 있는 것으로 묘사하고 있다.

이처럼 독일에서 발생한 현상과 연구 결과들을 우리 상황에 그대로 유입하는 것은 바람직하지 않다. 문화도 다르고 여건도 다르며, 더더욱 이러한 점들을 악용할 소지가 있는 사람들이 있기 때문에 바람직하지 않다. 따라서 이미 유입된 바람직하지 못한 현상들에 대해서는 관련자들, 즉 관련 학자, 북한이탈주민, 일반 국민에게 올바른 이해를 돕는 재통일교육이 필요하다. 그리고 이러한 작업

역시 교류시기부터 활발히 진행하고 재통일 시기에도 지속적으로 이루어져야한다.

(5) 새로운 상황에 대한 적응력 제고 필요성

재통일은 분명히 엄청나게 큰 사회적 변화이며 사건이다. 따라서 그 자체로서우리 한민족의 개별 구성원들에게 큰 부담을 안겨 줄 수 있으며, 새로운 적응력을 가지도록 요구할 수 있다. 하지만 현재 남북한주민들은 '재통일에 따른 막연한 불안감'을 가지는 경우가 많고, 그 정도가 심할 경우 '재통일이라는 변화에 무관심 또는 저항'라는 형태로 나타나는 경우도 있다.

이종한 등(2005)이 「오늘의 마음으로 읽는 내일의 통일: 지지, 반대, 무관심의스펙트럼」이라는 연구를 통해, 특히 무관심과 반대의 이유가 재통일에 대한 막연한 불안감과 재통일에 따른 기대 편익이 크지 않다고 보는 시각임을 밝혀냈다. 그런데 이러한 내용은 우리 스스로 만든 면도 있지만 독일 사례에서 영향을받았음을 부인할 수 없는 것이다.

또한 인류의 문명사를 보면, 규범적 이상理想으로서의 문화와 실제 행해지는문화 간에는 정도의 차이는 있을지언정 분명한 간극이 존재해 왔다는 슈와르츠Schwartz(1993)의 견해에 비추어 볼 때, 우리는 '재통일 아노미 현상'을 추론하고이를 해결하기 위한 노력을 해 나가야 한다. 재통일 아노미 현상은 재통일과 관련해서 재통일 환경과 정책은 크게 변해 나가는데, 이에 비해 각 개인들의 의식이 발맞춰 나가지 못하여 발생하는 것이라고 할 수 있다. 따라서 우리 한민족의재통일에서도 이러한 문제를 적극적으로 예상하고 준비해서 해결해야 한다.

차재호(1993)는 재통일 이후 발생할 수 있는 문제로서 '개인의 정체성 문제','적응 과정에서 발생하는 스트레스 문제', '차별과 집단 간 갈등의 문제', '부적응자의 발생 문제', '자살, 범죄 등의 심리학적 문제'를 제시했다. 이들 모두 국민 개개인들의 적응력이 제고되면 해결하기가 상당히 용이해질 수 있다.

따라서 국민 개개인들의 적응력을 제고해야 한다. 그 해결 방법이란, 재통일 시기뿐만 아니라 그 이전인 교류시기에도 발생할 수 있는 사회적 상황들과 개인적 상황들에 대한 좀 더 구체적인 예상과 그에 적합한 구체적인 대처 방략과 대처 자원 마련, 그리고 이때 필요한 대처 기술을 익히는 것이다. 그리고 재통일이라는 것이 긍정적인 사건만으로 이루어지거나 부정적인 사건만으로 이루어지는 것이 아닌 혼합형 사건 묶음이라는 점을 인식하게 하여, 재통일에 대한 과도한 기대도, 과도한 걱정도 하지 않게 할 필요가 있다. 이러한 것들을 일반적인 시민교육이나 학교교육이라는 형태로 할 수도 있지만, 재통일이라는 상황에 따른 구체적인 예상과 관련이 있기 때문에 본 논문에서 제시하는 사람중심의 재통일교육을 통해 실현하는 것이 더 바람직하다.

(6) 후유증 해소의 필요성

재통일과 같은 큰 사회적 변화를 아무리 잘 준비하여 대처해 나간다고 해도 체제 차원에서나 개인 차원에서 후유증이 생길 가능성은 상존한다. 따라서 후유증 자체가 발생하지 않아야 한다는 비현실적 기대를 하지 말고, 오히려 어느 정도의 후유증은 발생할 수 있지만 이를 잘 해소할 수 있다는 자신감을 가져야 한다.

앞서 언급한 독일의 사례에서 '구 동독 출신자의 2등 시민화' 현상 같은 것은 소위 '흡수재통일'을 하는 과정에서 불가피하게 발생한 것이라고 볼 수 있다. 즉, 흡수하는 쪽보단 흡수되는 쪽이 최소한 뭔가 모르게 심리적으로 열위의식을 가질 수 있기 때문이다.

물론 독일에서 발생한 다른 후유증이 이렇듯 불가피한 것만은 아니다. 예상을 했으면 충분히 차단할 수 있었거나 방지할 수 있었던 것들도 많았다. 예를 들면, 재통일 독일 정부는 구 동독 출신자들 중 지도층에 해당되는 사람들, 즉 대부분의 정치지도자, 언론인, 고위급 장교, 교육자 등에게 책임을 물어 해당 직위에서 쫓아 버렸다. 이로써 시간이 흘러 구 동독 출신자들이 자신들이 정치적 주장을 해야 할 때, 자신들의 대변자들이 이와 같은 조치 때문에 없어졌다고 느껴서 구 서독 중심의 재통일 독일에서 적극적인 자세를 보이지 않고, 과거로의 회귀라는 오스텔지아 추구의 피안적인 모습을 보였다.

국민 개개인의 측면에서 보더라도 재통일 이후 많은 적응장애를 가질 수 있다. 심한 경우에는 범죄나 자살과 같은 극단적인 행위를 저지를 수도 있다. 실제로 재통일 이후 구 동독 지역에서는 범죄, 특히 외국인을 상대로 한 신나치주의자들의 범죄가 증가했다. 물론 적응장애라고 볼 수 있는 심신질환도 많이 발생했다.

이러한 것들을 해소하기 위해서는 재통일교육 차원에서 사전 예방 교육, 즉 정신력 강화 프로그램, 자아강화 프로그램, 갈등 해결 프로그램 등의 개발 및 실시 노력을 해야 하고, 이러한 문제가 발생했을 당시에는 즉각적인 심리적 개입이 이루어져야 한다. 이를 위해 전국 각지에 관련 심리상담소나 치료기관을 운영해야 한다.

(7) 국민의 정신건강 관리 필요성

앞서 언급한 여러 측면뿐만 아니라 국민 개개인이 재통일이라는 거대한 변화 속에서 살아가면서 여러 가지 정신적 문제를 가질 수 있다. 이러한 정신적 문제의 원인은 국민 개개인에게 일정 부분 있다고 볼 수는 있지만 그렇다고 하더라도 이 거대한 사회적 변화가 진행되는 과정에서 발생한 개개인의 정신적 문제를 해결하는 데는 정부가 나서야 한다.

재통일과 관련해서 독일의 사례를 보면, 〈표 19〉와 같다. 특이한 점은, 구 동독 출신자보다 구 서독 출신자들의 정신질환 발병 비율이 더 높은 경우가 많다는 것이다. 정신장애의 수가 하나인 경우와 둘 이상인 경우에서도 이와 유사한 경향을 보였다(〈표 20〉 참조).

〈표 19〉 구 동서독 지역의 정신장애

	구 동독		구 서독		비교	95% 신뢰도
	N	%	N	%	(서독/동독)	95% KI
• 의학적 원인에 의한 정신장애	11	1.2	45	1.4	0.93*	0.47~1.85
• 약물남용	28	3.3	160	4.8	1.65*	1.32~3.23
−알코올 중독	18	2.0	123	3.7	2.07*	1.32~3.23
−알코올 중독을 제외한 남용	6	0.6	13	0.4	0.55	0.20~1.54
−불법 약물 중독 및 남용	4	0.5	25	0.8	1.92	0.68~5.41
• 정신분열 장애	15	1.7	93	2.8	1.58	0.99~2.53
• 정서장애	80	9.3	419	12.6	1.49*	1.19~1.87
−단극성 우울증	71	8.3	382	11.5	1.52*	1.20~1.93
−양극성 장애	6	0.7	28	0.9	1.35	0.67~2.72
• 불안장애	124	14.4	481	14.5	1.03	0.83~1.27
−공황장애	24	2.8	74	2.2	0.74	0.48~1.16
−사회 공포증	11	1.2	72	2.2	2.18*	1.23~3.83
−기타 공포증(공황장애 없는 광장공포증, 특수공포증, 불안장애)	93	10.9	345	10.4	0.96	0.76~1.21
−일반화된 불안장애	8	0.9	55	1.7	1.87	0.92~3.82
−강박장애	5	0.6	25	0.8	1.52	0.69~3.33
• 신체형 장애	74	8.6	387	14.6	1.37*	1.08~1.75
−SSI4.6	25	2.9	156	4.7	1.62*	1.13~3.32
−통증장애	57	6.6	284	8.5	1.31	0.98~1.73

* p < .05

(CIDI/DSM-Ⅳ-연간발병율, 전국건강조사 1998~1999년; 연령 18~65세; N=4,181)

〈표 20〉 동서독 출신자의 정신장애 발생률

	구 동독	구 서독	비교
1개 정신장애 발병률	28.1%	31.9%	1.22*
2개 이상 정신장애 공병율	15.9%	20.0%	1.49*

* p < .05

(CIDI/DSM-IV-연간발병율, 전국건강조사 1998~1999년; 연령 18~65세; N=4,181)

| 제5장 |

재통일 전후의
개인 심리 이론화

1. 개인 심리 이론화

(1) 개인 심리 이론화의 중요성

일상생활에서 인간의 심리와 행동을 이해하기 위해서 그동안 무수히 많은 학자들이 여러 이론들을 제시했다. 그중에서도 재통일과 관련된 급격한 사회 변화와 관련해서 인간의 심리와 행동을 이해하기 위해서는 레빈K. Lewin의 장이론Field Theory에 주목할 필요가 있다.

그는 인간이 자신의 개인적 요소뿐만 아니라 자신을 둘러싸고 있는 사회적 요소에 의해서도 영향 받아 심리와 행동을 보이게 된다고 주장했다. 그의 장이론은 다음과 같이 표현된다.

$$행동(B) = f (개인(P) \times 환경(E))$$

즉, 각 개인의 행동은 개인이 가지고 있는 특성과 그가 처해 있는 환경의 상호

작용이다. 어떤 사람이 친절한 특성을 가지고 있다고 해서 그 사람이 늘, 누구에게나, 어디서나 친절한 행동을 한다는 보장은 하지 못하고, 상황에 영향을 받아 다른 친절한 행동의 정도가 결정된다는 것이다.

이러한 관점은 일반적으로도 적용되지만, 특히 재통일과 관련해서는 재통일이라는 사회적 사건이 매우 강력하게 환경으로 작용할 수 있다는 점에서 유효하다고 볼 수 있다.

(2) 기존 문화심리학적 이론과 문화적응 이론의 변형 가능성

독일, 베트남, 예멘과 같은 경우에도 양측 주민들이 사회적으로 통합되는 데 있어서 문화가 중요하다는 점이 강조되어 왔다. 특히, 문화 차이는 사회통합의 걸림돌, 장애물로 인식되어 왔다. 이때 문화라는 것은 생활양식에 주로 초점을 맞추고 있는 것이다. 예를 들어, 축구 국가대표 대항전이 있을 때, 국민들이 주로 각자의 집에서 시청하고 응원하는가 아니면 광장에 모여서 같이 시청하고 응원하는가와 같은 것이 구분될 때 문화가 다르다고 보는 시각이다. 그래서 사회통합을 주장하는 사람들은 주로 이 문화를 둘 중 하나의 방향으로 일치시켜야 한다고 보게 된다.

하지만 이러한 응원 행태로만 보면 이들의 심리를 알 수 없다. 예를 들어, 광장에 모여서 같이 시청하고 응원하는 것을 실제로 이들이 원해서 그런 것인지, 우연에 의한 것인지, 동원되어서 그런 것인지를 알 수가 없게 된다. 응원 행태의 기저 이유를 파악하는 것이 가지고 있는 가치는, 이후에 응원과 유사한 상황에서 어떤 일이 벌어질지를 예측하고 이해하는 데 있다.

따라서 이러한 응원 행태만을 단순히 조명하는 것보다는 기저 이유인 심리를 알아내는 것이 좋다. 이 심리를 파악하려는 것이 바로 문화심리학이다. 예를 들어, 문화심리학적 관점에서 이 응원 행태의 기저 이유를 파악하려고 할 때, 여러 가지 측면에서 조명할 수 있지만, 특히 집단주의와 개인주의 차원에서 볼 수 있다. 집단주의적 속성을 많이 가지고 있는 국민들은 응원해야 할 때 다른 사람들과 어울리고, 같이 즐기고, 같이 기뻐하는 특성을 보일 수 있다. 이에 비해 개인주의적 속성을 많이 가지고 있는 국민들은 응원해야 할 때 다른 사람들과 어울리지 않고 자신의 집에서 TV를 시청하면서 응원하는 것을 더 선호할 수 있다. 그리고 이러한 심리적인 측면이 문화에 영향을 미치고, 문화가 심리적인 측면에 영향을 미친다고 보는 것이다. 이러한 관점은 문화심리학자인 슈웨더Shweder가 1980년대 "문화와 심리는 상호구성한다"고 표현한 바에서 드러난다. 이러한 관점이 바로 문화학자들이 주장하는 사회문화적 통합과 다른 심리학자들이 주장하는 심리적 통합이다.

그리고 이러한 문화심리학적 설명은 홉스테드Hofstede가 제시한 인간 정신 프로그램의 세 수준을 중심으로 살펴볼 필요가 있다. 그는 인간이 어떠한 행동을 하는가는 그가 가진 정신이 작용하는 것이고, 이 정신은 [그림 29]와 같이 인간성, 문화, 성격의 세 가지 측면이 기능하기 때문으로 보았다. 이때 인간성은 인간이라면 누구나 인간이라는 종의 생물학적 특성을 유전받아 보편적으로 가지는 특성이다. 사람들이 이 특성만 가지고 있다면 전 세계의 어느 문화권에 속해 있어도 동일한 정신으로 동일한 행동을 하게 된다. 하지만 실제는 그렇지 않다.

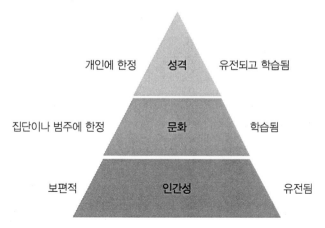

[그림 29] 홉스테드의 인간 정신 프로그램의 세 수준

문화에 따라 다른 행동을 하는 경우가 있다. 이 점을 설명하기 위해서는 인간이 출생 이후 지속적으로 해당 집단이나 범주에서 학습한 내용을 정신으로 가지고 있으면서 행동한다는 문화가 필요하다. 그런데 어떤 문화에 속하는 사람들이 모두 동일한 정신과 행동을 하느냐 하면 그렇지 않은 경우도 있다. 그 이유는 각자 성격이 다르기 때문이다. 성격은 각 개인이 부모로부터 유전받은 생물학적 요인과 출생 이후 학습되는 측면에 의해 고유한 모습을 갖게 된다. 이 인간성, 문화, 성격의 세 가지 측면에서 한민족의 재통일 문제도 다뤄야 한다. 그래야만 재통일된 국가와 사회에서 집단적 수준과 개인적 수준에서 나타나는 각종 행동과 그 이면의 정신을 이해하고 설명할 수 있게 된다.

홉스테드는 어느 문화가 가진 독특한 문화심리적 측면을 이해하기 위해서 겉으로 드러난 점만 가지고는 부족하다고 생각했다. 그래서 그는 [그림 30]과 같이 쉽게 표면화되는 상징, 그 밑에 있는 영웅, 그 밑에 있는 의식rituals, 맨 안쪽 깊게 자리 잡고 있는 가치, 그리고 이러한 수준들을 관통하고 있는 관행이 있다고 보았다. 이 각 수준에 있는 것은 마치 양파처럼 되어 있어서 어떤 사람이 다른 문화권에 가서 그 문화에 대해 이해하려면 쉽지 않다는 것이 그의 생각이다. 따라서 그는 이러한 점들을 간편하게 측정해서 한 문화에 대한 이해뿐만 아니라 여러 문화를 비교하기 위해 5개 가치 차원을 제시했다. 즉, 권력거리 차원, 개인주의 차원, 남성성 차원, 불확실성 회피 차원, 장기지향 차원이다.

심리학자인 이장호(1993)는 한민족의 재통일과정에서 문화심리적 장애요인을 제거할 필요가 있음을 주장했다. 그는 가치정향, 수행주체, 접근방법이라는 측면에서

[그림 30] 홉스테드의 문화표현의 여러 수준

기존의 정치적 통일 방안이나 경제적 교류 방안과는 성격의 궤를 달리한다고 주장했다. 그리고 그는 문화심리적 장애요인으로 6·25전쟁과 적색공포증, 변화에 대한 무관심 또는 저항, 보수적 권위주의 문화, 파행적 의식구조인 의존성과 분파의식과 자폐성을 들었다. 이들 요인을 극복하기 위한 방안도 그는 제시했는데, '주체의식', '호혜적 교류', '개방적 태도'이다. 그가 이 주장을 할 당시까지의 통일심리학적 연구 성과가 미흡한 상태에서는 그의 주장이 어느 정도는 기여한 바가 크다.

하지만 지금 상황에서는 이러한 주장을 좀 더 확장하고 상세화하며 기제 mechanism로 설명하는 틀을 마련하여 제시할 필요가 있다. 재통일 이후 남북한 양측 주민들이 어우러져 살아가는 측면은 앞서 언급한 바대로 문화적응 현상으로 볼 수 있다. 이것은 양측 주민 모두가 자신이 가지고 있고 체화한 기존 문화뿐만 아니라 같이 살아가게 되는 상대방이 가지고 있고 체화한 기존 문화도 고려하고 경험해서 상호 간에 적응해야 한다는 점이다. 역사적으로 보더라도 어떤 국가가 다른 국가를 침략하여 정복한다고 해도 침략당한 국가의 국민들이 침략국가의 국민들이 가지고 있던 문화에 영향받았을 뿐만 아니라 침략국가의 국민들도 침략당한 국가의 국민들이 가지고 있던 문화에 영향을 받았기 때문에 상호 간의 적응이라고 보는 것이다.

이러한 재통일 이후 남북한주민들의 문화적응 현상은 현재 남한에 입국해서 남한주민과 함께 살아가고 있는 북한이탈주민의 삶에서도 어느 정도는 미리 파악할 수 있다.

현재 남한에서 북한이탈주민에 대한 연구의 주된 관점은 이들이 실제 인구 수도 적고 영향력도 작아서 소수자로 보는 경향이 강하다. 물론 이들이 다른 외국인 근로자 등과 비교해 보면, 인구 수는 적어도 강력한 발언력이 있어서 소수자는 아니라고 볼 수 있지만 남한주민과의 관계를 보면 소수자이다. 소수자는 [그림 31]과 같이 집단화된 소수자와 집단화되지 못한 소수자로 구분해 볼 수 있는데, 북한이탈주민은 아주 강하게 집단화된 소수자는 아니지만 일부가 집단화

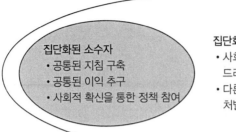

[그림 31] 집단화 여부에 따른 소수자 구분

출처: 전영평(2007), 112쪽.

된 소수자로 볼 수 있다. 이들 중 일부는 정치세력화되고 있기도 하다.

그리고 이들은 [그림 32]에서 볼 수 있듯이 개인 내면에서의 소수자도 일부 있지만 기본적으로는 타자, 즉 남한주민과의 관계 속에서 소수자이며, 현재는 권력적 소수자, 문화적 소수자, 경제적 소수자, 신체적 소수자로 볼 수 있다. 따라서 이들의 소수자 특징은 정신건강적 측면보다는 사회적 측면이 강하다고 볼 수 있으므로 이에 맞는 심리학적 조명이 필요하다.

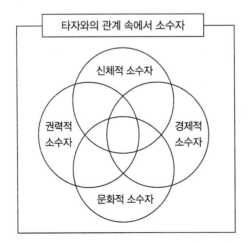
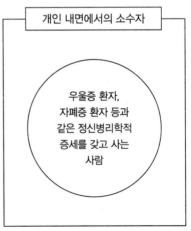

[그림 32] 타자와의 관계 측면과 개인 내면 측면에서의 소수자 구분

출처: 전영평(2007), 113쪽.

이들에 대해 심리학적으로 조명하기 위해서는 〈표 21〉과 같이 객관적 측면뿐만 아니라 주관적 측면까지 고려해야 한다. 그리고 사회적 측면뿐만 아니라 문화적 측면까지를 고려해야 한다. 어떤 사람들은 사회적 측면과 문화적 측면을 구분하지 않고 혼용하고 있지만 사회심리학과 문화심리학에서는 구분하기 때문이다.

〈표 21〉 적응의 영역과 측면

영역	객관적 측면	주관적 측면
사회	• 생태적 정착, 주거안정 • 고용과 직업, 생계안정 • 사회적 지위획득, 계층적 사회이동, 조직적 귀속과 참여 • 원초적 유대형성과 집단참여	• 객관적 영역의 모든 부분에서 만족감과 동일시, 일체감 성취
문화	• 언어습득, 생활양식 수용 • 일상적 형태습득	• 사고방식, 세계관 • 가치지향 습득

출처: 윤여상(2001), 17쪽.

이러한 북한이탈주민의 남한 내 적응과정에 대해 채정민(2015)은 [그림 33]과 같이 복합모형을 제시했다. 복합모형을 제시한 주된 이유는 기존의 적응 모형들이 장단점이 있기 때문이다. 특히, 베리의 모형([그림 34] 참조)과 같은 기존 모형들은 본격적인 정착기 등에만 초점을 맞추고 있고, 부분적인 측면에 대해서만 관심을 두고 있기 때문이다. 채정민이 제시한 모형에서는 정착 이전 시기부터 가지고 있던 북한이탈주민의 자원, 의지와 전략, 인생 주기, 경험 등이 무엇이고 어느 정도인가가 선행요인이고, 이후「북한이탈주민의 보호 및 정착지원에 관한 법률」에서 정한 제도적 보호기인 5년 동안 정부와 민간의 보호를 받으면서 개인적으로 활동하고 집단화하는 측면이 작용하여 심리적 안녕, 신체건강, 사회적 건강, 문제해결력을 가지게 되는데, 이때 북한이탈주민이 국내에 입국한 시점 이후 남한의 사정이 작용하여 북한이탈주민에게 동화 압력, 기회 제공, 다문화적 여건 등으로 작용하게 된다.

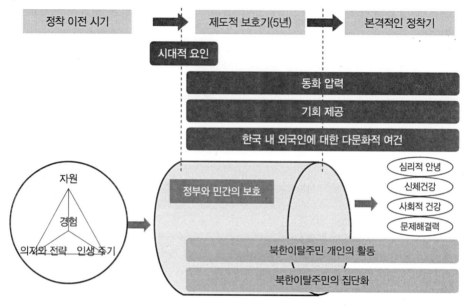

[그림 33] 북한이탈주민 정착에 대한 복합모형

출처: 채정민(2015).

채정민의 북한이탈주민 정착에 대한 복합모형이 한민족 재통일 상황에서 북한주민에게 그대로 적용되기는 어렵다. 왜냐하면 현행 북한이탈주민 보호와 같은 정책과 활동이 없어지기 때문이다. 그리고 이 모형이 재통일 상황에서 남한주민에게는 당연히 적용되기 어렵다. 따라서 이 모형 중에서 정부와 민간의 보호 기간에 발생되는 여러 활동을 제거하면 한민족 재통일 상황에서 양측 주민에게 적용이 가능하다.

그리고 이러한 적응 모형과는 달리 북한이탈주민의 정착 수준을 지표로 측정해서 관리하려는 시도가 있었다. 이는 북한이탈주민지원재단에서 진행된 것으로서 저자도 일부 참여했던 연구인데, [그림 34]와 같은 연구 프로세스로 진행되었다. 이 연구가 다른 연구와 차별화된 것은, 지표 관리를 위한 모형을 개발하고 실증자료와 전문가 대상 연구 결과를 종합한 것이다. 이러한 방식은 현재 북한이탈주민에게만 유용한 것이 아니다. 이 방식은 한민족 재통일 이후에도 양측

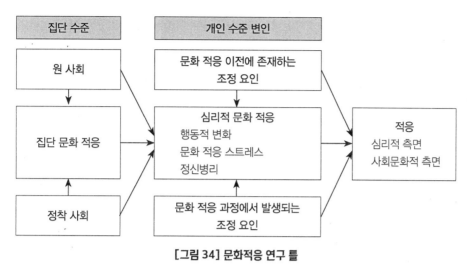

[그림 34] 문화적응 연구 틀

출처: Berry et al.(1997), 300쪽.

주민을 비롯한 한국으로 재이주해서 살아가게 될 해외동포와 국내입국 외국인들에게도 적용될 수 있다. 단, 북한이탈주민에게 해당되는 측면은 제거하고, 새로운 요인을 추가하여야 한다.

2. 자기정체성 재형성

(1) 자기 연구

본인이 북한 지역을 이전에 탈출했다가 다시 운명의 장난으로 재통일 이후 북한 지역으로 전근 온 박운명과 같은 사람은 자기에 대한 정의를 하는 데 있어서 고통이 있을 것이다. 또한 채산이 북한 지역으로 전근 가서 점차 자신이 이 학교에서 여전히 이방인은 아닌가 하는 생각을 하게 된 경우처럼 자기에 대한 생각을 어떻게 하느냐는 중요하다.

이들이 가진 문제를 '자기'라는 측면에서 살펴볼 필요가 있다. 그동안 있어 왔던 자기self에 대한 개념 정의는 다양한데, 대체로 '자신에 대한 주관적인 지각, 인

식 및 평가를 반영하는 인지적 개념'으로 정의된다고 볼 수 있다. 이 개념에 대
한 연구의 역사는 매우 길다. 거의 심리학의 태동기 때부터 존재해 왔고, 이에 대
한 연구가 끊김 없이 지속되어 왔다고 볼 수 있다. 미국 심리학의 아버지라고 일
컬어지는 제임스W. James(1890)가 자기는 심적 자기, 물적 자기, 사회적 자기의 세
개 측면으로 구성되어 있다고 주장하였던 점이 이후 다른 학자들에 의해서 발전
되었다. 심적 자기란, 일종의 영적spiritual 자기라고도 볼 수 있는데, 자신이 자신
에 대해 어떻게 인식하고 있는가를 말한다. 물적 자기란, 자신이 가진 물질적 측
면, 즉 자신이 입은 옷, 살고 있는 집 등이 여기에 해당된다. 사회적 자기란, 다른
사람들과의 관계에서 영향 받고 규정되는 자신의 모습이다. 이들 중에서 제임스
는 심적 자기가 제일 중요하다고 보았다.

　그리고 자기의 여러 모습에 대해 자기복합성self complexity 개념을 사용하여 설
명해 볼 수 있다. 원래 자기복합성은 많이 가질수록 좋다. 원래 자기복합성 개
념은 린빌P. Linveille(1985)에 의해서 제시된 것으로서, 자신이 여러 상황에서 가지
게 되는 역할에 따라 자신의 모습을 정하여 하나의 자기 모습을 결정하는 인지
적 유연성을 말한다. 예를 들어, 저자는 한 아들, 아버지, 친구, 교수, 동호회 회
원 등의 역할을 하고 있어서 다양한 자기의 모습을 보이고 있다. 이렇게 다양한
자기의 모습을 갖고 있으면서 어느 한 자기의 모습이 위축되거나 상처를 받아
도 자기복합성이 높으면 다른 자기의 모습들을 온전히 보호하여 제대로 기능하
도록 함으로써 스트레스나 심리적 질환 등으로부터 자신을 잘 보호하게 될 수
있다.

　재통일된 사회에서는 이전에 가진 자기의 모습도 가지고 있지만 새로이 갖게
되는 자기의 모습을 갖게 될 수 있다. 예를 들어, 남한에서 공무원 생활을 하던
어떤 사람이 북한 지역에서 공무원 생활을 하게 되면 북한에서 이 사람은 이주
자로서의 자기 모습을 갖게 될 수 있다. 그런데 이주자로서 갖게 되는 다양한 문
제를 잘 해결하지 못해 스트레스를 겪게 될 때 자기복합성이 높다면, 자기복합
성이 높을수록 잘 적응할 수 있게 되고 낮을수록 그렇지 못하게 될 수 있다.

그런데 사람들은 자신에 대해 공적 자기와 사적 자기의 모습을 가지고 있다는 점이 한민족 재통일 사회에서 고려되어야 할 점이다. 공적 자기란, 자신이 남에게 보이는 면모에 신경을 쓰는 것을 말한다. 사적 자기란, 자신의 내밀한 면모에 신경을 쓰는 것을 말한다. 이들 각각은 해당 태도를 가지고 해당 행동을 하는 일관성이 높은 편이다. 즉, 공적 자기 태도를 가지고 있으면 공적 자기에 해당되는 행동, 즉 체면을 더 차리는 행동과 같은 것을 더 많이 하고, 사적 자기 태도를 가지고 있으면 사적 자기에 해당되는 행동, 즉 혼자 있는 것을 더 좋아하는 행동 등을 더 많이 하게 된다. 얼핏 보면, 이 두 가지 자기의 모습이 상충되고 상호 독립적으로 생각되지만 실제로는 사람들이 공적 자기와 사적 자기의 모습을 조화롭게 추구하기도 한다.

그동안 북한이탈주민의 자기에 대한 연구는 그리 많이 연구되지 않았다. 채정민과 한성열(2003)의 연구가 북한이탈주민 대학생의 자기고양과 정신건강을 다룬 것으로서 거의 유일하다. 이 연구 결과를 보면, 북한이탈주민이 남한주민보다 자기고양을 더 많이 하고 있다고는 할 수 없지만 성별을 나누어서 보면 남자 북한이탈주민 대학생이 여자 북한이탈주민 대학생이나 남자 남한 대학생과 여자 남한 대학생보다 유의미하게 자기고양을 많이 한 것으로 났다. 또한 자기고양을 많이 하고 있는 북한이탈주민이 정신건강과 부적 관계를 보이는 것으로 나타났다.

(2) 자기정체성

자기정체성은 자아정체성이라고도 한다. 그리고 이 개념은 대체로 '시간의 흐름에 따라서 본질적으로 불변하는 실체로 인식하는 개인의 느낌'으로 정의된다.

독일도 재통일과 관련하여 정체성 문제를 많이 겪었는데, 이와 관련하여 울리케 아우가Ulrike E. Auga 교수의 다음과 같은 말에 주목할 필요가 있다.

"'정체성'이라는 단어를 잘못 사용하면 위험합니다. 정체성의 단위는 흔히 국가 차원에서 정의되죠. 독일로 따지자면 '넌 (수준이 낮은) 동독 출신'이라는 식으로 말이에요. 이 단어가 사회를 지배하면 개인이 어떤 삶을 살았는지는 의미가 없어져요.

이런 잘못이 재통일 후 독일 내에 존재했습니다. 단순히 정부 차원에서만 위계가 내려지지 않았어요. 시민 사이에서도 정체성에 따른 낙인 현상이 발생했죠. 지배적인 담론에서 잘못 사용하는 단어를 바꿀 필요가 있습니다. 특히, (재통일을 염원하는) 한국을 위해서도 필요한 과제가 아닌가 생각합니다."(이대희, 이재호, 2019, 124-125쪽)

아우가가 지적한 바대로 정체성에 대해서는 조심스럽고 중요하게 다뤄야 한다. 원래 자기정체성은 개인적 차원뿐만 아니라 집단적 차원에서도 만들어진다. 예를 들면, 한민족이 가진 독특한 집단적 수준의 정체성, '한민족은 백의민족으로서 평화를 사랑하고……'의 집단적 특징을 한민족의 일원인 개인이 내면화하여 자신도 평화를 사랑한다는 등의 심상을 지닌다고 할 때, 이는 개인적 차원이라기보다는 자신이 해당 사회의 일원임을 의식하기 위해 해당 사회의 특징을 수용하는 것이라고 볼 수 있다. 따라서 이 경우는 개인적 정체성이 아닌 집단적 수준의 정체성, 즉 사회적 정체성이라고 보아야 할 것이다.

원래 타지펠Tajfel(1978)은 개인적 정체성과 사회적 정체성을 구분하여 가설을 제시했다. 이들 중 어느 쪽으로 기우는가는 다음 변인들에 의해 결정된다. 즉, 집단이라는 범주가 얼마나 명확하게 부각되는가, 집단 내 재통일성과 집단 간 차이성의 정도에 따라 다른가이다. 실제 연구 결과로 보면, 단순히 집단을 구분하는 것만으로도 차별이 발생한다. 국내 연구에서는 집단 내 의견이 재통일되면 사회적 정체성을 갖지만, 그렇지 못하면 개인적 정체성을 보이는 것으로 나타나기도 한다.

또한 내집단in-group 선호적 차별행위는 실제로 성원의 자존심을 고양시킨다.

이때 작용하는 것을 타지펠은 '긍정적 가치의 확립 현상'으로 보았다. 그리고 이 사회적 정체성은 해당 개인이 속해 있는 다층적multi-level 사회 집단 각각에 대해서 별도의 정체성 형태로 지닐 수 있다고 보아야 타당하다.

이 사회적 정체성과 관련하여 아들러Adler(1975)가 "모든 문화는 개인들에게 정체성, 어느 정도의 규정, 소속감, 뿌리내림의식some sense of personal place을 제공한다"고 주장한 바에 초점을 맞출 필요가 있다. 이것은 개인이 해당 사회의 정체성을 어느 정도 가지는가가 적응에 중요한 영향을 미칠 수 있음을 보여 주는 것이다. 즉, 한민족이 평화를 사랑하는 특징을 지니고 있다면 해당 구성원인 개개인도 전쟁을 사랑하는 것보다는 평화를 사랑하는 것이 적응에 도움이 되는 것이다.

그런데 사회적 정체성은 단순한 몇몇 요소를 내면화함으로써만 형성되는 것은 아니다. 사회적 정체성은 해당 사회에 대한 인지적·정서적·행동적 차원, 즉 다차원적으로 구성된다(Tajfel, 1978). 따라서 한 개인이 해당 사회에 대한 정체성을 형성하는 과정은 단기간에 쉽게 이루어지기 힘들고, 분야별로 속도 차가 발생할 수도 있다. 또한 이들 각 차원에 대해 실무율적all-or-none 관점에서 접근하는 것은 바람직하지 않고, 정도의 차이가 존재할 수 있음을 전제해야만 한다. 특히, 이 말한 바대로 이주민들의 경우에는 개인적 정체성과 아울러 사회적 정체성을 재정의하고 재구성해야 하는데(Horenczyk, 1996; Roccas, Horenczyk, & Schwartz, 2000 등), 이 경우에는 정도 차이, 즉 연속적 관점에서 접근해야 한다.

이상에서 살펴본 개인적 수준의 정체성과 집단적 수준의 정체성은 별개의 특성을 지니지만 이들이 통합적으로 작용하여 한 개인의 정체성을 완성하게 된다. 워터만Waterman(1982)에 의하면, 자아정체성을 성취한 사람들은 해당 문화에 대한 관심도가 높으며, 갈등과 같은 문제가 발생할 때 자기 나름대로의 해결책을 강구하여 잘 해결한다. 이 외에도 자아정체성과 관련된 많은 연구가 있는데, 이를 종합하여 김동직(1992)은 자아정체성이 잘 형성된 사람들은 능동적이며, 미래에 대해 적극적으로 대처할 뿐 아니라 갈등이나 위기에 대처하는 능력도 뛰어나다고 결론을 내렸다. 그렇다면 자아정체성을 잘 형성한 사람은 상대적 박탈감을 지각할 수 있는 상황에서도 이를 효과적이고 적응적으로 해결할 가능성이 높다. 하지만 이들 각각의 특성이 고유하므로 맥락과 사안에 따라서는 별개로 작용할 여지가 충분히 있음도 간과해서는 안 된다.

재통일된 독일에서도 동서독인의 정체성이 매우 중요하게 다뤄졌다. 앞서 살펴보았듯이 독일 재통일이 동독의 서독으로의 편입이라는 점에서 서독인의 정체성보다는 동독인의 정체성을 좀 더 문제시했다. 즉, 서독주민은 개인주의적 가치관에 기반하여 개인중심적 정체성을 가지고 있었고, 동독주민은 집단주의적 가치관에 기반하여 집단중심적 정체성을 가지고 있었는데, 재통일 이후 정체성 조정이 이뤄지는 상황에서 문제가 되었다. 그 이유는, 서독주민은 서독 중심으로 재통일이 되어서 크게 조정해야 할 부분은 없었다. 이들이 가지고 있던 기존의 서독 국민 정체성을 약간 조정해서 재통일된 국가 정체성으로 만들면 되는 것이기 때문이다. 하지만 동독 주민은 이전에 가졌던 동독 정체성을 버리고 새로운 재통일된 국가의 정체성을 가지라는 압력을 받게 되었다. 하지만 이러한 압력에도 불구하고 동독 주민 중 상당히 많은 수가 이러한 압력과는 정반대의 방향으로 정체성을 가지는 문제가 생겼고, 그 결과는 사회통합을 저해하는 것으로 이어졌다.

한민족 재통일과 관련해서는 남한주민과 북한주민, 그리고 북한이탈주민의 정체성에 대한 연구가 각각 필요하기도 하고, 이들 간의 관계성 등에 대한 연구가 필요하다. 하지만 아직까지는 이러한 연구들이 많이 이루어지지 못하고 있다.

먼저 남한주민의 현재 국가와 민족 정체성을 대해서는 윤광일(2017)의 연구를 살펴볼 필요가 있다. 먼저 40대 이하 세대에서는 인종정체성보다 시민정체성을 더 중요하게 생각하는 경향이 있었고, 현재 한국인의 국가정체성은 하나의 차원으로 구성되어 있을 가능성이 높으며, 보수성, 권위주의, 안전 가치 선호 성향 등이 높은 경우가 국가정체성을 중요하게 여기는 경우와 관련이 많았으며, 시민정체성이 높은 경우는 민족 중심의 통일국가상에 대해서는 낮은 지지를, 대안적 통일국가상에는 높은 지지를 보이는 것과 관련이 있었고, 인종정체성이 높으면 이주자에 대한 사회적 거리감이 높았는데, 이 경향은 북한주민과 중국동포에게도 예외 없이 적용되었다. 이러한 점으로 볼 때, 인종정체성보다는 시민정체성이 높을수록 재통일을, 그것도 민족통일국가가 아닌 대안적 통일국가를 선호하는 것으로 볼 수 있다.

또한 남북관계와 직접적으로 관련을 맺어 정체성을 연구한 것이 있는데 최훈석, 이하연, 정지인(2019)의 연구이다. 2018년 4월 27일 제3차 남북정상회담 이후 두 차례 더 이어진 남북정상회담과 2018년 6월 12일 제1차 북미정상회담 이후 두 차례 더 이어진 북미정상회담에 의해 한반도에 평화와 통일의 분위기가 조성된 상황에서 남북한 양측 주민들의 통일의지와 관심 등에 대해 연구할 필요성이 더 커졌다. 그에 따라 이루어진 최훈석 등(2019)의 남한주민을 대상으로 한 통일 관련 사회정체성 연구가 있다. 이 연구는 다층 사회정체성multi-level social identity 관점을 가지고 이루어진 것으로서 민족정체성인 한민족정체성과 남한 정체성이라는 국가정체성과 남북한 간 화해 태도와 행동의도의 관계를 분석한 것이다. 여기서 민족정체성과 국가정체성에 대해 각각 동일시하느냐를 묻고, 민족정체성과 국가정체성에 대해 확실하다고 보는지를 물어서 이 두 정체성에 대해 동일시와 불확실성을 측정하였다. 연구 결과, 한민족정체성과 남한정체성의 불확실성과 한민족정체성과 남한정체성 동일시, 그리고 남북한 화해에 대한 태도 및 행동의도가 성별, 연령대별, 학력별, 거주지역별, 소득수준별로 유의미한 차이가 나타났다. 그리고 한민족정체성 불확실성은 남한에 대한 동일시와 상관이 없었지만, 남한정체성 불확실성은 한민족에 대한 동일시를 정적으로 예측하고 한민족 동일시가 남북한 화해 태도를 매개로 화해 행동의도를 정적으로 예측하였다.

김도영(2000)은 통일 관련 사회적 정체성에서 암묵적 태도와 명시적 태도의 반응 차이를 연구하였는데, 이러한 연구 방식은 고정관념, 편견, 차별의 문제를 해결하는 데 효과적이다. 이들 연구의 내용뿐만 아니라 그 연구 형식도 차후 한민족 재통일과정에서 중요하게 고려할 필요가 있다.

(3) 반발적 자기정체성

초단편소설에 보았듯이 남한에서 온 사람들에 대한 경계감 내지 무시하는 생각이 작용하여 북한주민들이 텃새를 부리는 현상이 나타날 수 있다. 이러한 현상의 이면에는 어떤 심리적 기제가 작용할까?

"잘못된 체제 속의 올바른 삶, 이것이 정말로 존재했었다. 실패한 체제에 대한 평가와 그 속에서 살았으며…… 모두가 실패하지는 않았던 사람들에 대한 평가를…… 계속해서 구분해야 한다…… 재삼재사 강조되고 있는 내적 재통일이 진정으로 성공하려면 우선 차이들에 대한 인정, 상이한 인생도정에 대한 존중을 통해서 가능한 평등한 권리가 전제되어야 한다. 이 동서독인 사이의 담론의 목적지까지는 아직 먼 거리가 남아 있다." 이 말은 독일 연방의회 의장 볼프강 티어제가 한 말이다. 그의 말대로 하지 않는다면 동독 출신자는 자존심에 상처를 받게 되고, 이는 다시 '반발적 (자기)정체성reactive self-identity'을 형성하여 현재에 살지 못하고 과거에 살게 될 것이다. 그리고 이러한 삶이 궁극적으로 재통일 독일 사회의 구성원인 서독 출신자들의 심리에도 부정적으로 영향을 미치게 된다.

질베라이젠Silvereisen(2005)의 연구에 의하면, 실제로 독일 재통일 후 급격한 사회 변화에 의해 국민들이 행동하고 발달해 나가는 데 있어서 많은 영향을 받았다. 특히, 이러한 영향은 심리사회적으로 중요한 시기를 살아 나가고 있는 청소년과 젊은 성인들에게 더 컸다.

(4) 개인적 정체성

심리학에서 개인적 정체성은 그동안 많이 연구되어 왔다. 이 개인적 정체성은 한 개인이 '나는 누구인가? 무엇을 하며 살 것인가? 어떻게 살 것인가?'에 대해 나름대로의 답을 가지고 있는 상태를 말한다.

이에 대해 사적 자기와 집단적 자기 측면에서 살펴볼 수 있다. 자기는 자신이 속한 집단의 영향도 많이 받는다. 한국인은 한국이라는 집단의 영향을 받고, 미국인은 미국이라는 집단의 영향을 받는다. 그래서 한국인은 집단주의적 측면이 강한 문화의 영향으로 집단주의적이고 상호 의존적인 자기의 모습을 많이 가지고 있고, 미국인은 개인주의적인 측면이 강한 미국 문화의 영향으로 개인주의적이고 독립적인 자기의 모습을 많이 가지고 있다.

상호 의존적 자기문화를 가진 한국과 같은 경우는 다음과 같은 특징을 가지고 있다. 첫째, 집단적으로 행동하는 것을 선호한다. 둘째, 집단과의 조화로운 어울림을 추구한다. 셋째, 위계질서와 귀속지위를 수용한다. 넷째, 특수적 행위규범을 선호한다. 여기서 특수적 행위규범이란, 처해 있는 상황에 따라 융통성을 발휘하여 행동하는 원리를 말한다.

물론 한국 내에서도 남한과 북한의 차이가 분명히 존재한다. 한국은 아무래도 서구와 오랫동안 접촉하고 교류하고 있어서 그렇지 못한 북한보다는 상호 의존적 자기문화의 특성은 약화되어 가고 있다고 할 수 있다.

(5) 사회적 정체성

사회생활을 하고 있는 한, 한 개인에게 있어서 사회적 정체성도 개인적 정체성 못지않게 중요하다. 사회적 정체성은 원래 사회학자인 모리스 로젠버그Moris Rosenberg(1979)에 의해 제시되었는데, 한 개인이 자신이 속한 집단, 지위, 범주 등에 대해 소속되었음을 인정받아서 생기는 느낌과 생각을 말한다. 물론 인간이 사회에 대해 느끼고 영향받는 심리적 측면에 대해서는 심리학자인 고든 올포트 Gorden W. Allport(1954)가 그 이전에 강조했다. 그는 "인간의 마음은 범주의 도움을 받아야만 생각이라는 것을 할 수 있다. 일단 형성되면, 범주는 정상적인 사전 판단의 기초가 된다. 우리는 이 과정을 피할 수 없다. 질서 있는 삶은 이들 범주가 있기 때문이다."라고 말했다. 이러한 사회적 범주화 혹은 집단적 범주화는 자동적인 인지과정이므로 스스로의 의지에 의해 나름대로 생각하는 것으로 나타나는 현상이 아니다.

그런데 사회적 정체성이 위협받는 상황도 적지 않다. 한국 축구 국가대표팀이 다른 국가에 지면 이렇게 될 수 있다. 과거 동독 출신자들이 서독 출신자들로부터 사회적 정체성이 위협받는 경우가 있기도 했다. 이 경우에 이들이 대처할 수 있는 방법들은 무엇이었을까?

연구 결과, 일반적으로 사회정체성이 위협받는 상황에서 대처하기 위해서 다음과 같은 방법을 구사한다. 첫째, 집단으로부터의 이탈이다. 실제 이탈을 우선적으로 시도하지만 이것이 여의치 않으면 심리적 이탈을 시도하는 것이다. 둘째, 현재 자신이 속한 집단보다 우월한 집단과의 비교는 회피한다. 오히려 자기 집단보다 열등한 집단과의 비교를 선호한다. 셋째, 귀인을 통해 모멸감을 회피한다. 즉, 자신의 불리한 처지에 대한 귀인을 통해 자신의 문제를 회피하는 경향이다. 넷째, 현재 비교되는 준거보다 우월한 준거를 모색하는 것이다. 즉, 자기가 속한 집단에 유리한(우월한) 준거를 적용하는 것이다. 예를 들어, 간호사가 보는 병원 업무와 관련하여 지위상 간호사에 비해 낮은 위치에 있어서 심리적으로 힘들 때, 자신이 간호사보다는 더 인격적이라는 준거를 적용한다. 다섯째, 사회 변화와 운동을 꾀한다. 즉, 기존 틀을 거부함으로써 문제를 해결하려는 것이다. 예를 들면, 여권운동은 기존에 남성 위주의 남성 우월의 사회에서 자신들의 열악한 위치를 극복하기 위해 여성의 권익을 향상시키는 노력을 사회캠페인으로 할 수 있다. 여섯째, 하나의 목표와 다양한 선택 전략을 구사하는 것이다. 즉, 내집단 편향 현상은 자신들이 지니고 있는 우월한 사회적 지위의 정당성이 취약한 경우의 집단 성원들에게 가장 심하게 나타난다. 그리고 내·외집단 간 차이가 부당하고 변경 가능하다고 보는 집단도 내집단 편향 현상을 보인다.

그런데 문화에 따라 사회정체성을 가지는 방식이 다를 수 있다는 점이다. 실제 연구를 보면, 백인학생의 개인 자존심 저하는 우울증을 유발하고, 이에 비해 흑인학생은 집단 자존심이 저하될 때 우울증 유발을 유발하는 것으로 드러났다.

이상의 관점을 토대로 생각해 보면, 북한이탈주민도, 재통일 후의 북한주민들도 이와 비슷한 방식으로 움직일 가능성이 크다.

3. 가치관과 도덕관 재형성

초단편소설에서 북한 출신 남자 교사가 남한 출신 여자 교사에게 불미스러운 신체 접촉을 했고, 이번이 처음은 아니었으며, 이에 대해 북한주민 교사들이 다수인 해당 학교에서는 이 일을 그냥 덮으려고 할 수도 있다. 이러한 일은 성과 관련된 가치관이 개입되는 문제이다. 한 개인의 삶의 좌표이기도 하며 한 사회의 행위 기준이기도 하기 때문이다. 그런데 이러한 가치관과 도덕관은 재통일이 될 경우 상당한 영향을 받을 수 있다. 왜냐하면 양측이 가지고 있는 동일한 가치와 도덕은 유지되겠지만 서로 다른 것들 중에는 새롭게 변화된 사회에 적합한 것이 개인과 사회와 문화에 영향을 주기 때문이다.

한민족 재통일과 관련하여 남한주민과 북한이탈주민에 대한 가치관 연구가 상대적으로 다른 영역에 비해 좀 더 많이 이루어지고 있다. 정진경(2002)의 연구뿐만 아니라 정태연과 김영만(2004), 정태연과 송관재(2006) 등의 연구가 있다. 이들 연구를 보면, 주로 북한이탈주민이 남한주민에 비해 보수적이고, 전통적인 가치를 더 많이 가지고 있고, 특히 남자 북한이탈주민이 여자 북한이탈주민과 남한주민에 비해 이러한 경향이 더 강했다. 하지만 이러한 경향이 북한주민에게서도 동일하게 존재하는지 좀 더 확인하는 연구가 필요해 보인다.

한민족 재통일과 관련된 가치 연구를 위해 독일의 경우를 참고해 볼 필요가 있는데, [그림 35]를 보면 베를린 붕괴 직후에 거의 비슷한 수준이었던 평등과 자유의 가치에 대한 선호도가 점차 평등은 높아지고 자유는 낮아지는 경향을 보이다가 1995년 이후에는 그 방향이 바뀌기 시작했다.

[그림 36]에서 보면, 1990년 재통일 시점부터 1995년까지 각 가치에 대한 선호

독일에서의 가치

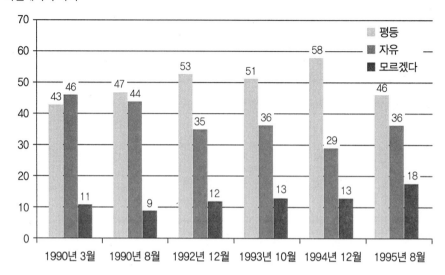

[그림 35] 재통일 진행 과정에서 독일에서의 가치 선호 경향 추이

원출처: 알렌스바흐여론조사연구소, 2차 출처: Weidenfeld & Korte(1996)의 번역본, 89쪽.

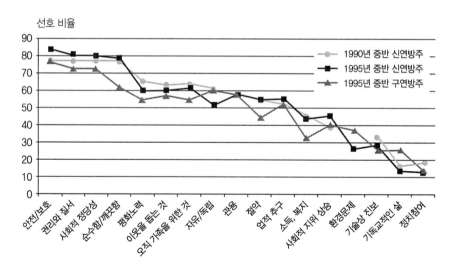

[그림 36] 재통일 후 독일에서의 가치 선호 경향 추이

원출처: 알렌스바흐여론조사연구소, 2차 출처: Weidenfeld & Korte(1996)의 번역본, 90쪽.

도가 변화를 보이는데, 특별한 경향성은 없었다. 다만, 안전/보호, 권리와 질서, 사회적 정당성, 순수함/깨끗함 등이 계속해서 높은 순위를 보이고 있다.

그런데 세대 연구자인 닐 하우Neil Howe 교수는 미국이 1930년 대공황 때 소심하고 체제 순응적인 젊은이들처럼 2000년대 경제 불황 내지 대공황 상태에서 이와 유사한 세대들이 발생하고 있다고 주장하였다. 이들은 자신만의 사업을 하겠다는 젊은이가 줄고, 대기업의 안정적인 직장을 선호하고, 주어진 처지에 만족하려는 경향이 많아진다고 주장하였다. 재통일과 관련해서도 이러한 시대 효과와 세대 효과를 충분히 고려해야 한다.

그리고 가치를 어떻게 측정하는가도 상당히 중요한 문제이다. 즉, 측정 방식이 무엇이냐에 따라 결과가 상이하다. 예를 들면, 리커트Likert식에서는 개인주의로 변화하는 것으로 드러나지만, 개방형Open-ended에서는 여전히 집단주의적 경향을 보이기도 한다.

또한 가치 측정의 차원으로 어떤 차원을 설정할 것이냐, 몇 개의 차원으로 설정할 것이냐 등도 중요하다. 특히, 단일 차원으로 다루느냐 양극 차원으로 다루느냐에 따라 다른 결과를 낳을 수 있다. 우리나라와 관련지어 보면, 개인주의-집단주의 차원, 독립적 자아-관계적 자아 차원 등을 가지고 측정하면 결과가 달라질 수 있다.

그리고 다른 심리학적 측면 대부분도 그렇지만 가치도 한 문화 내의 개개인이 모두 같은 가치를 가지고 있지는 않다. 개인차가 있다. 다양한 사람들이 존재한다. 이러한 점을 고려한다면 국민 개개인의 생활수준, 연령, 교육 수준 등이 변수로 작용한다고 설정하여 연구를 진행해야 한다.

가치와 도덕관은 사실 밀접한 관련이 있는데 최근 들어서는 분리해서 보는 경향이 많다. 따라서 앞서의 가치에 대한 연구와는 별도로 도덕관 연구를 위한 시도가 많아졌다.

그런데 도덕관 측면에 대한 연구는 문화에 따라 많이 다를 수 있다는 점을 연구자들이 감안하여 새롭게 시나리오를 구성하여 연구하는 추세에 있다. 이들 중 대표적인 연구가 슈웨더(1999)의 연구이다. 그는 도덕 위반에 대한 인도와 미국에서의 평가 비교 연구를 위해 2개의 사례를 구성했다. 이들 사례는 얼핏 보면, 큰 차이가 없고 큰 의도가 무엇인지 정확히 포착하기 어려울 정도의 것들이었다.

- 사례 1: 가난한 사람이 사고로 심하게 다쳐서 병원에 갔는데, 지불능력이 없다는 이유로 치료를 거부당함
- 사례 2: 아버지가 사망한 다음 날, 장남이 이발을 하고 치킨을 먹음

이들 2개의 사례 각각을 인도인과 미국인 집단으로 구분하여 제시했다. 그 결과, 미국 중류 계층의 대부분은 사례 1에 대해 매우 심각한 도덕적 위반이라고 생각한 반면, 인도의 힌두 브라만 계층 대부분은 사례 2에 대해 그렇게 생각했다.

인도인이 이렇게 생각하는 이유는 그들의 장례 풍습에서는 아버지가 사망한 후 12일 동안(특히, 장남)은 아버지의 영혼을 달래고 자신의 몸에 죽음의 불결함 pollution을 빨아들임으로써 물질세계로부터 분리되도록 해야 한다는 믿음이 있기 때문임이다. 이러한 행위는 자비를 베푸는 것이며 상호성을 띠는 것이다. 죽은 아버지는 전적으로 자녀들에게 의존하며 그들의 손에 그의 운명이 달려 있다. 단식해야 하는 이유는 몸이 죽음의 불결함을 효율적으로 수용할 수 있도록 하기 위해서이다(어떠한 뜨거운 음식, 물고기, 육류도 먹지 말아야 함). 이때 받아들여진 불결함은 손톱 밑과 머리의 끝까지 이동한다. 12일째가 되면 가족 구성원들은 몸을 깨끗이 하고 일상으로 돌아온다.

위와 같은 문화에 기반한 도덕성 문제는 남한과 북한의 경우에 공통점도 있지만 차이점도 있다고 보아야 한다. 공통점은 유교 문화와 관련된 측면이 있고, 차이점은 주로 남한은 미국과 같은 서구 문화에 영향을 받은 물질주의적이고 민주주의적인 측면이고 북한은 주체사상에 의해 형성된 정신주의적이고 권위주의적인 측면이라고 할 수 있다.

또한 슈웨더Shweder, 머치Much, 마하파트라Mahapatra 그리고 박Park(1997)은 보편적인 도덕 개념의 기본 세트를 '크게 세 가지big three'의 요소로 볼 수 있다고 생각했다. 즉, 자율성의 윤리ethics of autonomy, 공동체의 윤리ethics of community, 신성함의 윤리ethics of divinity이다. 하지만 이러한 기준을 가지고 앞서의 두 집단에 대해 비교하는 것은 곤란하다. 그 이유는 문화적으로 구성하는 기준이 각기 다르기 때문이다.

재통일을 염두에 두고 남한주민과 북한주민의 가치관을 올바로 측정하여 추세를 가늠하는 것은 매우 중요하다. 남한주민에 대한 가치관 연구는 지금까지 많이 이루어져서 측정과 추세 파악에는 문제가 없지만 북한주민에 대해서는 많은 어려움이 있다. 주지하다시피 현재는 북한주민을 대상으로 직접 측정할 수 없는 상황이어서 북한이탈주민을 통한 간접적인 측정과 북한의 문헌이나 보도 등을 통한 추정과 같은 방법을 써서 파악하고 있다.

남한주민은 과거에는 유교와 농업사회에 의해 집단주의가 강했지만 지속적으로 산업화되고 민주화되면서 개인주의화가 진행되었다. 현재는 남한청소년뿐만 아니라 남한 기성세대도 개인주의화가 많이 이루어지고 있다.

이에 비해 북한주민의 경우, 주체사상을 강조하는 문화 속에서 집단주의를 가지도록 살아왔기 때문에 집단주의가 여전히 강하다. 최근 들어 북한청소년들이 개인주의화되고 있기는 하지만 현재 주류 세대인 30대 이상의 북한주민은 집단주의가 강하다.

따라서 양측 주민들의 가치를 정확히 파악하여 이들이 집단적으로나 개인적으로 갈등과 문제를 경험할 수 있는 점을 제거해 줄 필요가 있다.

4. 성격 변화

한 개인의 성격은 사실상 한 개인의 모든 것이다. 유전에 의해 영향받는 성격적 요인도 있고, 환경에 의해 영향 받는 성격적 요인도 있다. 원래 성격의 뿌리인 '페르조나(persona)'는 '연극에서 배우가 사용하는 마스크; 겉으로 드러난 외양; 개인이 자신의 주변 사라들에게 보이는 공적인 얼굴'이라고 정의된다. 이러한 측면이 성격을 정의하는 데 사용된다고 할 수 있다. 그렇다면, 성격은 다른 사람에게 보이는 개인의 특성을 말하는가? 일반적으로 눈에 보이지 않는 정서적 특성, 사회적 특성을 포함한다. 그리고 비교적 안정된 특성을 말할 때 성격이란 용어를 사용한다.

그런데 흥미로운 점은, 성격이론이 성격심리학자의 수만큼 많다는 속설이 있을 정도로 많고 다양하다는 점이다. 하지만 이들을 종합해 보면, '환경에 적응하기 위해 개인이 지니게 된 비교적 독특하고 일관성 있는 심리내적 행동패턴'이라고 정의할 수 있다. 이 환경이 문화 맥락과 맞닿아 있다.

그리고 성격은 인종 혹은 민족 간에도 차이가 있다. 인종별로, 민족별로 성격의 구성 요인도 다를 수 있다. 따라서 재통일을 염두에 둔 상황에서 남한주민, 북한주민, 해외동포, 외국인 이주민 등의 다양한 집단이 보이는 성격은 천차만별일 수 있다는 점을 인식해야 한다.

이러한 점을 인식하기 위해 좀 더 살펴보면, 인종은 우리의 지각에 영향을 줄 수 있는 사회적 범주이므로 특정 인종 집단에 대한 기대나 고정관념은 검사 결과를 왜곡시킬 수 있다. 이러한 연구는 다음과 같은 몇 가지 어려움을 수반하고 있다. 첫째, 성별과는 달리 인종이나 민족은 분명히 구분되지 않는다. 특히, 특정 민족의 순수한 혈통만이 존재한다고 하더라도 다른 문화권에 노출되거나 살아가는 1.5세, 2세, 3세, 4세 등 여러 세대가 있고, 이들 중에는 다른 인종이나 민족의 피가 섞이는 경우도 적지 않다. 둘째, 적절한 표집의 어려움이 있다. 상호 비교를 위해서는 등가적인 표집이 이루어져야 하는데 그렇지 못한 경우가 대부분이다. 셋째, 사회경제적 지위와 같은 통제하기 어려운 오염 변인들이 존재한다. 넷째, 집단 내의 하위 집단 연구의 필요성이 제기된다. 왜냐하면 한 집단 내에서도 서로 구분되는 하위 집단들이 있기 때문이다. 다섯째, 서로 문화 간 영향을 주고 받는 경우가 많다. 여섯째, 비교되는 두 집단에 동일하게 적용되는 특성을 찾기가 어려운 경우도 있다. 즉, 어느 한 집단에만 해당되는 특성이 있다는 것이다. 일곱째, 각 집단에게 맞는 규준을 정하기 어렵다. 여덟째, 점수만 가지고는 동일한 특질을 보이는지 결론 내리는 데 어려움이 있다. 따라서 이러한 악조건들을 극복하고 연구하기란 쉽지 않은 일이다. 이러한 어려움을 극복하기 위한 책략으로는 앞서 살펴본 에믹 접근이 필요하다고 할 수 있다.

그런데 이 중 재통일에 의해 영향받을 수 있는 점은 환경에 의해 영향 받는 성격적 요인이다. 이러한 생각의 기저에는 제베데이 바르부Zevedei Barbu의 『역사심리학(Problems of Historical Psychology)』(1960)이 있다. 그는 인간의 성격 혹은 정신구조가 역사과정에 의해 형성되기도 하고 역사과정의 기본 요인이 되기도 한다는 점을 이론적으로뿐만 아니라 실증적으로 제시했다. 그가 말하는 성격 혹은 정신구조는 사람들이 가지는 감정, 태도, 습관 등을 말한다.

이와 유사한 관점의 심리학적 연구도 있다. 미국 세대 연구자인 닐 하우Neil Howe는 1929년에 발생한 경제대공황에 의해 1930년대 성정한 젊은이들을 침묵세대로 규정했는데, 이 세대는 자신의 적성이나 미래가치를 추구하기보다는 현재의 안정성을 중시하는 직업 선택 행태를 보였고, 가정을 중시해서 일찍 결혼하였으며, 체제에 순응하는 특성을 보였다. 그는 이러한 세대 특징에 어려운 경제상황이 영향을 미친 것으로 보았다. 이러한 관점에 따르면, 재통일이라는 시대적 상황조건은 사람들의 성격에도 영향을 미칠 수 있는 것이다.

또한 사회화와 성격의 관련성도 제기된다. 흔히 문화에 길들여지는 것을 문화화라고 하는데, 이를 사회화라고도 한다. 이 사회화의 관점에서 성격과의 관련성을 살펴보자. 슈와르츠Schwartz와 머튼Merton(1968)은 사회화와 성격의 문제를 다루면서 '사회가 그 구성원들로 하여금 자신들이 사실상 점유해야 할 지위를 필수불가결할 뿐만 아니라 바람직한 것으로 느끼게끔 하는 방법은 무엇일까'라고 고민했다. 사회화 과정 연구에서는 무엇을 학습하는가와 어떻게 학습하는가가 중요하다. 이들이 찾아낸 연구의 한 방향은, 사회화 연구가 인류학과 통합된 점이라는 것이다. 사회화에 대한 개념 정의를 살펴보자. 1930년대에는 문화가 한 세대에서 다음 세대로 전승되는 과정을 의미했다. 1954년에 차일드Child는 특히 인류학자들의 견해를 개관하면서 이 용어를 공식적으로 수용했는데, 다음과 같은 이유로 불만이 있다. 즉, 사회적 역할과 행동에 대해서는 강조하는데, 신념, 가치, 문화의 다른 인지적 측면은 배제하기 때문이다. 이 때문에 문화화 Culturalization(Kluckhohn, 1939)나 문화수용Enculturation(Herskovits, 1948)과 같은 용어들이 등장했다. 하지만 이들 용어들이 보편적으로 받아들여지지는 않았다. '사회화socialization'란 용어는 하틀리Hartley와 하틀리Hartley에 의해서 '한 집단의 성원이 되기 위해 학습하는 것'이란 의미로 사용되었다. 이것은 해당 집단에서 온당하고 correct 본질적이라고 간주하는 것을 지각하고, 그 지각을 옳고right, 좋고, 필요한 것이라고 수용하며, 이러한 것과 합치되는 행동을 학습하는 것을 의미한다. 또한 여기에는 사고방식, 행동방식, 감정방식을 포함하며, 다른 사람들에 대한 태도와 행동뿐만 아니라 자신에 대한 태도를 포함한다(Hartley & Hartley, 1952).

그런데 재통일 사회에서는 앞서 언급한 바대로 다문화적 상황이 더 강하게 펼쳐지므로 이 상황에 맞는 성격검사가 이루어져서 그 결과에 따른 여유로운 삶이 이루어지도록 해야 한다. 특히, 다문화 상황에 적응을 잘할 수 있는가, 즉 다문화유능감을 측정할 수 있어야 한다. 따라서 이 다문화적 상황에 맞는 성격 측정 도구를 살펴보자.

다행히도 최근에는 문화와 성격이 다문화적 측면에서 조명되고 연구되기도 한다. 그 이유는 여러 문화권의 사람들이 하나의 새로운 문화를 만들어 생활하고 있기 때문이다. 반 더 지Van Der Zee와 반 오덴호벤Van Oudenhoven(2000)은 다문화 성격 측정도구를 개발했다. 그리고 이 척도는 다문화 효과성multicultural effectiveness을 확인하기 위해 제작된 것으로서, 문화적 공감cultural empathy, 개방성 open-mindedness, 정서적 안정성emotional stability, 행위 지향성orientation to action, 모험성/호기심adventurousness/curiosity, 유연성flexibility, 외향성extraversion을 측정한다. 이 척도는 다문화 효과성을 측정하기 위해 Big5 성격검사와 개정 NEO 성격검사를 사용하는 것이 한계가 있다는 점에서 새로이 제작될 필요성을 가지고 시작되었다. 이전 검사들의 한계는 소수의 보편적인 성격 차원을 가지고 중요한 직무 기준을 설명하는 데 그리 성공적이지 않았다는 점이다. 따라서 이 척도는 이러한 폭넓은 특질을 좀 더 좁게 설정하여 측정하도록 고안되었다. 그리고 이 척도는 화이트White(1959)가 지적한 바대로 '일을 잘 수행해 나가는 능력'뿐만 아니라 '새로운 환경에서 심리적 안녕감을 느끼는 것'도 포함하였다. 킬리Kealey와 프로데로Protheroe(1996)는 '문화 간 효과성intercultural effectiveness'이란 용어를 통해 적절한 업무 수행 성과와 새로운 문화 환경에서의 적응을 포함해야 한다고 주장했다.

킬리Kealey와 루벤Ruben(1983)은 다문화 효과성의 세 번째 요인인 문화 간 상호작용intercultural interaction을 구분해 냈다. 이것은 다른 문화적 배경을 가진 개인에게 관심을 가지고 교제할 수 있는 능력을 말한다.

이상의 다문화 효과성은 전문가적 효과성, 개인적 적응, 문화 간 상호작용이라는 측면으로 구분해 볼 수 있다. 아서Arthur와 베네트Bennett(1995)가 해외파견자에게 잠재적인 성공 요인에 대해 평가하게 한 결과를 보면, 가족의 처지family situation, 유연성/적응성flexibility/adaptability, 직무 지식과 동기job knowledge & motivation, 관계 기술relational skill, 기타 문화적 개방성extra-cultural openness이다.

이상의 측정 요소들을 잘 활용하여 각 개인들뿐만 아니라 남한주민과 북한주민, 북한이탈주민, 해외동포, 외국인 이주민들이라는 집단 차원 그리고 그 하위 집단 차원에 대해 검사하여 그 결과를 활용할 수 있다.

이 외에도 변화할 수 있는, 그것도 특히 긍정적으로 변화할 수 있는 성격 요인을 파악하여 재통일 사회에 적합하게 유도할 수 있으면 좋을 것이다. 이러한 관점에서 여러 성격 요인이 제기될 수 있는데, 가장 관심을 많이 두어야 할 것이 바로 스트레스와 정신건강, 나아가 신체건강 여부와 관련될 수 있는 A유형 행동패턴이다.

　A유형 행동패턴의 특징이 북한이탈주민에게도 강하게 나타날 수 있는가의 문제를 고려하기 위해서 먼저 문화적 영향을 살펴볼 필요가 있다. 이러한 문화적 영향의 가능성은 마골리스Margolis 등(1983)이 A유형 행동패턴이 생태학적 측면에서 영향을 받을 수 있다는 연구 결과를 제시했던 것에서 확인할 수 있다. 이러한 관점에서 볼 때 북한은 전체주의적이고 권위주의적인 속성이 강한 문화를 가지고 있기 때문에 북한이탈주민은 이러한 문화의 영향으로 권위주의 성향이 높다고 볼 수 있다. 그런데 이러한 권위주의 성향이 높은 사람은 A유형 행동패턴을 보이는 경향이 많다는 연구 결과(예: Byrne, Reinhart, & Heaven, 1990)가 있기 때문에 북한이탈주민이 A유형 행동패턴을 많이 보일 것이라고 예상할 수 있다. 또한 북한이탈주민은 북한에서 살았던 사람으로서 북한보다 경제적으로나 정치적으로나 더 나은 곳이라고 볼 수 있는 중국, 더 나아가 한국으로 온 사람들이라는 점에서 이들은 성취지향적 성향이 상당히 높다고 볼 수 있다. 그리고 이러한 이동과 현지 정착을 신속하게 하려는 경향을 보인다는 점에서 이들은 조급성을 가지고 있다고 볼 수 있다. 또한 이들은 남한주민에 비해 높은 범죄율을 보인다(박영숙, 2013)는 점에서 타인에 대한 적개심 등을 가지고 있다고 볼 수 있다. 마지막으로, 이들은 높은 스트레스와 심신질환을 앓고 있다는 점(김석주, 김효현, 김정은, 조성진, 이유진, 2011)에서 A유형의 사람들과 공통점을 가지고 있다. 이상의 A유형 행동패턴에 해당되는 것들과 북한이탈주민의 특징을 비교해 보면 상당히 유사한 점이 많다.

　이러한 A유형 행동패턴이 전혀 변화될 수 없는 것은 아니다. 치료를 통해 이러한 변화를 이끌 수 있다는 연구들이 등장하였다. 구체적으로 보면, 이 치료 방법들 중에서 초기에는 인지치료가 더 효과적이라는 연구가 많았는데(예: Jenni et al., 1979), 생리적인 과민반응성을 낮추는 것이 효과적이라는 연구도 있었다(예: Turman, 1985). 그 이후에는 인지적 치료법, 행동적 치료법, 이완반응법들을 종합한 치료법이 효과적이라는 연구가 등장하였다(예: Levekron et al., 1983). 이러한 방법은 주로 A유형 행동패턴을 가지고 있는 심장병이나 관상동맥 관련 질환자에게서 적용되었고, 그 효과가 어느 정도 입증되었다(Friedman et al. 1986). 국내에서도 권현용, 장현갑, 홍성화(1998)가 스트레스 관리 훈련을 통해 대학생들의 A유형 행동패턴의 감소 효과를 보고하는 등 여러 연구가 진행되었다.

또한 개별성과 관계성도 발달하면서, 즉 변화하면서 문화와 관련이 많다는 점에서 주목할 필요가 있다. 기싱어Guisinger와 블랫Blatt(1994)은 에릭슨Erikson의 전생애 발달 관점에서 보면 이 개별성과 관계성도 발달한다고 주장하였다. 그리고 이 2개의 요소는 상반된 개념으로 보임에도 불구하고 발달과정에서 서로 연결되어 있으며, 심리적 발달을 상호 보완적으로 촉진하므로(김동직, 1999) 발달과정상에서 어느 정도의 변화 가능성은 열려 있다.

서재진(1999)은 심리학자는 아니지만 매슬로우Maslow의 욕구위계이론과 한스-요하임 마즈Hans-Joachim Maaz의 욕구불만과 감정정체이론에 기반하여 북한 주민들의 성격 변화를 주장하기도 했다. 그의 주장은 경험적 연구를 통해 검증이 필요하기는 하지만 어느 정도는 타당한 주장으로 보인다.

5. 사회적 추론과 판단, 귀인 양식의 작용

(1) 정보 수집

사람들은 평소에도 다른 사람들과의 관계에서 '저 사람이 왜 저런 행동을 하지?'와 같은 생각을 하게 된다. 이러한 것을 사회적 추론이라고 한다. 그런데 이러한 사회적 추론이 늘 정확한 것은 아니다. 이 정확하지 않은 사회적 추론 중에는 추론하는 사람에게도 추론당하는 사람에게도 부정적 영향을 미치는 경우가 있다. 만일 이러한 것이 개인 대 개인 관계에서 극단적으로 문제가 된다면 갈등

과 싸움으로 이어질 수 있고, 집단 대 집단의 관계에서 나타난다면 집단갈등과
전쟁으로 이어질 수 있다.

재통일된 사회에서 개인 간의 문제도, 집단 간의 문제도 없거나 최소화해야
하므로 이 사회적 추론이 매우 중요하다. 실제로 독일의 경우에 이러한 문제가
제기되었다. 독일은 재통일 직후부터 양측 주민 간의 관계가 상당히 악화되었
다. 콜 수상이 동서독주민들에게 밝힌 다음과 같은 연설 내용은 실제로 이들 양
측 주민 간에 오해가 상존함을 입증하는 것이다.

> [콜 수상의 1994년 연설 내용] "서독의 풍요가 단 4년 만에 이룩되지 않았음
> 을 동독인들이 이해할 때, 그리고 동독인들은 서독 수준에 이르기까지 40년
> 을 기다릴 수 없다는 것을 서독인들이 이해할 때 비로소 심리적 재통일이 달
> 성될 수 있을 것이다."

그리고 코르Kohr(1995)의 연구에 의하면, 재통일 후 양측 젊은이들의 당시 사
회에 대한 평가가 불공평성과 불평등성에 초점이 맞춰지면서 개인 간 문제뿐만
아니라 집단 간 갈등과 반목, 범죄, 테러 등의 문제가 발생되었다. 이러한 것은
양측이 서로에 대해 가지는 고정관념과 편견이 작동해서라고 해석되었다.

그렇다면 사회적 추론이 어떻게 이루어지는가부터 살펴보자. 일단 사회적 추
론을 위해서는 정보 수집이 이루어진다. 좀 더 실감 나게 생각해 보기 위해 남북
한 관계에서 살펴보자. 남북한의 고위 관리들이 분단 이후 지속적으로 접촉하여
협의해 왔음에도 불구하고 단어 하나하나에 대해 개념을 달리 가지는 현상이 지
금도 이어지고 있다.

> [사례 1: 북한이탈주민 관련 진료 경험과 연구 경험이 있는 정신과 의사의
> 경험] 남북한의 정신과 질환에 대한 개념에서 차이가 있다. 남한과는 달리 북
> 한에서는 정신과 하면, 주로 신경쇠약이나 정신분열병 등만을 다루고 나머지

는 정신과로 보지 않는 경향이 있다(학술대회 토론 내용 중).

　[사례 2: 남북 협상 경험이 있는 남한 정부 관료 출신자의 경험] 남한 사람
들이 사용하는 자주통일이라는 말이 북한 사람들이 생각하는 것과는 차이가
있다. 북한 사람들은 외세배격이라는 측면이 훨씬 강하다(학술대회 발표 내
용 중).

　이러한 사례에서 볼 수 있는 의사소통의 문제 현상에 대해 그동안 많은 연구
에서 다뤘다(예: 김영수, 정영국, 1996; 윤여상, 1994). 특히, 독고순(1999)의 다음
과 같은 연구 결과를 주목할 필요가 있다. 독고순에 의하면, 북한이탈주민이 남
한주민과의 대화과정에서 "대화가 어려웠던 경험"에 대해서 '매우 자주 있다'
(7.7%), '가끔 있다'(51.3%)라는 반응을 보여 약 60%에 가까운 어려움을 가지고
있으며, "대화 시의 어려운 점"에 대해서는 '언어 차이'(52.4%), '사고방식 차이'
(28.6%), '생활관습 차이'(14.3%) 등을 보인다고 밝혔다. 이러한 '언어 차이'라든
가, '사고방식의 차이'와 같은 용어도 북한이탈주민의 진술에서 사용되는 것으로
서 이들이 실제적으로나 관념적으로 이러한 점들을 문제로 강하게 인식하고 있
다고 볼 수 있다. 이러한 점들로 볼 때 남한주민과 북한이탈주민이 생활 속에서
상대방들과 관련하여 의사소통상의 문제가 있을 수 있다고 보는 것이 타당하다.
　일반적으로 의사소통의 문제는 설득커뮤니케이션 모델에 따라 살펴볼 수 있
다. 여러 모델 중 타일러Tylor 등(1994)의 모델을 중심으로 살펴보면, 의사전달자
인 화자話者 측면, 메시지 측면, 상황 측면, 매체 측면, 수신자인 청자廳者 측면으
로 나누어 볼 수 있다. 따라서 남한주민이 특정한 메시지를 정확하게 적절한 매
체를 사용하여 전달하고 이를 북한이탈주민이 정확하게 인식해야만 의사소통이
올바로 이루어질 수 있다. 북한이탈주민이 남한주민에게 의사소통하는 방식도
마찬가지로 이루어진다. 이때 관련된 요인 중 한 국가라도 문제가 된다면 의사
소통은 올바로 이루어지지 않는다.

특히, 인간은 누구나 자기중심성을 가지고 있기 때문에 의사소통 시 여러 가지 문제를 가질 수 있다. 즉, 자기가 하는 방식으로 다른 사람도 당연히 할 것이라고 멋대로 믿어 버리는 '착오 컨센서스fault concensus' 현상을 가지기 때문에 의사소통상의 문제를 보인다.

하지만 이러한 자기중심성 문제는 남한주민과 북한이탈주민 간의 의사소통상의 독특한 문제라기보다는 일반적인 문제에 해당된다. 따라서 이들의 독특한 문제에 대한 접근을 위해서는 한 사회나 문화에서 이루어지는 의사소통과는 다른 언어, 문화, 사고의 차이 등이 작용할 가능성이 매우 크다는 점에 주목해야 한다. 이 상황에서는 이들 중 어느 쪽의 사람이든 자신은 올바로 의사소통을 시도했다고 생각했고, 자기중심성을 가지고 있지 않다고 하더라도 다른 쪽의 사람은 오해할 가능성이 커지게 된다. 그리고 이 오해의 핵심은 상이한 개념을 가지고 있기 때문이라고 볼 수 있다.

그리고 사람들이 일반적으로 상당히 강력하고 집요하게 신념을 가지고 있고, 이를 기반으로 상대방의 행동 등을 지각할 때 오해할 가능성이 커진다. 특히, 남한주민과 북한주민이 상호 간에 직접적인 만남이 부족한 상태에서 제3자로부터 상대방에 대한 정보를 획득하는 경우에는 상당히 강력하게 신념화할 수 있다. 이 신념화된 내용이 나중에 상대방과의 실제 대인관계에서 긍정적으로 작용하면 괜찮지만 지금까지 남북한 양측이 상호 비방과 대립하는 형태로 교육한 측면이 있어서 부정적으로 작용할 여지가 크다. 이때 나타나는 현상으로는, 먼저 표본의 편파성을 들 수 있다. 획득하는 자료 표본이 편파적이라고 알려 주어도 이를 무시하는 경향 강하다(예: Hamil et al., 1980). 예를 들어, 60명의 간수 중 오직 3~4명을 대상으로 한 인터뷰 결과들은 사람들이 소수의 자료라는 점을 알고 있음에도 불구하고 전체 간수들의 생각으로 일반화하려는 경향이 강하다는 것이다. 표본의 크기도 큰 수의 법칙과 작은 수의 법칙으로 나타날 수 있는데, 큰 표본일수록 모집단의 특성을 더 잘 반영한다고 보는 큰 수의 법칙과, 자신의 경우에는 작은 표본이라도 직접 경험하였기 때문에 더 믿을 수 있다고 생각하는 작은 수의 법칙이 더 잘 들어맞는다고 생각하기 쉽다. 그리고 일반적인 통계 정보보다는 사례 정보에 대해 더 신뢰하는 경향을 보이기도 한다.

이러한 현상과 함께 사람들이 정보를 효율적으로 처리하기 위해 사전 기대를 작용시키는 경우가 많다는 점도 알려졌다. 즉, 어떤 사람이 내향성을 가지고 있는지 파악하기 위해서는 '당신은 파티를 좋아하죠?'라고 물으면 '예, 가끔은……' 이라고 답해서 외향성이 있다고 볼 수 있는 답을 쉽게 하므로 '당신은 파티를 좋아하지 않죠?'와 같은 질문을 더 많이 사용하여 원하는 답을 쉽게 얻게 된다. 이러한 경향 때문에 사전기대는 잘못된 판단을 유도하기도 한다. 예를 들어, 과거에 영호남 지역 편견과 갈등 현상이 실제와 다른 날조된 경우에 해당된다. 그런데 이러한 것들이 파고들 수 있는 가능성은, 사전 기대의 작용을 모르는 경우 사전 기대를 뒤집을 만한 정보가 차단되어 있는 경우가 있을 때이다. 만약 재통일 사회에서 남한과 북한에 대한 날조된 정보가 가짜뉴스 등의 형태로 나타난다면 이러한 잘못된 판단을 낳을 수 있다.

(2) 정보 취합과정

그렇다면 정보라도 잘 취합하는가? 그렇지 않을 때도 많다. 얻은 정보들 간의 관계를 정확히 파악해야 하는데 그렇지 않을 때도 있다는 얘기다. 원래는 객관적이고 이성적이며 합리적으로 파악해야 하는데, 실제는 자신의 기대에 따른 판단이나, 자신의 기대에 부응하는 정보들을 잘 기억하고 부합하지 않는 자료들은 잘 망각하는 경향이 있다. 또한 사전 가설이 있으면 과장되기까지 한다. 더 나아가서 상관의 착각 현상도 보인다. 즉, 관계없는 두 사상event 간의 관계가 실제로 존재하는 것처럼 파악하는 경향을 말한다. 그 이유는 관계가 있으리라는 사전 기대(예를 들면, 남한주민이 보기에 북한주민과 6·25전쟁을 일으킨 공격성이 관계가 있으리라고 보는 사전 기대), 현저한 원인이 현저한 효과와 연결된다(소수자는 소수의 특징과 연결)는 생각을 가졌을 때 이러한 상관의 착각 현상이 나타난다.

그리고 사람들은 일반적으로 사회적 도식social schema을 가지고 판단한다. 일반적으로 사회적 도식이란, 사건에 대한 지식, 지식들 간의 관계 및 구체적인 사례를 포함한 생각들의 구조화된 조직체(Fisher & Taylor, 1991)이다. 예를 들면, 특정인, 사회의 역할, 자신의 파악, 고정관념, 잘 알려진 사건, 지식에 관한 것 등이다. 이 사회적 도식은 매우 추상적인 수준부터 매우 구체적인 수준까지 위계적hierarchial 구조를 지닌다. 따라서 상황 상황에 맞게 정보처리를 하는 데 있어서 힘들지 않고, 관련된 내용을 회상하는 데도 용이하고, 정보처리 시간도 단축하며, 자동적으로 처리하고, 새로운 정보의 해석도 용이하며, 관련 정서도 쉽게 느낀다. 이러한 이유로 사람들이 사회적 도식을 많이 자주 사용한다. 하지만 문제점이 없는 것은 아니다. 사회적 도식이 가진 장점이 잘못 발휘되면 곧바로 단점이된다([그림 37] 참조).

도식적 처리의 기능	도식적 처리의 문제점
• 회상 용이 • 정보처리 시간 단축 • 자동적 처리 • 새로운 정보의 해석에 용이 • 정서도 수반	• 장점이 단점이 될 수도 있음 • 특히 직전 상황의 영향을 받는 경우가 많음(점화효과)

[그림 37] 도식적 처리의 장단점

　　이러한 사회적 도식이 가진 문제는 주로 인간이 가진 인지적 효율성 추구 경향 때문에 나타난다. 이를 심리학에서는 인지적 구두쇠cognitive miser로 설명한다. 이는 빨리 해당 상황에서 적응하려는 경향을 가지고 있기 때문이다. 원래 인지적 구두쇠 개념은, 사람들이 외부 정보를 최소한의 노력으로 처리하려는 경향을 말한다. 인지적 구두쇠 형태로 작용하는 심리학적 기제는 다양하다. 페스팅거L. Festinger를 중심으로 제시된 인지부조화이론에서도 태도와 행동 간에 부조화 상태를 경험하게 되면 조화의 방향으로 나아가되 최소한의 노력을 기울이려는 경향을 보이게 된다.

물론 이 외에도 여러 이론과 연구 결과에서 인지적 구두쇠 경향을 보인다. 내현성격이론implicit personality theory도 이러한 인지적 구두쇠 측면에서 비롯된 것이다. 내현성격이론은 학자가 제시하는 이론이 아니라 일반인 누구나 다른 사람들을 만나서 그 사람에 대한 초기 정보를 가지고 그 사람이 가진 알려지지 않은 다른 성격 정보를 추론하는 것을 말한다. '입술이 얇은 사람은 신의가 없다'와 같은 방식으로 상대방의 성격을 규정하는 식이다. 원래는 어떤 사람에 대해 성격을 알려면 그 사람의 정보를 최대한 많이 수집하여 입체적이고 종합적으로 분석하여 결론을 내려야 한다. 하지만 사람들이 인지적 구두쇠 경향을 가지고 있어서 최초의 소수 정보에만 의지하여 결론을 내린다는 점이다. 이 결론은 물론 상대방 한 사람에게만 적용되는 것이지 다른 사람에게는 적용되지 않는다. 그 이유는 그 사람에 한해서 취득한 정보를 토대로 이론을 전개한 것이기 때문이다.

재통일이 되면 남한주민도 북한주민에 대해, 북한주민도 남한주민에 대해 내현성격이론을 적용할 가능성이 크다. 이때 문제는, 초기의 정보가 부정적으로 인식되면 부정적 성격으로 결론 날 수 있다는 점이다. 물론 극단적으로 상대방이 패륜적인 사람인데도 불구하고 그 사람이 멋있게 생기고 친절하게 대해 준다면 이 사람의 성격 본질과는 전혀 상반되는 성격으로 결론 내리는 우를 범할 수도 있다. 따라서 재통일 이후 남한주민과 북한주민은 섣부른 내현성격이론을 적용하지 않도록 조심해야 한다.

(3) 귀인현상

귀인현상은 일반 상황에서 매우 많이 경험된다. 일반 사람들이 신도 아니고 과학자도 아니지만 현실에서 무수히 많은 현상을 경험하고 다른 사람들과의 관계를 맺고 있기 때문이다.

귀인은 '자신이나 혹은 다른 사람이 행동한 원인을 추론하거나 행동을 통해서 개인의 성격과 같은 속성을 추론하는 현상'을 말한다(한덕웅 외, 2005). 이 현상이 일어나는 원인으로서는 과거 사건을 통한 미래 예측, 그에 따른 대처 행동, 귀인 주체의 감정과 태도 결정 욕구(한덕웅 외, 2005)가 작용하기 때문이라고 볼 수 있다.

이 귀인현상은 하이더Heider(1958)에 의해 시작되었다. 그는 일반인들도 자신이 경험하는 일들에 대해 과학자처럼 원인을 찾아내려고 하고, 찾아냈다고 생각해야 상황과 환경에 대한 예측력과 통제감을 가질 수 있다고 보았다. 이뿐만 아니라 귀인한 상황과 유사한 상황이 미래에 경험될 때 보다 적절하게 행동을 결정하여 실행할 수 있게 된다고 보기 때문에 귀인현상이 주목받는 것이다.

하이더Heider의 연구 이외에도 와이너Weiner 등의 연구들이 이어졌다. 와이너 (1979)는 [그림 38]과 같이 3개의 차원, 즉 내적 소재냐 외적 소재냐의 차원, 안정적이냐 불안정적이냐의 차원, 통제 가능하냐 통제 불가능하냐의 차원으로 총 여덟 개의 종류로 원인처럼 생각하는 귀인을 할 수 있다고 보았다. 여기서 예로 든 것은 시험에 합격한 경우 이에 대해 어떤 원인 때문에 합격했느냐를 가지고 설명하는 것이다. 이때 시험의 합격자가 귀인하는 당사자일 수도 있고, 이 사람의 친구일 수도 있다. 단, 이때 누가 귀인의 대상이 되느냐에 따라 귀인하는 주체의 자기고양성이 어떻게 작용하느냐가 결정된다. 즉, 자신이 합격했고 자신이 그 원인을 찾아 귀인한다면, 가급적이면 내적 소재이며, 안정적이며, 통제 불가능한 능력과 같은 것에 귀인한다면, 친구가 합격한 상황에서 자신이 그 원인을 찾아 귀인한다면 친구를 좀 깎아내리기 위해 '재수 좋음'과 같은 것에 귀인할 수 있다.

이처럼 자신에게 유불리를 따져 가면서 귀인하는 편향을 보이는 것이 일반적인데, 재통일 이후 남한주민이 북한주민에 대해서, 북한주민이 남한주민에 대해서 어떻게 귀인하느냐 하는 것은 중요한 문제가 될 수 있다.

이 관점에서 보면, 재통일 문제와 북한이탈주민 문제가 가진 다음과 같은 점 때문에 이 분야에서 귀인 연구가 필요하다. 즉, 재통일 문제와 같은 생활 전반에 영향을 미칠 수 있는 사안을 경험할 때, 다른 문화권 출신자처럼 익숙하지 않은

	내적 소재		외적 소재	
	안정적	불안정적	안정적	불안정적
통제 가능	통상 들이는 노력	이번에 들인 노력	교사의 호의적 편향	예상 밖의 도움
통제 불가	능력	기분	과제의 쉬움	재수 좋음

[그림 38] 와이너의 귀인 설명

출처: Weiner (1979).

대상을 접할 때, 그리고 정답이 따로 없거나 확인할 수 없어서 객관적인 조건보다 파악 당사자의 주관적인 조건이 많이 작용할 수 있을 때 귀인현상이 많이 발생할 수 있고 중요성이 커질 수 있다. 특히, 개인적으로 처리하기 어려울 정도의 인지적 용량이 부여될 때 귀인현상이 많이 나타난다(Gilbert, 1995)는 점에서, 하루가 다르게 많은 것들이 변화되고 그에 적응해야 하는 상황, 즉 인지적 처리용량이 급증하는 시기인 재통일과정에서는 귀인현상이 많이 나타날 것이다. 이러한 예는 서로 다른 문화를 가졌던 동독과 서독이 재통일되어 많은 변화를 일시에 보였던 점에서 확인할 수 있다. 마즈Marz(1992)는 "이제 동서 합류과정은 사람들의 일상세계를 점점 더 많이 점유하기 때문에, 그간의 적응 성과를 제시해야 하고, 거기에서 불가피하게 나타나는 방향 상실을 이겨 내야 한다. 방향상실은 많다. 첫눈에 보아 어려움은 '오직' 짧은 시간 안에 많은 새로운 것을 배우고 매우 고통스러운 것을 이겨 내야 한다는 데에만 있는 것처럼 보인다."라고 지적하였다.

이 외에도 기존 귀인 연구에서는 귀인 오류 현상마저도 중요한 현상으로서 다루어 왔다(예: Jones & Harris, 1967). 이 현상에서는 상황요인을 최소화하고 개인의 기질이나 성격 측면을 중요시하는 기본적 귀인 오류가 주로 포함되었다. 그런데 재통일 현상은 무수히 많은 상황 변화를 수반한다는 점에서 기본적 귀인 오류와 같은 현상이 나타날 경우 문제가 될 수 있다. 특히, 후자의 경우에 대해서는 마즈(1992)의 다음 언급을 통해 알 수 있다. 그는 동독 출신자들과 관련하여

"분명히 동독인들은 '변화 속의 변화'와 더불어 남몰래 '적응 없이 합류하기' 카드나 '수상이 다 알아서 할 텐데'라는 조커(카드)에 모든 것을 걸고 있다가, 이제 자기들에게 계산서가 내밀어지자 놀라지도 못한다는 비난을 받을 만하다."라고 말했다. 또한 동독 출신자들의 과거 경력에 대한 평가절하 현상(이영란, 2005)이 나타났는데, 이는 동독이라는 환경 요인(상황)을 강조하고 개인의 성향 요인을 무시하는 현상으로서 과잉 상황 귀인 오류, 혹은 특출성 효과 현상, 나아가 '역(逆) 기본적 귀인 오류'라고 볼 수 있는 것이다. 이것은 현재 많은 남한주민이 북한이탈주민이 북한에서 살았다는 이유만으로 깎아내리는 현상이라고 볼 수 있다.

그리고 귀인 연구에서는 성취 여부를 많이 취급하여 왔다(예: Weiner, 1979). 이 성취 여부는 재통일과 같이 많은 과제를 안고 있고 그 성취 여부를 곧바로 확인할 수 있는 현상에서 더 많이 볼 수 있다. 실제로 독일의 경우 재통일 이전에는 재통일과 관련하여 귀인 연구가 이루어지지 않았지만 재통일 이후에는 비중 있게 이루어졌다. 이러한 귀인 연구의 배경에는, 재통일 독일 사회가 경제적으로 좋지 않은 상태로 오랫동안 있었고, 동독 출신자와 서독 출신자가 상호 간에 사회통합을 이루지 못하고 있었기 때문에 그에 대한 원인을 귀인 양식과 같은 것에서 찾으려는 의도가 있었다고 볼 수 있다. 이를 확인할 수 있는 연구 결과가 적지 않다. 대표적으로 롭타 프로스트(2003)에 따르면, 현재 동독 출신자는 자신들의 사회경제적 여건은 훨씬 나아졌음에도 불구하고 기존의 동독 문화의 고유성과 재통일 후 성장해 온 동독 출신자 간의 연대의식과 자의식이 집단적으로 자신들을 '2등 시민'으로 규정하게 하였다. 롭타 프로스트의 이러한 견해에 따라 판단해 본다면, '2등 시민' 현상이나 여타의 사회 비통합적 현상에는 동독 출신자들이 자신에게서 원인을 찾기보다는 외부에서 원인을 찾으려는 외부 귀인을 많이 하는 것으로 볼 수 있다. 이러한 경향은 재통일 이후 동서독주민들이 보이는 갈등의 원인을 규명하고 경제적 측면에서의 행동방식을 이해하기 위한 귀인 연구에서 검증되었다. 스트라트맨Strateman(1992)에 따르면, 이들 연구는 주로 도르트문트 경제심리연구소에서 이루어졌다. 이들 연구에서 동독출신자들은 외부 귀인을 많이 하고 서독출신자들은 내부귀인을 많이 한다는 점이 밝혀졌다. 이 점은 동독 출신자들이 그동안 동독체제에서 '저기서 누군가가 생각을 해야 한다' 혹은 '모든 인생의 결정적인 상황들에 우리는 영향을 미칠 수 없다'는 식의 수동적 태도를 가지고 노선에 충실히 따름으로써 자신의 결단에 의해 행동해야 할 재통일 사회에서 부적응을 보일 수 있음을 의미하는 것이라고 이 연구소에 의해 해석되었다. 반면에 서독 출신자들은 '불쌍한 오씨(Ossi; 동쪽 사람)들은 모든 것을 망치고, 아무것도 만들어 내지 못하며, 노력을 할 준비도 되어 있지 않다'와 같은 생각을 가지고 있으며, 이러한 생각들을 동독 출신자와의 접촉을 통해 확증하게 되어서 결과적으로 재통일은 자신들의 힘에 의해 이루어진 것으로 생각하는 '승리자 증후군'을 가지게 되었다. 이것에 대해 이 연구소 측은 서독 출신자가 재통일과 관련하여 과잉 내부 귀인 성향을 지니고 있다고 보았다. 또한 티머Timmer, 웨스터호프Westerhof, 그리고 디트만-콜리Dittmann-Kohli(2005)의 연구에서도 동독 출신자들이 사회주의 체제에서 동조를 많이 경험해서 외부 귀인을 많이 하는 것으로 나타났고, 서독 출신자들은 자본주의 체제하에서 강한 자기 결정과 개인주의를 경험해서 내부 귀인을 많이 하는 것으로 나타났다.

그리고 기존의 귀인 연구는 긍정적인 성과보다도 특히 부정적인 성과와 관련지은 것이 많았다(Kelsey, Kearney, Plax, Allen, & Ritter, 2004; Lazarus, 1991; Smith & Lazarus, 1993; Wong & Weiner, 1981 등). 누구나 쉽게 예측할 수 있듯이, 그리고 독일의 경우에서 볼 수 있듯이(예: Marz, 1992) 재통일 상황에서는 많은 부정적인 사건들이 발생할 수 있고, 발생할 것으로 보인다. 라자루스Lazarus(1991)와 스미스Smith 등(1993)에 따르면, 이 사건들은 적지 않은 사람들에게 개인적으로 부적 정서를 유발할 것인데, 이 부적 정서는 외부 사건을 귀인하는 데 좋지 않은 영향을 줄 것이다.

그런데 귀인이 편향되어 나타나는 대표적인 경우들이 있다. 먼저 현저성 편향이다. 이는 [그림 39]와 같이 행위자 A와 행위자 B가 대화를 하고 있는 무대를 어느 위치에서 보느냐에 따라 말하고 있는 행위자의 얼굴 모습이 눈에 잘 보일수

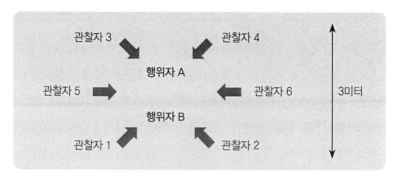

[그림 39] 현저성 편파 귀인

록 그 행위자가 토론을 더 잘 주도하고 있다고 판단하는 경향이 있다. 이에 따르면, 관찰자 3은 행위자 A보다 행위자 B가 토론을 더 잘 주도하고 있다고 판단할 가능성이 많고, 관찰자 2는 반대로 행위자 A가 토론을 더 잘 주도하고 있다고 판단할 가능성이 많다. 이 연구는 토론 주도성을 판단하는 긍정적 사건에 대한 귀인을 알아보는 것이지만 다른 연구에서 누가 더 나쁜 짓을 하는가를 판단하게 할 경우에도 이와 유사한 결과를 보일 수 있다. 이러한 점에서 본다면, 재통일 후 남한주민과 북한주민이 대결하거나 경쟁하는 상황에서 누가 자신의 편이냐도 중요하지만 얼마큼 눈에 잘 띄고 잘 접촉할 수 있는지도 귀인에 중요하게 영향을 미칠 수 있다.

다음은 근본적 귀인 오류 현상인데, 어떤 사람이 나쁜 짓을 하면 그 사람이 원래 나쁜 사람이기 때문에 나쁜 짓을 했다고 보는 경향이 많다는 것이다. 그런데 이 사람이 상황적으로 나쁜 짓을 해야만 인류를 구할 수 있기 때문에 그렇게 행동했다면 이러한 판단은 잘못된 귀인이 되는 것이다. 이렇게 다른 상황 요인 때문에 어떤 사람이 어떤 행동을 하더라도 이 측면은 무시하고 그 사람의 속성에서 원인을 찾으려는 것을 기본적 귀인 오류라고 한다. 이러한 현상은 한국인들에 비해 미국인들과 같은 경우에서 더 많이 나타나는데, 재통일 상황에서 상대편에 대한 편견 등을 가지고 이러한 귀인을 할 수 있다는 점에서 조심해야 할 현상이다.

[그림 40] 행위자-관찰자 편향 사례

　다음은 행위자-관찰자 편향이다. 남편이 회사원으로서 거의 매일 술을 밤늦게까지 마시고 새벽에나 귀가하여 부부싸움이 벌어지는 경우가 대표적인 예이다([그림 40] 참조). 이때 집에서 기다리던 아내는 남편에게 '왜 이렇게 늦게 기어들어와요? 맨날 술이여, 술. 술이 그렇게 좋아?'라는 식으로 말하면, 남편은 '뭔소리여. 내가 술을 좋아하는 것이 아니라 나도 처자식 먹여 살리려고 전투하는 거여. 술을 마셔야 일이 돌아가지. 요즘 애들이 술을 안 마시니까 내가 분위기 살리려고 어쩔 수 없이 술상무 하지'라는 식으로 말한다. 여기서 남편이 술 마신 현상을 두고 원인을 서로 다르게 보는 것이 바로 행위자인 남편과 관찰자인 아내의 시각차이다. 이것이 행위자-관찰자 편향이다. 재통일 상황에서 누가 어떤 행위의 행위자인가, 관찰자인가에 따라 서로 다른 귀인 편향을 보일 수 있다. 이 점을 고려해서 보다 현명한 판단을 해야만 한다.

　다음은 자기본위 편향인데, 이는 앞서 언급한 내용과 연결이 되는 것이다. [그림 41]과 같이 일반적으로 한국인들은 좌측에 있는 세계 지도나 북아메리카와 남아메리카가 우측에 있는 세계 지도를 많이 봐 와서 익숙하다. 그런데 우측의 지도는 기존에 한국인이 주로 보던 세계 지도와는 달리 뒤집혀 있는 지도이다. 한국인은 어색하지만 우측 지도를 쓸 수밖에 없는 사람, 계속 봐 왔던 사람은 오

[그림 41] 자기본위 귀인 편향 사례

히려 좌측 지도가 어색하게 보일 것이다. 이처럼 문화에 따라 익숙한 것들을 옳은 것으로 생각하고 그렇지 않은 것을 그른 것으로 생각하는 경향이 자기본위 귀인 편향이다. 물론 이것은 문화 전체 구성원들이 동일하게 보이는 것인데, 한 문화 내에서도 각 개인이 각자 경험하고 자신에게 유리하게 귀인하려는 자기본위 귀인 편향도 있다.

귀인에 의한 문화 차이도 많이 발견된다. 〈표 22〉는 미국인과 인도인이 어떤 대상에 대해 귀인할 때 주로 성향에 귀인하느냐 아니면 상황에 귀인하느냐의 비율을 연령별로 비교한 것이다. 이 표에서 볼 수 있듯이 두 국가 사람들이 어렸을 때는 상황 귀인을 더 많이 하기는 하지만 성향이나 상황 각각에 귀인하는 비율이 같았지만 점차 나이가 들수록 차이가 커진다. 이는 나이가 들수록 각 문화에서 영향을 많이 받는다는 점을 알 수 있다.

〈표 22〉 미국인과 인도인의 귀인 양식 비교

응답자	성향		상황	
	미국	인도	미국	인도
성인	40	18	18	40
15살	20	12	30	31
11살	14	11	20	28
8살	10	10	24	24

　이러한 경향을 토대로 재통일 상황을 고려해 본다면 이미 성인이 된 남한주민과 북한주민의 귀인 성향이 동일하다면 다행이지만 그렇지 않다면 그 간극을 좁히는 것이 쉽지 않다는 것이다. 간극을 좁히려면 오히려 어린 재통일 세대에 집중해야 한다는 점을 알 수 있다.

　이러한 귀인현상의 특징과 중요성을 감안하여 채정민(2006)이 [그림 42]와 같이 만화형식의 시나리오를 제시하여 남한주민과 북한이탈주민의 귀인 양식에 대해 연구하였다. 이 연구에 의하면, 북한이탈주민은 남한주민에 비해 귀인 양식이 다른 것으로 드러났다. 즉, 북한이탈주민은 남한주민에 비해 외부 귀인을 더 많이 하고, 불안정적인 귀인을 더 많이 하며, 통제 불가능 귀인을 더 많이 하였다. 이러한 것을 토대로 볼 때, 남한주민이나 북한이탈주민이 상대방의 행동에 대해 귀인을 할 때 자기중심성을 버리고 정확한 정보를 가지고 귀인하지 않는다면 자신들의 귀인 방식에 따라 상대방의 행동을 귀인함으로써 오류와 오해를 범할 가능성이 커진다고 할 수 있다.

[그림 42] 만화형 귀인 측정도구(예)

이러한 연구 결과를 토대로 앞으로 재통일이 되면, 남한주민과 북한주민의 비교 연구도 필요하다.

6. 상대적 박탈감 경험

앞서 김금행이 역으로 상대적 박탈감을 느꼈던 것처럼 인간은 생존을 위해 기본적으로 의식주와 같은 문제로부터 절대적 박탈감을 벗어나야 한다. 그런데 이러한 절대적 박탈감을 벗어난다고 해서 인간이 모두 행복해하는 것은 아니다. 상대적 박탈감을 겪지 않아야 한다.

그런데 절대적 박탈감을 갖지 않을 정도인데도 상대적 박탈감을 경험할 수 있다. 이 상대적 박탈감은 특히나 자본주의가 발달된 상태에서 빈부의 격차가 심하고 사회가 부정의하다고 느낄 때 더 많이 경험될 수 있다. 김금행은 부자가 된 북한주민을 보고 느끼는 경우이지만, 북한주민은 김세련이 부동산 투자로 돈을 많이 버는 것을 보고 느낄 수 있다.

티라보쉬Tiraboschi와 마스Maass(1998)에 따르면, 상대적 박탈감 이론은 스투퍼Stouffer 등(1949)의 『미군The American Soldier』으로부터 시작되었다. 이후 상대적 박탈감 이론은 1970년대부터 정교화되기 시작해서(한덕웅, 1996, 2002) 최근에는 사회적 약자 혹은 소수인 집단을 대상으로 한 연구가 좀 더 활발하게 이루어지고 있다. 하지만 우리나라에서는 이 상대적 박탈감에 대한 관심은 어느 정도 존재하고 언급은 되지만, 실증 연구는 매우 제한적으로 이루어졌다. 박군석(2003)이 영호남 지역갈등에 초점을 맞춰 상대적 박탈감을 연구한 것이 최근에 이루어진 연구이다.

상대적 박탈감의 특징은 다음과 같다. 첫째, 상대적 박탈감은 자신이 소유하고 있는 자산을 중심으로 타인과 비교하여 상대적으로 부족하다고 판단할 때 갖게 되는 것이므로 문화적 자산, 즉 사회적 연결망이 적다거나, 지식과 정보 등의 지적 능력과 자산이 적다고 느낄 때 상대적 박탈감을 많이 가질 수 있는데, 이러한 점에서 절대적으로 불리한 북한이탈주민의 경우에는 이 상대적 박탈감을 많이 느낄 수 있다. 둘째, 상대적 박탈감은 경제적 측면을 중심으로 이루어지는데, 경제적 수준이 매우 취약한 상황에서 정착을 시작하는 북한이탈주민의 경우에는 기존에 거주하고 있는 남한주민과의 경제적 격차가 더욱 확대될 수 있다는 점에서 상대적 박탈감이 더 커질 수 있다. 셋째, 티라보쉬와 마스(1998)에 따르면, 상대적 박탈감은 절대적 박탈감absolute deprivation보다 사회적 행위를 더 유발한다. 즉, 상대적 박탈감은 집단적 차원으로 비화되어 집단 간 갈등으로 증폭될 수 있다. 이러한 점에서 북한이탈주민의 상대적 박탈감 문제는 더욱 관심을 가져야 할 사안이다.

상대적 박탈감과 관련해서 이 두 가지 개념은 상이한 기능을 할 것으로 보인다. 먼저, 개인적 수준의 정체성과 상대적 박탈감의 관련을 살펴보자. 개인적 수준의 자아정체성은 소위 이기적인 상대적 박탈감과 우애적인 상대적 박탈감에 미치는 영향이 다를 수 있다고 보아야 한다. 왜냐하면 개인적 수준의 자아정체성이 낮을 경우에는 이 두 가지 유형의 상대적 박탈감을 모두 많이 느낄 수 있지만, 개인적 수준의 자아정체성이 높을 경우에는 이기적인 상대적 박탈감은 적게 느낄 수 있지만, 우애적인 상대적 박탈감은 많이 느낄 가능성도 있기 때문이다. 이러한 차이의 근원으로서는, 앞서 언급한 바대로 재통일 독일에서 동독 출신자 중에서 높은 사회경제적 지위에 있어서 개인적 정체성은 높은 상태를 유지하면서 서독 출신자를 포함한 재통일 독일 전체 국민 중에서 낮은 사회경제적 지위에 해당됨으로써 갖게 되는 부정적 정서를 동독 출신자 집단이 서독 출신자 집단에 비해 상대적으로 박탈 상태에 있다고 주관적으로 지각함으로써 자신을 보호하려는 경우가 있기 때문이다. 또한 박군석(2003)이 영호남 주민들을 상대로 연구한 바에 따르면, 집단 차원의 상대적 박탈감은 개인의 사회적 정체성 수준에 따라 정적인 관련성을 보였다. 특히, 지위가 낮고 사회적 정체성은 높으며 안정적인 조건에서 합법성이 낮은 경우 더 많은 집단 차원의 상대적 박탈감을 보

였다는 점에서도 개인적 수준의 정체성과 집단적 수준의 정체성이 상대적 박탈
감에 작용하는 기제가 각기 다를 수 있음을 확인할 수 있다.

　개인이 심리적으로 취약하면 상대적 박탈감을 더 지각할 가능성도 있어 보인
다. 즉, 자신의 문제를 외부 귀인함으로써 자신의 문제를 희석시킬 가능성이 있
다. 이 경우에 대해서는 앞서 언급한 슈미트Schmitt와 메이즈Maes(2002)의 연구에
서 확인할 수 있다.

　남한에서 이들이 점차 북한이탈주민 유입의 증가 속도에 맞춰서, 이들의 집단
결속화가 강화되고, 나아가 김광억(1999)이 주장한 신 부족주의화neo-tribalism가
될 가능성이 크다는 점이다. 이 상태에 이르면, 상대적 박탈감은 집단 갈등의 원
인으로 작용하는 명분화의 길을 걸을 가능성이 크다. 또한 앞서 언급한 바대로
상대적 박탈감의 문제는 사회 정의와 관련이 많다는 점(Dar & Resh, 2001)에서 이
들이 자신들을 분단의 희생양이라고 평가할 경우 상대적 박탈감을 경험하는 것
은 어쩌면 당연한 귀결인 것처럼 의식될 가능성이 크다.

　슈미트와 메이즈(2002)에 따르면, 독일의 경우에도 동독 출신자들의 상대적
박탈감의 문제가 심각하게 제기되고 있다. 동독 출신자들은 자신들의 집단이 처
한 불만족스러운 상태 때문에 집단 차원의 상대적 박탈감을 느끼고, 이에 대해
방어하는 기제로서 내집단 편향in-group bias을 사용하여 자신들의 집단 정체성을
유지하려고 한다. 그리고 이들은 집단 차원의 상대적 박탈감 때문에 정신건강
도 좋지 않은 상태에 있었다. 이들의 연구에 따르면, 동독 출신자들의 이러한 상
황에 대해 서독 출신자들도 동조하는 맥락에서 자신들이 누리는 상대적 혜택이
나 우월성에 대해 부적절감을 느끼는 등 정신건강의 문제를 보이고 있다. 그리
고 이러한 우애적 상대적 박탈감은 티라보쉬와 마스(1998)의 연구 결과에서 볼
수 있듯이, 개인 차원의 상대적 박탈감보다 더 사회적 행위화할 가능성이 크다
는 점과 서독인 자신들의 집단 차원의 상대적 박탈감이 아닌 동독인들에 대한
측은지심적 관점에서 사회적 행위화될 가능성이 크다는 점에서 주의 깊게 살펴
보아야 할 문제이다. 이 외에도 독일 재통일 이후 이와 유사한 맥락의 연구(예:

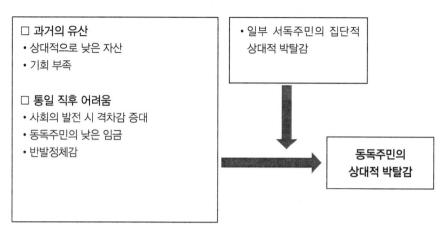

[그림 43] 동독 출신자의 상대적 박탈감 형성 구조

Ellemers & Bos, 1998; Mummendey, Kessler, Klink, & Mieke, 1999)들이 있다. 그리고 슈미트와 메이즈(2002)에 따르면, 이러한 상대적 박탈감의 문제는 동독 출신자들의 '2등 시민화'의 문제에도 직결되어 있다고 볼 수 있다. 이러한 내용을 정리해 보면, [그림 43]과 같다.

　우리는 아직 독일의 경우처럼 재통일이 되지도 않았고, 동독 출신자들처럼 북한이탈주민의 수가 그리 많지도 않다는 점에서 집단 차원의 상대적 박탈감 문제까지는 발전되지 않았다고 볼 수 있다. 하지만 이러한 문제의 단초가 있음이 여러 연구와 사례에서 포착되고 있다. 전우택, 민성길, 이만홍, 이은설(1997)의 연구에서 북한이탈주민이 겪고 있는 문제 중의 하나로서 '돈과 경제력 측면'의 어려움이 있었고, 북한이탈주민후원회(2001)의 연구에서 '적은 임금'이 문제라고 지적되며, 김광억(1999)은 이들은 자신이 여러모로 '특별한 사람'이라는 의식을 갖고 있다고 보았다. 그런데 이들의 경제력은 남한의 절대 빈곤층보다 결코 낮지 않고, 때로는 오히려 남한주민이 역차별 받는다고 주장을 할 정도로 정부의 경제적 지원이 이루어지고 있다는 점에서 절대적 박탈감 수준을 벗어난 것이라고 보아야 함에도 불구하고, 이들은 김광억(1999)이나 윤여상(2001)의 주장대로 과도한 기대 때문에 상대적 박탈감과 같은 형태의 문제를 의식하는 것으로 보아야 할 것이다.

또한 경제적 측면뿐만 아니라 일반적인 대인관계에서도 이들은 상대적 박탈감과 유사한 의식을 보이고 있다. 북한이탈주민후원회(2001)의 연구에서 북한이탈주민은 '편견과 차별'이 제일 높은 수치의 어려움으로 드러났는데, 이것은 단순한 편견과 차별보다는 자신들에 대한 남한 사람들의 무시이고 상대적 박탈감에 해당될 수 있는 감정과 비슷한 경험이라고 지각하는 것이다. 특히, 자신들이 '북한 출신'이라는 이유만으로 무시당한다는 응답이 많은 것은 집단 차원의 상대적 박탈감의 형태를 보인다고 볼 수 있다.

이상에서 볼 수 있는 바대로 현재의 북한이탈주민의 상대적 박탈감이 개인 차원뿐만 아니라 집단 차원으로도 드러나고 있으며, 머지않은 장래에 주요한 개인적 · 사회적 문제로 등장할 수 있다는 점을 감안하고, 재통일 독일 사회의 예에서도 발생했다는 점을 감안하여 이에 대한 학문적 쟁점화, 연구화, 해결책 강구가 절실하다.

여기서 북한이탈주민의 상대적 박탈감의 문제가 집단적 차원에서 비화될 수 있다는 점을 문화심리학적 배경에서도 찾을 수 있다. 즉, 북한이탈주민이 그동안 살아온 북한의 사회체제가 집단주의적이고 평등지향적이며(임현진, 1999), 남한에 대해 적대적이었다는 점(채정민, 2003)이다. 그래서 이들이 이러한 점들을 심리적으로 내면화하고 있을 가능성이 크다.

7. 목표설정과 동기 변화

(1) 재통일에 대한 기대

강동완(2020)에 따르면, 북한주민은 최근에 남한의 영상물을 시청함에 따라 [그림 44]와 같이 의식이 변화하고 있다. 즉, 남한에 대해서는 환상과 동경을 하

남한에 대한 환상과 동경
- 흰쌀밥에 대여섯 가지 반찬이 오르는 밥상
- 부부 방, 부모 방, 아이들 방이 따로 있음
- 장면마다 바뀌는 옷, 배우의 피부, 길거리 모습
- 여성이 운전하는 장면, 천국과 같은 놀이공원

지도부에 대한 인식 변화
- 이렇게 못 사는 이유가 다 지도자 때문
- 거지, 노숙자 없는 남조선
- 나는 왜 일한 만큼 가져갈 수 없는가

정치의식 변화

- 북한 당국의 교양사업과 전혀 다른 남조선 모습
- 나도 저런 나라에서 한번 살아 봤으면……

[그림 44] 최근 북한주민의 정치의식 변화

출처: 강동완(2020), 245쪽.

고 북한 지도부에 대해서는 책임이 있다는 의식이다.

이런 북한주민의 인식 변화는 재통일에 대한 기대감도 크게 갖게 할 수 있다. 재통일 전보다는 확실히, 더 많이, 더 좋게 나아질 것으로 생각할 것이다. 이러한 것은 과거 독일의 경우에서 확인할 수 있다.

독일 재통일 이후 사회체제에 대한 변화는 불가피하였다. 이에 대해 서독 출신자와 동독 출신자 모두 재통일 직후에는 상당히 많이 변화되었다고 인식하였다(〈표 23〉 참조). 특히 서독 출신자들이 구동독 사회체제가 많이 변화되었다고 인식하였다. 하지만 5년이 지난 1995년에는 오히려 변화되었다는 인식이 감소되었다. 특히, 동독 출신자는 양쪽 사회체제가 변화되었다는 평가가 서독 출신자에 비해 훨씬 높게 줄었다.

또한 재통일 이후 독일의 경제체제는 서독의 시장경제체제를 동독 지역에서도 적용하게 되었다. 이에 대해 동독 출신자들은 초기에는 77%나 되는 높은 비율로 신뢰하였는데, 시간이 흐르면서 점차 낮아져서 5년이 지난 1995년에는

〈표 23〉 당신은 구서독 또는 구동독의 사회체제가 모든 면에서 더 개선되었다고 생각하십니까?

(모든 응답자의 %)

	1990년		1995년	
	서독 출신	동독 출신	서독 출신	동독 출신
구서독의 사회체제	91	51	86	33
구동독의 사회체제	1	11	1	22
둘 다 아님	5	19	6	34
모름/무응답	3	19	7	12

원출처: 인프라테스트, 2차 출처: Weidenfeld & Korte(1996)의 번역본, 657쪽.

34% 수준에 머물게 되었다([그림 45] 참조). 이는 재통일의 열망을 가지고 본인들이 서독에 편입되기를 원했던 것이 시장경제체제에 의한 보다 나은 삶을 기대했다가 점차 기대충족이 낮아져서 새로운 체제에 대해 신뢰를 덜 하게 된 것으로 보인다.

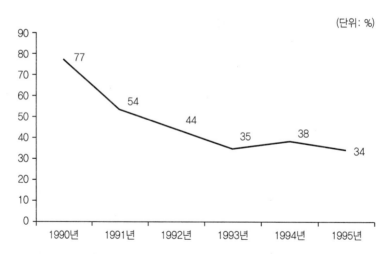

[그림 45] 서독 경제체제에 대한 신연방주의에서의 평가

원출처: 알렌스바흐여론조사연구소, 2차 출처: Weidenfeld & Korte(1996)의 번역본, 658쪽.

(2) 재통일 시대 희망

　재통일 후 일정 시간이 경과되면 처음에 가졌던 기대와 희망이 주는 것이 재통일 선례 국가의 일반적인 경향이다. [그림 46]은 재통일 독일에서 다음해에 얼마만큼의 희망을 갖고 있는가를 주기적으로 조사한 결과이다(질문: "당신은 새해에 대해 희망이 있다고 보십니까, 아니면 우려 된다고 보십니까?" 재질문: "일반적으로 또는 개인적으로? 아, 물론 당신이 지금 어떤 데 몰두하느냐에 따라 달라지겠지만 말이죠."라고 질문했다). 그 결과, 희망이 1994년을 기점으로 다시 낮아지는 경향을 보였다.

　이러한 경향은 재통일 한국에서도 나타날 것으로 보이므로 과연 예상한 바대로 나타나는가도 확인해야 하지만, 희망이 꺾이지 않도록 대응조치를 강구해야 한다.

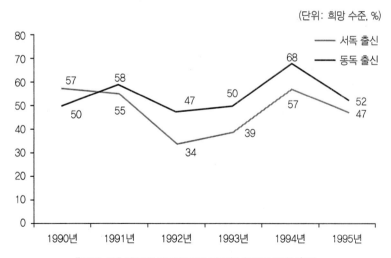

[그림 46] 재통일 독일에서의 다음해 희망도 변화 추이

원출처: 알렌스바흐기록, IfD-설문, 특히 6023 II, 1995년 11/12월, 2차 출처: Weidenfeld & Korte(1996)의 번역본, 662쪽.

8. 개인 네트워크 변화와 대인관계 변화

재통일 이후 남한주민과 북한주민은 심리적으로 어느 정도는 이중적 의식을 가질 수 있다. 그 이유는 이들의 삶이 공적 영역과 사적 영역으로 구분될 수 있기 때문이다. 공적 영역은 직장 생활, 직업 생활, 학교 생활, 교통 시스템 영역 등을 말하고, 사적 영역은 개인의 취미생활, 친구관계 등을 말한다. 공적 영역에서의 삶을 포기한다면 모를까 그렇지 않다면 남한주민이나 북한주민 모두 어디선가 어떤 형태로든가 어우러져 살아가야 한다. 이때 양측 주민들은 서로 다른 생활 규범으로 살아가기는 어렵다. 단일한 코드로 살아갈 수밖에 없다. 예를 들어, 서로 계약서를 작성할 때 양식이나 효력 범위, 계약 불이행 시 조치 등을 달리할 수 없다. 따라서 공적 영역에서 양측 주민들은 단일한 코드를 심리적으로 내장할 수밖에 없다.

9. 공산권 출신자의 신경증

앞서 살펴보았듯이 재통일 후 구 동독 출신자의 정신건강은 좋지 않은 것으로 나타났다. 이들이 보이는 신경증에 대해 좀 더 구체적으로 분석해 보면, [그림 4기과 같이 진행되었다. 즉, 과거에 극복해야 할 문제가 있었고, 재통일 직후 새롭게 해결해야 할 당면 문제를 추가로 가지게 되었는데, 이를 잘 해결할 자원과 여건이 부족해서 신경증으로 나타나게 된 것이다. 이러한 경과는 구 동독 출신자 개인 몇 명이 겪는 것이 아니라 구 동독 출신자 대부분이 겪는 것이라고 볼 수 있다.

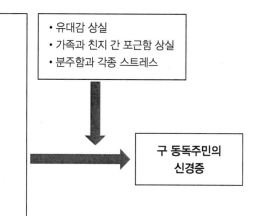

[그림 47] 동독 출신자의 신경증 형성 구조

10. 입장 변화에 따른 인지부조화 현상

　박운명은 과연 인지부조화를 겪지 않을까? 겪을 가능성이 농후하다. 사람이 생활하면서 신처럼 처음에 옳다고 생각하고, 좋다고 생각하고, 하고 싶다고 생각한 대로 행동하면서 살지 못할 때가 적지 않다. 이럴 때 페스팅어가 주장한 인지부조화 현상이 나타날 수 있다. 특히, 재통일을 하게 되면 남한주민과 북한주민이 서로 공유하고 있는 점을 확인할 수도 있지만 서로 다른 점이 부각될 수도 있다. 그리고 이 다른 점에 맞춰서 행동하려면 자신이 가진 태도와 행동의 불일치를 인식하는 인지부조화 현상을 경험하게 되고, 이 부조화에 대해 감소 동기를 갖고 조화 또는 균형을 회복하려는 방향으로 노력하게 된다. 이러한 기제는 [그림 47]과 같다.

　이러한 인지부조화는 재통일 이후 남한주민이나 북한주민 어느 일방만 경험하게 되는 것이 아니다. 정도의 차이와 영역의 차이만 존재할 뿐 누구나 경험하게 된다. 특히, 재통일 사회를 여유로운 신국가로 볼 때 새로운 국가 상황에 맞게 그 누구도 변화할 필요를 느낄 만큼 인지부조화를 경험하게 될 것이다.

그런데 독일 사례나 베트남 사례를 보게 되면, 특히 이데올로기 관련 구 동독 교사들의 경우 재교육을 통해 교사직을 유지하게 될 경우 인지부조화를 매우 많이 겪었다. 왜냐하면 얼마 전까지만 해도 자신은 서독측 이데올로기와 역사 등에 대해 비판적 입장에 있다가 180도 바뀐 태도로 교육을 해야 하기 때문이었다. 물론 이것도 시간이 약인 것처럼 시간이 흐르면 상당 부분의 인지부조화 문제가 자연스럽게 해결될 수 있지만 재통일 직후에는 큰 문제가 될 수 있다.

따라서 앞에서 언급한 교사들과 같은 경우가 아니라면 이러한 인지부조화에 대한 거부감을 부각시킬 것이 아니라 자연스러운 경험이 될 수 있을 뿐만 아니라 새롭고 더 낫게 변화할 수 있는 기회를 맞이하게 될 것이라는 점을 부각시켜 국민들에게 알릴 필요가 있다.

11. 구조적 실업 경험

경제적인 측면이 심리적인 측면에 영향을 미칠 것이라는 관념이 널리 알려져 있다. 김창환, 양금희, 윤재홍(2002)이 바이덴펠트Weidnefeld와 코르테Korte(1996)의 자료를 제시하면서 재통일 이후 양 지역의 경제적 차이와 주민들의 생활수준의 차이가 양 지역 주민들 간 갈등을 불러일으키는 주된 요인이었다고 주장하였다. 특히, 이러한 차이는 앞으로도 상당히 오랜 기간 동안 지속될 것이고, 이 때문에 발생한 문제 또한 지속될 것으로 보이기 때문에 더욱 정밀한 재분석이 필요하다.

기존의 연구들에서도 이러한 김창환 등(2002)의 주장과 유사한 주장들이 많았다. 나광은(2004)은 겐지케(2001)의 동독 지역에 국한된 조사 결과를 인용해서 동독 출신자들은 동독 지역과 서독 지역의 경제 차이를 인식하게 되어 재통일 이후에도 여전히 "동독 출신자들이 2등 국민으로 남을 것"이라고 지적했다. 겐지케(2001)의 조사 결과, 동독 출신자들은 1990년에는 2등 국민론에 대해 92%의

동의를 보였고, 1993년에는 83%, 1995년에는 69%, 1997년에는 82%, 1999년에는 75%, 2001년에는 74%의 동의를 보였다.

이러한 문제는 임금 차이라는 실제 문제로 나타날 수 있다. 즉, 임금과 경제 측면에 대한 동독 출신자들과 서독 출신자들의 인식 내용에서 중요한 변수 중의 하나로 꼽을 수 있는 것은 상대적 평균 임금 차이이다. 바이넨펠트와 코르테(1996)에 따르면, 재통일 이후 동독 출신자들에 대해서는 서독 출신자에 비해 60% 수준의 낮은 임금을 지급하였다. 이후 점차 그 격차가 해소되어 나갔지만 1995년에는 74% 수준의 임금에 머물렀다.

그런데 경제적 측면이 심리적 영향을 미친다는 관점에 반대되는 연구 결과도 있다. 이스털린Easterlin(1995)은 1945년부터 1970년까지 미국에서의 실질소득과 개인들의 삶의 주관적 만족도에 대한 관계를 분석하여, 실질소득은 2배 이상 증가했는데도 삶에 대한 주관적 만족도는 전혀 상승하지 않았다는 것을 밝혔다. 그리고 여러 국가들을 비교하였는데, 1인당 소득수준과 삶의 만족도 간에는 유의미한 관계가 발견되지 않았고, 개별 국가에서 횡단면적으로 분석했을 때에만 소득과 만족도 간의 관계가 유의미하였다고 보고하였다.

반면, 이현송(2000)에 의하면, 한국의 경우 개인 소득은 생활만족도의 40%를 설명하며, 이러한 결과는 외국 연구 결과들과도 유사하다고 보고하였다. 이는 소득이라는 경제적 측면이 개인들의 심리에 중요한 영향을 미치는 것을 알 수 있다.

이러한 결과들을 종합해 보면, 재통일 독일에서 소득과 같은 경제적 측면이 심리적 영향을 미친다고 단정 짓기는 어렵다. 또한 소득 이외에 다른 거시적 경제지표들이 어떠한 방식으로든 심리적 영향을 미친다고 단정하기도 어렵다. 이러한 점들은 실제로 면밀하게 분석해 보아야만 할 문제로 남는다.

12. 과거 그리워하기 현상

재통일과 관련해서 원래 과거 그리워하기(독일에서는 오스텔지어 현상이었음)
는 자신과 자신이 속한 집단이 열등한 위치에 있거나 부당한 대우를 당하고 있
다고 해서 갖게 되는 것이다. 그래서 독일에서는 많은 동독주민이 이러한 감정
을 보였다. 하지만 꼭 그렇게만 생각할 것은 아니다. 김금행이 "이럴 줄 알았으면
재통일 안 하는 것이 더 나을 뻔 했어요. 괜히 재통일 해 가지고 남 좋은 일만 시켜 주
고, 저는 위축되고요."라고 말한 것처럼 남한주민도 이러한 감정을 가질 수 있다. 왜
그럴까?

인간은 대부분 현재를 살고 있지만 그리고 미래를 희망하지만 과거의 영향을
떨쳐 버리기 어려운 존재이다. 그래서 현재 살아가는 데 힘들고, 미래 희망이 없
어 괴로우면 과거의 영화를 찾아 퇴행regression하기 쉽다. 이 점은 일찍이 프로이
트가 주장했던 바이다.

그런데 재통일이라는 큰 사건이 있고, 이러한 퇴행을 보이는 개인들이 많아지
면 집단적으로 퇴행할 수 있다. 이러한 것이 실제로 독일 재통일 후 구 동독 출신
자들을 중심으로 나타났다.

북한이탈주민의 경우에도 현재 이와 유사한 경험을 보이고 있다. 이민영(2007)
은 다음과 같이 과거 그리워하기 현상을 설명했다.

북한문화의 특수성을 거부할수록 자신이 살아온 과거와 가족에 대한 '정당
성의 상실'을 경험하기에 북한 문화의 긍정적인 측면을 부각시키면서 자존감
을 지키는 것이다. 대부분의 북한 배우자들은 남한 배우자들에게 북한이 남
한보다 더 나은 점들을 설명하고 설득시키면서 스스로의 정체성과 사회적 열
등감을 회복하려고 하였다. 북한이 더 인간적이며, 자연주의적이고, 원리 중
심적이고, 본질적이고, 거시적 사상적 정신력이 앞선다는 것, 추진력도 있고

알뜰하며 말도 잘한다는 것, 모두 다 굶주리는 것은 아니라는 것 등이다. 이에 대한 남한 배우자들은 20~30년 전 남한에서도 그랬다며 여전히 북한을 후진 적으로 바라보거나, 북한적인 것이 더 낫다는 것을 동의하면서도 현재의 남한 에서 필요한 것은 아니라는 태도를 보이기도 하였다(이민영, 2007, 197쪽).

이러한 현상은 재통일 후에 북한주민에게서도 볼 수 있을 것이다. 아무리 어 려운 시절을 겪어도 그보다 더 어려운 시점과 상황에 이르면 과거의 조그만한 성공과 영광이라도 붙잡고 싶기 때문이다. 그리고 남한주민도 재통일된 사회에 서 살아갈 때 불편하고 힘들고 피해 본다고 생각하면 그냥 이전에 편하게 살던 때로 되돌아가고 싶어 할 수 있다.

독일의 경우에도 동독주민이 과거를 그리워하는 것은 아니다. 동독 출신자인 베어볼트는 통일 이후 30년이 지난 시점에서 이루어진 인터뷰에서 다음과 같이 말했다.

　"아무튼, 모든 것이 바뀌었어요. 극도로 바뀌었죠. 통일 후 가장 아쉬운 점 은 동독에 남아 있던 공동체 개념이 사라졌다는 거예요. 무엇보다 상황이 계 속 급변하기만 하고 체제가 안정되지 않으니까 다들 불안해했어요. 실직자가 워낙 많으니 우울증 환자도 많았죠.

　그렇다고 통일을 나쁘게 보느냐고요? 아니. 통일 좋았어요. 그전으로 돌아 가고 싶지 않아요. 통일 당시는 힘들었지만, 이제는 많이 안정됐어요. 동독 시 절은 꼭 하지 않았어도 될 경험이에요(이대희, 이재호, 2019, 33쪽)."

또한 독일의 재통일 3년 후에 조사한 동독 지역주민의 적응도에 대한 결과를 보면, 처음에는 어려웠으나 점차 잘 적응하게 되었다는 비율이 38%이다(〈표 24〉 참조).

〈표 24〉 동독 지역주민들의 새로운 생활조건에 대한 적응도

처음부터 아무런 문제가 없었음	35%
처음에는 어려웠으나 이제 잘 적응하고 있음	38%
아직 어려움을 겪고 있으나, 앞으로 나아질 것임	21%
영원히 새로운 사회에 적응하지 못할 것임	6%

원자료 출처: Eswchst zusammem, Die Zeit(1. Oktober 1993), 2차 출처: 조찬래 외(1998), 124쪽.

이러한 것처럼 독일의 경우를 분석해 보면, 재통일 이후의 삶이 안 좋아졌다고 보거나, 재통일 이전부터 좌파적 시각을 강하게 가지고 있던 사람 위주로 과거를 그리워하는 경향을 보이고 그렇지 않은 경우에는 이러한 경향을 보이지 않으며, 예전에 이러한 경향을 보였던 사람들이더라도 시간이 흐르고 재통일된 사회에서 삶이 안정화되면서 이 경향을 적게 보이고 있다.

따라서 한민족의 재통일과정에서도 독일의 사례를 토대로 이 현상의 원인 제거와 감소에 주력할 필요가 있다.

13. 무관심 현상

한민족 재통일에 대한 반대 입장이나 무관심 입장을 가진 사람들도 적지 않다. 이들이 재통일이 되고 나서는 어쩔 수 없이 변화된 상황에 적응하거나 불만을 가지지만 그럭저럭 살아갈 수는 있다. 하지만 이들의 심리에 대한 연구를 하지 않으면 재통일과 관련된 심리 현상을 연구하는 데 있어서 사각지대를 남겨 두는 오류를 범하게 되고, 혹시 이들이 어떻게 해서든 재통일에 대해 긍정적 태도를 지닐 수 있도록 유도하는 기회를 놓치게 되는 결과를 초래할 수 있다. 따라서 이들에 대한 심리학적 연구의 비중도 절대 줄여서는 안 된다. 2004년 이종한, 금명자, 채정민이 '오늘의 심리로 보는 내일의 재통일'에서 재통일지지자, 재통일반대자, 재통일무관심자를 다뤘던 연구를 참고해 볼 필요가 있다.

한민족 재통일을 반대하거나 무관심한 사람도 전쟁이 아닌 평화를 원한다는 점에서 평화와 관련된 심리적 현상을 파악할 필요가 있다.

| 제6장 |

재통일 전후의
집단 심리 이론화

1. 남북한 양측 출신자의 상호 인식과 행동

(1) 고정관념, 범주화: 2등 시민화 현상, 3등 시민화 현상

현재도 그렇지만 재통일이 되어도 남한주민은 북한주민에 대해, 북한주민은 남한주민에 대해 잘못된 고정관념을 가질 수 있다. 채산이 재석이라는 학생에 대해 처음에 가졌던 선입견이 이에 해당된다.

재통일이 되면 남한주민과 북한주민 개개인의 접촉도 많지만 집단적 형태의 접촉도 많아지게 된다. 이때 별 문제가 없으면 좋은데 현실은 그렇지 못할 것으로 예상된다.

이러한 문제의 근원으로서 고정관념이 주목을 받는다. 현재도 남한 내 북한이탈주민의 적응 문제에서 남한주민이 이들에게 가지는 고정관념이 단골메뉴다.

그렇다면 고정관념은 무엇인가? 그런데 일반인들은 고정관념stereotype과 편견prejudice, 나아가서 차별discrimination에 대해서도 정확하게 구분하지 못한다. 하지만 심리학에서는 이들을 명확하게 구분한다. 먼저 차별은 행동을 말한다. 그래서 고정관념과 편견과는 구분된다. 그리고 고정관념은 간단히 말해서 '대상집단에 대하여 작용하는 고정적인 인지 내용 그 자체'인데, 좀 더 구체적으로 말하면, '특정한 집단과 그 구성원들에 대해 알려진 내용을 왜곡하거나 사실과 다른 내용을 가지고 있다고 보는 시각'을 말한다. 대부분 부정적 인식이다. 이에 비해 편견은 고정관념의 내용 중 부정적 인식에 더해서 부정적 감정을 갖는 것이다. 예를 들어, 축구경기를 하는 어느 팀의 선수가 상대팀과 선수에 대해 사실과 다르게 거칠게 경기하는 팀과 선수라고 생각하고 있다면 이는 고정관념이다. 그런데 이팀과 선수들에 대해 거칠게 경기하기 때문에 밉다고 생각하면 이는 편견이다.

평소에도 대인관계에서 상대방 집단이나 상대방 개개인에 대해 고정관념과 편견 그리고 차별은 최대한 없어야 좋지만 재통일 이후에는 이 문제가 더욱더 없어야 하는데 그렇지 못한 경향을 보인다. 독일의 경우에도 서독인은 동독인에 대해, 동독인은 서독인에 대해 좋지 않은 고정관념, 편견, 차별을 보였다.

현재 남한주민이 북한이탈주민에 대해 가지는 고정관념, 편견, 차별도 독일의 경우와 별반 다르지 않다. 그렇다고 해서 북한이탈주민이 남한주민에 대해 고정관념, 편견, 차별을 하지 않는 것도 아니다. 이들은 이들 나름대로 이러한 모습을 보인다.

그런데 고정관념은 주로 범주화, 즉 사회적 범주화를 통한 태도로 형성된다. 단순히 A팀, B팀으로 구분해 놓기만 해도 상대팀에 대해 고정관념을 가지게 된다. 이러한 사회적 범주화는 기본적으로 상대에 대한 정보 파악과 도움 요청에 유리하다. 하지만 이 범주화는 늘 동일한 형태를 띠거나 기능을 하는 것이 아니라 문화와 파악 시점의 맥락에 따라 다르다. 예를 들면, 미국에서는 인종이 중요시되고, 레바논 등에서는 종교가 중요시되는 사회범주화의 요인이다. 국내에서는 연령(존경심)과 출신(사회적 수용행위)이 중시된다는 연구 결과가 있다.

이러한 사회적 범주화는 일종의 집단지각으로서 대인지각의 특징과는 차이가 있다. 즉, 대인지각보다 집단지각은 비일관성을 허용하고, 자신 있게 이루어지지 않으며, 단일한 유기체적 단위로 여겨지는 경향이 덜하다. 그리고 개인에 대한 정보는 초두효과가, 집단에 대한 정보는 신근성 효과가 강하게 작용한다.

그런데 사회적 범주화에서 집단의 실체성도 문제가 된다. 일반적으로 실체성이 높은 집단에 대한 정보는 마치 개인에 대한 정보처럼 처리된다. 그리고 집단의 구분이 의미 있다고 여기는 경우는 집단의 특성을 파악하려는 범주화된 정보처리를 함으로써 개별적인 정보의 식별에 소홀하게 된다. 주로 소수집단에 대한 정보처리에서 특히 범주화된 처리경향이 강하다. 이러한 점은, 실체성이 높은 소수집단 성원에 대한 정보처리가 범주화되어 나타나는 경우에는 이 정보들의 유기적인 관련성이 높게 조작되어 개인에 대한 정보 파악처럼 나타나기 때문이다. 따라서 실체성이 높다고 여겨지는 집단에 대하여 사람들은 그 집단 성원들이 서로 외관상 닮은 정도가 크고, 심리적으로 동질적이라고 지각한다.

이러한 집단실체성이 피부색과 같이 겉으로 명백히 다름을 알게 되는 요소를 기반으로 할 때는 고정관념이 더 많이 강하게 작용될 수 있다. 이런 점 때문에 미국에서 인종갈등이 쉽게 해소되지 않는다고도 볼 수 있다. 물론 미국 내에서 백인만 흑인을 상대로 자기인종 편향 현상을 보이는 것은 아니다. 흑인들도 백인들에 대해 이와 같은 현상을 보였다.

그리고 상대집단과 경쟁하는 상황에서, 상대집단의 규모가 작을수록 강하게 이러한 현상을 보인다.

주지하다시피 미국 사회가 흑백갈등의 문제, 인종갈등의 문제를 수십 년 전에 이미 다 해결한 듯 보이지만 현실은 그렇지 않다. 이에 대한 연구가 [그림 48]과 같다. 이 연구는 백인들을 연구대상자로 하여 진행되었다. 이들에게 설문지로 질문하여 응답을 받으면mass survey 백인과 흑인에 대한 선호도는 1점을 넘는데, 실험, 즉 암묵적 태도 측정 방식으로 파악해 보면experiment 백인에 대해서는 여전히 0점 위의 선호도를 보이는데, 흑인에 대해서는 −3점 이하의 선호도를 보인다. 즉, 겉과 속이 다르다는 의미이고, 이는 여전히 인종에 대해 고정관념으로 깊게 뿌리내려진 심리가 있다는 의미이다.

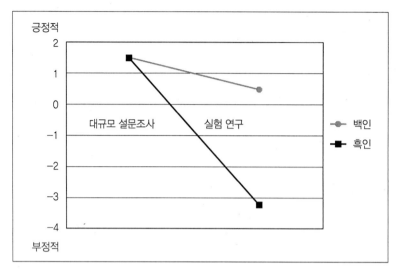

[그림 48] 백인 대상 흑인과 백인에 대한 암묵적 태도 검사와 명시적 태도 검사 간의 차이 연구 결과

또한 고정관념 측면에 대한 문화심리학적 연구를 살펴보면, 고정관념이 문화와 관련된 측면이 많음을 알 수 있다. 싱Singh 등(1998)은 싱가포르에서 중국인들은 '근면하고', 말레이시아인은 '사교적'이라는 고정관념이 있다(Hewstone & Ward, 1985)는 것을 연구했다. 싱 등(1998)이 이 가능성을 검증하기 위해 실험을 했다. 지능적 측면에서 말레이시아인들과 중국인들은 내집단 편향을 보였다. 하지만 말레이시아인들은 중국인들이 상대에게 평가한 것보다 더 좋게 평가했다. 사회적 측면에서 말레이시아인들은 차별이 없었는데, 중국인들은 외집단 비하를 나타냈다. 따라서 어느 한 문화에 속한 사람들에 대한 심리평가를 위해서는 해당 문화에 대한 깊은 이해가 필요하다.

국내에서는 북한이탈주민에 대한 고정관념 연구가 몇 편 발표되었다. 그중에서 김혜숙(2002)의 연구를 보면 연구 당시 시점에 북한이탈주민이 다른 국내 다른 집단들에 비해 따뜻함과 유능성이 모두 낮게 나타났다([그림 49] 참조). 이는 북한이탈주민에 대해 남한주민이 상대적으로 부정적인 고정관념을 가지고 있는 것을 보여 주는 것이다.

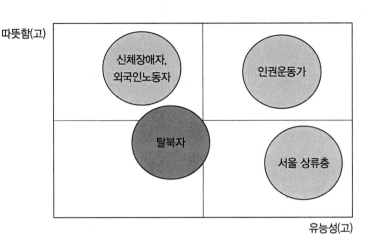

[그림 49] 탈북자에 대한 유능성과 따뜻함 차원의 고정관념
출처: 김혜숙 외(2002).

　　이러한 현상은 재통일 이후에도 양측 주민들 간에서 나타날 수 있다. 단, [그림 50]과 같이 실제로는 어떤 특성에서 두 집단 간에 유의미하지 않은 평균 차이가 나는데도 관념적으로는, 즉 고정관념적으로는 유의미한 큰 차이로 인식할 가능성이 크다는 점에서 고정관념의 부정적 위력을 예상해 볼 수 있다.

　　또한 〈표 25〉의 정서이요인설의 실험과 같이 일반인들은 자신이 왜 화가 나는지 왜 기쁜지 등에 대해 정확하게 그 원인을 알지 못하는 경우가 많다. 이 실험에서 연구참여자는 약물에 의해서가 아니가 흥분효과 설명을 듣느냐 그렇지 않느냐에 따라 화를 내기도 하고 그렇지 않기도 한다. 이 역시 재통일 후 양측 주민들이 상대방에게 어떤 방식으로 고정관념을 편견화할 수 있는 기제를 설명하고 있다. 따라서 이러한 문제를 사전에 잘 해결할 방안을 마련해야 한다.

　　그리고 재통일 독일에서의 사회문화적 갈등은 대표적으로 다음과 같은 예에서 볼 수 있다. 독일에서는 재통일 후 '동독 출신자에 대한 2등 시민화 논쟁'이 등장하였다. 여기서 서독 출신자는 '1등 시민', 동독 출신자는 '2등 시민'으로 구분되고, 이에 따라 상호 간의 인식과 행동 면에서 많은 문제가 발생된다는 점이다. 이 문제의 핵심 요소는 서독 출신자는 '승리자', 동독 출신자는 '패배자'라는 승패의 문

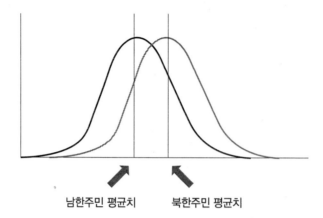

남한주민 평균치   북한주민 평균치

[그림 50] 남한주민과 북한주민의 특성 분포 가능성

〈표 25〉 정서이요인설 실험 틀

조건	실험절차순서				
	1 흥분제 복용	2 흥분효과 설명	3 동료의 행위	4 흥분에 대한 귀인	5 경험정서
설명 없음	함	듣지 못함	즐겁거나 화냄	상황	즐겁거나 화냄
설명해 줌	함	들음		약	없음
흥분 없음	안 함	듣지 못함		없음	없음

제로 본다는 점이다. 그리고 이러한 문제는 다른 문제들과 함께 혼합되어 2004년 여론조사에서 독일 국민 중 21%가 '다시 베를린 장벽의 부활을 원한다'(연합뉴스, 2004년 10월 4일자)는 결과로 나타났다고 볼 수 있다. 그리고 동독 출신자는 이러한 맥락에서 재통일 이후 8년째에 접어들어 구 공산당에 해당되는 민주사회주의당 (PDS)을 전폭적으로 지지하여 승리하게 했던 적이 있다(Meinardus, 1998).

[그림 51]에서 알 수 있듯이, 구 동독 출신자의 2등 시민화 현상이 구 동독 출신자만의 원인으로 만들어진 것이 아니라는 점을 알 수 있다. 그리고 2등 시민화 현상은 집단 갈등이나 동독인의 정체성 위기 등으로 이어지는 결과를 낳았다고 볼 수 있다.

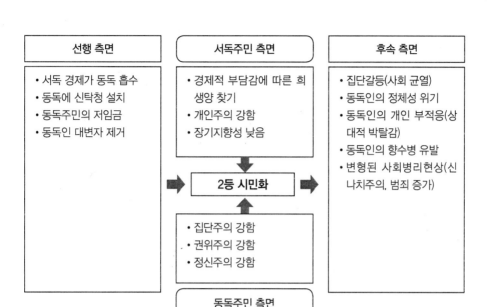

[그림 51] 동독 출신자의 2등 시민화 현상

(2) 편견

앞서 언급한 바와 같이 편견은 고정관념과 같다고 생각하거나 유사하다고 생각하는 사람들이 많은데 실제 연관성은 있지만 다르다. 편견은 '상대방이 특정 집단의 성원이라는 이유만으로 상대방을 평가하여 지니고 있는 태도이며 대체로 부정적인 특성'이기 때문이다.

이 편견은 편견에 부합하는 정보를 신속히 처리하고, 부정적인 정서를 야기하며, 특정 집단에 대한 편견이 광범위하면 때로는 파괴적인 결과를 유발한다. 미국의 경우에도 1981년(인종차별 감소 추세의 미국에서) 옛 흑인의 열등한 사회적 위치에 대한 귀인 차이를 보였는데, 백인은 내부 귀인 59%, 외부 귀인 39%였고, 흑인은 내부 귀인 46%, 외부 귀인 72%로 나타났다.

편견의 발생 기제에 대해서는 여러 가지로 설명한다. 정신분석적 접근(권위주의적 성격이론), 현실적 집단갈등적 접근, 학습 및 사회화적 접근, 사회인지적 접근 등 다양하다. 정신분석적 접근은 주로 부모의 잘못된 양육 때문에 좌절을 겪고 이후 공격성향을 가져서 이를 소수집단에 투영해 낸다고 설명한다. 현실적 집단갈등적 접근은, 두 집단이 한정된 자원을 놓고 경쟁할 때 서로 간에 적개심이 생기고, 이는 상대집단에 대한 부정적인 평가로 이어진다고 설명한다. 학습 및 사회화적 접근에서는 부모의 강요에 의한 학습뿐만 아니라 아동의 자발적인 내재화로 학습 가능하다고 설명한다. 사회인지적 접근에서는 세상사를 효율적으로 지각하고 판단하기 위해 인지적인 편파를 보인다고 설명한다.

이들 중 어느 설명이 옳고 그른가는 이 책에서는 차치하고 편견의 유지와 증폭을 막을 수 있는 방안을 생각해 보겠다. 편견은 집단규범에 대한 동조를 유발하고 증폭시킨다. 이 집단규범은 명시적일 수도 있지만 그렇지 않을 수도 있다. 또한 편견은 상대집단을 멸시함으로써 상대적으로 자신을 우월하게 지각하게 만들기도 한다. 그리고 편견은 가설확인적 검증 방략으로 살아가게 만들기도 한다. 즉, 잘못된 가설의 잘못된 검증을 계속 이어서 하는 것이다. 이러한 것을 편견에 의한 자성예언효과라고 한다.

그렇다면 편견은 어떻게 해소할 수 있는가? 편견을 해소시키기 위해서 편견과 반대되는 새로운 정보를 제공하면 되는가? 안 된다. 편견을 제거하기 위해서는 이에 상치되는 정보를 반복적으로 제시하고, 대상집단 성원들에게 두루 전달해야 한다. 또한 편견을 가진 집단과 편견의 대상이 되는 집단 간의 접촉을 증가시키는 것이 필요하다. 실제로 미국의 흑인과 백인 혼성 부대에서는 접촉효과가 있었으나, 백인군인이 흑인과 접촉이 거의 없는 경우에는 거부 반응을 보였다. 이뿐만 아니라 대부분의 연구 결과에서 단순접촉효과가 긍정적이지만은 않은 것으로 나타났다. 따라서 접촉을 시키되 보다 효과적인 조건을 마련해야 한다. 즉, 동등한 입장에서 장기적으로 긴밀하게 이루어져야 하고, 두 집단 성원 사이의 관계가 상호 협조적인 의존관계여야 하며, 협동적인 과제의 수행 결과가 성공적이어야 하고, 편견이 잘못된 것이며, 집단 성원 간의 평등성을 당연시하는 사회적 규범이 존재하고 분쟁의 조절, 감독 역할을 하는 사람들 간에 합의가 존재해야 한다. 이 외에도 집단 간 우정을 갖게 하고, 사회적 재범주화에 의한 조망 확대를 하게 할 필요가 있다.

　　재통일 독일에서도 [그림 52]와 같이 구 서독 출신자와 구 동독 출신자가 상대 방에 대해 반대 정서가 있었는데, 시간이 흘러서 점차 완화되기도 했지만 경제 재건 등이 늦어졌다는 이유 때문에 다시 강화되기도 했다.

동독인의 반서독 감정	서독인의 반동독 감정
• 반서독 감정 있음. 점차 완화됨. • 그러나 1995년 반서독 감정이 증가(경제 재건이 예상보다 늦었기 때문)	반동독 감정 있음. 점차 완화됨.

[그림 52] 동서독인의 상대방에 대한 감정

　　우리 국가의 경우 지역색이 있고, 이것이 때로는 편견을 낳기도 하고 차별로 이어지는 경우도 있으니 이를 해결해야 한다. 이를 위해서는 명시적인 표식 등 에 대한 대책을 먼저 강구해야 한다. 과거 차량 표지판에 있던 지역명이 사라지 고 지역을 염두에 둔 차량 운전자에 대한 인식이 사라진 것과 같은 방식으로 먼 저 지역명을 조정해야 한다. 이 지역명도 초광역단위명도 있고, 광역단위명과 기초단위명도 있는데, 소위 초광역단위에서 편견의 발생 원인이 작동될 수 있으 므로 '남한'과 '북한'이라는 명칭 대신 남쪽 지방은 바다를 많이 끼고 있고 해양으 로 진출하기 쉽다는 의미로 충청이남의 영호남을 통털어서 '해한'으로, 북쪽 지 방은 평안북도 이상과 함경남북도를 포함하여 대륙으로 진출하기 쉽다는 의미 로 '육한'으로, 수도권과 황해도와 평안도, 강원도를 포함하여 해한과 육한을 잇 는 의미로 '교한'으로 부르는 식의 노력이 필요하다.

(3) 차별

차별은 편견이 행동으로 발현된 것이다. 즉, 편견은 부당한 차별로 드러난다. 그런데 차별 의도가 없는 경우에도 차별로 인식할 수 있다. 그래서 차별을 다룰 때는 지각된 차별perceived discrimination에 주목한다.

그리고 차별에 대해 연구를 해 보면, 왕따 경험자는 피해자에 대한 편견이 가장 적고, 아무 경험이 없는 학생들에게서 가장 강하게 나타난다는 점에서 차별하는 사람은 큰 책임이 없다.

국내에서도 차별, 역차별 등의 문제가 남한주민 간에도 제기되지만 제일 큰 문제로 제기되는 것은 북한이탈주민이 차별당한다는 문제이다. 그런데 이들이 경험한다는 차별은 실제 차별, 선입견에 의한 차별감, 지각된 차별감, 독일 등과 같은 곳에서 발생된 경우와 자신들이 처한 상황이 같다는 이유만으로 차별받는다고 관념적으로 생각하는 것들이 섞여 있다([그림 53] 참조). 여기서 첫째, 지각된 차별감은 차별하는 주체, 즉 남한주민이 이러한 행동을 감소시키거나 전혀 하지 않는다면 가지지 않을 가능성이 큰 데 비해, 상대적 박탈감은 남한주민이 북한이탈주민에게 어떠한 형태로든 자극하지 않아도 북한이탈주민이 느낄 가능성이 크다는 점이다. 둘째, 지각된 차별감은 정치적으로 쟁점화되기도 쉽지 않

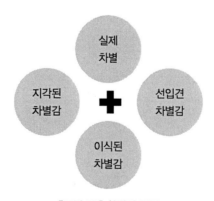

[그림 53] 차별의 구조

고 정치적 쟁점화가 일어난다고 해도 남한주민의 동참이 별로 일어나지 않을 가능성이 큰 데 비해, 상대적 박탈감은 남한주민의 동참이 일어날 가능성이 크다.

그리고 북한이탈주민이 겪는다고 하는 차별은 개인으로서도 경험하고, 북한이탈주민 집단으로서도 경험하게 되는데, 이 차별 경험은 주로 정부 기관이나 민간 기관 등의 기관으로부터의 차별과 일상적으로 남한주민과 어우러져 살아가면서 겪는 차별이 있다([그림 54] 참조).

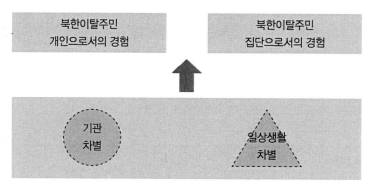

[그림 54] 북한이탈주민의 차별 근원

북한이탈주민지원재단 사회통합조사(2018)에 따르면, 북한이탈주민이 겪는다고 하는 차별 혹은 무시당한 경험이 있다고 응답한 비율은 전체에서 20.2%로서 과거 연구 조사에서의 결과보다는 많이 낮아졌다([그림 55] 참조). 그리고 차별받고 무시당하는 가장 주된 이유는 문화적 소통방식이 달라서였다([그림56] 참조).

가장 주된 이유는 문화적 소통방식이 다르다는 점에서

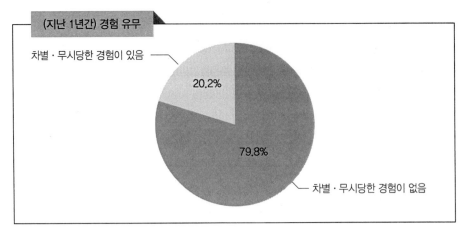

[그림 55] 북한이탈주민의 차별·무시당한 경험 조사 결과

출처: 북한이탈주민지원재단 사회통합조사(2018).

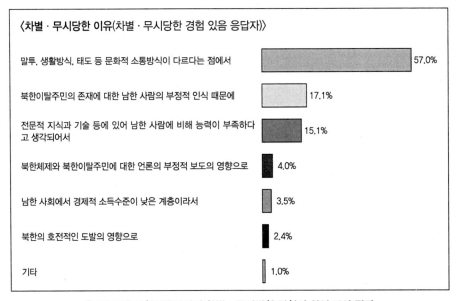

[그림 56] 북한이탈주민의 차별·무시당한 경험의 원인 조사 결과

그리고 로저스Rogers 등(1994)이 백인 피험자를 대상으로 연구한 내용을 보면, 상대방이 흑인이되 순종적이라고 하면 전기쇼크를 약하게 주는데, 도전적이라고 하면 전기쇼크를 강하게 주었다. 이는 상대방과의 관계가 적대적이거나 경쟁적일 경우 상대방에 대해 더 강하게 반응하는 경향을 보이는 것이다.

재통일이 되면 그 이전보다 남한주민과 북한주민이 이해가 걸리는 경우가 많아지므로 상대방에 대해 무엇인가의 이유를 들어 차별을 할 가능성이 많아진다. 이러한 점 때문에 재통일이 되면 차별을 예방하거나 감소시키기 위해서라도 일정기간 상호 간에 이해관계가 최소한으로만 걸리게 할 필요가 있다.

(4) 동서독 출신자들의 상호 불신

재통일 이후 구 동독 출신자와 구 서독 출신자 간에 상호 불신이 상당기간 지속되었다([그림 57] 참조). 그 이유는 과거부터 가지고 있던 문화적 측면, 즉 생활양식의 차이와 민족적 측면, 즉 동독이 추진한 2민족화 측면 때문에 서로 좋지 않은 감정을 가지고 있는 데다 재통일 직후 사회경제적 어려움부터 정체성 위기 등 여러 요인이 가중되어 상호 이해하려는 자세가 부족한 상태에서 상호 불신이

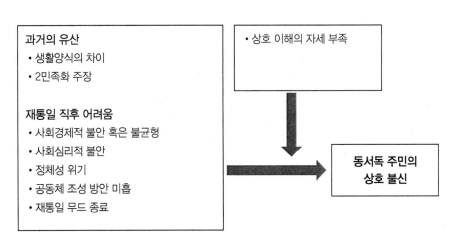

[그림 57] 동서독 출신자의 상호 불신 이해도

커지게 된 것이다.

(5) 동서독 출신자들의 귀인

그동안 밝혀진 바에 따르면, 귀인 현상은 고정관념이나 편견과 밀접한 관련이 있을 수 있다(예: Blaine & Williams, 2004; Johnston, Bristow, & Love, 2000). 존스톤 Johnston 등(2000)의 연구에 따르면, 고정관념에 해당되는 행동에 대해서는 성향 귀인을 더 많이 한다. 이러한 맥락에서 보면, 재통일과정에서 해당 지역 주민들에 대해 기존에 가지고 있던 고정관념은 성향 귀인하는 데 영향을 줄 것으로 보인다. 실제로 앞서 언급한 도르트문트 경제심리연구소의 연구 결과가 이러한 점을 시사하고 있다.

마지막으로, 기존 귀인 연구에서는 앞서의 정의처럼 원래 개인들이 가진 과학적인 인과 규명 방식을 밝히기 위해 시작되었지만(예: Heider, 1951; Weiner, 1979), 시간이 지남에 따라 귀인은 점차 문화적 차이를 밝히려는 방향으로 나아갔다(예: Morris & Peng, 1994). 이러한 관점의 이동은 한 문화에서 출생하고 살아가는 사람들은 해당 문화에 의해 장기간, 다방면에서 유사한 귀인 방식을 가지게 된다는 점을 가정한 것이다. 이 관점의 연구들 중 일부(예: Norenzayan, Choi, & Nisbett, 2002)는 원래 생활하던 문화에서 다른 문화로 이주한 사람들을 대상으로 해서 연구가 진행되었다. 따라서 재통일이 되든 한 문화에서 다른 문화로 이주하든 그 후 일정 기간 동안에는 원래 문화에 적합한 귀인 양식을 지닐 가능성이 크고, 이와 관련된 심리적 현상이 발생할 것이므로 이에 대한 연구가 필요하다.

이상에서 살펴본 바와 같이 재통일이라는 단기간에 성립되는 급격한 변화과정을 해당 주민들이 어떠한 귀인 방식을 통해 보느냐에 따라서 개인의 부적응, 개인 간 갈등과 대립, 사회적 분열 등이 발생되거나 강화되는 것이 가능하다. 또한 다수자majority와 소수자minority들이 귀인 양식에 따라 상대방과 갈등을 겪고 있다는 카포자Capozza와 라타지Rattazzi(1999)의 연구를 토대로 보면, 독일에서의 귀인 방식의 차이 때문에 동독 출신자에 대한 '2등 시민론'에 연결되는 것과 국내에서도 현재 북한이탈주민과 관련하여 '2등 시민론'이 거론되는 것(예: 윤인진, 2001)을 이해할 수 있다. 따라서 이러한 문제를 해결하기 위해서는 귀인현상의 이해가 선결되어야 한다. 그리고 나서 이에 대해 사회문화적 관점이나 정책적 관점에서 대처해야 할 필요가 있다.

　재통일과는 직접적인 관련이 없더라도 경제적 요인과 심리적 요인 간의 관계에 대한 연구는 적지 않게 이루어졌다. 이들 연구 중에서 가장 주목받은 심리적 요인은 생활만족도라고 할 수 있다. 그 대표적인 예는 캠벨Campbell(1981)의 연구에서 찾아볼 수 있다. 캠벨(1981)은 생활만족도의 중요한 경제적 요인으로서 재정, 봉급, 주택 변인을 꼽았다. 그런데 기존 연구에서는 주로 봉급과 같은 소득 변인에만 집중하고, 재정이나 주택 변인과 같은 것에는 소홀했다. 그래서 소득 변인 이외에는 별다른 연구들이 이루어지지 않았다.

　다음 사례는 북한이탈주민 K군의 부적응과 관련된 것이다. 이 사례에서 볼 때, 남한주민이 K군에게 실제로 무시하며 차별했을 가능성도 있지만, 그보다는 K군 스스로의 과도한 자기고양편파self-serving bias와 자기방어편파self-protection bias를 보인 것이라고 볼 수 있다. 이와 같은 현상은 K군뿐만 아니라 다른 많은 북한이탈주민에게서도 발견되는 현상이다. 이러한 맥락에서 보면, 북한이탈주민의 부적응의 책임을 남한주민에게 전가하는 외부 귀인으로 나타날 수 있으며, 한편 이들의 적응은 자신들의 능력으로 귀인하는 내부 귀인으로 나타날 가능성이 크다. 그런데 현재는 북한이탈주민이 잘 적응하지 못하는 모습을 보이므로 자신들의 부적응을 외부 귀인할 가능성이 크다는 점에서 주목해야 할 문제이다.

　　25세의 북한이탈주민 K군은 일자리를 쉽게 찾는 자신의 '능력'에 대해서는 과도할 정도로 자기자랑을 계속하며, 동시에 그만두는 이유에 대하여 "탈북자란 사실로 인해 나를 무시하며 그 차별로 인해 꾸준하게 다니기가 어렵다"면서 계속 다른 사람이나 남한 사회 전체에 책임을 전가하고 있다(이선윤, 2005).

독일이 재통일된 후 17년이 경과된 시점에서도 심리적인 측면에서 재통일 후 유증을 앓고 있다는 점과 그 주된 원인이 경제적 문제이라는 지적에 착안하여 이들의 관계를 체계적으로 분석하여 향후 재통일 한국을 위한 준비를 제대로 하려는 관점에서 이루어졌다. 이를 위해 재통일 이듬 해인 1991년부터 2001년까지의 11개 년에 걸쳐 측정되거나 작성된 경제 지표와 심리 지표를 활용하여 분석하였다. 연구 결과, 전체 독일인에서는 생활만족도와 소득만족도 간에 상관관계가 유의미하지 않았으나, 서독 출신자와 동독 출신자 각각에서는 이들이 유의미하게 높은 정적 상관을 보였다. 그리고 전체 독일인에서는 생활만족도는 GDP 성장률과 상관관계가 유의미하지 않았고, 실업률, 소득액, 연금액, 소비자 물가 상승률과의 상관관계가 유의미함을 알 수 있었다. 이러한 결과는 재통일 국가에서 단순히 국가 경제 규모가 증가하는 것만이 국민들의 심리적 만족을 증가시키는 것이 아니라 국민들의 피부에 와 닿는 경제지표가 더 중요함을 의미한다. 마지막으로, 서독 출신자와 동독 출신자는 각각 상이한 요인에 의해 생활만족도가 영향받았음을 확인하였다.

(6) 구 서독 출신자들의 승리자증후군

구 서독 출신자는 자신들이 돈으로 동독을 사서 재통일시켰다는 생각을 기반으로 자신들이 구 동독 출신자보다 거의 모든 면에서 우월하다는 생각을 했다. 이러한 것들을 지나치게 내부 귀인한 결과가 바로 구 서독 출신자의 승리자증후군이라고 할 수 있다.

이것은 다시 구 동독 출신자에게 체제 변화를 요구하게 되고 자신들의 요구 수준에 미치지 못한 점들에 대해서는 '불쌍한 오씨Ossi(동쪽 사람)들은 모든 것을 망치고, 아무것도 만들어 내지 못하고, 노력을 할 준비도 되어 있지 않다.'라고 생각하게 하였다. 그리고 이러한 생각은 계속해서 부정적 선입견과 현실 간의 악순환 형태로 나타났다. 실제 생활에서도 이러한 점들을 확인한 구 서독 출신

자는 자신들의 신념을 더욱 강화해 나가고, 이는 결국 공고한 이들의 승리자중
후군을 더욱 강하게 만들었다.

(7) 인상형성

사람들이 혼자 살지 않고 사회를 이루어 살아가기 때문에 다른 사람들의 인상
을 형성하지 않을 수 없다. 자신이 다른 사람들에게 어떻게 인상 지워지는지에
대해서도 관심을 갖게 마련이다. 재통일 이후 양측 주민들이 상호 간에 어떤 인
상을 형성하는가는 매우 중요한 문제이다. 왜냐하면 초기에 좋지 않은 인상을
형성하게 되면 그 이후의 접촉에서 상당한 갈등이 발생될 수 있기 때문이다.

인상형성이란, 어떤 사람이 가진 서로 다른 여러 가지 요소들을 통합하여 가지
게 되는 이 사람에 대한 평가의 총체이다. 이 인상형성에 대한 이론은 크게 보면,
애쉬S. Asch(1946)가 게슈탈트적gestalt 관점에서 제시한 역동적 인상형성이론dynamic
impression formation theory과 앤더슨N. Anderson(1960)의 주의감소가설attention reduction
hypothesis에 따른 가산적 인상형성이론additive impression formation theory이 있다.

애쉬의 이론은 초두효과primacy effect를 중심으로 전개되는데, 다른 사람에 대해
형성한 맨 처음의 인상이 그 사람에 대한 그 이후의 추가적인 정보를 받아들여
평가하는 데 지속적으로 강하게 영향을 미친다는 것이다. 이때 초기의 강력한
정보로는 '따뜻하다 혹은 차갑다'는 성격 특질이 핵심 특질로 작용하되 과잉일반
화된다. 이 관점에 따르면 대인관계에서 중요한 것은 첫 번째 만남 혹은 첫 번째
정보이다. 특히, 상대방에 대한 인상을 형성하는 데 시간이 제한되어 있을 경우,
즉 급하게 인상을 형성하게 될 경우에는 초기 정보의 영향력이 더 강하다. 그리
고 성별에서도 차이가 있는데, 여성의 경우 이성에 대한 인상을 형성하는 데 불
과 30초도 걸리지 않는다(Wisman, 2006). 이러한 점들은 남한주민과 북한주민의
접촉에서도 적용될 수 있다. 예를 들어, 남한주민과 북한주민이 한 아파트에서
이웃관계로 만날 수도 있고, 한 직장에서 동료나 선후배 혹은 상사와 부하로 만

날 수도 있으며, 이성으로 만나서 결혼을 하게 될 수도 있다. 물론 한민족이 재통일된 직후에는 남북한 출신의 결혼 비율이 그리 높지 않을 것이다. 이에 대해 김영수(2014)는 독일 재통일 이후 동서독이 서로 교차해서 결혼한 쌍이 전체의 4%였다는 점을 근거로 들었다. 그리고 만약 결혼한다고 해도 결혼해서 북한이탈주민 이강철이 남한 여자와 결혼해서 잘사는 것처럼 되면 좋은데 그렇지 못한 경우도 많이 있기 때문에 이때 이들 연구 결과가 그대로 적용될 수 있다. 재통일 이전부터 재통일 이후까지 지속적으로 양측 주민들은 상대측 주민들과의 관계에서 초두효과적 관점에서 좀 더 조심하고 현명하게 관리해야 한다.

역시 앤더슨이 제시한 가산적 인상형성이론도 애쉬의 이론과는 다소 다르지만 인상형성을 할 때 추가되는 정보가 중요함을 의미한다. 단, 이 이론은 추가로 제시되는 정보가 최소한 −는 아니어야 한다는 것이다. 즉, 그 사람에 대한 정보가 긍정적이면 추가될수록 좋다는 의미이다. 이 이론에 따르면 남한주민과 북한주민이 가급적이면 긍정적 측면을 느낄 수 있는 기회를 더 많이 가질수록 좋다는 것이다.

재통일과 관련하여 이 두 가지 이론 중에서 어느 것이 더 옳은가를 논할 필요도 없이 양측 주민들이 상대방측 주민들에 대해 어떻게 인상을 형성하는지를 알고 상대에게 자신이 조심해야 한다는 것이다.

그런데 이러한 인상형성 시 무의식적 정보처리에 대해서도 관심을 가져야 한다. 그 이유는, 사람들은 의식consciousness적으로만 정보를 처리하고 성격을 형성하며 다른 사람들과 관계를 맺고 있다고 생각하기 쉽다. 여기서 의식적이란, 자신이 현재 무엇을 하고 있는지를 알고 있는 상태를 말한다. 이성을 중시한 관점에서 의식적 측면을 강조한 것으로 볼 수 있다. 이에 비해 무의식unconsciousness적이란, 자신이 현재 무엇을 하고 있는지를 알지 못하고 있는 상태를 말한다. 프로이트S. Freud 이전에도 무의식이라는 용어도 있었고 이의 작용도 학자들이나 일반인들이 알고 있었지만 무의식의 힘에 대해서 아주 약하다고 생각했었다. 하지만 프로이트가 심리학적으로는 의식보다도 무의식이 더 강하게 힘을 발휘하는 경우가 많다는 점을 강조하면서 무의식이 급부상하게 되었다.

이 의식과 무의식의 작용으로 대인관계에서 지각을 하게 된다. 즉, 다른 사람들에 대해 인상을 형성하고, 영향받는 것이 의식과 무의식 둘 다에 의해서 이루어진다. 그런데 사람들은 무의식의 작용을 자꾸 잊고 산다. 예를 들어, 어떤 사람의 직장 동료가 평소에 입고 다니던 옷을 오늘도 입고 옆자리에서 일하면 별다른 관심을 두지 않고 일할 수 있다. 하지만 웬지 모르게 이 사람은 그 동료에게 짜증을 내고 있었다. 나중에 안 사실이지만 그 동료의 옷에 희미하게 김칫국이 묻어 있어서 의식하지 못하는 사이에도 지속적으로 김치 냄새를 맡았고 이것이 후각이 예민한 이 사람의 기분을 나쁘게 만든 것이다. 이처럼 주의를 잘 기울이지 못하거나 나아가서 의도적으로 무관심해지려는 노력 등에 의해서 무의식적 처리가 대인관계에서 무수히 진행된다.

이러한 무의식의 작용이 재통일 이후 남한주민과 북한주민 간에도 작용할 수 있다. 겉으로는 상대방에 대해 긍정적인 태도를 보이고 바람직한 행동을 하겠다고 생각하고 실천해도 양측 주민 개개인 간에 부정적인 감정이 나타나게 될 수 있다. 이러한 무의식적 측면에서의 작용에 대해서는 재통일심리학 분야에서 그동안 전혀 고려하지 않았다. 심리학계가 이러한 측면에 대해 관심을 두지 않거나 소홀히 하면 그 어느 학문 분야나 정책 분야에서 이러한 미세한 측면을 다룰 수 있겠는가?

그리고 인상형성은 교류 초기와 교류가 진행되는 경우에 어떤 점으로부터 영향을 많이 받는가가 달라진다. 즉, 교류 초기에는 상대방이 보기에 어떤가 하는 측면에 의해 영향을 더 많이 받는데, 교류가 진행되어 가면 점차 상대방의 성향에 의해서 영향을 더 많이 받는다.

2. 재통일 시대의 집단갈등

(1) 집단극화 현상

한 사람이 혼자 있을 때와는 달리 다른 사람들과 같이 있을 때는 여러 측면에서 다른 모습을 보이는 경우가 있다. 이러한 점에 대해 사회심리학적 연구가 많이 이루어졌는데, 재통일 전후의 집단 심리 측면에서는 집단극화Risky Shift 현상에 주목할 필요가 있다.

이 현상은 주로 스토너Stoner(1961)에 의해서 연구되었다. 그는 다음과 같은 절차로 연구를 진행했다. 즉, 먼저 연구참여자들에게 혼자 결정하게 하고(1), 다음에는 다른 사람과 상의 후 일치된 결정을 내리도록 하고(2), 다시 혼자 개인적인 결정을 내리도록 했다(3). 그 결과, 결정 (1)보다는 결정 (2), (3)이 더 모험적인 결정이었다. 이를 그는 집단극화 현상이라고 보았다.

이때 집단극화가 발생한 이유는 첫째, 토의 후 새로운 정보를 제공하였기 때문이고, 둘째, 자기가 속한 집단의 규범에 동조하는 탓이며, 셋째, 다원적 무지 현상(Miller et al., 1987)으로 볼 수 있다. 이러한 현상은 주로 확고한 입장을 가지고 있지 못한 경우에는 사회적 비교 때문에 다른 사람들의 견해에 노출되기만 해도 영향을 받는데, 이를 유유상종이 작동되는 것이라고 볼 수 있다.

그런데 이 집단극화 현상이 재통일과 관련하여 크게 주목받는 이유는, 앞서 살펴본 바대로 상대적 박탈감을 경험하거나 상대 집단에 대해 편견 등을 가졌을 때 집단적으로 증폭될 가능성이 있기 때문이다. 따라서 이러한 관점에서 재통일 시점에 집단극화 현상의 잠재적 위험성을 국민들에게 인식시키고, 정책이나 법률로 조치할 수 있는 방안을 미리 마련해 두어야 한다.

(2) 집단갈등

일반적으로 갈등은 나쁘다는 인식이 있는데, 여러 사람들이 모여서 살고, 특히 민주적으로 살아가는 과정에서 갈등은 피할 수 없다. 그리고 갈등 중에서 악성인 갈등, 즉 적대적인 갈등이나 갈등을 위해 조장된 갈등만 아니라면 오히려 사회 발전에 순기능을 할 수 있다.

그런데 재통일이 되면 다양한 집단갈등이 표출될 가능성이 있다. 남한 내 상반된 정치세력들 간의 갈등인 남남갈등도, 북한 내 상반된 정치세력들 간의 갈등인 북북갈등도 점차 증폭되어 폭력행위로까지 이어질 수 있다.

현재까지 북북갈등이라는 말은 알려지지도, 실제 존재하지도 않은 것으로 생각된다. 만약 현재 존재하지 않는다고 해도 향후 북한주민의 이해관계 의식이 강화되면 발생될 가능성이 얼마든지 있다.

남한에서 거론되는 남남갈등은, 사실 언론이 조장한 면이 크다. 이 남남갈등에 대해 박종철(2014)은 2014년 남북통합에 대한 국민의식조사(통일연구원) 결과를 토대로 분석했는데, 그 결과 한국 사회의 갈등이 매우 높다고 지적하고, 소위 남남갈등도 제일 높다고 본 계층갈등(77.5%)에 버금갈 정도인 67.9%로 높았다. 이러한 결과들에 대해 박종철(2014)은 안토니오 그람시Antonio Gramsci의 개념을 원용하여 남남갈등은 남한 내에서 헤게모니를 장악하기 위해 다면전多面戰을 하기 때문인 것으로 파악하였다. 즉, 남남갈등은 대북·통일정책뿐만 아니라 계층갈등, 지역갈등, 세대갈등을 아우른 복합갈등 양상을 띤다고 보았다. 이렇게 복잡한 양상을 띠는 남남갈등에 대해서는 해결이 쉽지 않다.

그래서 일반적으로 발생되는 갈등에 대해서 먼저 알아보고 해결 방안을 찾아보아야 한다. 원래 갈등의 출발은 대부분 소소한 문제이다. 하지만 이 출발점에서 여러 가지 요인이 작용하여 갈등이 심화되는 경우가 많다.

이에 대해 핑클리Pinkley(1990)은 갈등의 상황이 3차원임을 다차원척도 분석법으로 밝혔다. 그는 관계 대 과업 차원, 감정 대 인지 차원, 승패 대 타협 차원으로 보았다. 그리고 전문적인 중재자들과 갈등 당사자들이 갈등을 지각하는 양상이 3차원에서 차이가 있다고 보았다. 특히, 전문적인 중재자는 과업상의 문제, 인지의 문제, 타협할 수 있는 문제로 보는 데 비해 갈등 당사자들은 관계상의 문제, 감정의 문제, 승패로 해결될 문제로 보기 때문에 갈등이 심화된다는 것이다.

이뿐만 아니라 갈등을 심화시키는 인지요소도 있다. 대표적인 몇 가지 인지요소는 다음과 같다. 먼저, 비양립성 오류는 갈등 당사자가 서로 대립 대상에 대해 중요하다고 생각하는데, 이것이 서로 양립할 수 없다고 인식하는 것이다. 다음은 투명성과장 오류인데, 자신의 목표와 동기를 상대방이 알고 있어서 자신이 강하게 행동하더라도 상대방이 자신과 타협할 마음이 있다고 알 수 있을 것으로 인식하는 것이다. 다음은 거울적 사고인데, 상대방이 사고하는 대로 본인도 사고하는 것을 말한다. 다음은 소박한 현실론인데, 자신의 견해는 객관적이고 현실을 직시하는 것으로 인식하는 것이다. 다음은 사회적 자아중심성인데, 자신의 역할(부하)에 대한 정체성을 가지면 상대의 역할(신사)에 대해 쉽게 인정하지만 상대의 행위를 상사 개인적 의사에서 출발한 것으로 보는 인식을 가지는 것이다.

그런데 대부분의 갈등 상황에서 갈등 당사자들은 인지통합성이 낮다. 여기서 통합성이란, 변별과 통합을 모두 포함한 것으로서 갈등 시에는 이러한 인지통합성이 낮아지는 경우가 많다. 예로, 한국전쟁 발발 당시 미소 수뇌들의 통신 내용에서 드러난다. 또한 갈등 당사자들은 함정에 빠져 있기도 하다. 즉, 초기 손실이 이후 더 많은 손실로 이어지는 현상(매몰비용)이다. 예를 들면, 1960년대 미국이 베트남전에 참여하여 발을 쉽게 빼지 못한 경우에 작용한 것이 매몰비용이다.

이러한 갈등을 갈등 당사자들이 해결되었다고 볼 수 있는 준거는 크게 보면, 결과의 공정성과 절차의 공정성이다. 결과의 공정성 측면에서는 분배받을 때 최소한 같게는 받아야 한다고 생각하는 것을 말하고, 절차의 공정성 측면에서는 절차 적용이 일관되고 정확하며 결과에 오류가 있을 때 조정할 수 있어야 함을 말한다.

갈등을 해결할 수 있는 다양한 방법이 있는데, 과거 1970년대 말 미국 크라이슬러 회사의 도산 위기 시 노사가 공동목표를 설정하여 협동하였던 방법이 있고, 과거 김대중 대통령의 햇볕정책, 캐네디의 '평화를 위한 전략'과 같은 GRITGraduated Reciprocation In Tension Reduction(점진적 긴장 감소)가 있으며, 중재와 조정의 방법 등이 있다.

3. 6·25전쟁 경험과 적대관계 교육의 영향

(1) 레드컴플렉스

레드컴플렉스는 한국 고유의 현상으로 알려져 있지만 이와 거의 유사한 현상이 미국에서 이미 1917년부터 나타났다. 미국에서 나타난 현상은 레드스케어red scare, 즉 적색공포라고 한다. 레드스케어는 반공주의가 미국 역사상 가장 강했던 시기에 반공주의뿐만 아니라 무정부주의, 급진주의, 노동조합주의, 기타 비미국주의적인 이데올로기와 행위로부터 진실한 미국인real American을 공산주의로부터 보호해야 한다는 의식에서 비롯되었다고 볼 수 있다. 말하자면 미국에서 나타난 국민적 공포라고 볼 수 있다. 이 공포를 제1차 레드스케어로 본다. 제2차 레드스케어는 제2차 세계대전 이후인 소비에트 동부유럽의 공산화, 베를린 봉쇄, 중국의 국공내전, 6·25전쟁 등의 공산화 움직임과 미국 내 공산주의자의 간첩활동에 대한 공포로 나타난 반공산주의 현상이라고 볼 수 있다. 이 2차 레드스케어 현상은 비미활동위원회와 조지프 맥카시Joseph McCarthy 상원의원에 의해 주도되었다고 볼 수 있고, 이 맥카시 의원의 이름을 따서 매카시즘McCarthyism이라고 불리기도 한다. 이러한 두 차례의 레드스케어는 1954년 이후 점차 사그러졌지만, 이후 간접적으로 한국에 영향을 미쳤다고 볼 수 있다.

채산의 아내인 김세련이 낯선 지역인 북한을 싫어하는 것을 넘어서서 매우 싫어하는 경우가 적지 않게 생길 수 있다. 이러한 모습은 레드스케어와 유사한 레드컴플렉스라고 할 수 있고, 이는 공산주의, 특히 북한의 공산주의에 대한 극대화된 반감과 혐오감 그리고 공포감을 말한다. 그러다 보니 국내의 진보주의 정치세력에 대한 반감, 혐오감, 공포감을 말하기도 한다. 사실 국내에서 레드컴플렉스는 1948년 여순사건 때 공산주의자를 '빨갱이'라고 말하기 시작하면서부터 나타났고, 6·25전쟁 이후 반공교육을 강화하면서 남한주민 전체에게 강력하게 영향을 미쳐 왔다고 볼 수 있다. 그런데 특이한 점은 공산주의가 적색 깃발을 들고 혁명을 했고 여러 국가에 있는 공산당의 당기가 적색이어서 레드스케어나 레드컴플렉스를 만들어 냈기에 국내에서는 '빨갱이'라고 했던 것으로 알려져 있지만, 사실은 공산주의 이전에도 혁명을 주창하는 세력들, 특히 자유주의 혁명 때도 적색 깃발을 사용해 왔다. 이러한 흐름 속에 이제는 국내에서 공산세력을 극도로 미워하는 보수주의 정당에서 적색을 당색으로 정해서 사용하고 있다. 이를 두고 어떤 사람들은 뭔가 어색하다고 말하고, 다른 사람들은 이제 한국에서 레드컴플렉스는 없어지게 되었다고 말하기도 한다. 하지만 현실적으로는 이 정당에서 지속적으로 반공산주의 노선을 표방하고 있기 때문에 레드컴플렉스는 유지되고 있다고 볼 수 있다. 미국에서 레드스케어가 줄어드는 데 있어서 매카시즘과 같은 것이 잘못되었다는 미국인들의 인식이 확산되고 실질적으로 매카시즘이 줄어드는 일이 있었다는 점에서 국내에서도 레드컴플렉스가 줄어들거나 사라지려면 실질적인 공산주의 관련 문제가 해소되어야 한다.

(2) 자기검열

자기검열self-censorship 문제는 앞서 간략하게 언급했지만 매우 중요한 문제이므로 좀 더 자세히 살펴볼 필요가 있다. 자기검열이란, 자신의 마음속에 있는 위험한 욕망을 도덕적 의지나 사회적 준거로 억눌러, 의식의 표면에 떠오르지 않게 하거나 행동으로 옮기지 않도록 스스로 조절하는 일을 말한다(다음 국어사전). 즉, 타인이 강제하지 않는데도 불구하고 자신에 대한 위협을 피할 목적이나 타인에게 심리나 행동상에서 피해를 주지 않으려는 목적으로 자기 자신의 생각이나 행동표현을 스스로 검열하는 행위를 말한다. 이 자기검열은 분단국가나 공산주의 관련 문제를 겪는 사회에서만 나타나는 것은 아니다. 순전히 심리학적으로도 나타날 수 있는 현상이다.

사회 속에서 사람들이 살아가다 보면 자기검열을 안 할 수는 없다. 어느 사회에서든 인간관계에서 다른 사람들과 교류하는 일정한 규칙, 즉 코드가 있기 때문에 이를 행동하기 전에 의식할 수밖에 없다. 예를 들어, 어떤 사람이 친구에게 '너 방금 나한테 한 말이 조금 과하다고 생각하지 않니?'라고 말하고 싶은 생각이 들었다고 해도 이 말을 해서 괜히 친구가 기분 나빠할까 생각해서 말을 하지 않는 경우가 자기검열이 작용하는 경우이다.

하지만 분단과 재통일 국가에서 살아가면서 문제가 되는 자기검열은, 굳이 자기검열하지 않아도 되는 영역에서 자기검열을 하는 경우와 자기검열을 하더라도 일정 수준 이상으로 민감하고 강력하게 자기검열을 하는 경우이다. 분단 상황에서는 이러한 자기검열이 일상화되는 것이 문제이고 그 심각성은 매우 크다.

그리고 공산국가에서의 자기검열은 자유민주주의국가의 경우보다 훨씬 더 강하다. 정치 영역에서의 자기검열도 강하지만 언론 영역에서도 언론통제방식에 따른 자기검열이 강하고, 국민들의 일상생활에서도 자기검열이 강하다.

(3) 세대별 특징

어느 사회에서나 또 언제나 세대에 따른 차이가 어느 정도는 발견된다. 그 이유는, 어느 연령대에 어떠한 사회적 경험을 했느냐가 다르고, 각 개인의 발달과업을 해결해 나가는 방식이 다르기 때문이다.

그런데 세대별 특징에 대한 연구는 기본적으로 한 국가와 사회의 변화 폭이 크고, 그 변화 속도가 빠른 경우, 즉 역동성이 강한 경우 더욱 유효하다. 이 점에서 볼 때 재통일과 관련하여 세대별 특징 연구를 통해 세대 간 이해를 도모하고, 세대 간 갈등을 줄이고, 세대 간 조화를 꾀할 필요가 있다.

북한의 세대별 연구 결과는 〈표 26〉과 같다. 원래 이우영이 2004년 시점까지를 기준으로 구분하였는데, 2020년 현재는 이 구분 이후에 새로운 세대가 등장한 것으로 볼 수 있어서 저자가 추가로 제7기를 포함시켰다.

북한에서 새세대는 이우영(2004)에 의하면, 산업화 이후의 세대를 말한다. 즉, 일제에 의한 식민지 경험과 전쟁 경험 등이 없이 사회주의체제가 완성된 이후 성장한 연령집단을 말한다. 이들의 특징은, 실리적인 경제관을 가지고 있고, 개인주의를 좀 더 가지게 되었으며, 배운 대로 '남조선 해방을 위해서'라는 통일의식을 가진 그 이전 세대와는 달리 현재의 경제난을 타개하기 위한 하나의 방책으로 통일을 생각하는 경향을 지녔으며, 실용주의적 직업관을 가진 세대이다.

여기에 추가하여 최신세대는 2002년 7.1경제관리개선조치 이후 장마당 등을 통해 기본적인 삶의 수준이 높아진 상황에서 태어난 연령집단을 말하고, 새세대가 가진 경향을 좀 더 강하게 가진 집단으로 볼 수 있다. 특히, 여기서 제7기에 해당되는 장마당 세대는 전쟁을 경험하지 않은 세대로서 청소년기에 '고난의 행군'과 '공교육의 붕괴'를 경험하였다. 채경희(2019)에 의하면, 이들은 '공교육을 제대로 받은' 기성 세대에 비해 '공교육을 제대로 받지 못한' 세대이어서 전반적으로 기성 세대에 비해 의식 수준이 낮게 나타나는 특성을 가진다. 또한 장마당 세대의 정치 의식, 사회 의식, 준법 의식, 교육 의식은 기성 세대에 비해 낮으며, 경제 의식은 기성 세대에 비해 높았다.

〈표 26〉 북한의 세대 구분 및 새세대와 최신세대

	시기	세대구분	비고
제1기	항일혁명투쟁기(1926.10~1945.8)	항일혁명1세대	
제2기	평화적 건설시기(1945.8~1950.6)		
제3기	위대한 조국해방전쟁시기(1950.6~1953.7)	전쟁체험 2세대	
제4기	전후복구건설과 사회주의 기초 건설을 위한 투쟁시기(1954.7~1960)	전후복구 3세대	
제5기	사회주의의 전면적 건설과 사회주의의 완전승리를 앞당기기 위한 투쟁시기(1961~1980)		새세대
제6기	북한식(주체) 사회주의의 위기 시기(1980년 이후)	4세대	
제7기	북한식 사회주의 재생시기(2002년 이후)	5세대	최신세대

출처: 이우영(2004), 364쪽.

그리고 이현주(2020)가 장마당 이후 북한의 집단주의 변화를 분석한 바에 따르면 집단주의가 많이 약화되어 가고 있다(〈표 27〉 참조).

〈표 27〉 호(Ho)와 치우(Chiu)의 (CIC)요소와 장마당 이후 북한 집단주의 변화

5개 상위 요소	18개 하위 요소	집단주의 요소	북한 집단주의 변화	
			장마당 경제 이전	장마당 경제 이후
1. 가치	1) 가치	• 집단이 최상위 가치 • 개인에 앞서는 가치나 생존권의 원칙	집단(지도자)이 최상위 가치	개인의 생존 본능과 집단 가치의 대립
	2) 인성 발달	집단 전체의 발전과 실현	사회주의 일꾼 양성을 위한 인성 발달과 교육	개인의 경제적 역량 발달
	3) 개성/단일성	집단에서 규정된 통일성이나 이상형에 대한 동화와 추구	노력 영웅 따라 닮기	당에 해를 끼치지 않는 범위에서 개인주의 인정
	4) 정체성	구성원에 의해 규정된 집단적 정체성	집단 정체성	• 외형−집단 저체성 유지 • 시래−개인 정체성

2. 자율성/ 순응성	5) 자기방향성/ 순응성	사회 또는 집단의 규범에 동조, 순응, 조화	집단 규범을 절대적으로 준수	• 외부적으로 순응 • 잠재적으로 대립
	6) 사생활의 권리	개인의 일이 집단의 일이다. 친구는 다른 사람의 문제에 관심을 가져야 한다. 집단은 개인의 행동과 사고를 알 수 있다.	사적 생활은 최소화되며 집단을 위한 생활만 인정	생계에 대한 개인 책임 증가 → 개인 행동 증가
	7) 사생활	개인적 문제는 공적인 문제가 될 수 있다.	개인적 문제는 공적 문제가 될 수 있음	개인이 문제 해결 주체
	8) 소속감	다른 사람과 함께 있기를 선호	소속 안에서 안정감 느낌	형식적인 소속감
3. 책임	9) 윤리적–법적 책임	개인의 행동에 대해서도 집단이 공동으로 책임	집단이 공동 책임과 처벌	개인 책임 증가
	10) 행위의 결과	집단 전체에 영향	집단에 영향	집단 및 개인에 영향
4. 성취	11) 개인/집단의 노력	• 조화의 힘 • 목적 이루는 최선은 단결	조화와 단결이 우선시됨	개인의 성취 일부 허용
	12) 경쟁/협동	상호 의존과 협동을 통한 목표 달성	협동을 통한 목표 달성	• 외형–협동 • 실재–경쟁
5. 자기 신뢰/ 상호의존	13) 자기신뢰	상호 의존과 도움. 개인의 복지는 집단에 달려 있음. 집단은 구성원들의 복지에 책임	집단은 복지와 생존에 책임. 집단에 전적 의존	개인 책임 범위 확대
	14) 관심	• 의무에 대한 충족 • 집단의 목표가 앞섬 • 집단의 관심에 따라 행동	의무에 충실	• 외형–의무에 충실 • 실재–이익에 따라 행동
	15) 안전	집단의 단결과 통합에 의존	집단에 의존	• 안보–국가 책임 • 가정 경제–개인 책임
	16) 경제	공동 소유, 부의 공유	국가의 소유	국가의 소유/개인 자산 증가(텃밭, 장마당)
	17) 정치	정치 체제는 기본적으로 집단을 보존하기 위한 것. 집단의 권리 우선	사회와 정치와 질서는 집단을 보존하기 위해 존재	좌동
	18) 종교	집단 신앙에 참여. 개인의 구원은 다른 사람의 구원과 관련	김일성 유일 사상 체계(사회정치적 생명 체론)	좌동

출처: 이현주(2020), 330-331쪽.

4. 희생양 찾기 현상과 이민족 공격 행동

재통일은 해당 국민 모두에게 긍정적인 영향을 주지는 못한다. 재통일된 사회에서 기존의 일자리를 잃거나 재산이 줄어드는 경험을 하게 될 사람들도 있다. 또한 재통일 초기에는 긍정적인 영향을 받았다가도 얼마 지나지 않아서 어려움을 겪는 사람들도 있다.

이들이 자신의 좌절에 분노하고 공격성을 가지게 될 수도 있다. 달러드Dollard와 밀러Miller가 제시한 좌절공격성가설Frustrated aggression hypothesis이 바로 그것이다.

독일의 예에서도 볼 수 있듯이 재통일 이후 동독주민의 실업률은 20%까지 올라간 적이 있다. 실업 상태인 동독주민은 욕구가 좌절된 것이고 공격할 대상을 찾기 십상이다. 그리고 그 대상은 주로 자신이 공격해도 된다고 생각하는 만만한 대상이었다. 그중에 외국인도 포함되었다.

원래 동독주민은 재통일 이전에 외국인을 만날 기회가 그리 많지 않았다. 디르크 힐베르트Dirk Hilbert 드레스덴 시장은 독일 극우 운동인 페기다 운동에 대해 외국인과의 접촉 측면에서 다음과 같이 말했다.

> "재통일 이전 구 동독 사람은 외국인을 많이 접하지 못했어요. 그런데 재통일 후 많은 외국인이 갑자기 밀려왔죠. 이 가운데 테러 뉴스가 소개되면서 사람들의 불안을 부채질했어요. 이런 이유로 시위가 일어났다고 봅니다." (이대희, 이재호, 2019, 167쪽)

일반적으로 민족이나 국가의 재통일과정에서 이민족은 아예 논외의 대상이 되는 것을 당연시하기 쉽지만 실제로는 거의 모든 재통일과정에서 아주 소수라도 이민족은 포함되기 마련이다. 그리고 현대 사회에서는 어느 재통일국가에서나 재통일 이후 외국인들이 이민뿐만 아니라 직업상 파견 혹은 여행이라는 형태로도 해당 국가를 방문할 수 있다는 점에서 이민족에 관련된 문제를 고려하지 않을 수 없다. 그리고 재통일이라는 특별한 상황에서 이민족들이 성공 기회를 좇아 입국하는 경우가 급증해서 이들과 관련된 문제를 특별히 더 고려할 필요가 있다.

원래 이민족이라고 하더라도 재통일국가의 국민들에게 그리 부정적인 대상이 되지는 않는다. 이민족이 재통일국가에 기여하는 측면이 많다면 더더욱 그렇다. 하지만 실제로는 이민족이라는 점 때문에 재통일국가의 일부 국민들에 의해 공격당하는 경우가 적지 않다. 이러한 이민족 공격은 피해 당사자에게도 불행이지만 재통일국가의 이미지나 사회통합에도 적지 않은 문제를 야기시킬 수 있다.

실제 독일에서는 스킨헤드skinhead족이 이민족들을 위협하고 공격하고 살해까지도 했던 적이 적지 않다. 스킨헤드는 머리카락을 깎고 면도하고 왁싱까지 하는 사람을 말한다. 소위 '빡빡이'이다. 하지만 머리카락 수가 적거나 대머리여서 아예 삭발한 사람을 말하는 것은 아니다. 그리고 게이 스킨헤드(퀴어스킨이라고도 불림)들이 있는데, 이들과도 정치적으로나 사회적으로나, 그리고 심리적으로도 차이가 크다. 여기서 초점화된 스킨헤드들은 1980년대 영국이 대공황을 겪으면서 하류층 청년들이 자신들과 일자리를 경쟁하는 외국인들을 혐오하면서 소위 '네오 나치'의 성향을 보인 스킨헤드와 유사한 부류이다. 이들의 근본 성향은 한마디로 말해 '백인우월주의자'이다. 이 영국 스킨헤드들의 성향은 이후 미국으로, 1980년대 말에는 러시아와 동유럽 그리고 동독 지역으로 퍼졌다. 재통일 독일에서 스킨헤드들은 단순히 머리를 삭발한 수준이 아니라 다른 사람들이 자신들을 더 무섭고 흉측하게 느끼게 하려고 나치 문양으로 문신이나 기타 행동을 하는 것으로 알려져 있다. 그리고 이들은 스킨헤드 클럽에 가입하여 소속감을 느끼고, 무기사용법을 익히기도 한다고 전해지고 있다. 이들은 또한 극우정당인 독일민족민주당NPD은 부인하지만 이 당의 실질적인 지원을 받고 있는 것으로 추정되고 있다. 이런 배경하에서 동독 지역에서 스킨헤드들이 이민족을 공격했다. 이 행동이 재통일국가에서 볼 수 있는 이민족 공격의 대표적인 문제로 볼 수

있다. 이들은 자신들의 일자리를 이민족들이 빼앗아 간다는 이유를 내세워 이민
족들을 공격했다. 1990년 재통일 이후 약 20여 년간 스킨헤드들에 의해 사망한
이민족이 153명이다. 그것도 개인적으로 이러한 피살을 하는 것이 아니라 집단
행동의 형태를 띠었다.

2008년에 극우 스킨헤드 음악밴드 '하얀늑대'의 팬클럽으로 출반한 '하얀늑대
단(Weisse Woelfe Terrorcrew: WWT)'은 2018년 독일정부에 의해 불법단체로 규
정되어 소탕의 대상이 되었다. 이들은 신나치 조직으로서 선전물뿐만 아니라 무
기도 소지하고 있었는데, 이 무기를 통해 자신들과 생각이 다른 일반 국민뿐만
아니라 이민자 등에게도 피해를 가할 수 있다는 점에서 문제가 되었던 것이다.
또한 독일에서는 2016년 극우 독일민족민주당에 대해 헌법재판소에 의해 정당
해산 심판 심리가 개시되었고, '올드 스쿨 소사이어티OSS'라는 극우단체에 대해
서도 강경한 조치가 내려졌다.

물론 러시아 등에서도 스킨헤드들이 이민족을 공격하는 경우가 발생되므로
스킨헤드들의 이민족 공격이 재통일국가의 독특한 현상이라고는 말할 수 없지
만 재통일국가에서 재통일현상과 관련지어 더욱더 문제가 되기 때문에 주목할
필요가 있는 것이다.

스킨헤드족이 재통일국가에서 보이는 이민족 공격 행위를 심리학적으로 도시
해 보면 다음과 같다.

스킨헤드족과 같은 형태의 인종우월주의자는 재통일 한국에서는 보기 어려울
것이다. 첫째, 한국인들은 두발과 관련해서 특이한 경우 반항성이 급격히 노출되

기 때문에 직업 생활 등의 문제가 발생되므로 스킨헤드를 할 가능성이 낮다는 점이다. 둘째, 한국에서는 기본적으로 총기와 같은 무기를 소지하는 것을 불법화하고 있어서 무기를 가지고 활동하기 어렵다는 점이다. 셋째, 이미 국내에 입국해 있는 외국인에 대해 개인적이고 우발적인 혐오행동은 폭행사건 등으로 드러난 적이 있지만 집단적이고 조직적인 극도의 혐오행동은 거의 없었다는 점이다.

하지만 한국의 경우, 재통일을 한다면 인터넷 상의 외국인 혐오행동을 상정할 수 있다. 2018년 현재 남성혐오인터넷커뮤니티가 존재하고, 이들은 ○○패치와 같은 형태로 일반인들의 특별한 특징을 거론하며 이들의 신상을 폭로하는 형태로 공격성을 드러내고 있다. 그리고 이러한 행태에 대해 이웅혁 건국대 교수는 자칫 스킨헤드나 KKK단과 같이 혐오단체화할 수 있다는 의견을 제시하기도 했다. 이 의견은 현실화되기가 쉽지 않다고 볼 수 있다. 왜냐하면 스킨헤드나 KKK단의 공격성은 피해자에게 치명적일 수 있다는 점이다. 하지만 점차 온라인 상에서 벌어지는 공격성이 증가하여 기존에는 상상할 수 없는 정도의 혐오행동으로 피해자가 자살하게 되는 현상을 유발할 수 있다.

5. 조직 내 심리적 문제

어느 조직이나 채용과정은 투명하고 객관적이며 공정하게 이루어져서 최적의 인물이 채용되는 것이 바람직하다. 세계 여러 국가에서 공공부문, 즉 공무원 계통의 채용과정은 비교적 이와 같은 방식으로 진행된다고 볼 수 있지만 사적 부문, 즉 일반 기업체 계통의 채용과정은 비교적 그렇지 않다고 볼 수 있다.

그런데 재통일국가에서 이러한 채용과정에서 어떤 지역 출신인가에 의해 차별하는 경우가 발생되었다. 독일의 경우, 재통일이 된 지 12년이 경과된 2002년 11월에 "새로운 연방주(聯邦州) 출신의 직원은 안 됨"이라는 직원채용 광고가 등장한 적이 있다. 이는 한 기업체의 전화상담 직원을 채용하기 위한 광고였다. 서독 기업에서 동독 출신자를 원천적으로 배제하겠다는 공고인 것이다. 이는 직업 선택의 자유를 박탈한 것으로서 매우 심각한 인권 침해라고 볼 수 있다.

이 경우가 아니라고 하더라도 암암리에 채용 시 차별하는 경우가 적지 않다.

| 제7장 |

재통일 전후 전체 공동체 수준의 심리 이론화

1. 공동체 형성

공동체주의

독일이 재통일되기 직전인 1990년 4월부터 1991년 8월이라는 1년 4개월 간의 단기적 변화추세를 보더라도 재통일에 대한 감정적 평가는 일정한 패턴을 보여준다([그림 58] 참조).

서독 출신자들이 동독 출신자들과의 관계에서 어떤 점들을 경험하는지에 대해서는 〈표 28〉에 드러나 있다. 보통 추측하는 것과는 달리, 서독 출신자의 응답이기는 하지만 이들은 비교적 좋은 관계를 경험하고 있다.

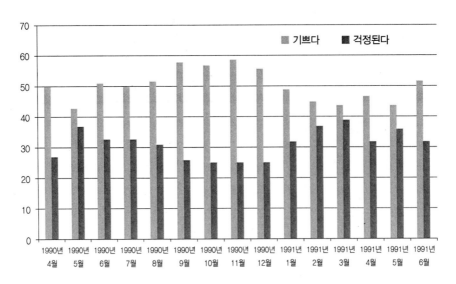

[그림 58] 독일 재통일 전후 재통일에 대한 감정적 평가 추이

원출처: 알렌스바흐여론조사연구소. 1990년 4월부터 1991년 8월까지 구 연방주에서 매달 실시된 여론조사, 2차 출처: Weidenfeld & Korte(1996)의 번역본, 75쪽.

〈표 28〉 동독 출신자들과의 경험

(1990년 1월 기준)

서독인들은 지난 6개월 동안 동독 출신자를 만났으며 그리고 _____(%)	새롭게 배웠다	이미 알고 있었다
우리는 서로 잘 이해했다.	70	82
그들은 우리의 도움에 감사했다.	60	70
우리는 정치적인 상황을 얘기했다.	54	70
그들은 만나기를 주저하거나 꺼렸다.	50	43
우리는 서로 파티를 벌였다.	34	53
동서독인 사이에 동질감을 느꼈다.	32	–
우리는 다시 만나길 원한다.	31	64
그들은 우리의 복지수준을 부러워했다.	30	28
우리는 주소를 교환했다.	22	–
그들은 서독에서 가능한 한 많은 것을 사들이는 데 관심이 있었다.	9	17
우리는 낯설었다.	7	6
그들은 서독에서 제대로 잘 대우받지 못했다며 탄식했다.	5	4
우리는 다투었다.	3	4

원출처: 알렌스바흐여론조사연구소 IfD-설문조사 5031, 2차 출처: Weidenfeld & Korte(1996)의 번역본, 77쪽.

　　김한초(1991)는 '남북한의 사회적 이질성 극복의 과제'를 다룸에 있어서 양측이 이질성을 키워 왔다는 주장을 다음과 같이 했다.

　　　　남북한 모두는 해방 이후에 민족자존의 의지를 실현할 수 있는 문화민족주의를 정립하는 데 실패했다. 북한은 무산대중을 공산주의 혁명세력화 하는 과정에서 한국인의 전통적인 생활관행과 풍속 중 상당부분을 반혁명적이라 하여 가혹하게 파괴했다. 남한 역시 일제잔재를 청산하지 못하였기 때문에 한민족의 문화적 정체성을 재구성하려는 노력을 소홀히 했다. 특히, 해방 직후의 지배층 인사들이 대개 일제시대 때 일본에서 교육받은 신지식인들이었기 때문에 탈한국적 · 몰한국적 성향을 가졌으며, 이러한 성향은 이후의 체제 속에서도 계속 이어졌다.

　　개별성과 관계성의 문화 관련성 측면에서 보면, 북한을 떠나오기 전 북한이탈주민, 즉 북한주민들의 개별성과 관계성은 북한의 문화에 의해 결정될 것이다. 그런데 임현진(1999)에 따르면 북한의 문화는 이념적으로는 주체사상을 중심으로 한 사회주의 체제를 추구하고, 가치 측면에서는 집단의 이익과 혁명적 사고를 중시하고, 전통 지향적 사고를 가지며, 가족적, 연대적, 강한 민족의식, 유교의식 등을 가진 것으로 규정된다. 이러한 것은 개인 심리 차원에서 분석한 경우에도 유사하다(예: 민경환, 1994). 민경환(1994)은 북한 사회는 사회주의 사회이기 때문에 통제된 공동작업, 수동성, 집단주의, 협동성이 강하다고 보았다. 이러한 북한의 특징은 성영신, 서정희, 심진섭(1993)이 북한이탈주민을 대상으로 한 인터뷰에서 유사한 결과가 도출되었다는 점에서 어느 정도 타당하다고 볼 수 있다.

　　이러한 결과와 김동직(1999)의 주장에 따른다면, 북한주민들이 북한에서 생활하는 시점에서는 개별성은 그리 높지 않고 관계성은 높다고 보아야 한다. 그러나 이러한 추정에 대해 북한에서 강조되는 주체성과 관련하여 비판을 제기할 수도 있다. 즉, 주체성을 개인의 독자적인 원칙에 충실하게 행동하려는 경향으로 파악함으로써 개별성과 관련지어 보려고 할 수도 있다는 점이다. 하지만 김일성 (1965: 정성장, 2004에서 인용)은 주체사상에 대해 "주체를 세운다는 것은 혁명과 건설의 모든 문제를 독자적으로, 자기 국가의 실정에 맞게, 그리고 주로 자체의 힘으로 풀어 나가는 원칙을 견지한다는 의미"라고 지적하고, "사상에서의 주체, 정치에서의 자주, 경제에서의 자립, 국방에서의 자위, 이것이 우리 당이 일관하게 견지하고 있는 입장이다."라고 연설하였다는 점을 감안해 본다면, 이는 북한 주민들 개개인의 사고방식과 생활양식을 갖도록 하기보다는 정책 차원에서 다루어진 것이라는 점에서 주체성이 개별성을 높인다고 단정하기 어렵게 된다. 이 점에 대해 정성장(2004)은 주체사상을 북한의 지도체제 강화를 위한 목적과 방식으로 통치이념화되었다고 분석하였다.[1] 이는 곧 주체성이 북한주민 개개인에게 내면화되었다기보다는 북한 체제라는 집단을 위해 개인의 독립성을 저해하는 방향으로 작용했을 가능성을 의미하는 것으로 보아야 함을 말한다.

한편, 북한주민들이 이러한 집단중심의 체제 때문에 김동직(1999)과 본 연구에서 정의한 관계성을 진정으로 담고 있는가에 대해서도 확신할 수 없다. 그 이유는 관계성의 정의에서 '자기와 세상이 밀접하게 연결되어 있다는 생각'과 '남과 어울리기를 좋아하고, 타인의 행동에 민감하게 반응한다'는 점에서는 북한 주민들의 관계성이 강할 수 있지만, '타인과 비교적 자유롭게 정서를 교환하는 경향성' 측면에서는 그렇지 못하다고 볼 수 있기 때문이다. 이것은 이미 서재진(1995)이 말한 '북한주민의 이중적 사회의식'과 독고순이 말한 '위장 선호 (preference of falsification)' 경향이 강하다고 보는 면과도 일맥상통한다.

따라서 남한에 정착해 있는 북한이탈주민이 이러한 점을 그대로 유지하고 있

---

1) 정성장은 주체사상이 김일성의 연설 이후에 '김일성주의화'(1974~1981)로, 이것이 다시 '김일성-김정일주의화'(1982~1994)로, 또다시 '우리식 사회주의론, 붉은기 담론, 강성대국론, 선군정치론 등' (1994~현재)으로 이어지면서 통치이념화되었다고 분석하였고, 이를 학계에서는 대체로 수용하고 있다.

다면 개별성은 낮고 관계성은 높은 것으로 추정할 수 있다. 하지만 이러한 성향을 그대로 가지고 있지 않을 가능성도 크다. 첫째, 북한이탈주민이 북한을 이탈한 후에 신변의 안전과 관련하여 대인관계의 양태가 변화할 수 있고, 이것 때문에 개별성과 관계성이 변화할 수 있다. 북한이탈주민이 대체로 제3국에서 약 3년 11개월(이금순, 강신창, 김병로, 김수암, 안혜영, 오승렬, 윤여상, 이우영, 임순희, 최의철, 2003)이라는 긴 시간 동안 많은 어려움을 겪고 은둔형 생활을 한 경우가 많기 때문에 타인에 대한 의심이 많고 다른 사람에게 마음을 쉽게 열지 못하는 현상이 나타날 수 있다. 이것은 관계성의 구성 요소들인 사회성, 대인민감성, 정서적 표현성, 관계 중시가 적음을 의미하므로 이들이 북한에서 가졌던 관계성이 낮아질 수 있다. 단, 이들이 남한에서 정착을 시작하면 중국 등지에서의 생활과는 달리 일단 피해가능성을 강하게 의식하지 않아도 된다는 점에서 앞서 제기한 관계성 관련 성향들이 개선될 것으로 보인다. 따라서 북한이탈주민의 관계성은 북한이탈 과정과 제3국 등지에서는 낮아질 수 있지만 입국 후에는 회복될 가능성이 크며, 개별성은 북한 내에서는 낮았겠지만 북한을 이탈한 이후부터는 독립생활을 선택하고 삶에 대한 강한 의지와 확신을 가져야 하기 때문에 뒤늦게 서서히 높아질 수 있을 것이다.

둘째, 북한이탈주민이 개인주의와 개별성이 북한보다는 다소 강하다고 볼 수 있는 남한에서 정착하여 살아가기 때문에 영향을 받을 수 있다. 남한 문화는 1980년 홉스테드Hofstede의 연구 결과에서, 개인주의는 18점으로서 조사 대상 53개국 중 43위로서 매우 낮고, 이 개인주의의 반대극인 집단주의가 상대적으로 매우 강한 상태였다. 하지만 남한 문화는 매우 역동성이 크고, 지속적으로 서구화와 미국화를 하면서 개인주의가 강해지고 있다고 할 수 있다. 특히 한성열과 안창일(1990: 채정민, 1993에서 재인용)이 진단한 것처럼 우리 사회가 점차 고학력화되면서 집단주의에서 개인주의로 점차 변화해 나가는 과도기에 있고, 나은영과 차재호(1999)도 이와 유사하게 한국 사회가 젊은층과 고학력/고소득층을 중심으로 '자신과 가족 중심의 개인주의'가 증가하고, 탈물질주의 가치가 증가하는 경향이 주춤하면서 개인의 자기주장성이 증가한다고 보았다. 또한 한규석과 신수진(1999)은 한국 사회의 가치와 문화가 수직적 집단주의에서 수평적 개인주의로 변하고 있다고 보았다. 이러한 점들을 종합해 볼 때, 현재의 남한 문화가 집단주의라고 단정하기는 어렵지만, 북한 문화보다는 훨씬 집단주의적 경향이 낮다고 볼 수 있다. 따라서 남한 사회에서는 개인주의와 연관이 높은 개별성이 북한에서보다 상대적으로 더 강조된다고 볼 수 있다.

재통일공감대 확산을 위해 현 정부는 '통일국민협약' 사업을 추진하고 있다. 여기서 핵심은 국민의 마음을 산 재통일을 이루는 것이다. 이를 위해 재통일정책에 대한 국민 의견을 체계적으로 수렴하는 노력을 하고 있다. 구체적으로 보면, 다양한 성향의 국민들이 참여한 사회적 대화를 30회 열어서 '한반도 미래상' '평화체제와 비핵화' '대북 인도지원 조건' 등의 주제를 다뤘다.

2. 성장 불균형과 지역 편중화 현상

이경훈과 이용숙(1994)에 의하면, 독일의 경우 재통일 직후에 서독 지역은 거의 전산업 분야에서 호황을 맞이하다가 얼마 가지 않아 유효수요가 점차 줄어들었다가 상당한 시간이 지난 후에 재성장하기 시작했다. 물론 유효수요가 줄어드는 과정에서도 급격히 줄어드는 분야와 그래도 여전히 유효수요가 증가하는 분야로 양분화되는 현상은 있었다.

이러한 현상은 현재 남한 내에서도 여러 지역별뿐만 아니라 세대별, 직업별 성장 불균형과 지역 편중화 현상 등이 나타나고, 북한에서도 약하지만 이러한 현상과 비슷하게 나타나고 있어서 재통일 이후에는 더욱더 심화될 것으로 예상된다. 특히, 코로나19 시기에 미국을 비롯한 많은 국가에서 저금리 정책과 정부의 재정확대 정책에 의한 통화량 증가로 인플레이션 심화와 소득과 재산 양극화가 심해진 상황이므로 이후 재통일이 되면 성장불균형과 양극화 현상 등의 문제가 심해질 것으로 전망된다.

   이 문제는 단순한 경제적 문제로 끝나지 않고 심리 등 다방면에 걸친 문제로 등장할 수 있다는 점에서 비상한 관심을 가져야 한다. 이 문제를 이해하고 해결할 수 있는 연구와 정책 준비도 꼭 필요하다.

제**3**부

재통일 심리의 적용

현 북한이탈주민과 남한주민 간 연구 결과의 재통일 진행 과정에의 적용 가능성

1. 북한이탈주민과 북한주민

공통적 특성과 차별적 특성

개성공단에서 장기체류하면서 북한주민들을 관찰하여 연구 결과를 제시한 김진향(2015)은 북한을 남한주민이 잘 이해하지 못하는 이유에 대해 '적대적 분단이 강요하는 북한 무지의 악순환'을 꼽았다.

그나마 김진향(2015)이 파악한 개성에서 일하는 북한주민의 특징은 다음과 같이 제시했다.

북측(북한) 사람들은 남측(남한) 사람들에 비해 타인에 대해 예의 바르고 호의적이며 순수하다. 순박하고 선하고 진실하다. 때 묻지 않은 그런 순박함 때문에 때로는 사람과 사람 간의 갈등 해결방식이 다소 투박하고 세련되지 못하게 나타나는 경우도 없지 않다. 우리처럼 고도의 경쟁사회에서 살아온 사람들이 아니어서 개인적 경쟁심은 별로 없다. 다만, 집단적 경쟁심은 남다르다.

돈과 자본의 가치개념이 희박한 것도 사실이다. 이제 배우는 수준이다(37쪽).

그리고 김진향(2015)은 북한을 바라보는 남한 사람들의 관점이 다음과 같아서 북한을 올바로 보지 못한다고 말했다.

> 적대적 관점, 대립적 관점, 비교적 관점, 일방적(우리식 관점과 기준, 가치관) 관점, 일반화의 오류(개인 경험의 일반화, 특수의 보편화), 경제주의적 관점 등으로부터 자유롭지 못하다(377쪽).

김진향의 관찰 결과도 중요하지만 다른 학자들의 연구도 고려하면 북한주민과 북한이탈주민의 관계에 대해 다음과 같은 세 가지 쟁점이 도출된다. 첫째는, '북한주민=북한이탈주민'인가이다. 같다고 보는 입장에서는 이들이 동일 혈통이고, 북한이라는 동일 지역에서 거주한 경험이 있고, 동일 문화를 공유했기 때문에 같다고 본다. 하지만 다르다고 보는 입장도 있는데, 북한주민 대다수인 98.5%는 북한생활이 힘들어도 혹은 북한생활이 좋아서 북한에 그대로 있는데, 북한이탈주민은 북한 전체 인구의 1.5%로서 탈출하여 남한으로 입국했다는 점이다. 그래서 이들은 북한주민과는 달리 반항경향, 모험추구경향, 이익추구경향 등을 가지고 있다고 본다. 결론적으로 이 두 가지 점을 고려해 본다면 이들 둘은 최소한 같다고 보기는 어렵다는 점이다.

둘째는, 불편적 특성인 핵심core 요인과 비공유 요인이 있을 수 있다는 점이다. 먼저 핵심 요인으로는 이들이 집단주의적 경향과 권위주의적 경향 등을 가졌다는 점이다. 비공유 요인으로는 앞서 언급한 바와 같이 북한이탈주민은 이탈성향이 있는 데 반해 북한주민은 안주성향 등이 있다고 보아야 한다는 점이다.

셋째는, 정상 요인과 비정상 요인[1]이다. 정상 요인은 평소 요인이면서 지속

---

1) 용어 표현이 다소 이상하게 보이더라도 이해해 주기 바란다.

요인으로서 집단주의적 경향, 남성중심적 경향 등이다. 비정상 요인으로는 비교적 특정한 시기에만 나타나는 요인으로서 소위 고난의 행군 시절과 같은 때 이기주의적 · 개인주의적 경향을 보였다는 점 등이다.

이상을 토대로 북한이탈주민의 심리적 특성을 정리해 보면 다음과 같다. 먼저 인지적 특성으로는 흑백논리적 사고, 이분법적 사고, 이중적 사고, 폐쇄적 사고, 남성중심적 사고, 성역할 고정관념적 사고, 보수적 사고, 소수자 의식 사고 등이 있다. 그리고 이들의 정서적 특성은 불안(→ 극단적 안전욕구, 자기방어적)이 높은 편이고, 열등감을 가지고 있다고 볼 수 있다. 마지막으로, 이들의 행동적 특성은 집단주의적 행동 경향, 가부장적 행동경향, 삶에 대해 능동적이고 적극적인 변화 추구(때로는 압축성장 추구) 경향, 극단적 행동화 경향, 과도한 기대(물질주의적) 경향, 전술적 행동 경향, 높은 성적 관심 행동(이것은 관련 전문가들의 의견임) 등이다.

북한주민의 특성은 정확성이 다소 낮더라도 다음과 같이 추정된다. 이들의 인지적 특성은 흑백논리적 사고, 이분법적 사고, 이중적(자기검열적) 사고, 남성중심적 사고, 권위주의적 사고, 합목적적 사고, 성 고정관념적 사고, 보수적 사고 등이다. 이들의 정서적 특성은 불안, 정(情) 등이다. 이들의 행동적 특성은 집단주의적 행동 경향, 가부장적 행동 경향, 외국인 차별적 행동 경향, 순종적이고 수동적인 행동 경향, 체면 차리기 행동 경향 등이다.

2. 재통일 진행 과정에의 적용 가능성

(1) 적용 가능성과 조건

이경훈과 이용숙(1994)에 의하면, 재통일 후 동서독에 있던 개신교와 가톨릭교가 상호 통합되어 양측 주민들의 심리적 통합과 마음의 장벽 허물기에 기여했다.

앞서 채산이 여유로운시민사회 아카데미 프로그램을 수강하고 시민교육 자격증을 취득한 것처럼 재통일에 대한 심리학적 연구 결과와 이론은 재통일 진행 과정에서도 적용이 가능하다. 2019년 1월 1일 현재는 중단되어 있지만 개성공단에는 남한 기업인과 관리자 그리고 북한 관리자와 직원이 함께 근무하고 있다. 이곳을 가리켜 일명 '작은 재통일공간'이라고 표현하는 사람들도 있다. 이곳에서 오랫동안 양측 출신 주민들 간의 삶을 지켜보고 북한과 재통일 분야를 연구해 온 김진향(2015)은 개성공단 입주기업의 남측 주재원들이 가져야 할 기본적인 태도 네 가지를 다음과 같이 제시했다. 이 네 가지는 공식적으로 연구되고 이론화된 것은 아니지만 실무경험자와 학자로서의 두 가지 역할을 한 김진향의 전문가적 견해에서 나온 것이므로 실무적으로는 유용한 제시라고 할 수 있다.

> 첫째, 북측의 체제와 제도, 사상, 문화 등을 비난하는 행위는 금기다.
> 둘째, 남과 북의 여러 다양한 '차이와 다름'을 '옳고 그름', '맞고 틀림', '선과 악'의 이분법적 흑백논리, 대립적 관계로 인식하지 않으려는 노력이다.
> 셋째, 모든 인간관계가 '상호작용'의 관계이듯이 남북 근로자의 관계도 상호작용의 관계이다.
> 넷째, 북측은 사회 전체를 '사회주의 대가정'이라고 인식하고 또 표현한다(김진향, 2015, 35~36쪽).

(2) 적용의 효과와 제한점

이경훈과 이용숙(1994)에 의하면, 재통일 이전에 동서독 간의 교류는 "재통일을 위한 준비과정으로서가 아니라 서로의 체제를 안정시키는 역할을 하는 데 그쳤다는 것이다. 즉, 교류가 서로의 동질성을 확보하고 공동의 정체성을 찾아가는 과정이 되지 못하고, 서로의 차이를 확인하고 이를 당연시하는 과정이 되었다"고 평가되고 있다. 사회심리학의 '단순접촉가설'이 가진 한계를 보인 교류였다고 볼 수 있다.

　따라서 이상의 연구 결과를 실제로 재통일 진행 과정에서 적용하려면 상황 조건을 충분히 고려하여 다시 한 번 더 관련 연구를 진행하여 해당 시점과 여건에 맞는지를 재검토하여 신중하게 적용해야 한다. 만약 이전의 연구 결과가 새로운 상황과 시점에 적용하기 어려울 만큼 차이를 보이면 과감하게 수정하고 보완하거나 하는 등의 노력이 있어야 한다.

제**4**부

맺음말

| 제9장 |

| 제9장 |
결론 및 미래 방향

레빈Lewin은 문제의 해결을 위해서는 기본적으로 '해빙 → 변화 → 재동결'의 과정을 거쳐야 한다고 제시했다. 재통일 관련 문제도 과거부터 지금까지 그리고 언제인지는 모를 미래의 재통일 시점까지 지속적이고 중층적으로 문제가 공고화될 것이다. 이를 해결하기 위해서는 먼저 해빙하여 문제를 좀 더 다루기 쉽게 만들고, 이에 대해 조치를 취해 변화를 시켜서 최종적으로 원하는 결과를 만들어서 재동결시켜야 한다. 이때의 재동결은 원래 상태로의 복귀는 당연히 아니다.

그리고 한민족 분단과 재통일 현상 속에서 살아가는 사람들은 모든 요소를 일관되고 논리적으로 구성하고 해석하며 살아가기는 쉽지 않다. 이러한 삶은 분단과 재통일이 아니어도 일반적으로 살아가기가 쉽지 않다. 따라서 이러한 우리의 삶에 대해 유연한 자세를 가지는 것이 절대적으로 필요하다.

최근의 재통일교육에서도 이러한 심리적 측면이 관련되어 있다. 최근 변화된 재통일교육은 사회문화적 접근방식이라고 할 수 있다(김용민 외, 2004). 이 사회문화적 접근방식이란, 북한주민들의 일상생활 문화 등에 대한 이해에 초점이 있는 것이다. 이것 또한 궁극적으로 지향하는 바가, 문화 이해를 통한 상대방의 심리를 파악하는 것이라고 할 수 있다.

나아가 향후 추가되어야 할 재통일교육의 요소로서 정현백, 김엘리, 김정수 (2002)가 주장한 것은 평화교육인데, 여기에서도 심리적 측면은 강하게 작용하고 있다. 한만길(2001)이 주장한 바에 따르면, 이 평화교육의 핵심은 남북한 간 혹은 남북한주민 간의 갈등 해소와 적대감을 해소하고, 상호 이해와 화해의 증진에 있다.

따라서 지금까지 이루어졌거나 현재 이루어지고 있거나 향후 이루어지기를 바라는 재통일교육 방향 모두에서 심리적인 측면이 매우 중요함을 알 수 있다. 그리고 지금까지 강조되고 있는 '남북의 심리적 통합이 필요하다'는 주장이나, '민족 동질성을 회복해야 한다'는 주장 등에서도 심리적 요인을 강조하는 것이다. 하지만 그동안의 재통일교육에서 심리학이라는 학문적 틀과 심리학자는 배제되어 왔다. 그리고 결정적으로 심리적인 문제는 거론되었지만 사람에 대한 고려나 배려는 없었다.

한편, 우리의 재통일 동반자인 북한에서도 재통일교육이 어떻게 이루어지고 있고, 심리적인 요소가 어떻게 포함되어 있는지 확인할 필요가 있다. 하지만 지금까지 알려진 바에 따르면, 북한은 재통일교육이라는 명칭이나 성격으로 이루어진 별도의 교육 체계와 내용이 없다. 단지, 김용민 등(2004)에 따르면, 민족에 대한 민족관, 남한에 대한 남한관, 재통일에 대한 재통일관만을 다루고 있다고 할 수 있다. 그리고 이 관점은 정신 무장의 성격을 띠고 있기 때문에(김용민 외, 2004) 심리적 요인을 포함하고 있다고 할 수 있다. 하지만 이 북한의 교육 내용 구성과 교육 진행 과정에서 심리학적 틀과 심리학자는 역시 포함되어 있지 않다고 할 수 있다. 남한과 마찬가지로 사람에 대한 고려나 배려도 없다.

이상 남북한의 재통일교육에 대한 개괄적 이해를 통해 볼 때, '재통일은 심리적 문제이다'라는 점은 공통적으로 존재하지만, 심리학자의 전문적 개입은 전혀 없다고 볼 수 있다. 나아가서 재통일교육에 대한 심리학적 개입 모형이 필요함에도 불구하고 아직 마련되어 있지 않고 사람이 배제되어 왔다는 점을 알 수 있다.

이와 같은 우리 내부의 상황 맥락뿐만 아니라 우리보다 먼저 분단국가를 탈피한 독일의 경우에서도 심리적인 문제가 재통일과 매우 직결되어 있음을 보여 주고 있다는 점에서 주목을 끈다. 주지하다시피, 독일은 형식적으로는 동독이 자체 국민투표를 거쳐 1990년 10월 3일을 기해 「서독 기본법Grundgesetz」에 따라 독일연방공화국에 정식으로 가입하는 형식을 띠었지만, 실제로는 서독의 경제적 우위에 입각하여 재통일이 이루어졌으며, 이는 '흡수재통일'이라고 불린다(Weidenfeld & Korte, 1996). 물론 이 재통일 방식 자체가 문제가 될 수는 없다. 하지만 서독의 앞선 경제력으로 동독의 경제를 끌어올리는 방식으로 하다 보니 많은 부작용이 드러난 것이다. 과도한 재통일비용에 따른 세금 인상, 이 때문에 재통일 독일의 경제가 재통일되고 2~4년 후에 후퇴하는 현상이 발생하였다는 점, 현재도 문제가 되고 있는 '동독인의 2등 시민화'(전태국, 2000), '서독인의 승리자 증후군'(전태국, 2000), '사회 분열'(김해순, 2002; 이해영, 2000) 등의 문제가 발생하였다는 점이다.

또한 독일에서의 동서독 주민 간 여러 사회문제가 당초 예상보다 훨씬 길게 그리고 강하게 진행되고 있다. 앞서도 언급했듯이 콜 수상과 같은 재통일을 지휘한 장본인조차도 1994년 가을, 재통일 4주년 관련 인터뷰에서 한 말은 경청할 만하다.

마지막으로, 이러한 두 가지 측면과 연계된 것으로서 재통일 이전과 이후의 변화가 순수한 상상만으로 존재하는 것이 아니라 실제에 기반한 상상으로 존재하게 되었다는 점이다. 이것은 우리 한민족의 재통일이 아직 이루어지지 않은 상태에서 마치 재통일이 이루어진 것으로 간주하고 상상하는 것을 말한다. 그 이유는 독일의 재통일이 우리 상황에서도 그대로 펼쳐질 것으로 자기암시를 주기 때문이다. 이 실제에 기반한 상상은 앞으로 우리 한민족이 재통일된다고 할 때 의식적으로나 무의식적으로 작용하여 과거 독일에서 발생한 것이 특히, 부정적인 것들이 거의 그대로 우리 상황에서도 재현될 수 있다는 점에서도 중요한 문제가 된다.

그러한 이유는 민족통일연구원(1994, 上, 下)도 결정적으로 제시했듯이, 한국과 서독 양국이 분단 상황도 유사하고, 나아가서 한국이 서독의 독일정책Deutsch landpolitik 내지 동방정책Ostpolitik으로부터 영감을 받아서 재통일원의 창설, 북방 정책, 남북한 기본합의서 합의, 분단질서 관리정책 등에 이르기까지 여러 정책을 진행했기 때문이다. 여기에 덧붙여 2000년 6.15 남북 정상 간 공동선언이나 2007년 10.4 남북공동선언이 독일의 재통일과정과 매우 많이 닮아 있기 때문이다.

그리고 재통일과 관련된 심리학적 변수는 지속적으로 잘 관리하여 정책에도 반영하고 실생활에서도 활용할 수 있도록 해야 한다. 그래서 관련 변수들을 최대한 잘 설정하여 미리미리 패널조사 형태로 진행해 나가야 한다. 진행 방안에 대해서는 [그림 59]와 같이 독일과 같은 국가들의 자료와 연계하여 연구하면 우리나라의 재통일에도 기여하고 전체 재통일심리학 발전에도 기여할 수 있다.

그리고 마지막으로 이 책의 내용은 장차 학문적으로 진일보한 '재통일심리학' 구축에 기초가 되도록 활용해야 한다. 이를 위해 향후 이 책의 내용보다 더 확장

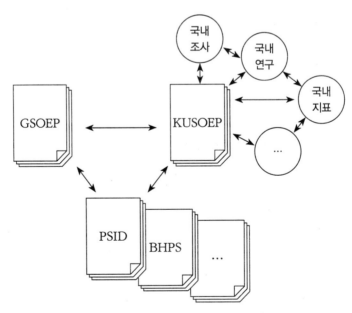

[그림 59] 다른 자료와의 신규 패널자료 연계 활용 방안

된 영역과 심도 있는 하위 영역을 연구하여야 한다.

따라서 저자가 향후 연구하고 싶기도 하고 다른 관심 있는 학자들의 참여도 필요로 하는 연구 방향에 대해 제안하고자 한다. 먼저 이를 위해 개괄적 토대는 『심리학에서 찾는 한민족 평화재통일의 길: '여유로운 신국가론' 구상』으로 삼고, 주요 하위 영역의 정의는 『독일통일백서』 등의 기존 연구 틀과 본 연구자의 연구 경험에 따라 '건강 · 안전 · 환경 심리학 분야', '정치 · 외교 · 군사 심리학 분야', '경제 · 경영 심리학 분야', '사회 · 문화 · 법심리학 분야', '교육 · 언론 심리학 분야', '제4차 산업혁명 심리학 분야'로 정하였다. 특히, '건강 · 안전 · 환경 심리학 분야'에서 '안전'과 '환경' 분야를 포함한 것은 독일 재통일 등의 사례에서도 기존 노후 건물 방치와 단기간에 신 건물 건축과 사회인프라 건설 등에 의한 안전 문제 등이 대두되었고, 이 과정에서 환경 파괴와 적응의 문제가 제기되어서이다. 또한 독일, 베트남, 예멘 등의 재통일 시점에서는 전혀 고려될 필요가 없었지만 한민족 재통일 과정에서는 이미 시작된 '제4차 산업혁명'이 실업이나 창업 등과 얽혀 있는 중요한 주제여서 '제4차 산업혁명 심리학 분야'를 주요 분야로 설정하였다.

연구 방법은 『심리학에서 찾는 한민족 평화재통일의 길: '여유로운 신국가론' 구상』에서 기본적인 내용은 다뤘지만, 이 영역들에서 제기되는 연구과제의 특성을 고려하여 기존의 심리학적 연구 방법들뿐만 아니라 재통일 상황에 적합하게 새로운 연구 방법들이 마련되어야 한다. 새로운 연구 방법들은 문화심리학에서 많이 활용하고 있는 에믹 접근과 최근 주목받고 있는 빅데이터 분석법과 시뮬레이션적 연구법 등을 중심으로 개발되어야 한다. 특히, 빅데이터 분석법과 시뮬레이션적 연구법은 '제4차 산업혁명 심리학 분야'와도 직접적으로 관련이 있다는 점에서 좀 더 정밀한 연구법이 마련되어야 한다.

이러한 연구 결과를 바탕으로 한 종합적이고 과학적인 학문체계 수립은, 10년 동안의 연구 성과와 10년간의 재통일 여건 변화 등을 고려하되, 앞으로도 계속해서 개별 연구들이 수행될 수 있는 지평을 넓혀서 제공하는 형태로 이루어질 것이다.

좀 더 구체적인 연구 주제는 다음과 같다. 즉, 남북한주민의 심리 측정 보정척도 개발, 남북한주민들의 심리상담기법 선호도 비교, 남북한주민들의 안전의식과 행태상 공통점과 차이점, 남북한주민들의 환경의식과 행태상 공통점과 차이점, 남북한주민들의 정치동원화 심리의 공통점과 차이점, 남북한주민들의 군대 통합에 대한 의식 비교, 남북한주민들의 행동경제학적 특징 비교, 남북한주민들의 화폐개혁에 대한 의식과 행태 비교, 남북한주민들의 투자심리 비교, 남북한주민들의 극혐심리 비교, 남북한주민들의 다문화적응성 비교, 남북한주민들의 준법정신과 행동 비교, 남북한주민들의 소득과 재산 양극화에 대한 의식 비교, 남북한주민들의 과거사 정리 심리 비교, 남북한주민들의 교육성취욕구 비교, 남북한주민들의 가짜 뉴스와 뉴스 공정성에 대한 심리 비교, 남북한주민들의 디지털 트윈digital twin에 대한 심리 비교, 남북한주민들의 AI 수용성 비교, 남북한주민들의 디지털 보안의식과 행태 비교, 남북한주민들의 가상공간 심리 비교 등에 대한 연구를 진행할 필요가 있다.

참고문헌

강만길(2000). 강만길선생과 함께 생각하는 통일. 서울: 지영사.

강인수(2015). 독일통일 25 주년의 경제적 성과와 한계-통일 리스크에 대한 사전 준비 강화 필요. VIP Report, 632, 1-13.

강준만, 김교만, 김민웅, 김삼웅, 김진아, 문부식, 손석춘, 최종욱, 황광수(1997). 레드 콤플렉스: 광기가 남긴 아홉 개의 초상. 서울: 삼인.

강휘원, 강성철(2010). 독일 이주정책의 변화와 사회통합 거버넌스. 한국정책과학학회보, 14(4), 291-316.

건국대학교 통일인문학연구단 편(2018). 한국지성과의 통일 대담. 서울: 패러다임.

경남대학교 극동문제연구소, 북한대학원(2004). 남남갈등: 진단 및 해소방안. 경남대학교 통일관 개관기념 학술대회.

경남대학교 북한대학원 편(2003). 북한연구 방법론. 서울: 한울아카데미.

고상두(2010). 통일 이후 사회통합 수준에 대한 동서독 지역주민의 인식. 유럽연구. 28(2), 269-288.

고상두, 하명신(2012). 독일 거주 이주민의 사회통합 유형. 국제정치논총, 52(5), 233-256.

고승우(1999). 분단을 넘어 통일을 향해. 서울: 살림터.

고유환(2019). 북한연구방법론의 쟁점과 과제. 통일과 평화 (Journal of peace and unification studies).

곽승지(2007). 현대북한연구의 쟁점2. 경기: 한울아카데미.

곽은경(2018). 군정체성 형성을 통한 군사통합 방안 연구: 서독연방군의 민주정체성을 중심으로. 국방연구(안보문제연구소), 61(2), 107-134.

구영록(1974). 통합이론에 관한 연구: 통합의 유형과 갈등. 국제정치논총, 13, 1-30.

권구훈(2010). 분단관리에서 통일대비로:(광복절 경축사 관련) 학술회의.

권명옥, 이순영, 김혜원, 이호진(2017). 북한이탈주민의 건강 관련 행태 조사-북한 거주 및 제3국 체류 시기를 중심으로. 군진간호연구, 35(1), 1-14.

권오국(2011). 통일대비 북한의 인구이동에 대한 연구. 북한학보, 36, 72-109.

권오중(2007). 독일과 한국의 분단과 통일문제의 구조적 차이와 양국 정부가 추진한 통일정책의 변화와 한계에 대한 연구. 독일연구, (14), 21-48.

권은성, 최영준, 이일현, 최혜진, 신효숙, 왕영민, 강민주(2018). 북한이탈주민 정착 지표 연구(Ⅲ): 통합지표. 북한이탈주민지원재단.

권장희(1997). 예멘통일과 이슬람교육. 도덕윤리과교육, 8, 396-433.

권형진(2014). 통일 이후 독일 이민정책의 변화. 통일인문학, 57, 125-160.

금명자(2015). 한국심리학회의 북한 및 북한이탈주민 관련 연구 동향. 한국심리학회지: 일반, 34(2), 541-563.

김경식(2002). 독일통일과 민족문제를 보는 몇 가지 시각. 역사비평, 293-320.

김광억(1999). 문화소통과 문화 통합: 통일에 대한 인류학적 접근. 이정복, 신욱희, 이승훈, 임현진, 김광억, 이장호, 박삼옥, 조흥식, 강현두 공저. 21세기 민족통일에 대한 사회과학적 접근, 145-174. 서울: 서울대학교 출판부.

김국신(1993). 예멘 통합 사례연구. 민족통일연구원, 85-90.

김국신, 김경웅, 최대석, 최진우(2001). 독일 · 베트남 · 예멘 통일사례. 통일연구원 학술회의 총서, 1-43.

김국신, 김도태, 여인곤, 황병덕(1994). 분단극복의 경험과 한반도 통일 1: 독일 · 베트남 · 예멘의 통일사례연구. 서울: 한울아카데미.

김귀옥(2000). 남북 사회문화공동체 형성을 위한 대안과 통일방안 모색.

김근배(2014). 일제강점기 조선인들의 의사되기. 의사학, 23(3), 429-468.

김누리, 김동훈, 도기숙, 류신, 박희경, 배기정, 안성찬, 윤미애, 이노은, 이영란, 이정린(2009). 동독의 귀한, 신독일의 출범: 통일독일의 문화변동. 서울: 한울.

김누리, 노영돈 편(2003). 통일과 문화: 통일독일의 현실과 한반도. 서울: 역사비평사.

김누리, 오성균, 안성찬, 배기정, 김동훈, 이노은(2006). 변화를 통한 접근: 통일 주역이 돌아본 독일 통일 15년. 서울: 한울아카데미.

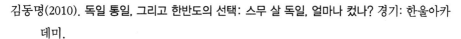

김동명(2010). 독일 통일, 그리고 한반도의 선택: 스무 살 독일, 얼마나 컸나? 경기: 한울아카데미.

김명식(2015). 남북한의 심리적 통일을 위한 심리학적 고찰. 디지털융복합연구, 13(1), 555-562.

김문환(2002). 통일과 문화 정책, 햇볕 정책을 중심으로. 중앙대학교 한독문화연구소 심포지움: 통일과 문화.

김병로(2019). 다시 통일을 꿈꾸다. 서울: 모시는사람들.

김상무(2006). 통일독일의 동독연구가 남한의 통일교육에 주는 시사점. 교육비평, (20), 215-241.

김상무(2010). 동독과 신연방주 역사 교과서의 분단사 서술 비교 연구. 한국교육학연구(구 안암교육학연구), 16(3), 29-58.

김상무(2018). 독일 통일교육 연구의 성과와 한계, 그리고 과제. 교육문화연구, 24(6), 533-559.

김석주(2014). 북한주민의 질병관(疾病觀)과 질병행태. KDI 북한경제리뷰, 16(4), 3-18.

김석진(2010). 독일 통일 20년의 경제적 교훈과 시사점. 산업경제분석, 9월호, 53-68.

김선영(2009). 한국과 독일의 다문화 비교. 한국정책연구, 9(1), 175-194.

김성경(2020). 갈라진 마음들: 분단의 사회심리학. 경기: ㈜창비.

김성민, 박민철, 박영균, 이병수, 이순웅, 이승환, 정병준, 정진아, 조배준(2015). 통일담론의 지성사. 서울: 패러다임.

김성윤, 유정갑, 강석윤, 박선아(2003). 북한이탈주민의 사회적응에 관한 연구. 단국대학교 정책과학연구소.

김엘리(2006). 탈분단을 위한 남북여성들의 연대적 실천. 창작과비평, 34(1), 244-257.

김영기(2018). 남한사회의 남북통일의 필요성 인식의 시계열적 변화와 영향 요인 차이. 예술인문사회융합멀티미디어논문지, 8, 707-717.

김영수(2014). 기조연설: 통일한국을 준비하다. 사회복지공동모금회 나눔문화연구소 기획포럼 자료, 2014, 3-8.

김영탁(1997). 독일통일과 동독재건과정. 서울: 한울아카데미.

김영호, 김용호(2014). 북한의 범죄 유형과 실태에 관한 고찰: 사례 분석을 중심으로. 현대북한연구, 17(3), 100-128.

김영희(2016). 베를린장벽의 서사: 독일 통일을 다시 본다. 서울: 창비.

김용민, 정상돈, 원준호(2004). 갈등을 넘어 통일로: 화해와 조화의 공동체를 위하여. 서울: 통일부 통일교육원.

김용욱(2006). 예멘과 독일의 통일사례 비교와 시사점. 한국정치외교사논총, 28(1), 257-296.

김은주, 김종호(2007). 국내입국 북한 이탈주민의 심리적 특성연구. 교류분석과 심리사회치료 연구, 4, 33-56.

김재인, 장혜경, 김선욱, 김귀옥(2002). 남북한의 실질적 통합을 위한 여성정책방안. 서울: 통일부 통일연구원.

김재한 편(2020). 통일ㆍ북한의 문화적 이해: 문화 콘텐츠로 조망하는 새로운 통일 담론. 서울: 카오스북.

김정규(1995). 북한주민의 의식구조 이해. 통일문제 학술세미나 자료집 (pp. 3-40). 성신여자대학교 사회과학연구소.

김종남(2014). 통일 사회경제심리패널조사(panel survey)를 통한 학문적 연구와 정책 수립 방안. 서울여자대학교.

김종성(2002). 남, 북한인의 가치관 연구. 고려대학교 교육대학원 석사학위논문.

김종욱(2017). 한국과 베트남의 '베트남전쟁' 인식과 교육. 아시아연구, 20(4), 61-84.

김지은(2017). 스토리텔링을 통한 통일 한국의 사회치유 방향성 모색. 문화와 정치, 4(4), 145-185.

김진향(2015). 개성공단 사람들. 서울: 내일을여는책.

김창권(2010). 독일 통일 이후 구동독지역 인구이동 및 인구변화와 한반도 통일에 주는 정책적 시사점. 경상논총, 28(1), 28-55.

김창권(2014). 독일통일 25주년의 경제적 성과 및 독일 내 관련 연구 동향. 인하대학교 정석물류통상연구원 연구총서, 1-37.

김창대, 김동민, 최한나, 김은하(2014). 북한이탈주민 맞춤형 정서ㆍ심리상담 전문상담사 매뉴얼. 북한이탈주민지원재단.

김창환, 양금희, 윤재홍(2002). 독일의 학교 및 사회통일교육 프로그램 개발 및 운영 실태 분석. 통일부 용역과제.

김학성(2000). 북한이탈주민(탈북이주자)의 남한사회적응에 관한 연구. 서울대학교 행정대학원 석사학위논문.

김학이 역(1999). 독일통일과 위기. Jurgen Kocka(1995). Vereinigungskrise: Zur Geschichte der Gegenwartd.

김해순(1998). 독일통일 이후 동독여성의 생활변화에 관한 사례연구. 여성학논집, 14,

113-137.

김혜순(2002). 통일 이후 동서독 주민들의 갈등과 사회통합: 통일교육에의 시사점. 서울: 통일
교육원.

김혜순(2013). 독일통일 이후 일-가족 조화정책과 여성경제활동. 젠더와 문화, 6(2), 7-42.

김형곤(1993). 미국의 적색공포(1919-1920). 미국사연구, 1, 91-116.

김혜숙(2000). 북한 사람에 대한 고정관념, 감정과 태도. 한국심리학회 2000년도 춘계 심포
지움, 19-45.

김혜숙(2002). 대학생들이 중요시하는 가치와 북한 사람 및 대북 정책에 대한 태도와의
관계에 관한 조사 연구. 한국심리학지: 사회및성격, 16(1), 35-50.

김혜온, 서봉연, 이순형(1999a). 통일 이후 구 동독지역 청소년과 성인의 심리적 적응과
사회변화에 대한 태도. 인간발달연구, 6, 1-17.

김혜온, 서봉연, 이순형(1999b). 통일 이후 구 동독지역 청소년들의 심리적 적응. 아동학회
지, 20(2), 279-297.

나광은(2004). 통일 이후 동독인들의 일상의 변화와 사회, 문화 갈등. 뷔히너와 현대문학,
23, 429-454.

노병만(2002). 남북한의 통일방법모델과 통일방안의 재검토. 전남대학교 세계한상문화
연구단 국내학술회의, 539-557.

노영순(2007). 분단 전기(1954~1963년) 베트남 통일문제. 아세아연구, 50(3), 7-38.

뉴스엔조이(2004년 11월 4일자). 탈북자, 어떻게 살고 있는가.

대한민국정부(2003). 2002년도 국정감사결과 시정 및 처리 요구사항에 대한 처리결과보
고서.

도미엔(2015). 베트남 소재 남ㆍ북한 관련 자료. 군사, (96), 323-362.

도올 김용옥(2019). 유시민과 도올 통일, 청춘을 말하다. 서울: 통나무.

독고순(2001). 탈북주민의 가치정향에 대한 비교 연구. 한국사회학, 35(1), 149-174.

또 하나의 문화 통일 소모임(1996). 통일된 땅에서 더불어 사는 연습: 남과 북이 함께 읽는 책.
서울: 또 하나의 문화.

롭타 프로스트(2003). 동서독의 이질감에 대한 성찰. 김누리, 노영돈 편, 통일과 문화. 서울: 역
사비평사.

뤼디거 프랑크(2020). 북한: 전체주의 국가의 내부관점. (안인희 역) 서울: 한겨레출판.

리재순(1988). 심리학개론. 평양: 과학백과사전종합출판사.

문옥륜(2005). 북한의 보건의료 현황과 욕구. 보건복지포럼, 2005년 6월호, 17-27.

민경환(1994). 심리학적 관점에서 본 한국 통일. 심리과학, 3(19), 84-99.

민성길(2000). 통일과 남북청소년. 서울: 연세대학교 출판부.

민성길, 전우택, 김동기(2006). 탈북자의 남한에서의 삶의 질. 신경정신의학, 45(3), 269-275.

민족통일연구원(1994). 통일문화연구(上). 서울: 민족통일연구원.

민주평화통일자문회의, 한겨레통일문화재단(2004). 남북정상회담 4주년 기념 토론마당: 6.15 공동선언 실천과 남북관계 발전방안. 민주평화통일자문회의, 한겨레통일문화재단.

박광기, 박정란(2008). 한국의 통일 · 대북 정책 60년: 회고와 전망. 정치정보연구, 11(1), 161-190.

박군석(2003). 사회구조 요인과 사회정체성에 따른 상대박탈 경험 및 집합 행동: 영호남인의 지역간 갈등을 중심으로. 성균관대학교 대학원 박사학위논문.

박규정(2005). 극우주의 다시 날개를 펴다: 통일 후 독일 극우파의 동향. 역사비평, 312-335.

박노평, 김봉기(2016). 평양말 · 서울말: 언어에도 휴전선이. 서울: 메인파워(주).

박명서(1999). 통일시대의 북한학 강의. 서울: 돌베개.

박순성 편(2015). 통일논쟁: 12가지 쟁점, 새로운 모색. 경기: 한울아카데미.

박영호, 김지희, 서재진, 임강택, 정영태, 조민, 조한범, 허문영, 홍관희(2003). 통일예측모형 연구: 지표 개발과 북한체제 변화 추세 분석. 서울: 통일연구원.

박완신(2001). 북한학 교수가 직접 평양에서 본 북한사회. 서울: 답게.

박은홍(1993). 분단에서 통일로, 그 진통의 현장 사회주의통일 이후 베트남의 진통과 개혁. 역사비평, 34-48.

박재규 편(2004). 새로운 북한읽기를 위하여. 서울: 법문사.

박종철(1996). 통일베트남 남 · 북부의 갈등과 사회주의 개혁개방. 역사비평, 56-66.

박종철(2010). 민족공동체 통일방안의 새로운 접근과 추진방안: 3대 공동체 통일구상 중심. 통일연구원.

박종철 외(2012). 통일한국에 대한 국제적 우려해소와 편익: 지역 및 주변국 차원. 통일연구원.

박종철, 김영윤, 이우영(1996). 북한이탈주민의 사회적응에 관한 연구: 실태조사 및 개선방안. 민족통일연구원.

박종철, 김인영, 김인춘, 김학성, 양현모, 오승렬, 허문영(2004). 통일 이후 갈등해소를 위한 국민통합 방안. 통일연구원.

박형중(2009). 통일학과 시나리오 방법론. 통일과 평화, 창간호, 110-140.

백낙청(1998). 흔들리는 분단체제. 서울: 창작과비평사.

백낙청 외(2004). 21세기의 한반도 구상. 서울: 창비.

북한이탈주민후원회(2001). http://www.dongposarang. or.kr

뷰스앤뉴스(2006년 5월 20일자). 독일 통일준비 안 해 16년간 고통.

서베대(2000). 두만강변의 슬픔. 서울: 쿰란출판사.

서재진(1993). 통일한국의 계급문제: 통일이 북한주민의 직업적 위신의 변화에 미칠 영향을 중심으로. 한국정치학회, 제3회 한국정치세계학술대회, 6, 15.

서재진(1999). 북한의 사회심리 연구. 통일연구원.

서재진(2004). 김정일 정권 10년: 북한의 사회변화. 통일연구원 개원 기념 학술심포지움 자료집.

성미영(2002). 청소년의 북한이탈주민 수용정도에 대한 연구. 이화여자대학교 교육대학원 석사학위논문.

성영신, 서정희, 심진섭(1993). 남북한의 경제심리 비교. 남북의 장벽을 넘어서: 통일과 심리적 화합, 247-277.

성태규(2002). 동독출신자의 "2등 국민" 의식의 원인에 관한 일고: 경제적 요인을 중심으로. 사회과학연구, 10, 9-32.

손선홍(2019). 독일 통일에서 찾는 한반도 통일의 길: 독일 통일 한국 통일. 서울: ㈜푸른길.

송태수(2009). 독일통일 20년의 경제적 통합과정: 평가와 함의. 한독사회과학논총, 19(4), 173-208.

신우철(2003). 독일통일 10년, 그 비용과 수익의 총체적 평가. 통일문제연구, 15(2), 247-271.

신재주(2010). 일본, 독일, 호주의 다문화정책에 관한 비교연구. 사회과학연구, 17(3), 5-37.

신효숙, 김본영, 김창환, 이일현, 최영준, 권은성, 장인숙, 왕영민, 강민주(2019). 북한이탈주민 정착 지표 연구(II). 북한이탈주민지원재단.

심진섭(1995). 남북통일과 남, 북한주민들에 대한 이미지-대학생, 실향민, 귀순자, 배우자를 중심으로. 고려대학교 대학원 박사학위논문.

안은미, 송종임, 강현석, 박정준, 유상호, 허봉렬(2007). 북한이탈주민의 증상표현과 질병 행태: 효과적인 치료적 관계를 형성하기 위하여. 가정의학회지, 28(5), 352-8.

안정식(2020). 빗나간 기대: 준비되지 않은 통일. 서울: 늘품플러스.

양계민, 정진경(2005). 북한이탈주민과의 접촉이 남한 사람들의 신뢰와 수용에 미치는 영향. 한국심리학회지: 사회문제, 11(특집호), 97-115.

양민석, 송태수(2010). 독일 통일 20년-사회 · 문화적 통합의 성과와 시사점. 한독사회과학논총, 20(4), 3-34.

양영종(2001). 북한에 부는 광고바람: 개방시대의 사회주의체제의 광고. 서울: 형설출판사.

양옥경, 최혜지, 이민영, 김선화, 김성남, 임세와, 최서영(2017). 북한이탈주민 생활밀착형 지원 프로그램 개발. 북한이탈주민지원재단.

엄태완, 이기영(2004). 북한이탈 주민의 우울과 사회적 문제해결능력 및 사회적 지지와의 관계. 정신보건과 사회사업, 18, 5-32.

오마이뉴스(2003년 9월 11일자). 북한 응원단이 남한사회에 남기고 간 것.

오수성(1993). 적색공포(red-complex)의 본질과 심리적 작용. 한국심리학회 1993년 학술심포지움, 81-91.

오예원(2018). 독일 이주자 사회통합 프로그램에 대한 연구. 법학연구, 55, 185-214.

오일환(1995). 통일을 전후한 독일의 정치교육에 관한 연구. 한국정치학회보, 29(2), 523-548.

우명숙, 김성훈(2017). 한국과 베트남의 삶의 만족 비교 연구. 아세아연구, 60(2), 380-421.

원호택 외 공역(1996). 우울증의 인지치료. Aaron T. Beck, 서울: 학지사, 1996.

유영옥(1997). 남북한 이질성 극복을 위한 심리사회적 조망. 한국정치학회보, 31(2), 173-201.

유지훈(2007). 분단시대 동독의 통일정책. 사회과학연구, 24(1), 57-99.

유현석(1997). 통일한국에 대비한 민주시민교육 연구. 연세대학교 통일연구원 통일 연구, 2(1), 77-107.

유호열(2010). 북한 개혁, 개방 유도 위해 복합정으로 접근해야. 통일한국, 319, 8-9.

윤수종 편(2002). 다르게 사는 사람들. 우리 사회의 소수자들 이야기. 서울: 이학사.

윤인진(1999). 소수자 연구 시각에서 본 북한이탈주민의 남한사회 적응 과정. 경남대 북한대학원 학술회의 발표논문.

윤인진(1999). 탈북자의 남한사회 적응실태와 정착지원의 새로운 접근. 한국사회학, 33, 511-549.

윤인진(2001). '탈북자'는 2등 국민인가? 당대비평, 16, 222-255.

윤인진(2008). 한국적 다문화주의의 전개와 특성. 한국사회학, 42(2), 72-103.

윤인진, 채정민(2010). 북한이탈주민과 남한주민의 상호인식: 정체성과 사회문화적 적응을 중심으로. 서울: 북한이탈주민재단.

이경훈, 이용숙(1994). 통일 그날 이후: 우리의 삶 이렇게 바뀐다. 서울: 길벗.

이금순, 강신창, 김병로, 김수암, 안혜영, 오승렬, 윤여상, 이우영, 임순희, 최의철(2003). 북한이탈주민 적응실태 연구. 통일연구원.

이금순, 김규륜, 김영윤, 안혜영, 윤여상(2005). 북한이탈주민의 사회적응 프로그램 연구. 경제 · 인문사회연구회 협동연구총서 05-08-07.

이금순, 최의철, 임순희, 이우영, 김수암, 윤여상, 안혜영, 김병로, 오승렬(2004). 북한이탈주민의 사회적응 실태. 통일연구원.

이기영, 엄태완(2003). 북한이탈 주민의 무망감이 우울증에 미치는 영향. 정신보건과 사회사업, 16, 5-28.

이기춘, 이기영, 이은영, 이순형, 김대년, 박영숙, 최연실(1998). 남북한 생활문화의 이질화와 통합(II) - 북한의 가족 · 아동 · 소비 · 시간 생활 조사분석을 중심으로. 대한가정학회지, 36(11), 231-250.

이대희, 이재호(2019). 환성 너머의 통일: 남북한에 전하는 동서독 통일 이야기. 서울: 숨쉬는 책공장.

이동기(2009). 독일 분단과 통일과정에서의 '탈민족' 담론과 정치.

이동기(2020). 비밀과 역설: 10개의 키워드로 읽는 독일통일과 평화. 경기: 아카넷.

이민영(2007). 남북한 이문화 부부의 통일이야기: 북한이탈주민과 남한주민의 결혼생활에 관한 내러티브 연구. 경기: 한국학술정보.

이상준(2000). 통일독일 10년의 평가-공공정책의 추진성과와 주민만족도의 변화를 중심으로. 국토, 222, 88-94.

이서행(2002). 새로운 북한학: 분단시대 통일문화를 위하여. 서울: 백산서당.

이선윤(2005). 수료 후 심리적 부적응 사례와 몇 가지 제언. 2005 하나원 심리프로그램 발전방향 모색을 위한 하반기 워크샵, 55-59.

이성균(2016). 남 · 북한 통일대비 사회통합을 위한 직업교육의 역할 탐구. 한국콘텐츠학회논문지, 16(7), 382-397.

이성순(2008). 이민자의 사회통합프로그램 이수제 도입에 관한 고찰. 다문화사회연구, 1(1), 347-357.

이성순(2011). 한국과 독일의 사회통합정책 연구. 한국지역사회복지학, 39, 179-208.

이소래(1997a). 남한이주 북한이탈주민의 문화적응 스트레스에 관한 연구. 이화여자대학교 대학원 석사학위논문.

이소래(1997b). 사회적 지지가 남한이탈주민의 문화적응 스트레스에 미치는 효과. 청소년 상담연구, 5(1), 149-161.

이수원, 신건호(1993). 남북한의 이데올로기 갈등과 사회발전. 남북의 장벽을 넘어서: 통일 과 심리적 화합, 92-124.

이수정(1999). 북한인에 대한 남녀의 편견 연구. 한국심리학회지: 여성, 4(1), 68-79.

이수정(2005). U(Unification)-세대를 위한 초등 실과에서의 통일교육 방안. 한국실과교육 학회지, 18(2), 143-156.

이수형(2009). 한반도 평화체제와 한미동맹-동북아 평화체제와의 구조적 연계성. 통일과 평화, 2, 34-62.

이영란(2004). 통일 이후 동독대학생의 가치관 변화. 경제와사회, 63, 172-196.

이영란(2005a). 통일 이전 탈동독자의 서독사회 적응실태에 대한 연구-1984년 서독에 정 착한 탈동독자를 중심으로. 아세아연구, 48(3), 197-225.

이영란(2005b). 통일 이후 동독지역 주민의 상대적 박탈감: 포커스인터뷰 분석을 중심으 로. 한국사회학, 39(1), 137-165.

이영선, 구혜완, 한인영(2011). 학술논문분석을 통해 본 북한이탈주민 여성의 특수성. 통 일문제연구, 23(2), 147-193.

이온죽(1997). 남북한 사회통합론. 서울: 삶과 꿈.

이용필, 임혁백, 양성철, 신명순(1992). 남북한 통합론: 이론적 및 경험적 연구. 서울: 인간 사랑.

이우영(2001). 북한문화의 수용실태 조사. 서울: 통일부 통일연구원.

이우영(2002). 북한사회의 상징체계 연구: 혁명구호의 변화를 중심으로. 서울: 통일연구원.

이우영, 구갑우(2016). 남북한 접촉지대와 마음의 통합이론: '마음의 지질학'시론. 현대북 한연구, 19(1), 269-310.

이우영, 구갑우, 아수정, 권금상, 윤철기, 양문수, 양재민, 김성경(2017). 분단된 마음의 지 도. 서울: 사회평론아카데미.

이우영, 권금상, 최선경, 양문수, 이수정(2019). 분단 너머 마음 만들기. 서울: 사회평론아카 데미.

이우영, 손기웅, 임순희(2001). 남북한 평화공존을 위한 사회·문화 교류·협력의 활성화 방 안. 서울: 통일연구원.

이우영, 이금순, 서재진, 전현준, 최춘흠(2000). 북한이탈주민 문제의 종합적 정책방안 연 구. 통일연구원 협동연구 총서, 2000-06.

이원규(1991). 깊고 긴 골짜기. 서울: 고려원.

이은영, 김대년, 박영숙, 이기춘, 이기영, 이순형, 최연실(1999). 남북한 생활문화의 이질화와 통합(III): 북한의 의·식·주 생활 조사분석을 중심으로. 대한가정학회지, 37(1), 15-28.

이은정(2001). 애착에 따른 이성 간 지지 행동의 차이 연구. 고려대학교 대학원 석사학위논문.

이인정(2013). 남북통일과 시민성-세대갈등 통합과 교육적 과제. 도덕윤리과교육연구, (41), 157-187.

이인화(2014). 스토리텔링 진화론. 서울: 해냄출판사.

이장호(1993). 남북통일의 문화심리적 장애요인. 한국심리학회 학술대회 자료집, 125-133.

이장호(1996). 통일의 심리학적 기초. 사회과학연구, 13(1), 5-21.

이장호(1997). 북한 출신 주민(탈북자 포함) 심리사회 적응 프로그램의 개발. 성곡논총, 28(4). 서울: 성곡학술문화재단.

이장호(2000). 통일의 심리학적 접근: 21세기 민족통일에 대한 사회과학적 접근. 서울: 서울대학교 출판부.

이장호, 김용범, 김경웅(1997). 북한이탈주민의 사회적응을 위한 문화적 갈등 해소방안 연구. 한국문화정책개발원.

이정복, 신욱희, 이승훈, 임현진, 김광억, 이장호, 박삼옥, 조흥식, 강현두(2000). 21세기 민족통일에 대한 사회과학적 접근. 서울: 서울대학교출판부.

이정우, 김형수(1996), 탈북이주자 사회정착지원 개선방안. 한국보건사회연구원.

이종석(1998). 분단시대의 통일학. 서울: 한울.

이종한, 금명자, 채정민, 이영이(2005). 오늘의 마음으로 읽는 내일의 통일: 지지, 반대, 무관심의 스펙트럼. 통일부 통일교육원 통일교육총서 11.

이주훈, 장원태(1997). 국민의 통일비용 지불의사에 관한 연구. 한국동북아경제학회, 동북아경제연구, 9(1), 131-168.

이태욱(2001). 독일통일의 경제·사회적 충격과 영향: 두 개의 독일. 서울: 삼성경제연구소.

이태욱(2001). 두 개의 독일: 독일통일과 경제·사회적 부담. 서울: 삼성경제연구소.

이한우(2007). 베트남 통일 후 사회통합과정의 문제. 아세아연구, 50(3), 39-63.

이해영(2000). 독일은 통일되지 않았다. 서울: 푸른숲.

이현송(2000). 소득이 주관적 삶의 질에 미치는 영향. 한국인구학, 23(1), 91-118.

이현주(2017). 켄 윌버의 통합심리학 관점에서 본 김일성유일사상체계 집단정체성과 한반도 사회통합. 아태연구, 24(1), 5-37.

이화수(1999). 통일한국의 정치심리학: 남북한간 인성통합을 위하여. 서울: 나남출판.

임순희(1998). 남북한 이산가족 재결합시 문제점과 대책. 서울: 민족통일연구원.

임채욱(2001). 서울문화 평양문화 통일문화. 서울: 조선일보사.

임채욱(2002). 북한 상징문화의 세계. 서울: 화산문화.

임현진(1999). 남북한 통합의 사회문화적 접근: 의의, 현실 및 모색. 이정복, 신욱희, 이승훈, 임현진, 김광억, 이장호, 박삼옥, 조흥식, 강현두, 21세기 민족통일에 대한 사회과학적 접근, 99-143. 서울: 서울대학교 출판부.

임형백(2009). 한국과 서구의 다문화 사회의 차이와 정책 비교. 다문화사회연구, 2(1), 161-185.

전경수, 서병철(1995). 통일사회의 재편과정: 독일과 베트남. 서울: 서울대학교출판부.

전득주(2004). 세계의 분단사례 비교 연구. 서울: 푸른길.

전상인(1995). 베트남의 도이 모이. 경제와사회, 26, 54-75.

전영선(2014). 북한이탈주민과 한국인의 집단적 경계 만들기 또는 은밀한 적대감. 통일인문학, 58, 99-126.

전영평(2007). 소수자의 정체성, 유형, 그리고 소수자 정책 연구 관점. 정부학연구, 13(2), 107-131.

전우영(1999). 남북한 고정관념에 대한 탐색: 성 역할을 중심으로. 한국심리학회지: 사회 및 성격, 13(2), 219-232.

전우영, 조은경(2000). 북한에 대한 고정관념과 통일에 대한 거리감. 한국심리학회지: 사회 및 성격, 14(1), 167-184.

전우택(1997a). 난민들의 정신건강과 생활 적응에 대한 고찰 및 한반도 통일과정에서 전망과 대책. Journal of Korean Neuropsychiatry Association, 36(1), 3-18.

전우택(1997b). 탈북자들의 주요 사회배경에 따른 적응과 자아 정체성에 관한 연구. 통일연구, 1(2), 109-167.

전우택(2002). 탈북자들을 통하여 보는 남북한 사람들의 통합전망. 연세대학교 통일연구, 6(1), 47-62.

전우택, 민성길, 이만홍, 이은설(1997). 북한탈북자들의 남한 사회 적응에 관한 연구. 신경정신의학, 36(1), 145-161.

전태국(2000). 사회통합의 전망과 과제. 2000년도 한국심리학회 심포지움 자료집, 115-129.

전현준(2014). '통일준비위원회'의 국내적 차원 준비 방안. 신안보연구, (183), 1-37.

정경환(1998). 국제관계와 한반도 통일. 부산: 세종출판사.

정기선(1999). 탈북자에 대한 이미지 연구. 통일문제연구, 11(1), 173-189.

정동영, 지승호(2013). 10년 후 통일. 서울: 살림터.

정동준(2018). 도이머이 개혁 이후 베트남의 시민사회. 동서연구, 30, 265-297.

정병기(1997). 현실사회주의 붕괴와 통일 이후의 구동독: 개혁과 통일의 갈등. 이론, 통권, (17), 61-86.

정병기(2010). 독일 통일 20년: 급속한 일방적 정치통합과 사회통합의 타임래그. 진보평론, (46), 226-259.

정병기, 이희진(2013). 동서독의 표준화 체계와 표준 통일 과정: 남북한 표준 협력에 대한 함의. 한국정치연구, 22(1), 215-236.

정병호, 전우택, 정진경(2006). 웰컴투 코리아: 북조선 사람들의 남한살이. 서울: 한양대학교 출판부.

정상현(2019). 단절과 향수의 과거: 레장 뒤샤름의 Les enfantômes에 대하여. 프랑스문화예술연구, 67, 277-307.

정성장, 진희관, 전영선, 윤미량, 이수석, 신상진, 우평균, 서보혁(2005). 현대북한연구의 쟁점1. 경기: 한울아카데미.

정세현, 박인규(2020). 판문점의 협상가, 정세현 회고록. 경기: ㈜창비.

정용균(2016). 베트남의 분쟁해결문화와 비즈니스협상전략. 통상정보연구, 18(4), 221-262.

정용길(2013). 독일 통일과정에서의 동서독관계와 남북관계에의 시사점. 저스티스, 466-482.

정은미(2013). 남북한주민들의 통일 의식 변화: 2011~ 2013년 설문조사 분석을 중심으로. 통일과 평화, 5(2), 74-104.

정재각(2011). 독일의 이주정책과 사회통합간의 갈등에 관한 연구. 한독사회과학논총, 21(3), 79-106.

정진경(2000). 남북한간 문화이해지. 조한혜정, 이우영 편, 탈분단시대를 열며: 남과 북, 문화공존을 위한 모색, 367-422.

정진경(2002). 북한사람의 성역할 특성과 가치관. 한국심리학회 학술대회 자료집, 2002(1), 274-281.

정창현(1999). 곁에서 본 김정일. 서울: 김영사.

정태연, 김영만(2004). 남한사회에서의 생활경험이 탈북자에게 미치는 영향: 남한과 자신에 대한 인식을 중심으로. 한국심리학회지: 문화 및 사회문제, 10(3), 61-81.

정태연, 송관재(2006). 한국인의 가치구조와 행동판단에서의 이중성. 한국심리학회지: 문화 및 사회문제, 12(3), 49-68.

조경숙(2016). 통일 독일의 사례를 통해 본 남북한 주요 건강지표의 현황과 전망. 보건사회연구, 36(2), 33-56.

조명한, 차경호(1998). 삶의 질에 대한 국가간 비교. 서울: 집문당.

조순래 외(2003). 북한용어소사전. 서울: 연합뉴스.

조영아(2002). 남한 내 북한이탈주민의 자아방어기제 연구. 연세대학교 박사학위논문.

조영아(2009). 북한이탈주민의 심리 상담에 대한 요구도와 전문적 도움 추구 행동. 한국심리학회지: 상담 및 심리치료, 21(1), 285-310.

조영아, 전우택, 유정자, 엄진섭(2005). 북한이탈주민의 우울 예측 요인: 3년 추적 연구. 한국심리학회지: 상담 및 심리치료, 17(2), 467-484.

조용완(2006). 북한이탈주민의 정보요구와 정보행태에 관한 연구. 한국문헌정보학회지, 40(3), 121-149.

조정아, 임순희, 정진경(2006). 새터민의 문화갈등과 문화적 통합 방안. 한국여성개발원/통일연구원.

조찬래, 미켈스, 고상두, 김학성, 박광기, 박대식, 서준원, 쩰러, 한종만(1995). 남북한통합론. 서울: 대왕사.

조한혜정, 이우영 편(2000). 탈분단 시대를 열며: 남과 북, 문화 공존을 위한 탐색. 서울: 삼인.

조형(1995). 세계화시대의 통일과 여성. 세계화시대의 통일과 지방화. 강원대학교 사회과학연구소 주최 학술대회 논문.

조혜정(1996). '북조선'과 '남한'의 동질성과 이질성. 또 하나의 문화통일 소모임, 통일된 땅에서 더불어 사는 연습. 서울: 도서출판 또 하나의 문화.

조혜정(1998). 반공, 반제 규율사회의 문화, 권력. 통일연구, 2(2).

진희관, 문인철, 서보혁, 엄현숙, 임상순, 함규진, 홍석훈(2020). 12개 주제로 생각하는 통일과 평화 그리고 북한. 서울: 박영사.

집필위원회 편(1974). 사회주의심리학. 평양: 교육도서출판사.

차재성(2001). 남한사람 차재성 북한에 가다. 서울: 아침이슬.

차재호(1993). 남북한 통일에 대한 심리학적 조망. 한국심리학회 학술대회 자료집, 1993(1), 1-17.

차재호(1994). 문화설계의 심리학. 서울: 서울대학교출판부.

차재호(2000). 통일에 있어 심리적 통합의 전망과 과제. 한국심리학회 학술대회 자료집, 1-18.

채구묵(1998). 독일통일의 후유증과 한국통일. 한국사회학, 32, 449-474.

채수홍, 김병로, 김성철, 백지운, 서보혁, 이찬수, 정동준, 조동준, 천경효, 최규빈(2019). 통일 연구자의 눈에 비친 사회주의 베트남의 역사와 정치. 서울: 서울대학교출판문화원.

채정민(2003). 북한이탈주민의 남한 내 심리적 문화적응 기제와 적응행태. 고려대학교 대학원 박사학위논문.

채정민(2004). 심리학적 연구 보고로서의 통일. 한국사회문제심리학 2004년 학술대회 논문집, 49-66.

채정민(2012). 북한이탈주민 정착의 복합 모델. 북한이탈주민연구, 1, 185-206.

채정민(2015). 북한이탈주민의 질문지 응답 패턴 분석. 한국심리학회 2015년도 학술연자차대회집.

채정민(2016). 탈북청소년에 대한 심리학적 연구의 주요 쟁점과 연구방향. 한국심리학회지: 문화 및 사회문제, 22(4), 675-693.

채정민(2019). 북한이탈주민과 남한주민 모두를 위한 심리학자의 역할. 한국임상심리학회 춘계학술대회집.

채정민, 김동직, 한성열, 이종한(2001). 남북한 통일에 관한 심리학적 연구의 현황과 나아갈 길. 한국심리학회 2001년 연차학술대회 논문집.

채정민, 김종남(2004). 북한이탈주민의 상대적 박탈감과 심리적 적응: 개인적 정체감과 사회적 정체감의 영향을 중심으로. 한국심리학회지: 사회 및 성격, 18(1), 41-63.

채정민, 김종남(2008). 사람중심의 통일교육 모델의 제안. 한국심리학회지: 문화 및 사회문제, 14(1), 519-544.

채정민, 이종한(2004). 심리학적 관점에서의 남북한 문화 이질성: 북한이탈주민의 심리적 적응을 중심으로. 한국심리학회지: 사회문제, 10(2), 79-101.

채정민, 한성열(2003). 북한이탈주민의 자기고양 편파가 남한 내 심리적 적응에 미치는 영향. 한국심리학회지: 사회문제, 9(2), 101-126.

채정민, 한성열, 이종한, 금명자(2007). 독일의 정신건강 연구를 통해 본 한국의 통일심리학 방향. 한국심리학회지: 문화 및 사회문제, 13(1), 91-114.

채정민, 한성열, 허태균, 김동직(2002). 북한이탈주민용 문화적응 전략 척도 개발. 한국사회 및 성격심리학회 2002년 동계학술대회, 85-94.

최동주(1998). 통일 베트남의 사회문화 환경의 변화와 정치교육. 아태연구, 5, 379-403.

최민자(1991). 한반도 통일에 대한 정치심리학적 접근. 한국정치학회보, 25(1), 301-330.

최병욱(2008). 20세기 통일 베트남 만들기. 한국학연구, 18, 301-328.

최봉대(2003). 탈북자 면접조사 방법. 경남대학교 북한대학원 편저, 북한연구 방법론. 서울: 한울아카데미.

최선미, 신민규, 신현규(2000). 중국, 대만, 일본, 북한의 전통의학 질병분류 체계에 대한 연구. 한국한의학연구원 논문집, 5(1), 81-100.

최영미(2015). 독일 이주민 자녀 사회통합에 관한 연구. 다문화사회연구, 8(1), 171-199.

최완규(2014). 사회주의 정치·경제 체제전환과 글로벌 거버넌스. 경기: 한울아카데미.

최진욱, 김성철, 박종철, 박형중, 서재진, 이교덕, 전성훈, 전현준, 홍관희(2003). 남북관계의 진전과 국내적 영향. 서울: 통일부 통일연구원.

최창동(2000). 탈북자, 어떻게 할 것인가: 탈북자의 법적지위와 해결방안. 서울: 두리.

최훈석, 이하연, 정지인(2019). 층소된 사회정체성 구조에서 정체성 불확실성과 내집단 동일시, 남북한 화해 태도 및 행동의도 간 관계. 한국심리학회지: 사회 및 성격, 33(4), 45-59.

콜베(2002). 독일통일과 작가의 역할. 중앙대학교 한독문화연구소 심포지움: 통일과 문화.

통계청(2003). 남북한 경제사회상 비교. 대전: 통계청.

통일부(2003). 대북협상, 어떻게 볼 것인가? - 대북협상의 특수성과 새로운 협상문화의 형성. 주제가 있는 통일문제 강좌 01. 서울: 통일부 통일교육원.

통일부(2008). 통일백서. 서울: 통일부.

통일부(2013). 구 동독지역 인프라 재건 분야관련 정책문서. 서울: 통일부.

통일부(2013). 구 동독지역 재건 특임관 분야관련 정책문서. 서울: 통일부.

통일부(2020). 통일백서. 서울: 통일부.

통일부 통일교육원(2003). 통일문답: 평화번영의 시대, 북한, 통일문제 이해의 길라잡이. 서울: 통일부 통일교육원 연구개발과.

통일연구원(2000). 남북한 화해·협력 촉진을 위한 독일통일 사례 연구. 서울: 통일부 통일연구원.

통일연구원(2002). 남북한 '실질적 통합'의 개념과 추진과제: 민족공동체 형성을 중심으로. 2002 협동연구 제1차 워크샵. 서울: 통일연구원.

통일연구원(2010). 분단관리에서 통일대비로. KINU학술회의총서 10-03.

통일원(1992). 독일통합과 체제전환. 통일과정연구 92-Ⅲ. 서울: 통일원.

통일원(1993). 동서독 화폐 통합. 서울: 통일원.

평화·통일비전 사회적 대화 전국시민회의(2019). 더 나은 통일을 위한 대화. 경기: 열린
　　책들.

하승희, 이민규(2012). 북한주민 생활 실태에 관한 국내 신문보도 프레임연구. 한국언론정
　　보학보, 222-241.

하인리히 헤젤러(1999). 독일 통일 과정에서의 구조변화, 고용 및 실업. 남북교류협력과 노
　　동정책방향 심포지움자료집.

한국사회학회 편(1999). 민족통일과 사회통합: 독일의 경험과 한국의 미래. 서울: 사회문화연
　　구소.

한국심리학회(1993). 남북의 장벽을 넘어서: 통일과 심리적 화합. 한국심리학회 1993년 통
　　일문제 학술 심포지움.

한국언론학회, 중앙일보사(1995). "통일 그 이후" 심포지움.

한국청소년상담원(2000). 남북한의 변화와 청소년의 도전·과제. 서울: 한국처소년상담원.

한나, 이승연(2015). 통일 한국을 준비하는 심리학 연구의 방향성. 한국심리학회지: 일반,
　　34(2), 485-512.

한대영(1993). 한국청소년들의 통일의식에 관한 연구: 경기도 지역 고교생들의 설문조사
　　결과를 중심으로. 고려대학교 교육대학원 석사학위논문.

한림과학원 편(1996). 남북한 통합 그 접근방법과 영역(下). 한림과학원 총서 38. 서울: 소화.

한만길, 윤종혁, 이향규, 김일혁(2009). 탈북학생의 교육실태 분석 및 지원방안 연구. 서울: 한
　　국교육개발원.

한만길, 채정민, 길은배, 김미숙, 김윤나, 유제민(2010). 탈북학생 학교 및 사회 적응 진단도
　　구 개발. 서울: 한국교육개발원.

한상우(2010). 독일의 다문화사회 통합정책과 시사점. 한독사회과학논총, 20(3), 65-86.

한성열(2000). 북한의 문화적 특성과 남북한의 심리적 통일. 한국심리학회 2000년 춘계 심
　　포지움, 131-153.

한성열, 이종한, 금명자, 채정민, 이영이(2007). 남한주민과 북한이탈주민의 대인관계와
　　문화적응 향상을 위한 프로그램. 한국심리학회지: 사회문제, 13(2), 33-54.

한성열, 이종한, 문승범, 류충호, 박순관, 한평민(2002). 남북한주민용 귀인 척도 개발을
　　위한 예비 연구: 남한 대학생을 중심으로. 2002년도 한국심리학회 연차대회 자료집.

한운석(2002). 동·서독간의 인적 교류와 통일문제에 대한 청소년들의 태도. 역사교육,
　　83, 203-233.

한운석(2009). 독일 통일 20년의 성과와 한계. 역사와 담론, 54, 235-272.

한인영(2001). 북한이탈주민의 우울 성향에 관한 연구. 정신보건과 사회사업, 11(6), 78-94.

한종수(2003). 통합이론에 비추어 본 유럽통합과 한반도통합. 유럽연구, 17, 1-18.

한홍렬, 김연각, 김영우(1999). 전환기 베트남의 문화적 정체성. 국토지리학회지, 33(4), 243-263.

함택영(1998). 국가안보의 정치경제학: 남북한의 경제력, 국가역량, 군사력. 서울: 법문사.

허선(1995). 남북한 의학용어 비교. 아시아문화, 11, 203-212.

허준영(2012). 서독의 동독이탈주민 통합정책에 관한 연구. 한국행정학보, 46(1), 265-288.

홍성민(2006). 행운의 아라비아 예멘. 서울: 북갤러리.

홍창형(2005). 북한이탈주민의 외상후스트레스장애에 대한 3년 추적연구. 연세대학교 대학원 박사학위논문.

황나미(2008). 북한 보건의료 현황과 주민 건강수준. 한국모자보건학회 학술대회 연제집, 19-41.

황나미(2011). 통일대비 북한 전염병 관리를 위한 접근전략. 보건복지포럼, 2011(10), 82-93.

황나미(2014). 통일 대비 보건의료분야의 전략과 과제. 보건ㆍ복지 Issue & Focus, 240, 1-8.

황병덕(2010). 독일통일 20 주년 조망: 독일통일이 한반도통일에 주는 시사점. 통일나침반, 1-33.

황병덕, 김국신, 김규륜, 박형중, 임강택, 김갑식, 김종욱, 김지영, 최명해(2010). 사회주의 체제전환 이후 발전상과 한반도통일. 서울: ㈜늘품플러스.

황상민, 양진영(2002). 한국사회의 세대집단에 대한 심리학적 탐색. 한국심리학회지: 사회 및 성격, 16(3), 75-93.

황상익(2001). 남북한의 의료체계에 관하여. 창작과비평, 29(2), 91-109.

황석영(2000). 가자 북으로 오라 남으로. 서울: 이룸.

황성모(1990). 통일독일 현장연구. 서울: 일념.

황의각(1992). 북한경제론. 서울: 나남.

Achberger, M., Linden, M., & Benkert, O. (1992). Psychological distress and psychiatric disorders in primary health care patients in East and West Germany 1 year after the fall of the Berlin Wall. *Social Psychiatry and Psychiatric Epidemiology, 34*(4),

195-201.

Adler, P. S. (1975). The transitional experience: An alternative view of cultural shock. *Journal of Humanistic Psychology, 15,* 13-23.

Ahn, E. M., Song, J. I., Kang, H. S., Park, J. J., Yoo, S. H., & Huh, B. R. (2007). The Symptom Expression and the Illness Behavior of North Korean Defectors: Toward an Effective Therapeutic Relationships. *Journal of the Korean Academy of Family Medicine, 28*(5), 352-358.

Angermeyer, M. C., & Matschinger, H. (2000). Lay beliefs about mental disorders: a comparison between the western and the eastern parts of Germany. *Social Psychiatry and Psychiatric Epidemiology, 34*(5), 275-281.

Bach, J. P. (2002). The Taste Remains: Consumption,(N) ostalgia, and the Production of East Germany. *Public Culture, 14*(3), 545-556.

Baraehler, E., Schumacher, J., Albani, C., & Strauss, B. (2002). Wie bedeutsam sind Ost-West-Unterschiede? Eine-analyse von Ost-West-, Geschlechts-und-Nord-Sud- Unterschieden bei psychologischen testverfahren. *Verhaltenstherapie & Psychosoziale Praxis, 34*(2), 301-312.

Becker, G. K. (1992). Public consultation report 1991/1992.

Bhaumik, S. K., & Nugent, J. B. (2002). Does economic uncertainty have an impact on decisions to bear children?: Evidence from Eastern Germany. *William Davidson Institute Working Paper, No. 491.*

Boudon, R., & Bourricaud, F. (1992). *Soziologische Stichworte.* Opladen: Westdt. Verl.

Boyer, D. (2006). Ostalgie and the Politics of the Future in Eastern Germany. *Public Culture, 18*(2), 361-381.

Brähler, E., & Richter, H.-E. (1995). Deutsche Befindlichkeiten im Ost-West-Vergleich. *Aus Politik und Zeitgeschichte*, B40-41, 13-20.

Burda, M. C. (2006). What kind of shock was it? Regional integration of Eastern Germany after unification. In AEA 2006 Annual Meeting.

Burda, M. C., & Weder, M. (2017). The Economics of German Unification after Twenty-five Years: Lessons for Korea (No. 2017-009). SFB 649 Discussion Paper.

Caldwell, M. S., Rudolph, K. D., Troop-Gordon, W., & Kim, D. Y. (2004). Reciprocal influences among relational self-views, social disengagement, and peer stress during early adolescence. *Child Development, 75*(4), 1140-1154.

Carrillo-Tudela, C., Launov, A., & Robin, J. M. (2018). *The fall in German unemployment: A flow analysis.*

Chan, Y. W. (2018). 'Vietnam is my country land, China is my hometown': Chinese communities in transition in the south of Vietnam. *Asian Ethnicity, 19*(2), 163-179.

Chan, Y. W. (2018). 'Vietnam is my country land, China is my hometown': Chinese communities in transition in the south of Vietnam. *Asian Ethnicity, 19*(2), 163-179.

Chida, Y., & Steptoe, A. (2009). Cortisol awakening response and psychosocial factors: a systematic review and meta-analysis. *Biological psychology, 80*(3), 265-278.

Chiriboga, D. A. (1997). Crisis, challenge, and stability in the middle years. In M. E. Lachman & J. B. James (Eds.), *Multiple paths of midlife development* (pp. 293-322). Chicago: University of Chicago Press.

Cockerman, W. C. (1997). The social determinants of the decline of life expectancy in Russia and Eastern Europe: A lifestyle explanation. *Journal of Health and social Behavior, 38*(2), 117-130.

Cooke, P. (2005). Representing East Germany since Unification: From colonization to nostalgia. Berg Publishers.

Crosby F. (1976). A model of egoistical relative deprivation. *Psychological Review, 83*, 85-113.

Crowne, D. P., & Marlowe, D. (1964). *The approval motive: Studies in evaluative dependence.* New York: Wiley.

Curtis, S. R., & Jones, D. N. (2020). Understanding what makes dark traits "vulnerable": A distinction between indifference and hostility. *Personality and Individual Differences, 160*, 109941.

D'Ambrosio, C., & Frick, J. R. (2002). *Germans on the move? - Mobility in well-being in the 1990s.* (Unpublished paper)

Dar, Y., & Resh, N. (2001). Exploring the multifaceted structure of sense of deprivation. *European Journal of Social Psychology, 31*, 63-81.

Degen, R. (1989). Der real existierende Trübsinn [The really existing gloom].

Psychologie Heute, 16, 44-48.

Diener, E., Emmons, R. A., Larsen, R. J., & Griffin, S. (1985). The Satisfaction With Life Scale. *Journal of Personality Assessment, 49,* 71-75.

Dodds, D. (2003). Ten Years After the Wall: East German Women in Transition. *European Journal of Women's Studies, 10*(3), 261-276.

Easterlin, R. A., & Zimmermann, A. C. (2006). *Life satisfaction and economic outcomes in Germany pre-and post-unification.* IZA discussion paper, 2494.

Elkins, Z., & Sides, J. (2006). In search of the unified nation-state: National attachment among distinctive citizens.

Feldman, R. (2003). German by virtue of others: the search for identity in three debates. *Cultural studies, 17*(2), 250-274.

Folger, R. (1986). A referent cognition theory of relative deprivation. In J. M. Olson, C. P. Herman, & M. P. Zanna (Eds.), *Relative deprivation and social comparison: The Ontario symposium* (Vol. 4, 33- 45). Hillsidale, N.J.: Lawrence Eelbaum Associates.

Folger, R. (1987). Reformulating the preconditions of resentment: A referent cognition model. In J. C. Masters & W. P. Smith (Eds.), *Social comparison, social justice, and relative deprivation* (183-215). Hillsidale, N.J.: Lawrence Eelbaum Associates.

Folger, R., & Martin, C. (1986). Relative deprivation and referent cognition: Distributive and procedural justice effect. *Journal of Experimental Social Psychology, 22,* 531-546.

Forkel, I., & Silbereisen, R. K. (2001). Family economic hardship and depressed mood amnog young adolescents from former East and West Germany. *American Behavioral Scientist, 44*(11), 1955-1971.

Frese, M., Kring, W., Soose, A., & Zempel, J. (1996). Personal initiative at work: Differences between East and West Germany. *Academy of Management Journal, 39*(1), 37-63.

Frick, J. R. (2010). Introduction to the German Socio-Economic Panel (SOEP). Online verfügbar unter http://www. diw. de/documents/dokumentenarchiv/17/diw_01. c, 353304.

Frijters, P., Haisken-DeNew, J. P., & Shields, M. A. (2002). The value of reunification in Germany: An analysis of changes in life satisfaction. *IZA discussion paper No. 419.*

Frijters, P., Haisken-DeNew, J. P., & Shields, M. A. (2004). Money Does Matter! Evidence from Increasing Real Income and Life Satisfaction in East Germany Following Reunification. *The American Economic Review, 94*(3), 730-740.

Galtung, J. (1989). The neutralization approach to Korean reunification. M. Hass, (eds.) *Korean reunification: Alternative pathway*(New York: Praeger).

Garst, H., Frese, M., & Molenaar, P. C. M. (2000). The temporal factor of change in stressor-stain relationships: A growth curve model on a longitudinal study in east Germany. *Journal of Applied Psychology, 83*(3), 417-438.

Gautier, P. (1997). If religion protects the impacts of German unification on the status of women in the rural east and west. *Sociological Focus, 29*, 291-310.

Genosko, J. (2000). 독일의 내적 통일에 대한 중간결산. 통독 10주년 기념 한 · 독 특별심 포지움, 3-32.

Glatzer, W., & Bös, M. (1998). Subjective attendants of unification and transformation in Germany. *Social Indicators Research, 43*, 171-196.

Hansgen, K. D., Kasielke, E., Schmidt, L. R., & Schwenkmezger, P. (1992). A comparison of East German and West German probands: emotionality and objective personality variables. *Z Klin Psychol Psychopathol Psychother, 40*(4), 346-363.

Headey, B., & Headey, D. (2003). German reunification: Welfare gains and losses east and west. *Social Indicators Research, 64*, 107-138.

Hegelich, S. (2004). Can welfare expansion result in disintegration? The integration of east Germany into the German pension system. *German Politics, 13*(1), 81-105.

Heuer, J. O., & Mau, S. (2017). Stretching the Limits of Solidarity. After Austerity: Welfare State Transformation in Europe After the Great Recession, 27.

Holbrook, M. B. (1993). Nostalgia and consumption preferences: Some emerging patterns of consumer tastes. *Journal of Consumer research, 20*(2), 245-256.

Hunt, J. (2002). The transition in East Germany: When is a ten-point fall in the gender wage gap bad news? *Journal of Labor Economics, 20*(1), 148-169.

Huyssen, A. (1991). After the Wall: The Failure of German Intellectuals. *New German Critique*, (52), 109-143.

Ihle, W., Essner, G., Blanz, B., & Schmidt, M. H. (2001). Prevalence, course, and risk factors for mental disorders in young adults and their parents in east and west Germany. *American Behavioral Scientist, 44*(11), 1918- 1936.

Israel, A. (1990). Kindheit in der DDR. Repressive Erziehung und ihre Folgen [Childhood in the GDR. Repressive education and its consequences]. *Psychomed, 2*, 104-107.

Jacobi, F., Hoyer, J., & Wittchen, H-U. (2004). Seelische Gesundheit in Ost und West: Analysen auf der Grundlage des Bundesgesundheitssurveys. *Zeitschrift fuer Klinische Psychologie und Psychotherapie, 33*(4), 251-260.

Jo, J., & Ha, J. (2018). Clothing acculturation of North Korean female defectors in South Korea. *Fashion and Textiles, 5*, 1-15.

Juang, L. P., & Silbereisen, R. K. (1999). Supportive parenting and adolescent adjustment across time in former East and West Germany. *Journal of adolescence, 22*(6), 719-736.

Juang, L. P., & Silbereisen, R. K. (2001). Family transitions for young adult women in the context of a changed Germany: Timing, sequence, and duration. *American Behavioral Scientist, 44*(11), 1899-1917.

Kahn, C. (2000). *Ten years of German unification: One state, two peoples*. Westport, CT: Praeger.

Keryenfeld, M. (2005). Economic uncertainty and fertility postponement evidence from German Panel Data. *MPIDR working paper wp 2005-034*.

Kim, D. Y. (2003). After the South and North Korea summit: Malleability of explicit and implicit national attitudes of South Koreans. *Peace and Conflict: Journal of Peace Psychology, 9*(2), 159-170.

Kim, S. J. (2015). 통일에 있어 정신의학적 과제와 준비. *Journal of Korean Neuropsychiatry Association, 54*(4), 360-364.

Kim, Y. (2017). The Military and National Reconciliation: German Lessons for Koreas Reunification. ARMY COMMAND AND GENERAL STAFF COLLEGE FORT LEAVENWORTH KS FORT LEAVENWORTH United States.

Kirkcaldy, B., Peterson, L-E., & Hubner, G. (2002). Managing the stress of bringing the economy in the Eastern German states to the level of the Western German states: A comparison of occupational stress, physical and psychological well-being and coping among managers from West and the former East Germany. *European Psychologist, 7*(1), 53-62.

Kirsch, B., Franz, W., Herboth, J., Mallwitz, G., Meckelmann, V., Regusch, L. A., & Aleksejewa, J. W. (1995). *Untersuchungen zu problemerleben und bewaltigung Potsdamer Schuler.* Forschungsbericht.

Klein, M., Barg, K., & Kühhirt, M. (2018). Inequality of educational opportunity in East and West Germany: convergence or continued differences.

Klusmeyer, D. (2001). A 'guiding culture' for immigrants? Integration and diversity in Germany. *Journal of Ethnic and Migration Studies, 27*(3), 519-532.

Knopp, G. (1999). *Kanzler Die Mächtigen der Republik.* 안병억 역. (2000). 통일을 이룬 독일 총리들. 서울: 한울.

Kocka, J. (1999). 독일통일과 위기. *Vereinigungskrise: Zur Geschichte der Gegenwartd.* 김학이 역. (원전은 1995).

Kontuly, T., Vogelsang, R., Schön, K. P., & Maretzke, S. (1997). Political unification and regional consequences of German east-west migration. *International Journal of Population Geography, 3*(1), 31-47.

Kränke, S., Luck, G., & Meisel, K. (2017). Adult education in social transformation-development of the Volkshochschule (VHS) landscape after German unification. Adult education centres as a key to development-challenges and success factors, 45.

Lagassé, P., & Mello, P. (2018). The unintended consequences of parliamentary war powers: A comparative analysis of Canada and Germany. *The British Journal of Politics and International Relations, 20*(1), 135-157.

Lang, S., Mushaben, J. M., & Wendler, F. (2017). German unification as a catalyst for change: Linking political transformation at the domestic and international levels.

Langlet, P., & Quach Thanh Tam (2001). *Introduction a l'hstoire contemporaine du Viet Nam de la reunification au neocommunisme 1975-2001.* Les Indes Savantes. 진인진 역(2017). 베트남 현대사: 통일에서 신공산주의로 1975-2001. 서울: 서울대학교 아시아연구소 아시아 근현대사 총서 005.

Layard, R., Layard, P. R. G., Blanchard, O. J., Dornbusch, R., & Krugman, P. (1992). *East-west migration: the alternatives*. United Nations University Press.

Lee, E. J. (2018). Dealing with Unification: The Politics of Fear. In The Quality of Democracy in Korea, 261-275. Palgrave Macmillan, Cham.

Lee, S. H., & Lee, S. H. (2013). 다문화 및 북한이탈주민 가정 자녀의 정신건강. *Journal of the Korean Academy of Child & Adolescent Psychiatry, 24*(3), 124-131.

Lester, D. (1993). *The cruelest death: The enigma of adolescent suicide*. Philadelphia: The Charles Press.

Linden, M., & Benkert, O. (1998). Psychological distress and psychiatric disorders in primary health care patients in East and West Germany 1 year after the fall of the Berlin Wall. *Social Psychiatry and Psychiatric Epidemiology, 34*(4), 195-201.

Loewy, H. (2002). A history of ambivalence: post-reunification German identity and the Holocaust. *Patterns of prejudice, 36*(2), 3-13.

Maaz, H. J. (1990). *Der Gefühlsstau. Ein Psychogramm der DDR* [The accumulation of feelings. A profile of GDR]. Berlin, Germany: Argon.

Marz, H. Y. (1994). 사이코의 섬. 송동준 역. 서울: 민음사.

Manea, E. M. (1996). Yemen, the Tribe and the State. In international colloquium on Islam and Social Change, University of Lausann, 10-11.

Margraf, J., & Poldrack, A. (2000). Angstsyndrome in Ost- und Westdeutschland: Eine reprasentative Bevolkerungserhebung. *Z Klin Psychol, 29,* 157-169.

Marz, L. (1992). 변화과정의 성향변화 비용: 정신적인 방향상실이 경제적 문제가 되는가. 통일원 편, **통일된 독일 통합과 체제전환**. 서울: 통일원.

McKibbin, W. J., Lee, J. W., Liu, W., & Song, C. J. (2018). Modeling the Economic Impacts of Korean Unification. *Asian Economic Journal, 32*(3), 227-256.

Meinardus, R. (1998). 통독 8주년 결산-정치·경제상황 및 집단적 정신상태에 대한 소견. 목포대학교 통일문제연구소/여성문제연구소.

Michels, G. (2000). 내부통합을 위한 준비 -경계해야 할 상업주의 일변도의 통일과정. 통일한국, 195, 36.

Muehling, D. D., Sprott, D. E., & Sprott, D. E. (2004). The power of reflection: An empirical examination of nostalgia advertising effects. Journal of Advertising, 33(3), 25-35.

Mummendey, A., Klink, A., Mielke, R., Wenzel, M., & Blanz, M. (1999). Socio-structural characteristics of intergroup relations and identity management strategies: Results from a field study in East Germany. *European Journal of Social Psychology, 29*(2-3), 259-285.

Nauck, B., & Schwenk, O. G. (2001). Did societal transformation destroy the social networks of families in East Germany? *American Behavioral Scientist, 44*(11), 1864-1878.

Ngoc Phuong, Thi Do, & Ngoc Ha Do (2017). Psychological Support Solutions for Rural Migrant Youth in Vietnam. *Imperial Journal of Interdisciplinary Research (IJIR), 3*(2), 375-386. ISSN: 2454-1362, http://www.onlinejournal.in

Noack, P., Kracke, B., Wild, E., & Hofer, M. (2001). Subjective experiences of social change in east and west Germany: Analyses of the perceptions of adolescents and their parents. *American Behavioral Scientist, 44*(1), 1798-1817.

Nolte, E., & McKee, M. (2004). Changing health inequalities in east and west Germany since unification. *Social Science & Medicine, 58*, 119-136.

Nye, J. S. (1968). Comparative Regional Integration: Concept and Measurement. *International Organization, 21.*

Oettingen, G., & Seligman, M. E. P. (1990). Pessimism and behavioral signs of depression in East versus West Berlin. *European Journal of Social Psychology, 5*(20), 207-220.

Özyürek, E. (2018). Rethinking empathy: Emotions triggered by the Holocaust among the Muslim-minority in Germany. *Anthropological Theory, 18*(4), 456-477.

Park, C. B. (2012). Multicultural Challenges and Social Integration Policy in Germany. 유럽연구, 30(2), 347-378.

Pfeifer, C., & Petrunyk, I. (2015). *Life satisfaction in Germany after reunification: Additional insights on the pattern of convergence* (No. 337). Working Paper Series in Economics.

Phinney, J. S. & Flores, J. (2002). "Unpackaging" acculturation aspects of acculturation as predictors of traditional sex role attitudes. *Journal of Cross-Cultural Psychology, 33*(3), 320-331.

Pinquart, M., Silbereisen, R. A., & Juang, L. A. (2004). Changes in psychological distress among east German adolescents facing German unification: The role of commitment to the old system and of self-efficacy beliefs. *Youth & Society, 36*(1), 77-101.

Regina, T. R. (1999). Die mortalitatskrise in Ostdeutschland und ihre reflecktion in der todesursachenstatistik. *Zeitschrift fur Bevolkerungswissenschft, 24*(3), 329-363.

Rossnagel, K., Muller-Nordhorn, J., Kulig, M., & Willich, S. N. (2003). Regional trends in cerebrovascular mortality in Germany after unification(1990-1999). *Cerebrovascular disease, 16*, 418-422.

Runciman, W. G. (1966). *Relative deprivation and social justice: A study of attitudes to social inequality on twentieth century England.* Berkeley University of California Press.

Scharf, T. (1997). Informal support for older people in post-unification East Germany: Stability and change. *Journal of Cross-Cultural Gerontology, 12*, 61-72.

Schkolnikov, V. (1995). *Recent trends in Russian mortality: 1993-1994.* Paper presented at the USAID conference, October, Moscow, Russia.

Schmidtke, A., Weinacker, B., Stack, S., & Lester, D. (1999). The impact of the reunification of Germany on the suicide rate. *Archives of Suicide Research, 5*, 233-239.

Schmitt, M., & Maes, J. (1998). Perceived injustice in unified Germany and mental health. *Social Justice Research, 11*(1), 59-78.

Schmitt M., & Maes, J. (2002). Stereotypic ingroup bias as self-defense against relative deprivation: evidence from a longitudinal study of the German unification process. *European Journal of Social Psychology, 32*, 309-326.

Schmitt, M., Maes, J., & Seiler, U. (1997). *Ergebnisbericht: Gerechtigkeit als innerdeutsches Problem.* GIP. Uni. Trier.

Schnabel, K., Baumert, J., & Oeder, P. M. (1994). Wertwandel in Ost und West-Ein Vergleich von Jugendlichen und Erwachsenen in den neuen und alten Bundeslandern. In G. Trommsdorff(Hrsg.), *Psychologische aspekte des sozio-politischen wandels in ostdeutschland.* Berlin: Walter de Gruyter.

Schroder, C., & Schroder, H. (1991). 인성 장애 - 동독의 예. In Merkur Deutsche *Zeitschrift fur europaeisches Denken, 503, 1, S,* 161-167.

Skinner, R., & Kaplick, P. M. (2017). Cultural shift in mental illness: a comparison of stress responses in World War I and the Vietnam War. *JRSM open, 8*(12), 2054270417746061.

Smith, T. W., & Ruiz, J. M. (2002). Psychosocial influences on the development and course of coronary heart disease: current status and implications for research and practice. *Journal of consulting and clinical psychology, 70*(3), 548-568.

Spittmann, I. (1995). Fünf Jahre danach - Wieviel Einheit brauchen wir? *Aus Politik und Zeitgeschichte,* B38, 3.

Stack, S. (1996). Suicide risk among den-. spatial differentials in mortality and means of committing suicide in New South Wales, *Austratists. Deviant Behavior, 17,* 107-117.

Steiner, H. (1999). 독일 통일과정에서 사회과학의 역할. 민족통일과 사회통합-독일의 경험과 한국의 미래. 한국사회학회 편, 141- 178.

Strateman, I. (1992). 신연방주에서 경제적 도양의 심리적 조건들. 통일원 편역, 독일통합과 체제전환. 서울: 통일원.

Tichy, R., & Dieti, S. (2000). *Deutschlan einig rundfunkland?* 이우승 역 (2002). 독일 방송 통일: 동서독은 어떻게 방송서비스 통합을 이루었는가? 서울: 커뮤니케이션스북스.

Tran, T. V. (1987). Ethnic community support and psychological well-being of Vietnamese refugees. *International Migration Review, 21*(3), 833-844.

Uhlendorff, H. (2004). After the wall: Parental attitudes to child rearing in East and West Germany. *International Journal of Behavioral Development, 28*(1), 71-82.

Veen, H.-J. (1997). Innere Einheit - aber wo lieg sie? *Aus Politik und Zeitgeschichte,* B40-41.

Wagner, C., & Sydow, H. (1996). Entwicklung und sozialisation von jugendlichen vor und nach der Vereinigung Deutschlands. In S. Hormuth, W. R. Heinz, H. J. Konradt, H. Sydow & Trommsdorf (Hrsgs.), *Individuelle Entwicklung, Bildung und Berufsverlaufe.* Opladen: Leske Budrich.

Wagner, Gert G., Frick, Joachim R., & Schupp, Jürgen (2007). The German Socio-Economic Panel Study (SOEP)-Scope, Evolution and Enhancements. *Schmollers Jahrbuch, 127*(1), 139-169.

Wagner, U., Van Dick, R., Pettigrew, T. F., & Christ, O. (2003). Ethnic prejudice in

East and West Germany: The explanatory power of intergroup contact. *Group Processes & Intergroup Relations, 6*(1), 22-36.

Walper, S., & Schwarz, B. (2001). Adolescents' individuation in East and West Germany: Effects of family structure, financial hardship, and family processes. *American Behavioral Scientist, 44*(11), 1937-1954.

Watts, M. W. (2001). Aggressive Youth Cultures and Hate Crime: Skinheads and Xenophobic Youth in Germany. *American Behavioral Scientist, 45*(4), 600-615.

Weidenfeld, W., & Korte, K-R. (1996). *Handbuch zur deutschen Einheit.* Aktualiseierte Neuausg, Frankfurt/Main; New York. 임종헌, 신현기, 백경학, 배정한, 최필준 역 (1997). 독일통일백서. 한겨레신문사: 서울.

Wenbo, C. (1993). 중국의 통일에 관한 심리적 탐구. 한국심리학회 학술대회 자료집, 18-35.

Weymann, A., Sackmann, R., & Wingens, M. (1999). Social change and the life course in East Germany: A cohort approach to inequalities. *International Journal of Sociology and Social Policy, 19*(9/10/11), 85-108.

Wilson, C., & Scott, B. (2017). Adaptive systems in education: a review and conceptual unification. *The International Journal of Information and Learning Technology, 34*(1), 2-19.

Wittchen, H-U., & Pfister H. (1997). *DIA-X-Interviews: Manual für Screening-Verfahren und Interview.* Frankfurt: Swets & Zeitlinger.

Zapf, W. (2000). How to evaluate German unification? *Abteilung "Sozialstruktur und Sozialberichterstattung" im Forschungsschwerpunkt III.*

저자 소개

채정민(Chae, Jung-Min)

고려대학교 심리학박사(문화심리학 전공)
현 서울사이버대학교 상담심리학과 부교수
　 서울시 소방재난본부 정책자문위원장

경력

육군사관학교 심리학과 전임강사 역임
제일기획 마케터 역임
한국사회문제심리학회(현 한국문화및사회문제심리학회) 부회장 역임
북한이탈주민학회 부회장 역임
서울사이버대학교 미래사회연구소장 역임
행정고시, 외무고시, 7급 공무원, 9급 공무원 시험 출제위원 역임

주요 저 · 역서

채정민(2014). 한국인 상담과 심리치료를 위한 문화심리학. 경기: 교문사.
채정민 외 공역(2021). 재난 대비 안전심리학. 서울: 학지사.
채정민 외 공역(2013). 심리학과 삶. 서울: 피어슨에듀케이션코리아.
채정민 외 공역(1996). 외상후스트레스 장애의 통합적 이해. 서울: 하나의학사. 외 논문 다수

심리학에서 찾는
한민족 평화재통일의 길:
'여유로운 신국가론' 구상

2022년　4월　20일　1판　1쇄　인쇄
2022년　4월　25일　1판　1쇄　발행

지은이 • 채정민
펴낸이 • 김진환
펴낸곳 • ㈜**학지사**
　　　　　04031 서울특별시 마포구 양화로 15길 20 마인드월드빌딩
대표전화 • 02-330-5114　　팩스 • 02-324-2345
등록번호 • 제313-2006-000265호

홈페이지 • http://www.hakjisa.co.kr
페이스북 • https://www.facebook.com/hakjisabook

ISBN 978-89-997-2681-1　93180

정가 20,000원

출판 · 교육 · 미디어기업 **학지사**

간호보건의학출판 **학지사메디컬** www.hakjisamd.co.kr
심리검사연구소 **인싸이트** www.inpsyt.co.kr
학술논문서비스 **뉴논문** www.newnonmun.com
교육연수원 **카운피아** www.counpia.com